Walter H. Rechberger, Paul Oberhammer

Exekutionsrecht

Exekutionsrecht

von

Dr. h.c. Dr. Walter H. Rechberger
o. Universitätsprofessor in Wien

und

Dr. Paul Oberhammer
o. Universitätsprofessor in Zürich

5., überarbeitete Auflage

Wien 2009

facultas.wuv

Bibliografische Information Der Deutschen Nationalbibliothek

Die Deutsche Nationalbibliothek verzeichnet diese Publikation in der Deutschen Nationalbibliografie; detaillierte bibliografische Daten sind im Internet über http://dnb.d-nb.de abrufbar.

5., überarbeitete Auflage 2009

facultas.wuv Universitätsverlag, Berggasse 5, 1090 Wien, Österreich

Satz und Druck: Facultas Verlags- und Buchhandels AG
Printed in Austria
ISBN 978-3-7089-0381-1

Die Executio, als das Zil und End deß gantzen proceß, ist in disem Land gar favorabilis, und zwar ganz billich: dieweilen ab Executione salus Reipub. fides Universorum, & privatorum quies dependirt.

(J. B. Suttinger, Observationes Practicae, Wien 1650)

VORWORT

Seit dem Erscheinen der vierten Auflage des vorliegenden Lehrbuchs haben sich eine Reihe von wesentlichen Änderungen des Exekutionsrechts ergeben. Sie sind vor allem durch die EO-Novelle 2008 bewirkt worden, welche in erster Linie Immobiliarexekution (Zwangsverwaltung) betraf, aber auch andere wichtige Fragen wie zB die Internetauktion in der Fahrnisexekution zum Gegenstand hatte. Die dadurch erforderlich gewordene Neuauflage hat uns die Möglichkeit eröffnet, das Werk zu aktualisieren und – wie wir hoffen – da und dort zu verbessern.

Die zugrunde liegende Konzeption bleibt dabei unverändert: Gerade in den „Nebengebieten" des Rechtsstudiums kann es nicht darum gehen, von allem ein bisschen, aber nichts wirklich zu verstehen. Hauptanliegen des vorliegenden Bandes ist es daher, das für die Prüfung im Zivilverfahrensrecht notwendige Prüfungswissen im Exekutionsrecht möglichst komprimiert und übersichtlich darzustellen; insofern sind wir von der Einsicht ausgegangen, dass weniger ja oft bekanntlich mehr ist. Dass dabei eine Reihe von Streit- und/oder Detailfragen nur am Rande oder gar nicht behandelt werden konnten, liegt in der Natur der Sache. Daher darf zu weiterführendem Nachdenken und Nachlesen (insbesondere im Gesetz!) ermuntert werden.

Für ihre Mitarbeit an der Neuauflage haben wir Mag. *Susanne Frodl* und Mag. *Andrea Wall* zu danken. Unser Dank gilt weiterhin jenen Assistierenden, die uns bei den Vorauflagen unterstützt haben: Dr. *Alice Fremuth-Wolf*, Mag. *Hartmut Haller*, Mag. *Ninel Jasmine Sadjadi*, LL.M., Dr. *Ulrike Frauenberger-Pfeiler*, Dr. *Tanja Domej,* Dr. *Daniela Vogler* und Dr. *Katja Sima*, LL.M.

Walter H. Rechberger　　　　Paul Oberhammer

INHALTSVERZEICHNIS

(Die Zahlen verweisen auf die Seiten)

Vorwort V

Abkürzungsverzeichnis XVII

I. DIE GRUNDLAGEN DER ZWANGSVOLLSTRECKUNG

A. Grundbegriffe 1
1. Erkenntnis- und Exekutionsverfahren 2
2. Exekutionsrecht als Verfahrensrecht 2
3. Einzel- und Gesamtvollstreckung 3
4. Gerichtliche Vollstreckung und Verwaltungsvollstreckung 4
5. Vollstreckungsrecht und Verfassungsrecht 4
6. Vollstreckbarkeit – vollstreckbarer Anspruch – Vollstreckungsanspruch – Vollstreckungsgegenstand – Vollstreckungsinteresse 5
7. Realexekution – Personalexekution 6
8. Geldexekution – Naturalexekution 6

B. Rechtsquellen 7

C. Das Gericht 8
1. Die ordentlichen Gerichte als Träger der Vollstreckungsgewalt 8
2. Inländische Gerichtsbarkeit 9
3. Zulässigkeit des Rechtsweges 10
4. Zuständigkeit 11
5. Organe der Zwangsvollstreckung 13
   a) Der Richter 13
   b) Der Rechtspfleger 14
   c) Der Gerichtsvollzieher 16

D. Die Parteien 20
1. Parteibegriff und Parteistellung 20
2. Partei- und Prozessfähigkeit 22
3. Parteienvertretung 22

E. Verfahrensgrundsätze 23
1. Dispositionsgrundsatz 23
2. Untersuchungsgrundsatz 26
3. Amtsbetrieb 26
4. Mündlichkeit – Schriftlichkeit 27
5. Unmittelbarkeit 28
6. Rechtliches Gehör 28
7. Öffentlichkeit 30
8. Schuldnerschutz 30

F. Exekutionsvoraussetzungen 33

G. Verfahrensbausteine 34

1. Exekutionshandlungen des Gerichtes 35
2. Zustellung und öffentliche Bekanntmachung 36
3. Fristen und Versäumung 37
4. Exekutionskosten 38
   a) Kosten des betreibenden Gläubigers 38
   b) Kosten des Verpflichteten 39
   c) Kosten Dritter 39
5. Verfahrenshilfe 40
6. Automationsunterstützte Datenverarbeitung 40

II. VOM EXEKUTIONSTITEL ZUR BEFRIEDIGUNG DES BETREIBENDEN GLÄUBIGERS

A. Überblick 41

B. Der Exekutionstitel 41

1. Die Vollstreckbarkeit des Titels und ihre Voraussetzungen 42
2. Die einzelnen inländischen Exekutionstitel 43
   a) Gerichtliche Exekutionstitel 43
   b) Verwaltungsbehördliche Exekutionstitel 43
   c) Nichtbehördliche Exekutionstitel 44

C. Die Bestätigung der Vollstreckbarkeit 44

1. Die Bedeutung der Vollstreckbarkeitsklausel 44
2. Die Erteilung und die Aufhebung der Vollstreckbarkeitsklausel 45
3. Die Bestätigung der Vollstreckbarkeit für die Vollstreckung im Ausland 46

D. Die Exekutionsbewilligung 47

1. Der Exekutionsantrag 47
   a) Form und Inhalt 47
   b) Der Exekutionsantrag bei Wahlschuldverhältnissen 49
2. Das Bewilligungsverfahren 50
3. Der Exekutionsbewilligungsbeschluss 53
4. Das vereinfachte Bewilligungsverfahren 55
5. Die Titelergänzung 57
   a) Die Fälle der Titelergänzung 57
   b) Die Titelergänzungs- oder Purifikationsklage 58

E. Die Exekutionsbewilligung aufgrund ausländischer Exekutionstitel 59

1. Die Notwendigkeit der Vollstreckbarerklärung des ausländischen Exekutionstitels 63

2. Die Voraussetzungen für die Vollstreckbarerklärung ... 64
a) Vollstreckbarkeit im Erststaat und Gegenseitigkeit ... 64
b) Die (weiteren) Voraussetzungen für die Vollstreckbarerklärung nach der EuGVVO und den Europäischen Übereinkommen ... 67
c) Die (weiteren) Vollstreckbarkeitsvoraussetzungen bei Anwendbarkeit eines bilateralen Staatsvertrages ... 68
d) Die (weiteren) Vollstreckbarkeitsvoraussetzungen der EO ... 69
3. Das Vollstreckbarerklärungsverfahren ... 70
4. Exekutionsbewilligung und Exekutionsvollzug ... 71
5. Die Europäischen Vollstreckungstitel ... 72
a) Die Europäische Vollstreckungstitelverordnung ... 72
b) Das Europäische Mahnverfahren und das Europäische Bagatellverfahren ... 75

F. Der Gang des Vollzugsverfahrens ... 76

1. Die Exekution wegen Geldforderungen (Geldexekution) ... 76
a) Die Pfändung des Exekutionsobjektes ... 77
b) Die Verwertung des gepfändeten Exekutionsobjektes ... 77
c) Die Befriedigung des betreibenden Gläubigers ... 77
2. Die Exekution zur Erwirkung von Handlungen oder Unterlassungen (Naturalexekution) ... 78
a) Die direkte Exekution ... 78
b) Die indirekte Exekution ... 78
c) Die Fiktion des § 367 EO ... 79

G. Das Ende des Exekutionsvollzuges ... 79

1. Die „Beendigung" der Exekution ... 79
2. Die Einstellung der Exekution ... 80

III. AUFSCHIEBUNG, INNEHALTUNG, STILLSTAND, EINSTELLUNG UND EINSCHRÄNKUNG DER EXEKUTION

A. Die Aufschiebung ... 81
B. Die Innehaltung ... 84
C. Der Stillstand ... 86
D. Die Einstellung ... 86
E. Die Einschränkung ... 89

IV. RECHTSMITTEL UND RECHTSBEHELFE

A. Der Rekurs ... 90

1. Allgemeines ... 90
2. Der Rekurs gegen Beschlüsse der ersten Instanz ... 91
3. Der Rekurs gegen die Exekutionsbewilligung ... 93
4. Der Revisionsrekurs ... 94
5. Der Rekurs gegen aufhebende Rekursentscheidungen ... 95

B. Der Widerspruch ... 95
1. Die Funktion des Widerspruches ... 95
2. Der Widerspruch als Alternative zum Rekurs ... 96
3. Der Widerspruch als antizipiertes Rechtsmittel ... 96

C. Die Vorstellung ... 96
1. Die Funktion der Vorstellung ... 96
2. Das Vorstellungsverfahren ... 97

D. Die Vollzugsbeschwerde ... 97
1. Die Funktion der Vollzugsbeschwerde ... 97
2. Das Verfahren über die Vollzugsbeschwerde ... 98

E. Einwendungen und Erinnerungen ... 98
1. Einwendungen ... 98
2. Erinnerungen ... 98

V. DIE EXEKUTIONSRECHTLICHEN KLAGEN

A. Allgemeines ... 101

B. Die Oppositionsklage ... 103
1. Die Funktion der „Opposition" ... 103
2. Das Rechtsschutzziel der Oppositionsklage ... 103
3. Die Oppositionsklagegründe ... 104
4. Das Verfahren über die Oppositionsklage ... 105
5. Oppositionsklage und Klage auf Feststellung des Nichtbestehens des vollstreckbaren Anspruches ... 107
6. Oppositionsklage und Rekurs ... 108
7. Das Oppositionsgesuch ... 108

C. Die Impugnationsklage ... 109
1. Die Funktion der „Impugnation" ... 109
2. Das Rechtsschutzziel der Impugnationsklage ... 109
3. Die Impugnationsgründe ... 110
4. Das Verfahren über die Impugnationsklage ... 111
5. Impugnationsklage und Rekurs ... 112
6. Impugnationsklage und Klage auf Feststellung des Nichtbestehens des vollstreckenbaren Anspruchs ... 112
7. Das Impugnationsgesuch ... 112

D. Die Exszindierungsklage ... 113
1. Die Funktion der „Exszindierung" ... 113
2. Das Rechtsschutzziel der Exszindierungsklage ... 113
3. Die Exszindierungsgründe ... 114
4. Das Verfahren über die Exszindierungsklage ... 114

VI. DIE LIEGENSCHAFTSEXEKUTION

A. Die Liegenschaftsexekution im Allgemeinen ... 119
1. Die Exekutionsmittel und ihr Zweck ... 119
2. Das Befriedigungsrecht des betreibenden Gläubigers ... 121

B. Die zwangsweise Pfandrechtsbegründung ... 123
1. Die Bedeutung des Exekutionsmittels ... 123
2. Das Wesen der Zwangshypothek ... 123
3. Das Verfahren ... 124
4. Die Beendigung der zwangsweisen Pfandrechtsbegründung ... 124
5. Die exekutive Begründung eines Vertragspfandes ... 125

C. Die Zwangsverwaltung ... 125
1. Die Neuregelung durch die EO-Novelle 2008 ... 125
2. Zweck ... 126
3. Der Gang des Zwangsverwaltungsverfahrens ... 127
4. Die Wirkungen der Anmerkung der Zwangsverwaltung im Grundbuch ... 129
5. Der Zwangsverwalter ... 131
6. Die Verwendung der Verwaltungserträgnisse ... 134
7. Die Einstellung der Zwangsverwaltung ... 137

D. Die Zwangsversteigerung ... 138
1. Zweck und Besonderheiten ... 138
a) Der Schuldnerschutz ... 139
b) Der Schutz vorrangiger Hypothekargläubiger ... 140
2. Der Gang des Zwangsversteigerungsverfahrens ... 141
3. Die Einleitung der Zwangsversteigerung ... 143
4. Die Schätzung der Liegenschaft ... 145
a) Das Schätzungsverfahren ... 145
b) Die Wertermittlungsgrundsätze ... 147
5. Die Versteigerung ... 149
a) Die Versteigerungsbedingungen ... 149
b) Das Versteigerungsedikt ... 152
c) Der Versteigerungstermin ... 154
6. Der Rekurs gegen die Erteilung und gegen die Versagung des Zuschlages ... 158
a) Der Rekurs gegen die Erteilung des Zuschlages ... 158
b) Der Rekurs gegen die Versagung des Zuschlages ... 159
7. Überbot und Wiederversteigerung ... 159
a) Das Überbot (§§ 195–199 EO) ... 160
b) Die Wiederversteigerung (§§ 154 f EO) ... 160
8. Die Rechtswirkungen der Zuschlagserteilung ... 161
a) Eigentumsübergang ... 161
b) Der Übergang der Gefahr, der Nutzungen und Lasten (§ 156 Abs 1 EO) ... 163

c) Die einstweilige Verwaltung der Liegenschaft (§§ 158–161 EO) ... 164
d) Die Übergabe der Liegenschaft an den Ersteher (§ 156 Abs 2 EO) ... 164
9. Aufschiebung und Einstellung des Versteigerungsverfahrens .. 164
a) Aufschiebung wegen Zahlungsvereinbarung (§§ 45a, § 200a EO) ... 164
b) Die besonderen Einstellungsgründe ... 165
10. Die Meistbotsverteilung ... 166
a) Der Gegenstand der Verhandlung ... 166
b) Der Widerspruch und seine Folgen ... 167
11. Der Meistbotsverteilungsbeschluss ... 169
a) Inhalt und Wirkungen ... 169
b) Der Rekurs gegen den Verteilungsbeschluss ... 170
c) Die Ausführung des Verteilungsbeschlusses und die Schlussbereinigung ... 170
d) Die Behandlung von Gläubigern unbekannten Aufenthalts ... 171
12. Die Verteilungsgrundsätze ... 172
a) Die Verteilungsmasse (§ 215 EO) ... 172
b) Allgemeine Verteilungsgrundsätze ... 172
c) Sonderbestimmungen ... 173

VII. DIE EXEKUTION IN DAS BEWEGLICHE VERMÖGEN

A. Allgemeines ... 174

B. Die Fahrnisexekution ... 175
1. Das Exekutionsobjekt ... 176
2. Bewilligung und Vollzugsauftrag ... 178
3. Die Pfändung ... 179
a) Allgemeines ... 179
b) Die Bedeutung der Gewahrsame ... 179
c) Gläubigermehrheit ... 180
d) Durchführung der Pfändung ... 181
e) Vermögensverzeichnis ... 183
f) Verwahrung ... 184
4. Die Verwertung ... 184
5. Die Verteilung des Erlöses ... 189

C. Die Forderungsexekution ... 190
1. Das Exekutionsobjekt ... 191
2. Die Pfändung ... 194
3. Die Drittschuldneräußerung ... 196
4. Die Verwertung ... 197
a) Allgemeines ... 197
b) Die Überweisung zur Einziehung ... 198
c) Exekutionsführung durch mehrere Gläubiger ... 200

5. Pfändungsschutz in der Forderungsexekution 201
a) Allgemeines 201
b) Unpfändbare Forderungen 202
c) Beschränkt pfändbare Forderungen 203
d) Erhöhung des unpfändbaren Freibetrages 207
e) Kontenschutz 207
f) Lohnschiebung und verschleiertes Entgelt 208
g) Die Forderungsexekution zur Hereinbringung von Unterhaltsleistungen 208

D. Die Anspruchsexekution 210
1. Das Exekutionsobjekt 210
2. Die Pfändung 210
3. Die Verwertung 211

E. Die Exekution auf sonstige Vermögensrechte 211
1. Das Exekutionsobjekt 212
2. Die Pfändung 213
3. Die Verwertung 214

VIII. DIE NATURALEXEKUTION

A. Allgemeines 215
B. Die Exekution zur Erwirkung der Herausgabe oder Leistung von beweglichen Sachen 216
C. Die Überlassung oder Räumung von unbeweglichen Sachen 217
D. Die Einräumung oder Aufhebung bücherlicher Rechte 219
E. Die Teilung eines gemeinsamen Vermögens 220
F. Die Exekution zur Erwirkung von vertretbaren Handlungen 222
G. Die Exekution zur Erwirkung von unvertretbaren Handlungen 223
H. Die Exekution zur Erwirkung von Duldungen und Unterlassungen 225

IX. DIE EXEKUTION ZUR SICHERSTELLUNG

A. Grundsätzliches 228
B. Die für die Sicherstellungsexekution geeigneten Exekutionstitel 229
1. Die unbedingt wirksamen Exekutionstitel (§ 371 EO) 229
2. Die Exekutionstitel, bei denen die Gefahrenbescheinigung durch eine Sicherheitsleistung ersetzt werden kann (§ 371a EO) 230

3. Die Exekutionstitel, bei denen jedenfalls eine Gefahrenbescheinigung notwendig ist 231
4. Exekutionstitel für Unterhaltsansprüche und Geldrenten (§ 372 EO) 231

C. Die Exekutionsmittel der Sicherstellungsexekution 232

D. Das Verfahren bei der Sicherstellungsexekution 233

1. Das Exekutionsbewilligungsverfahren 233
2. Der Exekutionsvollzug 233
3. Das Ende der Sicherstellungsexekution 233
4. Die Kosten- und Schadenersatzpflicht des betreibenden Gläubigers 235

E. Sicherstellungsexekution aufgrund ausländischer Titel? 236

X. DIE EINSTWEILIGEN VERFÜGUNGEN

A. Die einstweiligen Verfügungen im Allgemeinen 239

1. Zweck 239
2. Das Verfahren zur Erlassung einer einstweiligen Verfügung 241
3. Die Parteien 242
4. Die Arten einstweiliger Verfügungen 242

B. Die einstweiligen Verfügungen zur Sicherung von Geldforderungen (§ 379 EO) 243

1. Die Voraussetzungen 243
2. Die Sicherungsmittel 244

C. Die einstweiligen Verfügungen zur Sicherung von anderen Individualansprüchen (§ 381 Z 1 EO) 245

1. Die Natur der anderen Individualansprüche 245
2. Die Voraussetzungen 246
3. Die Sicherungsmittel 247

D. Die besonderen einstweiligen Verfügungen zur Sicherung der sonstigen Rechtssphäre (§ 381 Z 2 EO) 249

1. Zweck 249
2. Die Voraussetzungen 251
3. Die Sicherungsmittel 252
a) Allgemeines 252
b) Die Sicherungsmittel in Familienrechtssachen 253
c) Einstweiliger Mietzins (§ 382f EO) 258
d) Schutz vor Eingriffen in die Privatsphäre (§ 382g EO) 259
e) Geplante Neuerungen durch das 2. Gewaltschutzgesetz 261

E. Die einstweiligen Verfügungen außerhalb der EO ... 262

1. Allgemeines ... 262
2. Die Verfügungen zur Sicherung wettbewerbsrechtlicher Unterlassungsansprüche ... 263
3. Die Verfügungen zur Sicherung urheberrechtlicher Unterlassungsansprüche ... 263
4. Die Sicherungsmittel in Besitzstörungssachen ... 264
5. Die Verfügungen in Kartellsachen ... 264
6. Die Verfügungen in Sozialrechtssachen ... 265

F. Das Verfügungsverfahren ... 265

1. Internationale Zuständigkeit ... 265
2. Zuständigkeit ... 266
3. Das Verfahren zur Erlassung der einstweiligen Verfügung ... 266
4. Die einstweilige Verfügung (der Bewilligungsbeschluss) ... 268
5. Der Verfügungsvollzug ... 269
6. Rekurs und Widerspruch ... 270
   a) Der Rekurs ... 270
   b) Der Widerspruch (§ 397 EO) ... 271
7. Aufhebung und Einschränkung der einstweiligen Verfügung ... 272
8. Rechtsschutz Dritter ... 273
9. Schadenersatz ... 273

Stichwortverzeichnis ... 274

ABKÜRZUNGSVERZEICHNIS

aA	anderer Ansicht
ABGB	Allgemeines Bürgerliches Gesetzbuch JGS 1811/946 idgF
AbgEO	Abgabenexekutionsordnung BGBl 1949/104 idgF
Abl	Amtsblatt
Abs	Absatz
ADV	Automationsunterstützte Datenverarbeitung
aE	am Ende
aF	alte Fassung
aM	anderer Meinung
AmtSlg	Entscheidungen des kk Obersten Gerichtshofes in Zivil- und Justizverwaltungssachen, hrsg von *Nowak, R.* fortgesetzt von *Coumont, E.* und *Schreiber, K.* [Nummer]
Angst	*Angst, P.*, Kommentar zur Exekutionsordnung (2008) [Paragraph, Randziffer]
Anm	Anmerkung
AnwBl	Österreichisches Anwaltsblatt [Jahr, Seite]
AnwZ	Anwalts-Zeitung, östereichische (1924–1938) [Jahr, Seite]
AO	Ausgleichsordnung RGBl 1914/337 idgF
ArbSlg	Sammlung arbeitsrechtlicher Entscheidungen der Gerichte und Einigungsämter, hrsg von *Tades, H.* [Nummer]
ARD	ARD – Index arbeitsrechtlicher Entscheidungen
arg	argumentum
Art	Artikel
ASGG	Arbeits- und Sozialgerichtsgesetz BGBl 1985/104 idgF
ASoK	Arbeits- und Sozialrechtskartei [Jahr, Seite]
ASVG	Allgemeines Sozialversicherungsgesetz BGBl 1955/189 idgF
AußStrG	Außerstreitgesetz BGBl I 2003/111 idgF
AVG	Allgemeines Verwaltungsverfahrensgesetz 1991 (Wv) BGBl 1991/51
BAO	Bundesabgabenordnung BGBl 1961/194 idgF
BaugruV	Vereinbarung zwischen dem Bund und den Ländern gem Art 15a B-VG über zivilrechtliche Bestimmungen betreffend den Verkehr mit Baugrundstücken BGBl 1993/260 idgF
Baur/Stürner	*Baur, F.*, *Stürner, R.*, Zwangsvollstreckungs-, Konkurs- und Vergleichsrecht Band I^{12} (1995) [Paragraph, Randziffer]
bbl	Baurechliche Blätter [Jahr, Seite; Entscheidungen: Jahr/Nummer]
Bd	Band
BeitrZPR	Beiträge zum Zivilprozessrecht [Band, Seite]
BG	a) Bezirksgericht b) Bundesgesetz
BGBl	Bundesgesetzblatt [Jahr/Nummer, ab 1997: Teil Jahr/Nummer]
BlgNR	Beilage(n) zu den stenographischen Protokollen des Nationalrates
BMAA	Bundesminister(ium) für Auswärtige Angelegenheiten

BMJ	Bundesminister(ium) für Justiz
Bosina/Schneider	*Bosina, J., Schneider, M.*, Das neue Mahnverfahren und die ADV-Drittschuldneranfrage (1987) [Randziffer]
BRAK-Mitt	Mitteilungen der Deutschen Bundesrechtsanwaltskammer [Jahr, Seite]
BSVG	Bauern-Sozialversicherungsgesetz BGBl 1978/559 idgF
Burgstaller/ Deixler-Hübner	*Burgstaller, A., Deixler-Hübner, A.*, Exekutionsordnung Kommentar [Paragraph]
B-VG	Bundesverfassungsgesetz 1920 idF von 1929, wiederverlautbart BGBl 1930/1 idgF
bzw	beziehungsweise
Czernich/Tiefenthaler/ Kodek	*Czernich, D., Tiefenthaler, S., Kodek, G.*, Kurzkommentar Europäisches Gerichtsstands- und Vollstreckungsrecht[2] (2003)
DBV	Dienstbuch für die Vollstrecker JABl 1952/10 (aufgehoben durch Erl BMJ JABl 1996/27)
ders	derselbe
dies	dieselbe(n)
DR	Deutsches Recht [Jahr, Seite]
DRdA	Das Recht der Arbeit [Jahr, Seite]
DRGBl	Deutsches Reichsgesetzblatt
DRiZ	Deutsche Richterzeitung [Jahr, Seite]
DSG	Datenschutzgesetz 2000 BGBl I 1999/165 idgF
dtZPO	deutsche Zivilprozessordnung DRGBl 1877, 83 idgF
EB	Erläuternde Bemerkungen
ecolex	ecolex, Fachzeitschrift für Wirtschaftsrecht [Jahr, Seite; tlw: Jahr/Nummer]
EEG	Eingetragene Erwerbsgesellschaft
EFSlg	Ehe- und familienrechtliche Entscheidungen, hrsg von *Hluze, F., Litzlfellner, P.* [Nummer]
EFTA	European Free Trade Association (Europäische Freihandelszone)
EF-Z	Zeitschrift für Ehe- und Familienrecht [Jahr/Nummer]
EGEO	Einführungsgesetz zur Exekutionsordnung RGBl 1896/78, wiederverlautbart BGBl 1953/6 idgF
EGMR	Europäischer Gerichtshof für Menschenrechte
EG-V	Vertrag zur Gründung der europäischen Gemeinschaft
EGZPO	Einführungsgesetz zur Zivilprozessordnung RGBl 1895/112 idgF
EheG	Ehegesetz DRGBl 1938 I 807 idgF
EMRK	Europäische Menschenrechtskonvention BGBl 1958/210 idgF
EO	Exekutionsordnung RGBl 1896/79 idgF
Erläut (ME/RV)	Erläuterungen zum Ministerialentwurf/zur Regierungsvorlage
etc	et cetera
EuBagVVO	Verordnung (EG) Nr 861/2007 des Europäischen Parlaments und des Rates vom 11. Juli 2007 zur Einführung eines Europäischen Verfahrens für geringfügige Forderungen, ABl L 199 vom 31.7.2007

EuEheVO	Verordnung (EG) Nr 2201/2003 des Rates vom 27.11.2003 über die Zuständigkeit und die Anerkennung und Vollstreckung von Entscheidungen in Ehesachen und in Verfahren betreffend die elterliche Verantwortung, ABl L 338/1 vom 23.12.2003
EuGVÜ	Übereinkommen vom 27. September 1968 über die gerichtliche Zuständigkeit und die Vollstreckung gerichtlicher Entscheidungen in Zivil- und Handelssachen
EuGVVO	Verordnung (EG) Nr 44/2001 des Rates vom 22.12.2000 über die gerichtliche Zuständigkeit und die Anerkennung und Vollstreckung von Entscheidungen in Zivil- und Handelssachen, ABl L 12/1 vom 16.1.2001
EuInsVO	Verordnung (EG) Nr 1346/2000 des Rates vom 29.5.2000 über Insolvenzverfahren, ABl L 160/1 vom 30.6.2000
EuMahnVVO	Verordnung (EG) Nr 1896/2006 des Europäischen Parlaments und des Rates vom 12. Dezember 2006 zur Einführung eines Europäischen Mahnverfahrens, ABl L 399 vom 30.12.2006
2. Euro-JuBeG	2. Euro-Justiz-Begleitgesetz BGBl I 2001/98
EuVTVO	Verordnung (EG) Nr 805/2004 des Europäischen Parlamentes und des Rates vom 21.4.2004 zur Einführung eines europäischen Vollstreckungstitels für unbestrittene Forderungen, ABl L 143/15 vom 30.4.2004
EuZW	Europäische Zeitschrift für Wirtschaftsrecht [Jahr, Seite]
EvBl	Evidenzblatt der Rechtsmittelentscheidungen (ab 1946 abgedruckt in der ÖJZ) [Jahr/Nummer]
EVT	Europäischer Vollstreckungstitel
f, ff	folgende, fortfolgende
FamRZ	(deutsche) Zeitschrift für das gesamte Familienrecht (bis 1962 Ehe und Familie im privaten und öffentlichen Recht) [Jahr, Seite]
FamZ	(österreichische) Zeitschrift für Familienrecht [Jahr, Seite]
Fasching, Lehrbuch	*Fasching, H. W.*, Lehrbuch des österreichischen Zivilprozeßrechts[2] (1990) [Randziffer]
Frauenberger	*Frauenberger, A.*, Einstweiliger Rechtsschutz bei Besitzstörung (1993)
FRG	Feiertagsruhegesetz (Wv) BGBl 1957/153 idgF
FS	Festschrift
GBG	Allgemeines Grundbuchsgesetz BGBl 1955/39 idgF
GBSlg	Grundbuchsrechtliche Entscheidungen [Nummer]
GdZ	Österreichische Gemeinde-Zeitung [Jahr, Seite]
GedS	Gedächtnisschrift
gem	gemäß
Geo	Geschäftsordnung für die Gerichte 1. und 2. Instanz BGBl 1951/264
GesRZ	Der Gesellschafter [Jahr, Seite]
GewO	Gewerbeordnung 1994 (Wv) BGBl 1994/194 idgF
GGG	Gerichtsgebührengesetz BGBl 1984/501 idgF

ggt	gegenteilig
GH	Gerichtshalle [Jahr, Seite]
GlU	Sammlung von zivilrechtlichen Entscheidungen des kk Obersten Gerichtshofes, hrsg von *Glaser, J.* und *Unger, J.*, fortgeführt von *Walther, J.* [Nummer]
GlUNF	Sammlung von zivilrechtlichen Entscheidungen des kk Obersten Gerichtshofes, Neue Folge begonnen von *Glaser, J.* und *Unger, J.*, fortgeführt von *Pfaff*, *Schey*, *Kupsky*, *Schrutka von Rechtenstamm* und *Stepan* [Nummer]
GmbH	Gesellschaft mit beschränkter Haftung
GOG	Gerichtsorganisationsgesetz RGBl 1896/217 idgF
GP	Gesetzgebungsperiode
GPR	Zeitschrift für Gemeinschaftsprivatrecht [Jahr, Seite]
GrünhutsZ	Zeitschrift für das Privat- und öffentliche Recht der Gegenwart [Band, Seite]
GSVG	Gewerbliches Sozialversicherungsgesetz BGBl 1978/560 idgF
GUG	Grundbuchsumstellungsgesetz BGBl 1980/550 idgF
GZ	Gerichtszeitung [Jahr, Seite]
hA	herrschende Ansicht
HausRG	Gesetz vom 27. Oktober 1862 zum Schutz des Hausrechtes RGBl 1862/88
HbG	Hausbesorgergesetz BGBl 1970/16 idgF
HBZ	Hausbesitzer-Zeitung [Jahr, Heft, Seite]
Heller/Berger/Stix	*Heller, L. V.*, *Berger, F.*, *Stix, L.*, Kommentar zur Exekutionsordnung^{4}, 3 Bde (1969–1976) [Band, Seite]
Hg, Hrsg	Herausgeber
hL	herrschende Lehre
hM	herrschende Meinung
Holzhammer	*Holzhammer, R.*, Österreichisches Zwangsvollstreckungsrecht^{4} (1993) [Seite]
hrsg	herausgegeben
hRsp	herrschende Rechtsprechung
HS	Handelsrechtliche Entscheidungen, hrsg von *Stanzl, G.*, *Friedl, G.*, *Steiner, J. W.* [Nummer]
idF	in der Fassung
idgF	in der geltenden Fassung
idR	in der Regel
ieS	im engeren Sinne
iFamZ	Interdisziplinäre Zeitschrift für Familienrecht [Jahr/Nummer, Seite]
immolex (LS)	Entscheidungs- und Informationsdienst für neues Miet- und Wohnrecht [Jahr, Seite; tlw: Jahr/Nummer] (Leitsätze)
ImmZ	Österreichische Immobilien-Zeitung [Jahr, Seite]
Infas	Information für Arbeits- und Sozialrecht [Jahr, Seite]
IPR	Internationales Privatrecht
IPRax	Praxis des Internationalen Privat- und Verfahrensrechts [Jahr, Seite]

iS(d)	im Sinne (des)
iVm	in Verbindung mit
JABl	Amtsblatt der österreichischen Justizverwaltung [Jahr/Nummer]
JB	Judikatenbuch des Obersten Gerichtshofes
JAP	Juristische Ausbildung und Praxisvorbereitung [Jahr, Seite]
Jauernig	*Jauernig, O.*, Zwangsvollstreckungs- und Insolvenzrecht[22] (2007) [Paragraph, Abschnitt]
JBl	Juristische Blätter [Jahr, Seite]
Jelinek	*Jelinek, W.*, Zwangsvollstreckung zur Erwirkung von Unterlassungen (1974) [Seite]
Jh	Jahrhundert
JMV	Justizministerialverordnung
JN	Jurisdiktionsnorm RGBl 1895/111 idgF
JRP	Journal für Rechtspolitik [Jahr, Seite]
Jud	Judikat
JZ	(deutsche) Juristenzeitung (1951 ff) [Jahr, Seite]
KartG	Kartellgesetz 2005 BGBl I 2005/61
KG	Kommanditgesellschaft
KindRÄG 2001	Kindschaftsrechts-Änderungsgesetz 2001 BGBl I 2000/135
Kletečka/Rechberger/Zitta	*Kletečka, A., Rechberger, W. H., Zitta, R.* (Hg), Bauten auf fremdem Grund[2] (2004)
Kininger	*Kininger, E.*, Einstweilige Verfügungen zur Sicherung von Rechtsverhältnissen (1991) [Seite]
KO	Konkursordnung RGBl 1914/337 idgF
Konecny	*Konecny, A.*, Der Anwendungsbereich der einstweiligen Verfügung (1992) [Seite]
Koziol/Welser	*Koziol, H., Welser, R.*, Grundriss des bürgerlichen Rechts[13] I (2006), II (2007) [Seite]
krit	kritisch
KSchG	Konsumentenschutzgesetz BGBl 1979/140 idgF
LBG	Liegenschaftsbewertungsgesetz BGBl 1992/150
LG	Landesgericht
LGVÜ	Übereinkommen vom 16. September 1988 über die gerichtliche Zuständigkeit und die Vollstreckung gerichtlicher Entscheidungen in Zivil- und Handelssachen (BGBl 1996/448)
LGZ	Landesgericht für Zivilrechtssachen
lit	litera (Buchstabe)
MarkSchG	Markenschutzgesetz BGBl 1970/260 (Wv) idgF
Mayr/Czernich	Europäisches Zivilprozessrecht (2006) [Seite]
MietSlg	Mietrechtliche Entscheidungen [Nummer]
MittBayNot	Mitteilungen der Bayrischen Notarkammer [Jahr, Seite]
MR	Medien und Recht [Jahr, Seite]
MRG	Mietrechtsgesetz BGBl 1981/520 idgF
mwN	mit weiteren Nachweisen

NBlRA	Nachrichtenblatt der österreichischen Rechtsanwaltschaft [Jahr, Seite]
NetV	Nova & Varia Zeitschrift des Juristenverbandes [Jahr, Seite]
Neumayr	*Neumayr, M.*, Exekutionsrecht^2 (2006) [Seite]
nF	neue Fassung
NJ	Neue Justiz [Jahr, Seite]
NJW	Neue Juristische Wochenschrift [Jahr, Seite]
NO	Notariatsordnung RGBl 1871/75 idgF
NotBZ	Zeitschrift für die notarielle Beratungs- und Beurkundungspraxis [Jahr, Seite]
NÖ JurGes	Niederösterreichische Juristengesellschaft
Nr	Nummer
NRsp	Neue Rechtsprechung des OGH, Beilage zur Österreichischen Juristenzeitung [Jahr/Nummer]
NWG	Notwegegesetz RGBl 1896/140 idgF
NZ	Österreichische Notariats-Zeitung [Jahr, Seite]
NZA	Neue Zeitschrift für Arbeitsrecht [Jahr/Nummer]
ÖA	Der österreichische Amtsvormund [Jahr, Seite]
ÖBA	Österreichisches Bankarchiv [Jahr, Seite]
ÖBl	Österreichische Blätter für gewerblichen Rechtsschutz und Urheberrecht [Jahr, Seite]
OGH	Oberster Gerichtshof
OGHG	Bundesgesetz über den Obersten Gerichtshof BGBl 1968/328 idgF
ÖGZ	Österreichische Gemeindezeitung [Jahr, Seite]
OHG	Offene Handelsgesellschaft
ÖJZ (-LSK)	Österreichische Juristenzeitung [Jahr, Seite; tlw: Jahr/Nummer, Seite] (Leitsatzkartei)
OLG	Oberlandesgericht
ÖRPfl	Der österreichische Rechtspfleger [Jahr, Seite]
ÖStZ	Österreichische Steuer-Zeitung [Jahr, Seite]
ÖZW	Österreichische Zeitschrift für Wirtschaftsrecht [Jahr, Seite]
PatG	Patentgesetz 1970 (Wv) BGBl 1970/259 idgF
PersFRG	Bundesverfassungsgesetz zum Schutz der persönlichen Freiheit BGBl 1988/684 idgF
Petschek, Streitfragen	*Petschek, G.*, Zivilprozeßrechtliche Streitfragen (1933) [Seite]
Petschek/Hämmerle/Ludwig	*Petschek, G.*, *Hämmerle, E.*, *Ludwig, O.*, Das österreichische Zwangsvollstreckungsrecht (1968) [Seite]
Pollak	*Pollak, R.*, System des österreichischen Zivilprozeßrechtes mit Einschluß des Exekutionsrechtes^2 (1932) [Seite]
PostG	Postgesetz 1997 BGBl I 1998/18
QuHGZ	Quartalshefte der Girozentrale [Jahr, Heft, Seite]
RdA	Das Recht der Arbeit [Jahr, Seite; tlw: Jahr/Nummer]
RdW	Österreichisches Recht der Wirtschaft [Jahr, Seite; tlw: Jahr/Nummer]

Rechberger, Exekution	*Rechberger, W. H.*, Die fehlerhafte Exekution (1978) [Seite]
Rechberger/Bittner	*Rechberger, W. H., Bittner, L.*, Grundbuchsrecht[2] (2007) [Randziffer]
Rechberger/Oberhammer/Bogensberger	*Rechberger, W. H., Oberhammer, P., Bogensberger, T.*, Der vollstreckbare Notariatsakt (1994) [Seite]
Rechberger/Simotta	*Rechberger, W. H., Simotta, D. A.*, Exekutionsverfahren[2] (1992) [Randziffer]
Rechberger/Simotta, ZPR	*Rechberger, W. H., Simotta, D. A.*, Grundriss des österreichischen Zivilprozessrechts[7] (2009) [Randziffer]
RGBl	Reichsgesetzblatt [Jahr/Nummer]
RIW	Recht der internationalen Wirtschaft [Jahr, Seite]
Rosenberg/Gaul/Schilken	*Rosenberg, L., Gaul, F. H.* und *Schilken, E.*, Zwangsvollstreckungsrecht[11] (1997) [Seite]
RpflG	Rechtspflegergesetz BGBl 1985/560 idgF
RPflSlgE	Sammlung von Rechtsmittelentscheidungen in Exekutionssachen, hrsg von der Arbeitsgemeinschaft der Rechtspfleger in Exekutionssachen beim Exekutionsgericht Wien [Jahr/Nummer]
Rsp	Rechtsprechung
Rz	Randziffer
RZ(-EÜ)	Österreichische Richterzeitung [Jahr, Seite; Entscheidungen bis 1972: Jahr, Seite, seit 1975: Jahr/Nummer] (Entscheidungsübersicht)
sog	sogenannter/e/s
SozSi	Soziale Sicherheit, Zeitschrift für die österreichische Sozialversicherung [Jahr, Seite]
SPG	Sicherheitspolizeigesetz BGBl 1991/566
Stb	Der Staatsbürger, Beilage zu den Salzburger Nachrichten [Jahr, Heft, Seite]
Stein/Jonas	*Stein, F., Jonas, M.*, Kommentar zur ZPO I[22] (2003), II[22] (2004), III[22] (2005), IV[22] (2008), V[22] (2006), VI[21] (1995), VII[22] (2002), VIII[22] (2004), IX[22] (2002) [Paragraph od Band, Randziffer]
StGB	Strafgesetzbuch BGBl 1974/60 idgF
StGBl	Staatsgesetzblatt für die Republik Österreich [Jahr/Nummer]
StPO	Strafprozessordnung 1975 (Wv) BGBl 1975/631 idgF
stRsp	ständige Rechtsprechung
SVDolmG	Sachverständigen- und Dolmetschergesetz BGBl 1975/137 idgF
SWK	Österreichische Steuer- und Wirtschaftskartei [Jahr, Seite]
SZ	Entscheidungen des österreichischen Obersten Gerichtshofes in Zivil- (und Justizverwaltungs-)sachen, veröffentlicht von seinen Mitgliedern [Band/Nummer]
TN	Teilnovelle
UGB	Unternehmensgesetzbuch dRGBl 1897, 219 idgF
UrhG	Urheberrechtsgesetz BGBl 1936/111 idgF

Ust	Umsatzsteuer
UWG	Bundesgesetz gegen den unlauteren Wettbewerb 1984 (Wv) BGBl 1984/448 idgF
VermG	Vermessungsgesetz BGBl 1968/306 idgF
VersRdSch	Die Versicherungsrundschau, Fachzeitschrift für Sozial- und Vertragsversicherung [Jahr, Seite]
verst	verstärkter
VersVG	Versicherungsvertragsgesetz 1958 BGBl 1959/2 idgF
VfGH	Verfassungsgerichtshof
vgl	vergleiche
VO	Verordnung
VVG	Verwaltungsvollstreckungsgesetz 1991 (Wv) BGBl 1991/53 idgF
VwGG	Verwaltungsgerichtshofgesetz 1985 BGBl 1985/10 (Wv) idgF
VwGH	Verwaltungsgerichtshof
Walker	*Walker, G.*, Österreichisches Exekutionsrecht[4] (1932) [Seite]
WGN 1997	Erweiterte Wertgrenzen-Novelle 1997 BGBl I 1997/140
wbl	Wirtschaftsrechtliche Blätter, Beilage zu den Juristischen Blättern [Jahr, Seite]
WrDiplK	Wiener Diplomatenkonvention BGBl 1966/66
WEG	Wohnungseigentumsgesetz 2002 BGBl I 2002/70 idgF
wobl	Wohnrechtliche Blätter [Jahr, Seite; Entscheidungen: Jahr/Nummer]
WR	Der Wiener Richter [Jahr, Seite; Entscheidungen: Nummer]
Z	Ziffer
Zak	Zivilrecht aktuell [Jahr, Seite; Entscheidungen: Jahr/Nummer]
zB	zum Beispiel
ZEuP	Zeitschrift für europäisches Privatrecht [Jahr, Seite]
ZfRV(-LS)	Zeitschrift für Rechtsvergleichung [Jahr, Seite] (Leitsatzentscheidungen)
ZAS	Zeitschrift für Arbeits- und Sozialrecht [Jahr, Seite]
ZBl	Zentralblatt für die Juristische Praxis [Jahr, Seite; Entscheidungen: Jahr/Nummer]
ZIE	Zeitschrift für den internationalen Eisenbahnverkehr [Jahr, Seite]
ZIK	Zeitschrift für Insolvenzrecht und Kreditschutz [Jahr, Seite; tlw: Jahr/Nummer, Seite]
1. ZPEMRK	Zusatzprotokoll zur EMRK BGBl 1958/210 idgF
4. ZPEMRK	Zusatzprotokoll zur EMRK BGBl 1969/434
ZPO	Zivilprozessordnung RGBl 1895/113 idgF
zT	zum Teil
zust	zustimmend
zutr	zutreffend
ZustellG	Zustellgesetz BGBl 1982/200
ZVN 1983	Zivilverfahrens-Novelle 1983 BGBl 1983/135
ZZP	(deutsche) Zeitschrift für Zivilprozess [Band (Jahr) Seite]

I. DIE GRUNDLAGEN DER ZWANGSVOLLSTRECKUNG

A. Grundbegriffe

Literatur: *Kollroß*, Mittel und Zweck im Exekutionsverfahren, GZ 1930, 65; *Mayer*, Die Zuständigkeit der Verwaltungsbehörden im Vollstreckungsverfahren (1974); *Gaul*, Billigkeit und Verhältnismäßigkeit in der zivilgerichtlichen Vollstreckung öffentlicher Abgaben, JZ 1974, 279; *Rechberger*, Die fehlerhafte Exekution (1978) 162 ff, 166 ff; *Spanner*, Die Bedeutung der Rechtsprechung des Verfassungsgerichtshofes für das Zivilrecht, JBl 1978, 281; *Berka*, Die Europäische Menschenrechtskonvention und die österreichische Grundrechtstradition, ÖJZ 1979, 365, 428; *Traxler*, Die Exekution gegen Gemeinden, ÖGZ 1982, 385; *Fasching*, Konkurs, Ausgleich und Zwangsvollstreckung bei Gemeinden (1983); *Wieser*, Der Grundsatz der Verhältnismäßigkeit in der Zwangsvollstreckung, ZZP 98 (1985) 50; *Stürner*, Prinzipien der Einzelzwangsvollstreckung, ZZP 99 (1986) 291; *Noverka*, Vollzug von Haften nach § 48 EO, AnwBl 1986, 78; *Rechberger*, Franz Klein und das Exekutionsrecht, in *Hofmeister* (Hg), Forschungsband Franz Klein (1988) 119; *Novak*, Verhältnismäßigkeitsgebot und Grundrechtsschutz, in FS Winkler (1989) 39; *Rebhahn/Strasser*, Zwangsvollstreckung und Insolvenz bei Gemeinden (1989); *Pfeiffer*, Datenschutz und Auskunftserteilung, SozSi 1990, 596; *Noverka*, Vollzug der Beugehaft gemäß § 48 EO, AnwBl 1990, 260; *Musger*, Verfahrensrechtliche Bindungswirkungen und Art 6 MRK, JBl 1991, 420; *Stelzer*, Das Wesensgehaltsargument und der Grundsatz der Verhältnismäßigkeit (1991); *Rechberger*, Exekutions- und insolvenzrechtliche Fragen kommunaler Wirtschaftsverwaltung, in *Krejci/Ruppe* (Hg), Rechtsfragen der kommunalen Wirtschaftsverwaltung (1992) 221; *Simotta*, Einige Probleme des Datenschutzes im Zivilverfahrensrecht, ÖJZ 1993, 793, 838; *Oberhammer*, Verfassungsgesetzliche Schranken der Haft in zivilgerichtlichen Erkenntnis-, Exekutions- und Insolvenzverfahren, ÖJZ 1994, 265; *Klicka*, Die Beweislastverteilung bei der Exszindierungsklage, JBl 1995, 573; *Prem*, Neues im Exekutionsverfahren. Die Exekutionsordnungs-Novelle 1995, AnwBl 1995, 697; *BMJ* (Hg), ADV-Exekutionsverfahren (1995), mit Beiträgen von *Konecny* und *Strejcek; Oberhammer*, Kostenfolgen der Einstellung der Unterlassungsexekution wegen Gläubigermehrheit, RdW 1995, 289; *Grabenwarter/Geppert*, Die Bedeutung des Art 6 MRK für die Verhängung von Ordnungs- und Mutwillensstrafen, JBl 1996, 159, 227; Grundrechtsverletzungen bei der Zwangsvollstreckung, DIKE International (1996) mit österreichischen Beiträgen von *Ballon*, *Buchegger*, *Fasching*, *Jelinek/Nunner/Gaedke/Zangl*, *Klicka*, *Rechberger/Oberhammer* und *Simotta*; *Konecny*, Die Exekutionsordnung nach 100 Jahren, in *Mayr* (Hg), 100 Jahre österreichische Zivilprozeßgesetze (1998) 95; *Wresounig*, § 15 EO in rechtsdogmatischer und rechtspolitischer Sicht, RZ 2001, 154; *Andenas/Hess/Oberhammer* (Hg), Enforcement Agency Practice in Europe (2005); *Mosser*, EGMR: Neue Judikatur zu Art 6 EMRK und Waffengleichheit im Exekutionsverfahren, Zak 2006, 186.

Petschek/Hämmerle/Ludwig 1 ff, 9 ff, 21, 23, 27 ff; *Heller/Berger/Stix* I 1 ff, 11 ff, 29 ff, 80 ff, 349 ff; *Rechberger/Simotta* Rz 5 ff, 29 ff; *Holzhammer* 1 ff, 20 ff, 45 ff, 55 ff; *Neurauter* in *Burgstaller/Deixler-Hübner* zu Art III EGEO; *Meinhart* in *Burgstaller/Deixler-Hübner* zu § 1 EO; *Jakusch* in *Angst* zu Art III EGEO und § 1 EO; *Neumayr* 1 ff.

Schuldnerschutz PB 51

1. Erkenntnis- und Exekutionsverfahren

1 Das zivilgerichtliche Verfahrensrecht unterscheidet zwei Stadien der Rechtsverwirklichung durch gerichtlichen Rechtsschutz: das Erkenntnis- und das Exekutionsverfahren. Während das Erkenntnisverfahren der Klärung der streitigen Rechtslage dient, hat die Zwangsvollstreckung die **Verwirklichung der Gläubigerrechte durch staatlichen Zwang** zum Gegenstand: Im Regelfall gerichtlicher Rechtsverwirklichung wird der Anspruch des Gläubigers im Erkenntnisverfahren festgestellt; erfüllt der Schuldner den Anspruch in der Folge nicht, so wird dieser auf Grundlage der Entscheidung im Erkenntnisverfahren als Exekutionstitel im Vollstreckungsverfahren zwangsweise durchgesetzt.

Die meisten Zivilurteile sind Leistungsurteile, bedürfen also zur Verwirklichung der festgestellten Leistungspflicht gegebenenfalls der Zwangsvollstreckung. Andere Zivilurteile bedürfen nicht der Exekution: Bei Rechtsgestaltungs- und Feststellungsurteilen ist das vom Kläger angestrebte Rechtsschutzziel schon mit der Rechtskraft des stattgebenden Urteils erreicht; anschaulich wird bemerkt, dass sich Gestaltungsurteile (idR) „selbst vollstrecken". Umgekehrt stammen aber auch nicht alle Exekutionstitel aus einem zivilgerichtlichen Erkenntnisverfahren: Zum einen stellen nach § 1 EO auch Entscheidungen von Strafgerichten und Verwaltungsbehörden Exekutionstitel dar; zum anderen kennt das Gesetz mit dem gerichtlichen Vergleich und dem vollstreckbaren Notariatsakt auch Exekutionstitel, denen kein (bzw kein durch rechtskräftige Entscheidung abgeschlossenes) Erkenntnisverfahren zugrunde liegt (vgl dazu Rz 77 ff).

Eine Sonderstellung hat in diesem Zusammenhang das Provisorialverfahren: Der einstweiligen Verfügung kommt insofern Doppelfunktion zu, als sie sowohl den Exekutionstitel als auch die Exekutionsbewilligung darstellt. Das Verfügungsverfahren ist daher sowohl ein (summarisches) Erkenntnisverfahren als auch ein Vollstreckungsverfahren (vgl zur einstweiligen Verfügung Rz 472 ff).

2. Exekutionsrecht als Verfahrensrecht

2 Nach einem bekannten Diktum wird in der Zwangsvollstreckung „gehandelt und nicht verhandelt". Richtig daran ist, dass das Rechtsschutzziel der Exekution nicht in der Fällung einer rechtskräftigen Entscheidung über streitige Rechte und Rechtsverhältnisse, sondern vielmehr in der zwangsweisen Verwirklichung dieser Rechte liegt. Dabei darf aber nicht verkannt werden, dass auch die Zwangsvollstreckung ein gerichtliches Verfahren ist, in dem – idR rechtskraftfähige – gerichtliche Entscheidungen zu treffen sind. Dies wird im – traditionell überaus „gerichtslastig" ausgestalteten – österreichischen Exekutionsrecht besonders deutlich,

da jedes Exekutionsverfahren auf einem gerichtlichen Beschluss – der Exekutionsbewilligung – beruht (vgl dazu Rz 86 ff). Neben dieser zentralen gerichtlichen Entscheidung im Exekutionsverfahren kennt das Vollstreckungsrecht noch zahlreiche andere Beschlüsse, die den Gang der Exekution bestimmen.

3. Einzel- und Gesamtvollstreckung

Die Exekution dient der Verwirklichung eines bestimmten vollstreckbaren Anspruches eines einzelnen Gläubigers. Bei der Geldexekution, die den statistischen Regelfall darstellt, werden dabei bestimmte, im Exekutionsantrag bezeichnete Vermögensgegenstände zur Befriedigung des betreibenden Gläubigers verwertet. Greifen mehrere Gläubiger (die keine dingliche Sicherung am Vollstreckungsobjekt haben) auf denselben Vermögensgegenstand, so gilt das **Prioritätsprinzip**: „Wer zuerst kommt, mahlt zuerst." Dabei gilt freilich der Grundsatz der Einheit des Verwertungsverfahrens: Greifen mehrere Gläubiger auf denselben Vermögensgegenstand, so findet nur ein Verwertungsverfahren statt, im Rahmen dessen die Gläubiger nach ihrem (vertraglich, gesetzlich oder durch die Reihenfolge des Vollstreckungszugriffes bestimmten) Rang befriedigt werden. 3

Ist der Schuldner zahlungsunfähig oder überschuldet, so reicht das Regelungsschema „**Einzelvollstreckung**" („Spezialexekution") zur sachgerechten Handhabung dieser Situation nicht mehr aus: Würde man auch hier am Grundsatz festhalten, dass jeder Gläubiger selbständig im Zuge der Zwangsvollstreckung auf das Schuldnervermögen greifen kann und nach seinem in der Exekution begründeten Rang befriedigt wird, so hätte dies einen nicht wünschenswerten „Wettlauf" der Gläubiger auf die Schuldneraktiven zur Folge. Ein ungeordneter Vollstreckungszugriff in diesem Stadium hätte einerseits die Konsequenz, dass einzelne Gläubiger durch einen rascheren Zugriff unverdiente Sondervorteile herausschlagen, andererseits wäre eine Sanierung des Schuldners damit unmöglich. Reicht das Schuldnervermögen zur Befriedigung der Gläubiger nicht mehr aus, so sieht die Rechtsordnung mit dem Insolvenzverfahren eine **Gesamtvollstreckung** („Generalexekution") vor, in der zugunsten aller Gläubiger das gesamte Vermögen des Schuldners verwertet wird – nach dem hier geltenden Grundsatz der **Gläubigergleichbehandlung** (*par conditio creditorum*) werden die Gläubiger nicht nach dem Zuvorkommen, sondern gleichmäßig nach Quoten befriedigt. Zugleich bietet die Gesamtvollstreckung im Rahmen des Insolvenzverfahrens die Möglichkeit, eine Sanierung des Schuldners – insbesondere durch Teilschulderlass im Rahmen des (Zwangs-)Ausgleiches – einzuleiten.

4. Gerichtliche Vollstreckung und Verwaltungsvollstreckung

4 Wie bereits erwähnt, können auch verwaltungsbehördliche Entscheidungen Exekutionstitel in der gerichtlichen Zwangsvollstreckung darstellen (§ 1 Z 10 ff EO). In diesem Rahmen können sich die Verwaltungsbehörden der gerichtlichen Exekution zur Durchsetzung öffentlich-rechtlicher Geldforderungen bedienen. Die Naturalexekution zur Verwirklichung anderer öffentlich-rechtlicher Pflichten wird von den Verwaltungsbehörden selbst nach den Bestimmungen des VVG durchgeführt. Auch die Geldexekution kann von den Verwaltungsbehörden selbst nach den Bestimmungen des VVG bzw – für die Finanzbehörden – der AbgEO vollzogen werden. Wollen die Verwaltungsbehörden im Zuge der Durchsetzung von Geldforderungen jedoch auf unbewegliches Vermögen des Schuldners greifen, so müssen sie sich jedenfalls der gerichtlichen Exekution bedienen (§ 3 Abs 3 AbgEO iVm § 3 Abs 1 VVG).

5. Vollstreckungsrecht und Verfassungsrecht

5 Im modernen Rechtsstaat ist die Ausübung von Zwang grundsätzlich dem Staat vorbehalten („**staatliches Gewaltmonopol**"). Selbsthilfe ist – anders als in älteren Rechtsordnungen, in denen der Gläubiger das Recht hatte, selbst zur Vollstreckung zu schreiten – nur in wenigen gesetzlich ausdrücklich geregelten Fällen zulässig (vgl §§ 19, 344, 366a, 1321 ABGB; § 373 Abs 2, § 379 Abs 2 UGB). Daraus folgt, dass der Staat, will er den in Art 6 EMRK garantierten effektiven Rechtsschutz in Zivilrechtssachen prästieren, auch ein entsprechend ausgestattetes Zwangsvollstreckungsverfahren zur Verfügung zu stellen hat. Bei der Mehrzahl der zu vollstreckenden Ansprüche handelt es sich um solche vermögensrechtlicher Natur; damit dient das Zwangsvollstreckungsrecht auch und vor allem der Verwirklichung der verfassungsrechtlichen Eigentumsgarantien.

Umgekehrt können in der Zwangsvollstreckung auch **Grundrechte** berührt werden, die dem Schutze des Verpflichteten dienen: So wird durch den Vollstreckungszugriff zunächst in das Eigentum (Art 5 StGG; Art 1 1. ZPEMRK) des Verpflichteten eingegriffen; eine „Kahlpfändung" – dh eine Vollstreckung, die dem Verpflichteten kein Existenzminimum beließe – verstieße jedenfalls gegen die Menschenwürde; bei einer Pfändung in den Räumlichkeiten des Verpflichteten oder insbesondere bei der Räumungsexekution steht sowohl das Hausrecht als auch das Recht des Verpflichteten auf Achtung seines Privat- und Familienlebens in Rede (Art 8 EMRK; HausRG); wird Beugehaft verhängt, so ist das Grundrecht auf persönliche Freiheit berührt (vgl Art 5 EMRK und die Bestimmungen des PersFrG); auch das im DSG verankerte Grundrecht auf Datenschutz kommt in vielen exekutionsrechtlichen Konstellationen – man denke etwa an die Drittschuldnerauskunft durch den Hauptverband der Sozialversicherungsträger im Recht der Forderungsexekution – in Betracht. Kommt es im Exekutionsverfahren zu bindenden Feststellungen über Rechtsfragen, die dem Begriff der „civil rights and obligations“ in Art 6 EMRK entsprechen, so hat der Rechtsschutz im Vollstreckungsverfahren den Garantien eines „fair trial“ iS dieser Bestimmung zu entsprechen.

In der Tat handelt es sich also bei der Zwangsvollstreckung um einen im Hinblick auf die Grundrechte der Beteiligten außerordentlich „eingriffsnahen“ Rechtsbereich. Es ist daher hier noch viel bedauerlicher als im Erkenntnisverfahren, dass die österreichische Rechtsordnung keine Beschwerde an den VfGH vorsieht. Die Wahrung der Verfassungsmäßigkeit des Vollstreckungsvollzuges kommt daher – sieht man von den Fällen ab, in denen das Vollstreckungsrecht selbst verfassungswidrig ist (vgl Art 89 B-VG) – letztlich den Zivilgerichten selbst zu. Daher ist das Postulat der **verfassungskonformen Auslegung** des Exekutionsrechtes durch die Gerichte von besonderer Bedeutung.

6. Vollstreckbarkeit – vollstreckbarer Anspruch – Vollstreckungsanspruch – Vollstreckungsgegenstand – Vollstreckungsinteresse

Das Exekutionsrecht dient der Durchsetzung **vollstreckbarer Ansprüche**, also von Ansprüchen, für die ein vollstreckbarer Titel vorliegt (zur **Vollstreckbarkeit** als Urteilswirkung vgl *Rechberger/Simotta*, ZPR Rz 914). Davon zu unterscheiden ist der **Vollstreckungsanspruch** als der öffentlich-rechtliche Anspruch auf Zwangsvollstreckung; er stellt einen Teil des Justizgewährungsanspruches (Art 6 EMRK) dar. 6

Der **Vollstreckungsgegenstand** ist als Verfahrensgegenstand des Exekutionsverfahrens das Pendant zum Streitgegenstand im Zivilprozess. Während sich die Lehre im Erkenntnisverfahren zu einem prozessualen Streitgegenstandsbegriff bekennt, ist es im Exekutionsverfahren noch als ungeklärt anzusehen, ob von einem materiellen, prozessualen oder beide Elemente vereinigenden Vollstreckungsgegenstandsbegriff auszugehen ist; diese Diskussion ist jedoch von überwiegend akademischer Bedeutung.

Unter dem „**Vollstreckungsinteresse**“ versteht man ein von der Rechtsordnung gebilligtes Interesse des betreibenden Gläubigers an der Exekution. Es stellt damit das exekutionsrechtliche Pendant zum Rechtsschutzinteresse im Erkenntnisverfahren dar. So wie das Rechtsschutzinteresse keine allgemeine Prozessvoraussetzung darstellt, ist auch das Vorliegen eines Vollstreckungsinteresses keine Voraussetzung für die Zulässigkeit der Exekution. Während die Rsp im Erkenntnisverfahren in den letzten Jahren weitgehend davon abgekommen ist, das unscharfe und vor allem vom Gesetz nicht vorgesehene Institut des Rechtsschutzinteresses zu bemühen, findet sich das „Vollstreckungsinteresse" (bzw sein Fehlen!) nach wie vor in der Judikatur als argumentative *ultima ratio* für ansonsten schwer lösbare vollstreckungsrechtliche Fallkonstellationen (vgl etwa JBl 1995, 120 [*Oberhammer*]).

7. Realexekution – Personalexekution

7 Ältere Vollstreckungsordnungen kannten neben der Exekution auf das Vermögen des persönlich haftenden Schuldners (**Realexekution**) auch einen Zugriff auf dessen Person durch exekutive Schuldhaft („Schuldturm") bzw Schuldknechtschaft – die **Personalexekution** aufgrund der leiblichen Haftung des Schuldners. Mit dem Wechselarrest wurde im 19. Jh das letzte Rudiment der leiblichen Haftung in der Geldexekution beseitigt. Heute bestimmt Art 1 4. ZPEMRK: „Niemandem darf die Freiheit allein deshalb entzogen werden, weil er nicht in der Lage ist, eine vertragliche Verpflichtung zu erfüllen."

Das Exekutionsrecht kennt freilich die **Inhaftierung** des Verpflichteten noch für die Erzwingung der Abgabe eines Vermögensverzeichnisses (§ 48 EO) sowie zur Erzwingung von unvertretbaren Handlungen, Duldungen und Unterlassungen (§§ 354, 355 EO). Diese Bestimmungen verstoßen inhaltlich nicht gegen Art 1 4. ZPEMRK, da in den genannten Fällen die Haft überhaupt nur dann zulässig ist, wenn und weil es dem Verpflichteten, dessen Wille durch die Inhaftierung in erster Linie gebeugt werden soll, möglich ist, sich entsprechend zu verhalten. Verfassungsrechtlich bedenklich ist dagegen der – praktisch freilich weitgehend bedeutungslose – Personalarrest im Provisorialverfahren (§ 386 EO).

8. Geldexekution – Naturalexekution

8 Die überwiegende Mehrzahl der Exekutionsverfahren dient der zwangsweisen Durchsetzung von **Zahlungsansprüchen** des betreibenden Gläubigers („**Geldexekution**"). Für diese Ansprüche sieht der Zweite Abschnitt der EO den Zugriff auf die dort angeführten Vermögensgegenstände vor, durch deren Verwertung der betreibende Gläubiger Befriedigung erlangen soll: Dem betreibenden Gläubiger steht die Exekution auf das unbewegliche (§§ 87 bis 248 EO) und das bewegliche (§§ 249 bis 345 EO) Vermögen offen; man nennt diese Vollstreckungsarten Immobiliar- bzw Mobiliarexekution. Zur Mobiliarexekution zählen wiederum die Fahrnisexekution (§§ 249 bis 289 EO), die Forderungsexekution (§§ 290 bis 324 EO), die Anspruchsexekution (§§ 325 bis 329 EO) sowie die Exekution auf sonstige Vermögensrechte (§§ 330 bis 345 EO).

Neben Geldforderungen gilt es aber auch **andere Ansprüche** des betreibenden Gläubigers zu vollstrecken („**Naturalexekution**"). Der Dritte Abschnitt der EO schafft daher Bestimmungen über die Erzwingung der Herausgabe oder Leistung von beweglichen Sachen (§§ 346 bis 348 EO), der Überlassung oder Räumung von unbeweglichen Sachen (§ 349 EO), der Einräumung oder Aufhebung bücherlicher Rechte (§ 350 EO), für die Real- oder Zivilteilung einer Gemeinschaft bzw die Grenzberichtigung (§§ 351, 352 EO), für die Erwirkung von vertretbaren (§ 353 EO) und unvertretbaren (§ 354 EO) Handlungen, von Duldungen, Unterlassungen (§§ 355 ff EO) sowie der Abgabe von Willenserklärungen (§ 367 EO).

Bei der Naturalexekution unterscheidet man zwischen direkten und indirekten Exekutionsarten: In der **direkten** Exekution wird der titelkonforme Zustand wie in der Geldexekution durch unmittelbaren Zwang in der Vollstreckung herbeigeführt. Zur **indirekten** Exekution kommt es bei der Zwangsvollstreckung zur Erwirkung von unvertretbaren Handlungen, Duldungen und Unterlassungen, wo der exekutive Zwang mittelbar, dh durch die Verhängung von Geld- und Haftstrafen ausgeübt wird (vgl Näheres unten Rz 441).

B. Rechtsquellen

Das Zwangsvollstreckungsrecht ist in der Exekutionsordnung vom 27.5.1896 (RGBl 79) – samt Einführungsgesetz (RGBl 78; wiederverlautbart durch BGBl 1953/6) – kodifiziert. Die EO hat in jüngster Zeit durch die EO-Novellen 1991 (BGBl 628), 1995 (BGBl 519), 2000 (BGBl I 59), 2003 (BGBl I 31), 2005 (BGBl I 68) und 2008 (BGBl I 37) umfassende Änderungen erfahren. Wesentliche Änderungen enthielten auch das BG zum Schutz vor Gewalt in der Familie (BGBl 1996/759) und die WGN 1997 (BGBl I 1997/140). 9

Subsidiär sind im Zwangsvollstreckungsrecht gem § 78 EO die allgemeinen Bestimmungen der ZPO über die Parteien, das Verfahren und die mündliche Verhandlung, über den Beweis, die Beweisaufnahme und über die einzelnen Beweismittel, über richterliche Beschlüsse und über das Rechtsmittel des Rekurses anzuwenden. Aber auch über diesen Katalog des § 78 EO hinaus ist es nicht ausgeschlossen, einzelne Bestimmungen der ZPO im Exekutionsrecht analog anzuwenden (vgl etwa EvBl 1994/60 = JBl 1994, 478).

Einschlägige Bestimmungen finden sich daneben in der Jurisdiktionsnorm (RGBl 1895/111) und dem Gerichtsorganisationsgesetz (RGBl 1896/217, wiederhergestellt durch das GOG 1945 StGBl 1945/47); praktisch bedeutsame Nebengesetze sind etwa das Liegenschaftsbewertungsgesetz (BGBl 1992/150), das gerichtliche Einbringungsgesetz (BGBl 1962/288), das Rechtspflegergesetz (BGBl 1985/560) sowie das Vollzugsgebührengesetz (BGBl I 2003/31). Daneben ist insbesondere auf die Geschäftsordnung für die Gerichte I. und II. Instanz (Wiederverlautbarung BGBl 1951/264) hinzuweisen.

C. Das Gericht

Literatur: *Schmid*, Zur Mitwirkung der Exekutive an der Delogierung, ÖJZ 1954, 133; *Brandtner*, Über die Zuständigkeit im Fahrnisexekutionsverfahren, ÖJZ 1957, 487; *Gaul*, Der Gerichtsvollzieher – ein organisationsrechtliches Stiefkind des Gesetzgebers, ZZP 87 (1974) 241; *Burghardt*, Zwangsvollstreckungsorgane in europäischen Ländern im Vergleich zum deutschen Gerichtsvollzieher (Bundesrepublik, Frankreich, Schweiz, Österreich) (1976); *Feitzinger*, Die Entwicklung des Instituts des Rechtspflegers in der österreichischen Gerichtsbarkeit, ÖRPfl 1986, H 2, 3 und 33 und ÖRPfl 1987, H 1, 3; *Mayr*, Stellung und Aufgaben des Rechtspflegers in Österreich, DRPfl 1991, 397; *Stifter*, Dürfen oder müssen? Strittige Auslegung der geänderten §§ 25 und 69 EO, ÖRPfl 1993, H 2, 38; *Mohr*, Vereinfachtes Bewilligungsverfahren und andere am 1.10.1995 in Kraft getretene Bestimmungen der EONov 1995, ÖJZ 1995, 889; *Albrecht*, Die Exekutionsordnungs-Novelle 1995 (1995); *Klicka/Albrecht*, Die EO-Novelle 1995 – Änderungen im Allgemeinen Teil, ecolex 1995, 707; *dies*, Die Fahrnisexekution nach der EO-Novelle 1995, ecolex 1995, 791; *Mohr*, Die Fahrnisexekution nach der EONov 1995, ÖJZ 1996, 81; *Kloiber*, Das Auffindungs- und Zugriffsverfahren, ZIK 1996, 80; *Oberhammer*, Fahrnisverwertung nach der EO-Novelle 1995: Grundsätzliche Neuerungen im Verwertungsverfahren, ZIK 1996, 84; *Konecny*, Die Exekutionsordnung nach 100 Jahren, in *Mayr* (Hg), 100 Jahre österreichische Zivilprozeßgesetze (1998) 95; *Mohr*, EO-Novelle 2003, ecolex 2003, 502; *Jakusch*, Die EO-Novelle 2003, ÖJZ 2004/14, 201; *Mohr*, Die Vollzugsgebühr im Exekutionsverfahren, ZIK 2004/45, 46; *Schneider*, Wesentliche Neuerungen der EO-Novelle 2003, ZIK 2004/46, 48; *Mohr*, Exekutionsordnungs-Novelle 2005, ecolex 2005, 602; *Sima*, Die EO-Novelle 2005, ZIK 2005, 126; *Anderl*, Die EO-Novelle macht es möglich – bald Zwangsversteigerungen bei eBay & Co? Zak 2008, 126; *Frauenberger-Pfeiler*, Die EO-Novelle 2008, JAP 2007/2008, 235; *Mohr*, Die Internetversteigerung und sonstige Änderungen bei der Fahrnisexekution – Neuerungen durch die EO-Novelle 2008, ecolex 2008, 117; *Mohr*, Die neue Zwangsverwaltung – Ein Überblick über die Änderungen durch die EO-Nov 2008, ecolex 2008, 215; *Sloboda*, Die EO-Novelle 2008 im Überblick, Zak 2008, 123.

Petschek/Hämmerle/Ludwig 20 ff; *Heller/Berger/Stix* I 153 ff, 300 ff, 602 ff, 674 ff; *Rechberger/Simotta* Rz 25 ff; *Holzhammer* 9 ff, 71 ff; *Meinhart* in *Burgstaller/Deixler-Hübner* zu § 3 EO; *Seiser* in *Burgstaller/Deixler-Hübner* zu §§ 4 ff, 17 ff EO; *Deixler-Hübner* in *Burgstaller/Deixler-Hübner* zu §§ 24 ff EO; *Fucik* in *Burgstaller/Deixler-Hübner* zu §§ 50 f; *Jakusch* in *Angst* zu §§ 3 ff, 17 ff, 50 f EO; *Neumayr* 3 ff.

1. Die ordentlichen Gerichte als Träger der Vollstreckungsgewalt

10 Neben den durch VVG und AbgEO berufenen Behörden (vgl oben Rz 4) kommt nur den **ordentlichen Gerichten** Vollstreckungsgewalt zu; Sonder- und Schiedsgerichte haben keine Vollstreckungsgewalt. Das die

Exekution bewilligende Gericht wird als **Bewilligungsgericht**, das die Vollstreckung vollziehende Gericht als **Exekutionsgericht** bezeichnet; seit der EO-Nov 1995 sind Bewilligungs- und Exekutionsgericht im Regelfall ident (vgl unten Rz 14). Dem Gericht, das den Exekutionstitel erlassen hat (**Titelgericht**), kommt lediglich die Erteilung der Vollstreckbarkeitsbestätigung zu (vgl dazu Rz 80); dieses Verfahren zählt jedoch noch nicht zum Vollstreckungsverfahren, sondern gehört noch zum Erkenntnisverfahren (vgl unten Rz 82).

2. Inländische Gerichtsbarkeit

Die inländische Gerichtsbarkeit für das Exekutionsverfahren ist von jener für das Erkenntnisverfahren zu unterscheiden. Die **Befugnis österreichischer Zivilgerichte zur Ausübung ihrer Vollstreckungsgewalt** liegt vor, wenn für einen konkreten Vollstreckungsgegenstand ein inländischer Gerichtsstand (vgl §§ 18 f EO) gegeben ist. Ein Mangel der inländischen Gerichtsbarkeit ist hier in jeder Lage des Verfahrens von Amts wegen wahrzunehmen. 11

Ein inländischer Vollstreckungsgerichtsstand liegt in der Regel dann vor, wenn sich das Vollstreckungsobjekt im Inland befindet. Handelt es sich bei diesem um eine (körperliche) Sache, wie etwa bei der Liegenschafts-, Fahrnis- oder Herausgabeexekution (§ 346 EO), so ergeben sich in diesem Zusammenhang kaum Abgrenzungsprobleme. Schwieriger ist die Rechtslage bei der **Forderungsexekution**: Hier wurde früher vertreten, diese sei unzulässig (oder nur beschränkt zulässig), wenn der Drittschuldner seinen (Wohn-)Sitz im Ausland hat. Ursache dafür war die Vorstellung, die Zustellung des Zahlungsverbotes an den ausländischen Drittschuldner (welche ja nach § 294 Abs 3 EO das Pfändungspfandrecht an der Forderung begründet) sei ein unzulässiger grenzüberschreitender Hoheitsakt. Von dieser Auffassung hat sich der OGH jedoch gelöst (SZ 69/286). Die Rsp berücksichtigt allerdings zu wenig das eigentliche Problem, nämlich den Schutz des ausländischen Drittschuldners und ist daher problematisch (vgl dazu Rz 377 und *Oberhammer* in *Angst* Rz 4 ff zu § 294 EO). Schwierige – und in vielen Punkten ungelöste – Fragen ergeben sich in diesem Zusammenhang bei der **Naturalexekution**: So war etwa lange Zeit umstritten, ob gegen einen Verpflichteten mit (Wohn-)Sitz im Ausland Exekution zur Erwirkung der Unterlassung von inländischen Handlungen geführt werden kann (vgl zutr bejahend SZ 68/81). Insgesamt ist in der Judikatur wohl ein Trend zu beobachten, hier den praktisch bestehenden Vollstreckungsinteressen der Beteiligten zur Verwirklichung zu verhelfen, anstatt (wie dies in der Vergangenheit oft der Fall war) staatliche Souveränitätsinteressen auf Kosten individueller Gläubiger zu schützen.

Ist die Rechtsverfolgung im Zwangsvollstreckungsverfahren im Ausland unmöglich oder unzumutbar, liegt aber kein inländischer Vollstreckungsgerichtsstand vor, so hat der OGH gem § 28 JN ein Vollstreckungsgericht zu ordinieren (SZ 68/81).

12 Für immune bzw exterritoriale Personen gilt Folgendes: Gegen Diplomaten dürfen Vollstreckungsmaßnahmen grundsätzlich nur in den Fällen gesetzt werden, in welchen diese gem Art 31 Abs 1 lit a–c WrDiplK keine Immunität genießen (Art 31 Abs 3 WrDiplK). Auch in diesem Rahmen dürfen Vollstreckungsmaßnahmen nur dann erfolgen, wenn sie nicht die Unverletzlichkeit der Person oder der Wohnung des Diplomaten beeinträchtigen. Ein vom Entsenderstaat erklärter Verzicht auf die Immunität von der Gerichtsbarkeit gilt nur für das Erkenntnisverfahren; für die Vollstreckung ist ein besonderer Verzicht erforderlich (Art 32 Abs 4 WrDiplK). Ausländische Staaten unterliegen nur mit jenem Vermögen der inländischen Vollstreckungsgewalt, das ausschließlich privatrechtlichen Zwecken dient (SZ 59/76 = JBl 1986, 733 = HS 17.079 = RdW 1986, 274 = RZ 1987/1). Zur Vornahme von Vollstreckungshandlungen gegen Exterritoriale bzw in deren Räumlichkeiten ist die Vermittlung des BMAA im Wege des BMJ in Anspruch zu nehmen (§ 31 Abs 1 EO). Wurde durch ein Exekutionsverfahren gegen eine Immunität verstoßen, so kann es nach § 42 JN auf Antrag der obersten Administrativbehörde zu einer Aufhebung der Exekutionsbewilligung und aller anderen Exekutionsakte durch den OGH kommen.

3. Zulässigkeit des Rechtsweges

13 Da den Zivilgerichten auch die Vollstreckung verwaltungsbehördlicher Exekutionstitel bezüglich öffentlich-rechtlicher Geldforderungen zukommt (vgl oben Rz 1), liegt eine **Unzulässigkeit des Rechtsweges ieS** nur dann vor, wenn in der gerichtlichen Exekution andere Leistungen (Handlungen, Duldungen, Unterlassungen) aufgrund eines verwaltungsbehördlichen Bescheides als Exekutionstitel erzwungen werden sollen.

Die Frage nach der **Unzulässigkeit des ordentlichen Rechtsweges** stellt sich nicht, da zur Vollstreckung von Entscheidungen von Sonder- und Schiedsgerichten allein die ordentlichen Zivilgerichte berufen sind – jenen mangelt es ja an der Vollstreckungsgewalt.

Gem § 19 Abs 1 AußStrG aF waren Beschlüsse aus dem **Außerstreitverfahren** vom Außerstreitgericht durch „angemessene Zwangsmittel" zu vollstrecken. Daneben konnte gem § 19 Abs 3 AußStrG iVm § 1 Z 6 EO auch eine Vollstreckung von Außerstreitbeschlüssen nach der EO beantragt werden, da diese Exekutionstitel darstellen. Das Verhältnis der „Außerstreitexekution" des § 19 Abs 1 AußStrG zu den Bestimmungen der EO war nicht völlig geklärt. Das neue AußStrG (BGBl I 2003/111) sieht in § 80 die Exekution nach der EO als Regelfall an. Nach den ErläutRV sollte nunmehr eine klare Abgrenzung der Zuständigkeiten vorgenommen werden, wobei die Exekution nach der EO für die Durchsetzung eines Großteils der im Rahmen des im Außerstreitverfahren ergehenden Entscheidungen geeignet befunden wurde. Im Außerstreitverfahren sollen nur jene Entscheidungen vollstreckt werden, deren Vollzug nach der EO schlicht nicht in Frage kommt. Eine spezielle außerstreitige Exekution wurde daher bei einzelnen Materien gesondert angeordnet (vgl etwa § 110 AußStrG zur Durchsetzung von Obsorge- und Besuchsrechtsregelungen).

4. Zuständigkeit

Seit der EO-Novelle 1995 sind für das gesamte Exekutionsverfahren **sachlich** die **Bezirksgerichte** zuständig (§§ 4, 17, 82 EO). 14

Die Bewilligung der Exekution hat durch jenes Gericht zu erfolgen, das auch für den Vollzug zuständig ist (= Exekutionsgericht; § 4 EO). Für den Vollzug ist **örtlich** zuständig,

- wenn die Exekution auf ein im Inland gelegenes, in einem öffentlichen Buch eingetragenes, unbewegliches Gut durch Zwangsverwaltung oder durch Zwangsversteigerung oder auf bücherlich eingetragene Rechte an einem solchen Gut geführt wird, das Bezirksgericht, bei dem sich die (Haupt-)Einlage des betreffenden unbeweglichen Gutes befindet (§ 18 Z 1 EO);
- wenn die Exekution auf eine im Inland gelegene, nicht in einem öffentlichen Buch eingetragene, unbewegliche oder gesetzlich für unbeweglich erklärte Sache, auf Schiffmühlen oder auf Schiffen errichtete Bauwerke geführt wird, jenes Bezirksgericht, in dessen Sprengel die Sache (zu Beginn des Vollzuges) gelegen ist (§ 18 Z 2 EO);
- für die Exekution auf Forderungen, die nicht bücherlich sichergestellt sind, jenes Bezirksgericht, bei welchem der Verpflichtete seinen allgemeinen Gerichtsstand in Streitsachen (§§ 65 ff JN) hat; ist kein allgemeiner Gerichtsstand im Inland begründet, jenes Bezirksgericht, in dessen Sprengel sich der Wohnsitz, Sitz oder Aufenthalt des Drittschuldners oder, wenn dieser unbekannt oder nicht im Inland gelegen ist, das für die Forderung eingeräumte Pfand befindet (§ 18 Z 3 EO);
- in allen übrigen Fällen dasjenige Bezirksgericht, in dessen Sprengel sich zu Beginn des Vollzuges die Sache befindet, auf die Exekution geführt wird; in Ermangelung solcher Sachen das Bezirksgericht, in dessen Sprengel die erste Exekutionshandlung tatsächlich vorzunehmen ist (§ 18 Z 4 EO).

Hat der Verpflichtete im Fall des § 18 Z 3 EO bei mehreren Bezirksgerichten seinen allgemeinen Gerichtsstand in Streitsachen, so hat der Gläubiger die Wahl, bei welchem der zum Einschreiten als Exekutionsgericht zuständigen Gerichte er um Bewilligung der Exekution ansucht (§ 5 EO). Wenn wegen der Lage des Vermögens, auf das Exekution geführt werden soll, wegen des gleichzeitigen Ansuchens um mehrere Exe- 15 kutionsarten oder weil ein betreibender Gläubiger aufgrund desselben Exekutionstitels Exekution gegen mehrere Verpflichtete beantragt, in verschiedenen Gerichtssprengeln Exekutionshandlungen vorzunehmen wären, so hat der Gläubiger ebenfalls die Wahl, bei welchem der zuständigen Gerichte er um die Bewilligung der Exekution ansucht (§ 6 EO). Steht der Vollzug der bewilligten Exekution nicht dem Gericht zu, welches die Exekution bewilligt hat, so hat Letzteres das zum Einschreiten als Exekutionsgericht berufene Gericht von Amts wegen um den Exekutionsvollzug zu ersuchen (§ 69 Abs 1 EO). Auch dann, wenn sich während eines Exekutionsverfahrens die Notwendigkeit ergibt, zur Vornahme einzelner, außerhalb des Sprengels des Exekutionsgerichtes vorzunehmender Exekutionshandlungen die Mitwirkung eines anderen Gerichtes in Anspruch zu nehmen, hat das Exekutionsgericht dieses andere Gericht von Amts wegen darum zu ersuchen (§ 69 Abs 2 EO).

Führt ein betreibender Gläubiger gegen denselben Verpflichteten bei mehreren Gerichten desselben OLG-Sprengels Exekution, so kann das OLG auf Anzeige des Bewilligungsgerichtes eines der Exekutionsgerichte oder auf Antrag einer Partei einzelne Akte des Exekutionsvollzuges einem dieser Gerichte ausschließlich übertragen, wenn dies zur Vereinfachung des Exekutionsverfahrens, zur vorteilhafteren Verwertung der Exekutionsobjekte oder zur Verminderung der Kosten geeignet erscheint (§ 21 EO). Führt ein Gläubiger gegen denselben Verpflichteten Exekution auf mehrere Liegenschaften, obliegt der Vollzug demselben Gericht oder benachbarten Gerichten desselben OLG-Sprengels und sind die bewilligten Exekutionsmittel gleichartig oder ermöglichen sie doch eine Zusammenfassung des Exekutionsvollzuges, so kann die Verbindung des Vollzuges dieser Exekutionen angeordnet werden, wenn sie zur Vereinfachung des Exekutionsverfahrens, zur vorteilhafteren Verwertung oder zur Verminderung der Kosten geeignet erscheint. Diese Anordnung kann vom Exekutionsgericht auf Antrag oder von Amts wegen getroffen werden, wenn es zum Vollzug sämtlicher Exekutionen zuständig ist, ansonsten vom zuständigen OLG (§ 22 EO).

16 Gerichtsstandsvereinbarungen sind im Exekutionsverfahren nicht möglich (§ 51 EO). Die Gerichtsstände der EO sind also **Zwangsgerichtsstände**; eine Heilung der Unzuständigkeit iS von § 104 Abs 3 JN kommt nicht in Betracht. Die von einem unzuständigen Gericht im Exekutionsverfahren getroffenen Entscheidungen sind sohin gem § 477 Abs 1 Z 3 ZPO nichtig (SZ 55/178).

17 Das Gericht hat die für die Zuständigkeit maßgebenden Tatsachen ohne Bindung an das Parteivorbringen von Amts wegen zu untersuchen. Es hat gegebenenfalls seine Unzuständigkeit in jeder Lage des Verfahrens von Amts wegen durch Beschluss auszusprechen und die Rechtssache an das zuständige Gericht zu **überweisen** (§ 44 Abs 1 JN). Der Grundsatz der *perpetuatio fori* (§ 29 JN) gilt aber auch im Exekutionsverfahren.

18 Von der Zuständigkeit für das Exekutionsverfahren ist jene für die exekutionsrechtlichen bzw mit dem Exekutionsverfahren in Zusammenhang stehenden **Klagen** zu unterscheiden:

Zuständigkeit bleibt aufrecht, wenn sich während Verfahren maßgebliche Umstände ändern

- Für die Oppositions- und Impugnationsklage (vgl Rz 196 ff, 211 ff) ist jenes Gericht zuständig, von dem die Exekution in erster Instanz bewilligt wurde (§ 35 Abs 2, § 36 Abs 2 EO).
- Für die Exszindierungsklage (vgl Rz 221 ff) ist vor Beginn des Exekutionsvollzuges jenes Gericht zuständig, das die Exekution in erster Instanz bewilligt hat; nach Beginn des Vollzuges ist das Exekutionsgericht zuständig (§ 37 Abs 3 EO).
- Für die Pfandvorrechtsklage (vgl Rz 348) ist das Exekutionsgericht zuständig (§ 258 Abs 1 EO).
- Für die Interessenklage nach § 368 EO (vgl Rz 426) ist wahlweise das sonst nach der JN zuständige oder das Exekutionsgericht zuständig (§ 368 Abs 2 EO).
- Für die Titelergänzungsklage (vgl Rz 117 f) ist jenes Gericht zuständig, in dessen Sprengel der Beklagte seinen allgemeinen Gerichtsstand hat (LGZ Wien, RPflSlgE 1985/137).
- Für die Drittschuldnerklage (vgl Rz 386) ist jenes Gericht zuständig, das ohne die Überweisung der Forderung für eine Klage des Verpflichteten zuständig wäre (SZ 15/35 = RZ 1933, 145; SZ 25/281).
- Für die Widerspruchsklage von Ausfallsbeteiligten (vgl Rz 195) ist das Exekutionsgericht zuständig (§ 128 Abs 4, § 232 Abs 1, § 286 Abs 1 EO).

Da § 51 EO nur für das Zwangsvollstreckungsverfahren selbst gilt, sind für diese Klagen Gerichtsstandsvereinbarungen zulässig (EvBl 1972/322). Gemäß § 38 Abs 2 EO kann die inländische Gerichtsbarkeit für die Oppositions-, Impugnations- und Exszindierungsklage jedoch nicht nach § 104 Abs 1 JN (Vereinbarung) oder § 104 Abs 3 JN (Heilung) begründet werden. Auch Art 22 Z 5 EuGVVO und Art 16 Z 5 EuGVÜ/LGVÜ enthalten eine ausschließliche Zuständigkeit für exekutionsrechtliche Klagen.

5. Organe der Zwangsvollstreckung

a) Der Richter

Da seit der EO-Novelle 1995 sowohl für die Bewilligung als auch für **19**
den Vollzug der Exekution das Bezirksgericht zuständig ist, wird in der Zwangsvollstreckung stets ein **Einzelrichter** tätig. Im Rechtsmittelverfahren wird den Senaten kein fachmännischer Laienrichter beigezogen (§§ 7 f JN; §§ 6 bis 8 OGHG; § 50 EO; anders § 162 PatG). § 50 EO gilt freilich nicht für exekutionsrechtliche Klagen (§§ 35 bis 37 EO), sodass in solchen Fällen die Rechtsmittelsenate mit fachmännischen Laienrichtern besetzt sind (EvBl 1986/158 = RdA 1986, 430 [*Fink*] = RdW 1986, 154).

Das österreichische Vollstreckungsrecht ist im internationalen Vergleich von exemplarischer Gerichtslastigkeit, deren Zeitgemäßheit bezweifelt werden kann. Insbesondere muss jedes Exekutionsverfahren auf einer eigenen gerichtlichen Entscheidung (der Exekutionsbewilligung) beruhen und die Durchführung des Exekutionsvollzuges wird grundsätzlich als richterliche Aufgabe gesehen. Schon in Deutschland liegt die Zwangsvollstreckung in weitaus größerem Maße in der Hand des Gerichtsvollziehers; in Frankreich ist sie überhaupt Privaten, den *huissiers* übertragen. Immerhin haben die EO-Nov 1995 und 2003 durch eine vermehrte Aufgabenübertragung an den Gerichtsvollzieher diese „Gerichtslastigkeit" etwas zurückgedrängt. Es darf auch nicht übersehen werden, dass die meisten gerichtlichen Exekutionshandlungen nicht in der Hand des Richters, sondern in der des Rechtspflegers liegen.

b) Der Rechtspfleger

20 Die Mehrzahl der gerichtlichen Aufgaben im Exekutionsverfahren wird vom Rechtspfleger wahrgenommen. Rechtspfleger sind besonders qualifizierte nichtrichterliche Bundesbedienstete, denen als Organe des Bundes die Besorgung von Geschäften der Gerichtsbarkeit übertragen ist (Art 87a B-VG; § 1 RpflG). Der Rechtspfleger ist bei Besorgung der in seinen Wirkungskreis fallenden Geschäfte (nur) an die Weisungen des nach der Geschäftsverteilung zuständigen Richters gebunden (§ 8 Abs 1 RpflG).

Der Richter kann sich die Erledigung einzelner Geschäftsstücke vorbehalten oder deren Erledigung an sich ziehen, wenn dies nach seiner Ansicht im Hinblick auf die tatsächliche oder rechtliche Schwierigkeit der Sache oder die Wichtigkeit und Tragweite der Entscheidung zweckmäßig ist (§ 9 Abs 1 RpflG). Der Rechtspfleger hat ein Geschäftsstück – auch wenn es in seinen Wirkungskreis fällt – dem Richter vorzulegen, wenn der Richter sich dessen Erledigung vorbehalten hat oder diese an sich gezogen hat, wenn der Rechtspfleger von der ihm bekannten Rechtsansicht des Richters abweichen will oder wenn sich bei der Bearbeitung Schwierigkeiten rechtlicher oder tatsächlicher Art ergeben (§ 10 Abs 1 RpflG). Aufsteigende Rechtsmittel gegen Entscheidungen des Rechtspflegers hat dieser dem Richter vorzulegen (§ 10 Abs 2 RpflG).

Beschlüsse des Rechtspflegers können mit **Rekurs** angefochten werden; der Richter kann einem solchen Rekurs selbst stattgeben, andernfalls hat er ihn dem Rekursgericht vorzulegen (§ 11 RpflG). Abs 1a des § 11 RpflG stellt klar, dass auch der Rechtspfleger selbst befugt ist, seine Entscheidung abzuändern. Gegen Entscheidungen des Rechtspflegers, die nicht oder nur beschränkt anfechtbar sind, kann innerhalb von 14 Tagen **Vorstellung** an den Richter erhoben werden (vgl Rz 187 f). Auf diese Weise wird sichergestellt, dass in Sachen, die dem Rechtspfleger zur Entscheidung zugewiesen sind, jedenfalls auch ein Richter zur endgültigen Entscheidung berufen ist. Die Vorstellung hat grundsätzlich keine aufschiebende Wirkung, der Richter kann ihr diese jedoch zuerkennen und die notwendigen Sicherungsmaßnahmen anordnen, wenn daraus dem Gegner kein unverhältnismäßiger Nachteil erwächst und sonst der Zweck der Vorstellung vereitelt würde. Der Richter hat über die Vorstellung in der Sache selbst zu entscheiden: Eine „Aufhebung der Entscheidung des Rechtspflegers und Zurückverweisung zur Neudurchführung des Verfahrens" kommt also nicht in Betracht (§ 12 RpflG).

Zum **Wirkungskreis des Rechtspflegers** im Exekutionsverfahren zählen: **21**

- die Bestätigung der Rechtskraft und Vollstreckbarkeit von Entscheidungen, die er selbst gefällt hat (also insbesondere von Zahlungsbefehlen im Mahnverfahren!), und von solchen, die zwar vom Richter stammen, aber in jenes Arbeitsgebiet fallen, für das der Rechtspfleger insgesamt bestellt worden ist (§ 16 Abs 1 Z 2 RpflG);
- die Aufhebung einer von einem Rechtspfleger erteilten Bestätigung der Rechtskraft und der Vollstreckbarkeit (§ 16 Abs 1 Z 3 RpflG);
- die Entscheidung über Anträge auf Bewilligung der Verfahrenshilfe, wenn sie für ein Verfahren vor dem Rechtspfleger begehrt wird (§ 16 Abs 1 Z 4 RpflG);
- die Vornahme von Amtshandlungen aufgrund eines Rechtshilfeersuchens eines inländischen Gerichtes oder einer inländischen Behörde (§ 16 Abs 1 Z 5 RpflG);
- die Verhängung von Ordnungsstrafen bis zu einem Betrag von 200 € (§ 16 Abs 1 Z 6 RpflG);
- die Ausstellung der Bestätigung als Europäischer Vollstreckungstitel sowie die Berichtigung und der Widerruf der von einem Rechtspfleger erteilten Bestätigung (§ 16 Abs 1 Z 7 RpflG);
- die Exekution zur Hereinbringung von Geldforderungen durch zwangsweise Pfandrechtsbegründung nach §§ 87 bis 96 EO (§ 17 Abs 2 Z 1 lit a RpflG);
- die Fahrnis- und Forderungsexekution und die Exekution auf sonstiges bewegliches Vermögen nach §§ 249 bis 345 EO (§ 17 Abs 2 Z 1 lit b RpflG);
- die Exekution zur Sicherstellung nach §§ 371 und 372 EO, §§ 232, 233 BAO oder vergleichbaren Bestimmungen durch die in § 374 Abs 1 EO angeführten Zwangsmittel, ausgenommen die Zwangsverwaltung (§ 17 Abs 2 Z 2 RpflG);
- die Aufnahme eines Vermögensverzeichnisses (§ 17 Abs 2 Z 3 RpflG);
- im Zusammenhang mit den dem Rechtspfleger in der Geldexekution übertragenen Aufgaben die Entscheidung über Aufschiebungsanträge nach § 42 Abs 1 Z 2a, 3, 4 und 6 EO oder aus Anlass eines Antrages auf Aufhebung einer gesetzwidrig oder irrtümlich erteilten Bestätigung der Vollstreckbarkeit (§ 17 Abs 2 Z 4 RpflG);
- die Entscheidung über Vollzugsbeschwerden im Zusammenhang mit der Exekution auf bewegliche körperliche Sachen (§ 17 Abs 2 Z 6 RpflG);
- die Entscheidung über die Bewilligung, Aufhebung oder Einschränkung einer einstweiligen Verfügung nach § 382a EO (vorläufiger Unterhalt; § 19 Abs 1 Z 3 RpflG).

22 **Jedenfalls dem Richter** vorbehalten bleiben folgende Angelegenheiten:

- Berichte an vorgesetzte Behörden (§ 16 Abs 2 Z 1 RpflG);
- Schreiben an österreichische Vertretungsbehörden im Ausland, an ausländische Vertretungsbehörden im Inland, an andere ausländische Behörden und an zwischenstaatliche Organisationen (§ 16 Abs 2 Z 2 RpflG);
- die Erledigung von Beschwerden, nicht aber von Vollzugsbeschwerden in der Fahrnisexekution (§ 16 Abs 2 Z 3 iVm § 17 Abs 2 Z 6 RpflG);
- die Anordnung und die Abnahme eines Eides (§ 16 Abs 2 Z 4 RpflG);
- die Anordnung der Haft sowie die Umwandlung von Geldstrafen in Haft (§ 16 Abs 2 Z 5 RpflG);
- Entscheidungen, bei denen ausländisches Recht anzuwenden ist (§ 16 Abs 2 Z 6 RpflG);
- die Vollstreckbarerklärung ausländischer Exekutionstitel und das Exekutionsverfahren bis zum Eintritt der Rechtskraft dieser Entscheidung einschließlich der Bewilligung der Exekution (§ 17 Abs 3 Z 1 RpflG);
- die Festsetzung des Schadenersatzes nach § 54f EO und von Mutwillensstrafen nach § 54g EO (§ 17 Abs 3 Z 2 RpflG).

Seit der Ausdehnung der Befugnisse des Gerichtsvollziehers durch die EO-Nov 2003 ist der Rechtspfleger nach der Exekutionsbewilligung nur noch mit grundsätzlichen Fragen (inbesondere Einstellung und Einschränkung der Exekution und Verteilung des Verwertungserlöses) oder im Falle einer Vollzugsbeschwerde befasst.

Entscheidet der Rechtspfleger in einer Sache, die dem Richter vorbehalten ist, so ist die Entscheidung gem § 477 Abs 1 Z 2 ZPO mit Nichtigkeitsrekurs anfechtbar; eine Heilung der Nichtigkeit nach § 260 Abs 4 ZPO kommt nicht in Betracht.

c) Der Gerichtsvollzieher

23 Vollstreckungshandlungen, die nicht dem Richter oder Rechtspfleger vorbehalten sind, werden von den Vollstreckungsbeamten wahrgenommen. Die Vollstreckungsbeamten sind Hilfsorgane des Gerichtes, bei dem sie beschäftigt sind; sie haben sich an die vom Gericht erteilten Aufträge zu halten (§ 25 Abs 1 EO). Im Normalfall schreitet als Vollstreckungsorgan der Gerichtsvollzieher ein; in besonderen Fällen können auch andere dafür geeignete Gerichtsbedienstete herangezogen werden (§ 24 Abs 1 EO). Gerichtsvollzieher sind besonders ausgebildete Beamte, grundsätzlich können nur B-Beamte bestellt werden (§ 18 JN). Dem Gerichtsvollzieher obliegt vor allem der **faktische Vollzug** der Zwangsvollstreckung, es kommen ihm aber auch zahlreiche andere Kompetenzen zu. Seit der EO-Nov 1995 liegt die Durchführung der Fahrnisexekution – sieht man von deren Bewilligung ab – weitgehend in der Hand des Gerichtsvollzie-

hers (vgl Rz 343). Durch die EO-Nov 2003 wurden die bis dahin in der Fahrnisexekution bestehenden Befugnisse des Gerichtsvollziehers auf alle Vollzugsverfahren, in denen er tätig ist, ausgedehnt und die entsprechenden Bestimmungen in den Allgemeinen Teil der EO übertragen.

Sind bei einem Gericht zumindest zwei Gerichtsvollzieher tätig, so sind deren Geschäfte nach Gebieten aufzuteilen (§ 24 Abs 2 EO). Liegt der Vollzugsort, an dem der Gerichtsvollzieher einzuschreiten hat, danach im Sprengel eines anderen Gerichtsvollziehers oder liegt er im Sprengel eines anderen Bezirksgerichtes, so darf er auch die Grenzen des ihm zugewiesenen Gebietes bzw den Sprengel seines Bezirksgerichtes überschreiten; er kann aber auch den zuständigen Gerichtsvollzieher um Vornahme der betreffenden Exekutionshandlungen ersuchen (§ 25b Abs 3 EO).

Der Gerichtsvollzieher hat die ihm zugeteilten Aufträge ohne Verzug und unter Bedachtnahme auf eine Minimierung der Wegstrecken möglichst nach der Reihenfolge ihrer Zuteilung zu vollziehen (§ 25 Abs 1 EO). Die erste Vollzugshandlung ist aber jedenfalls innerhalb von vier Wochen ab Erhalt des Vollzugsauftrags durchzuführen (§ 25 Abs 3 EO). Damit soll vermieden werden, dass der Gerichtsvollzieher Akten hortet, wozu er nach dem durch die EO-Nov 2003 eingeführten Vergütungssystem verleitet sein könnte. Der Gerichtsvollzieher hat Exekutionshandlungen so lange vorzunehmen, bis der Auftrag erfüllt ist oder feststeht, dass er nicht erfüllt werden kann (§ 25 Abs 2 EO). Zur Vollzugszeit vgl Rz 58.

Der Gerichtsvollzieher hat die Exekution an dem im Antrag auf Exekutionbewilligung genannten Ort zu vollziehen, außer es ist ihm bekannt, dass die Vollzugshandlung dort nicht durchgeführt werden kann (§ 25b Abs 1 EO). Sind ihm Orte, wo die Exekution erfolgreich durchgeführt werden kann, bekannt oder können solche durch zumutbare Erhebungen in Erfahrung gebracht werden, so hat er diese von Amts wegen – ohne weiteren richterlichen Auftrag – aufzusuchen (§ 25b Abs 2 EO). Wird der Verpflichtete bei einem Vollzugsversuch nicht angetroffen, kann der Gerichtsvollzieher diesen auffordern, sich bei ihm zu melden, wenn dadurch der Zweck der Exekution nicht vereitelt wird (§ 25c EO).

Der Gerichtsvollzieher ist befugt, soweit es der Zweck der Exekution 24
erfordert, die Wohnung des Verpflichteten, dessen Behältnisse und – wenn nötig, freilich mit entsprechender Schonung der Person – selbst die vom Verpflichteten getragene Kleidung zu durchsuchen. Verschlossene Haus-, Wohnungs- und Zimmertüren sowie verschlossene Behältnisse darf er ungeachtet geringfügiger Beschädigungen öffnen lassen (§ 26 Abs 1 EO). Dies ist jedoch nur dann zulässig, wenn die Türen bei einem Vollzugsversuch, der bei einem Unternehmen zur Geschäftszeit, sonst an Samstagen, Sonntagen und gesetzlichen Feiertagen sowie zur Nachtzeit durchgeführt wurde, versperrt waren (Z 1) oder wahrscheinlich über vier Monate versperrt sein werden (Z 2) oder bei der dem Verpflichteten bekannt gegebenen Vollzugszeit versperrt sind (Z 3) oder die am Vollzugsort anwesende Person nicht öffnet (Z 4) und der betreibende Gläubiger nicht auf eine Öffnung verzichtet (§ 26a Abs 1 EO). Der betreibende Gläubiger hat für die Beiziehung eines hiefür geeigneten Handwerkers ei-

nen Kostenvorschuss zu erlegen (§ 26a Abs 2 EO). Er kann auch die zur Öffnung erforderlichen Arbeitskräfte bereitstellen (§ 26a Abs 2 EO); bei der Delogierung (§ 349 EO) ist er dazu verpflichtet. Haus- und Wohnungstüren dürfen durch Auswechseln des Schlosses jedoch nur dann geöffnet werden, wenn der Schlüssel zum neuen Schloss (vom Verpflichteten) jederzeit – etwa bei einem Nachbarn – behoben werden kann (auch diese Bestimmung gilt naturgemäß nicht in der Räumungsexekution). Ist bei diesen Vollstreckungshandlungen weder der Verpflichtete noch eine zu seiner Familie gehörende oder von ihm zur Obsorge über die Räumlichkeiten bestellte volljährige Person anwesend, so sind dem Vollzug zwei vertrauenswürdige, volljährige Personen als Zeugen beizuziehen (§ 26 Abs 1 EO). Personen, die Exekutionshandlungen stören oder sich unangemessen verhalten, können vom Gerichtsvollzieher entfernt werden (§ 32 Abs 1 EO).

25 Der Gerichtsvollzieher übt selbst keine körperliche Gewalt aus: Er kann vielmehr zur Beseitigung von Widerstand unmittelbar die Unterstützung der den Sicherheitsbehörden zur Verfügung stehenden Organe des öffentlichen Sicherheitsdienstes in Anspruch nehmen (§ 26 Abs 2 EO).

Im Rahmen der Zwangsvollstreckung kommt dem Gerichtsvollzieher eine **Inkassofunktion** zu. Diese wurde in den vergangenen Jahren aufgewertet: Der Gerichtsvollzieher hat am Vollzugsort unmittelbar vor dem Vollzug den Verpflichteten zur Leistung der hereinzubringenden Forderung aufzufordern (§ 25a Abs 1 EO). Er ist berechtigt, die durch die Exekution zu erzwingenden Zahlungen oder sonstigen Leistungen in Empfang zu nehmen, diese wirksam zu quittieren und dem Verpflichteten, wenn dieser durch die Leistung seine Verbindlichkeit erfüllt hat, auf Verlangen die zu diesem Zweck vom Gericht oder vom betreibenden Gläubiger ausgehändigten Schuldurkunden zu übergeben; dessen ungeachtet kann der Verpflichtete nachträglich noch eine Quittung des Gläubigers fordern. Der Gläubiger kann auch die ihm als Gegenleistung obliegende Übergabe einer Urkunde, Geldsumme oder sonstigen Sache an den Verpflichteten rechtswirksam durch den Gerichtsvollzieher bewerkstelligen lassen (§ 25a Abs 2 EO); die Vollstreckungsorgane sind auch berechtigt, Schecks zahlungshalber entgegenzunehmen (§ 25a Abs 3 EO; vgl auch § 253a Abs 2 EO). Die Wegnahme von Geld durch den Gerichtsvollzieher gilt als Zahlung des Verpflichteten (§ 261 Abs 1 EO), wenn das Geld dem betreibenden Gläubiger sofort übergeben wird, ansonsten gilt die Übergabe des Geldes an den Gläubiger als Zahlung (vgl auch § 283 Abs 3 EO für die Ausfolgung des Erlöses).

Von besonderer Bedeutung ist die Möglichkeit des Gerichtsvollziehers, in bestimmten Fällen mit der Vollstreckung innezuhalten (vgl etwa §§ 46, 264b EO; § 34a MRG – vgl dazu Rz 155 f). **26**

Der Gerichtsvollzieher hat über die Durchführung des Vollzugs oder die entgegenstehenden Hindernisse spätestens vier Monate nach Erhalt des Vollzugsauftrags dem Gericht und dem betreibenden Gläubiger zu berichten (§ 25d EO; vgl § 252d EO). **27**

Gegen Amtshandlungen des Vollstreckungsorgans kann sich jeder dadurch Beschwerte mit einer **Vollzugsbeschwerde** (§ 68 EO – vgl dazu Rz 189 f) zur Wehr setzen; das Gericht hat dann mit entsprechenden Aufträgen Abhilfe zu schaffen; solche Weisungen sind gegebenenfalls auch von Amts wegen zu geben (§ 61 EO). Die Vollstreckungsbeamten können aus denselben Gründen abgelehnt werden wie die Richter (§ 26 JN).

Zu den **Aufgaben**, die im Rahmen der einzelnen Exekutionsarten dem **Gerichtsvollzieher** zugewiesen sind, zählen insbesondere: **28**

- die Durchführung der Pfändung in der Fahrnisexekution (§ 253 EO) und der Pfändung von Forderungen aus Papieren (§ 296 EO);
- die Durchführung des Verwertungsverfahrens (Versteigerung, Freihandverkauf, Ausfolgung des Erlöses) in der Fahrnisexekution (§§ 264 ff EO);
- die Wegnahme beweglicher Sachen und von Wertpapieren, die der Verpflichtete zu leisten hat (§ 346 EO);
- die Entgegennahme des Vermögensverzeichnisses, wenn die Fahrnisexekution fruchtlos geblieben ist (§ 47 Abs 1 Z 1 EO, § 253a EO);
- die Übergabe einer Liegenschaft an den Zwangsverwalter, sofern der Verpflichtete dem Auftrag des Exekutionsgerichts, die Liegenschaft dem Verwalter zu übergeben, nicht nachkommt (§ 99 Abs 3 EO);
- die Übergabe der über die verkaufte Forderung existierenden Urkunden an den Käufer (§ 318 Abs 1 EO);
- die Vornahme der notwendigen Rechtshandlungen (Präsentation, Protest, Notifikation) zur Ausübung der Rechte aus inländischen Papieren, die bei Gericht erliegen (§ 297 EO) sowie die Abgabe der Übertragungserklärung bei der Verwertung solcher Papiere (§ 305 EO);
- die Umschreibung von auf Namen lautenden Wertpapieren auf den Käufer und die Abgabe aller zum Zweck der Veräußerung erforderlichen Erklärungen anstelle des Verpflichteten (§ 268 Abs 2 EO);
- die Durchführung der Räumungsexekution (Delogierung) nach § 349 EO;
- die Verhaftung (§ 360 Abs 2 EO);
- die Einziehung der Forderung aus einer Sparurkunde (§ 319a EO), nicht jedoch deren gerichtliche Geltendmachung;
- die Beseitigung des Widerstandes des Verpflichteten bei der Zwangsvollstreckung zur Erwirkung von Duldungen (§ 357 EO).

D. Die Parteien

Literatur: *Stanzl*, Die Firma im Exekutionsverfahren, JBl 1951, 530; *Stagel*, Die Klage nach § 10 EO, ÖJZ 1952, 345; *Schmuck*, Über die rechtliche Konstruktion der Gütergemeinschaft, NZ 1958, 76; *Rechberger*, Die fehlerhafte Exekution (1978) 127 ff, 181 ff; *Holeschofsky*, Gedanken zu einem exekutionsrechtlichen Fall, RZ 1980, 98; *Reischauer*, Zum automatischen Pfandrechtsübergang, insbes bei notwendiger Zession, ÖJZ 1989, 193 und 232; *Klicka*, Zivilprozessuale Fragen bei Unternehmensveräußerung, ecolex 1990, 205; *Ballon*, Probleme bei der Veräußerung der streitverfangenen Sache durch den Beklagten, BeitrZPR IV (1991) 1; *Mohr*, Die neue Lohnpfändung, EO-Novelle 1991 (1991); *Oberhammer*, Die offene Handelsgesellschaft im Zivilprozeß (1998) 298 ff, 319 ff.

Petschek/Hämmerle/Ludwig 26 ff; *Heller/Berger/Stix* I 222 ff, 756 ff; *Rechberger/Simotta* Rz 83 ff; *Holzhammer* 13 ff, 48 ff; *Meinhart/Burgstaller* in *Burgstaller/Deixler-Hübner* zu §§ 9 f EO; *Deixler-Hübner* in *Burgstaller/Deixler-Hübner* zu § 34 EO; *Fucik* in *Burgstaller/Deixler-Hübner* zu § 52 EO; *Jakusch* in *Angst* zu §§ 34, 52 EO; *Neumayr* 3 ff.

1. Parteibegriff und Parteistellung

29 Die Parteien des Zwangsvollstreckungsverfahrens werden als **betreibender Gläubiger** und **Verpflichteter** bezeichnet (im Provisorialverfahren spricht das Gesetz von der „gefährdeten Partei" und vom „Gegner der gefährdeten Partei").

Betreibender Gläubiger ist jene Person, die die Bewilligung der Exekution beantragt hat; Verpflichteter jene, die in diesem Antrag als Vollstreckungsgegner bezeichnet wird; insofern weist der Parteibegriff des Exekutionsverfahrens – ebenso wie jener des Zivilprozesses – **formelle Elemente** auf.

30 Andererseits genießen auch Dritte Parteirechte im Zwangsvollstreckungsverfahren, die nicht betreibende Gläubiger sind (wie etwa Hypothekargläubiger im Zwangsversteigerungsverfahren oder Dritte, die sich mit einer Vollzugsbeschwerde nach § 68 EO gegen eine unzulässige Pfändung ihrer Vermögensgegenstände zur Wehr setzen [vgl dazu Rz 189 f]). Will eine dritte Person Widerspruch gegen die Zwangsvollstreckung erheben, weil sie ein Recht behauptet, welches die Exekution unzulässig machen würde, so muss sie die Exszindierungsklage (§ 37 EO – vgl Rz 221 ff) erheben, kann sich also nicht im Exekutionsverfahren wehren, sondern nur auf dem Prozessweg. Dritte, die lediglich ein Recht auf die vorrangige Befriedigung aus der gepfändeten Sache behaupten, können eine Pfandvorrechtsklage (§ 258 EO – vgl Rz 348) erheben.

Die Betroffenheit eines Dritten vom Vollstreckungszugriff kann aber sogar dazu führen, dass dieser die Rechtsstellung eines Verpflichteten erlangt: so etwa, wenn ein Organwalter einer Personengesellschaft im Zuge der Exekution gegen die Gesellschaft zur Erwirkung einer unvertretbaren Handlung (§ 354 EO) inhaftiert werden soll (vgl JBl 1995, 734) oder wenn die Sache eines Drittpfandbestellers im Zuge der Betreibung der besicherten Forderung gepfändet wird, wogegen sich der Pfandbesteller nach der Rsp nicht mittels Exszindierungsklage zur Wehr setzen kann (ZBl 1930/10). Insofern sind auch **materielle Elemente** des Parteibegriffes im Exekutionsverfahren nicht zu leugnen.

Sowohl auf Verpflichteten- als auch auf Betreibendenseite kann eine 31
Personenmehrheit stehen: Dies kann entweder deshalb der Fall sein, weil bezüglich des vollstreckbaren Anspruches eine Rechtsgemeinschaft besteht oder weil mehrere betreibende Gläubiger denselben Vermögensgegenstand verwerten lassen (Grundsatz der Einheitlichkeit des Verwertungsverfahrens). Man spricht hier von einer – aktiven oder passiven – Vollstreckungsgenossenschaft.

Kommt es nach Erlassung des Exekutionstitels, aber vor Bewilli- 32
gung der Exekution zu einer **Rechtsnachfolge** in den vollstreckbaren Anspruch, so kann die Exekution für oder gegen den Rechtsnachfolger nur bewilligt werden, wenn die Rechtsnachfolge durch öffentliche oder öffentlich beglaubigte Urkunden nachgewiesen wird (§ 9 EO) oder der betreibende Gläubiger erfolgreich mit Titelergänzungsklage vorgegangen ist (§ 10 EO; vgl zur Titelergänzung unten Rz 115 ff). Strittig ist, wie der Fall der Rechtsnachfolge nach Bewilligung der Exekution zu behandeln ist: Nach hA gilt § 9 EO dafür nicht; das Gericht soll hier vielmehr aufgrund von Erhebungen feststellen, ob Rechtsnachfolge eingetreten ist; ist dies der Fall, so kommt es zu einem Parteiwechsel im Exekutionsverfahren und die Parteibezeichnung des betreibenden Gläubigers bzw Verpflichteten wird von Amts wegen richtiggestellt (vgl EvBl 1978/88; aA *Rechberger/Simotta* Rz 94 unter Hinweis darauf, dass dies nicht mit § 10 EO vereinbar ist; *Jakusch* in *Angst* Rz 10 zu § 9 EO; vgl auch 3 Ob 354/97y).

Ausdrücklich regelt § 34 Abs 1 EO für den **Fall des Todes des Verpflichteten** nach Bewilligung der Exekution, dass die Vollstreckung, sobald eine Erbserklärung angebracht oder ein Nachlasskurator ernannt ist, in Ansehung des hinterlassenen Vermögens ohne neuerliche Bewilligung in Vollzug gesetzt oder fortgeführt wird. Ansonsten muss der betreibende Gläubiger die Bestellung eines einstweiligen Vertreters des Nachlasses beantragen. Eine zu Lebzeiten des Verpflichteten begonnene Liegenschaftsexekution kann ohne vorherige Bestellung eines einstweiligen Nachlassvertreters fortgeführt werden, wenn die zur Einleitung der

Zwangsversteigerung oder -verwaltung notwendige bücherliche Anmerkung noch vor dem Tode des Verpflichteten erfolgt ist (§ 34 Abs 2 EO).

2. Partei- und Prozessfähigkeit

33 Zum Begriff der Partei- und Prozessfähigkeit vgl *Rechberger/Simotta* ZPR Rz 306 ff. Auch im Vollstreckungsverfahren sind diese Verfahrensvoraussetzungen in jeder Lage des Verfahrens von Amts wegen wahrzunehmen; gegebenenfalls hat das Gericht mit einem Auftrag nach § 6 Abs 2 ZPO vorzugehen.

Mündige Minderjährige sind bezüglich jenes Vermögens, über das sie frei verfügen können (§ 151 Abs 2 ABGB), prozessfähig, dh sie bedürfen im Erkenntnisverfahren keines gesetzlichen Vertreters; ein Urteil, das in einem solchen Verfahren ergangen ist, kann aber wiederum nur in dieses Vermögen vollstreckt werden. Wird die Exekution in Vermögen des Minderjährigen geführt, auf das sich seine freie Verfügung nicht erstreckt, so ist sie gem § 39 Abs 1 Z 3 EO mangels Vollstreckungsunterworfenheit dieses Vermögens als nichtig einzustellen.

3. Parteienvertretung

34 Im Vollstreckungsverfahren erster Instanz herrscht Vertretungsfreiheit (§ 52 EO). Schriftliche Rekurse sind von einem Anwalt zu unterfertigen (§ 520 Abs 1 ZPO; freilich besteht nach dieser Bestimmung auch die Möglichkeit, den Rekurs – ohne Anwalt – beim BG mündlich zu Protokoll anzubringen).

Da für die Oppositions- und Impugnationsklage Eigenzuständigkeit des BG besteht (vgl oben Rz 18), herrscht hier lediglich bei einem Streitwert über 4.000 € relative Anwaltspflicht (vgl § 26 Abs 2 iVm § 29 Abs 1 ZPO).

Eine für den Zivilprozess erteilte Prozessvollmacht berechtigt den Prozessvertreter auch zur Einleitung der Exekution wider den Gegner, zur Vornahme aller während der Zwangsvollstreckung für den betreibenden Gläubiger zu setzenden Handlungen und zur Erwirkung des Sicherungsverfahrens (§§ 370 ff EO). Der Schuldner, der sich im Exekutionsverfahren weiter vom Prozessanwalt vertreten lassen möchte, muss diesem dagegen eine gesonderte Vollmacht erteilen. Desgleichen berechtigt die Prozessvollmacht nicht zur Entgegennahme von anderen Zahlungen des Gegners als den Prozesskosten, also auch nicht zum Empfang des Exekutionserlöses; *in praxi* wird freilich in der Regel eine besondere Vollmacht hiefür erteilt.

E. Verfahrensgrundsätze

Literatur: *Bauerreiß,* Kann neben der Exekution auf ein wirtschaftliches Unternehmen auch Exekution durch Zwangsverwaltung der Betriebsliegenschaft geführt werden? RZ 1962, 145; *Rechberger*, Die fehlerhafte Exekution (1978) 182 ff, 209 ff, 214 ff; *Wrabetz*, Die soziale Funktion des Exekutionsrechtes, AnwBl 1980, Sondernummer Dezember 1980, 10; *Konecny*, Die Aufschiebung der Fahrnisverwertung bei Forderungsexekution gemäß § 264a EO, RZ 1984, 218; *Götte*, Zur Wiedereinführung einer Rangfolge der Zwangsvollstreckungsmittel, ZZP 100 (1987) 412; *Rechberger*, Franz Klein und das Exekutionsrecht, in *Hofmeister* (Hg), Forschungsband Franz Klein (1988) 119; *Karollus*, Eingeschränkter Schuldnerschutz bei Übertragung eines Handelsgeschäftes? ÖJZ 1989, 202; *Mohr*, Die neue Lohnpfändung, EO-Novelle 1991 (1991); *Konecny*, Reihung von Fahrnis- und Forderungsexekution bzw Amtswegig einzuholendes Vermögensverzeichnis des Schuldners, ZZP 105 (1992) 401; *Eder*, Die Aufschiebung der Fahrnisexekution bei Forderungsexekution, ecolex 1992, 549; *ders*, Der Schuldnerschutz in der gerichtlichen Exekution (1994); *BMJ* (Hg), ADV-Exekutionsverfahren (1995), mit Beitrag von *Strejcek; Albrecht*, Die Exekutionsordnungs-Novelle 1995 (1995); *Klicka/Albrecht*, Die EO-Novelle 1995 – Änderungen im Allgemeinen Teil, ecolex 1995, 707; *dies*, Die Fahrnisexekution nach der EO-Novelle 1995, ecolex 1995, 791; *Mohr*, Vereinfachtes Bewilligungsverfahren und andere am 1.10.1995 in Kraft getretene Bestimmungen der EONov 1995, ÖJZ 1995, 889; *ders*, Die Fahrnisexekution nach der EONov 1995, ÖJZ 1996, 81; *Eder*, Pfändungsschutz und Austauschpfändung nach der EO-Novelle 1995, ZIK 1996, 52; *Grabenwarter/Geppert*, Die Bedeutung des Art 6 MRK für die Verhängung von Ordnungs- und Mutwillensstrafen, JBl 1996, 159 und 227; *Oberhammer*, Fahrnisverwertung nach der EO-Novelle 1995: Grundsätzliche Neuerungen im Verwertungsverfahren, ZIK 1996, 84; *ders*, Die Fahrnisverwertung nach der EO-Novelle 1995: Das Verkaufsverfahren von der Bestimmung des Versteigerungstermines bis zur Ausfolgung des Erlöses, ZIK 1996, 121; Grundrechtsverletzungen bei der Zwangsvollstreckung, DIKE International (1996) mit österreichischen Beiträgen von *Ballon*, *Buchegger*, *Fasching*, *Jelinek/Nunner/Gaedke/Zangl*, *Klicka*, *Rechberger/Oberhammer* und *Simotta*; *G. Kodek*, The Impact of the European Convention on Human Rights and Fundamental Liberties on Enforcement Practices, in *Andenas/Hess/Oberhammer* (Hg), Enforcement Agency Practice in Europe (2005) 303; *Mosser*, EGMR: Neue Judikatur zu Art 6 EMRK und Waffengleichheit im Exekutionsverfahren, Zak 2006, 186.

Petschek/Hämmerle/Ludwig 19, 35 ff, 43; *Heller/Berger/Stix* I 591, 624 ff, 974; *Rechberger/Simotta* Rz 108 ff; *Holzhammer* 28 ff; *Seiser* in *Burgstaller/Deixler-Hübner* zu § 16 EO; *Deixler-Hübner* in *Burgstaller/Deixler-Hübner* zu §§ 47 ff EO; *Rassi* in *Burgstaller/Deixler-Hübner* zu §§ 55 ff EO; *Jakusch* in *Angst* zu §§ 16, 47 ff, 55 ff EO; *Neumayr* 20 ff.

1. Dispositionsgrundsatz

Die Einleitung des Zwangsvollstreckungsverfahrens erfolgt grund- 35
sätzlich **nur auf Antrag des betreibenden Gläubigers** (§ 3 Abs 2 EO; vgl aber die Ausnahmsfälle von § 118 Abs 2 EO, § 325 ZPO, §§ 15 f NWG). Der betreibende Gläubiger kann den Exekutionsantrag jederzeit

Nohungergesetz

zurückziehen, einen Einstellungsantrag stellen, dem Verpflichteten Stundung gewähren, auf den Vollzug der bewilligten Vollstreckung vorläufig oder auf bestimmte Frist verzichten oder von der Fortsetzung des Exekutionsverfahrens abstehen.

36 Ein Exekutionsverzicht ist jedenfalls während des Vollstreckungsverfahrens möglich. Auch nach Zustellung des Titels an den Gläubiger ist ein Exekutionsverzicht – ebenso wie ein Rechtsmittelverzicht – unbedenklich. Ein gänzlicher Verzicht auf die Vollstreckbarkeit des Anspruches vor diesem Zeitpunkt ist demgegenüber – ebenso wie ein Rechtsschutzverzicht für das Erkenntnisverfahren – unwirksam. Unproblematisch sind demgegenüber vertragliche Haftungsbeschränkungen, die auf eine Beschränkung des betreibenden Gläubigers auf bestimmte Exekutionsmittel hinauslaufen.

37 Ältere Vollstreckungsordnungen waren vom Prinzip des *gradus executionis* bestimmt, dh bei der Geldexekution musste der betreibende Gläubiger eine bestimmte Reihenfolge der Exekutionsmittel einhalten. In der Regel musste zuerst auf bewegliche Sachen, wenn dies erfolglos war, auf unbewegliche Sachen, erst dann auf Forderungen und erst zuletzt auf die Person des Schuldners im Wege der exekutiven Schuldhaft oder Schuldknechtschaft gegriffen werden. Das geltende Zwangsvollstreckungsrecht ist dagegen vom **Grundsatz des freien Vollstreckungszugriffes** beherrscht: Grundsätzlich hat der Gläubiger die Wahl, auf welchen Vermögensgegenstand des Schuldners er greifen möchte, und kann auch mehrere Exekutionsmittel häufen. Für dieses Prinzip gelten jedoch eine Reihe von Ausnahmen, die dem Grundsatz des Schuldnerschutzes und der Verhältnismäßigkeit der Vollstreckungsmittel verpflichtet sind; sie bringen doch wieder **Elemente eines *gradus executionis*** in das österreichische Vollstreckungssystem:

- Die Bewilligung der Exekution kann auf einzelne Vollstreckungsmittel beschränkt werden, wenn sich schon aus dem Exekutionsantrag klar ergibt, dass bereits eines oder mehrere der beantragten Exekutionsmittel zur Befriedigung des betreibenden Gläubigers ausreichen (§ 14 Abs 1 EO).
- Auf Antrag des Verpflichteten kann das bewilligte Zwangsversteigerungsverfahren aufgeschoben werden und stattdessen die Zwangsverwaltung der Liegenschaft angeordnet werden, wenn der jährliche Ertrag der Bewirtschaftung der Liegenschaft dazu ausreicht, den betreibenden Gläubiger zu befriedigen (§ 201 EO – vgl Rz 262).
- Eine Forderungsexekution nach § 294a EO (Forderungsexekution bei unbekanntem Drittschuldner – vgl Rz 374) kann nach Bewilligung der Fahrnisexekution erst beantragt werden, wenn seit deren Bewilligung

ein Jahr verstrichen ist oder wenn der betreibende Gläubiger bescheinigt, dass er erst nach dem Antrag auf Bewilligung der Fahrnisexekution von der Existenz der wiederkehrenden Geldforderung erfahren hat (§ 14 Abs 3 EO).

- Führt der betreibende Gläubiger gleichzeitig wegen derselben Forderung Fahrnis- und Forderungsexekution, so ist – vorbehaltlich einer Anwendung von § 14 Abs 2, § 27 Abs 1 und § 41 Abs 2 EO – der Verkauf der gepfändeten Sachen von Amts wegen aufzuschieben, wenn der Erlös der Forderungsexekution innerhalb eines Jahres voraussichtlich zur vollständigen Befriedigung des Gläubigers führen wird (§ 264a EO). Unter denselben Voraussetzungen ist die Zwangsverwaltung einer Liegenschaft bei voraussichtlich erfolgreicher Forderungsexekution aufzuschieben (§ 99b EO). Die Aufschiebung der Zwangsversteigerung wegen voraussichtlich erfolgreicher Forderungs- oder Fahrnisexekution ist in § 203 EO geregelt (vgl Rz 262).
- Ist eine Vollstreckung auf eine Gehaltsforderung oder eine andere in fortlaufenden Bezügen bestehende Forderung anhängig, so darf die Fahrnisexekution zur Hereinbringung derselben Forderung zwar bewilligt, aber erst dann vollzogen werden, wenn eine Exekution nach § 294a EO (Forderungsexekution bei unbekanntem Drittschuldner) erfolglos geblieben ist, weil der Hauptverband der Sozialversicherungsträger die Drittschuldneranfrage nicht positiv beantworten konnte, oder wenn der Drittschuldner die gepfändete Forderung nicht als begründet anerkannt oder keine Erklärung abgegeben hat oder wenn der betreibende Gläubiger den Vollzug der Fahrnisexekution nach Erhalt der Drittschuldnererklärung beantragt (§ 14 Abs 2 EO).

Die Bestimmungen, mit denen dieser bedingte Vorrang der Forderungsexekution vor der Fahrnisexekution angeordnet wird, gehen auf die – vor allem in der EO-Nov 1991 betonte – Wertung des Gesetzgebers zurück, dass die Forderungsexekution das effektivere (weil ertragreichere) und „mildere" Vollstreckungsmittel sei. In der Tat ist die Ausbeute insbesondere bei der Gehaltsexekution idR weitaus höher als jene bei der Fahrnisexekution. Bedenkt man aber, dass mit der Gehaltsexekution oft auch der Verlust des Arbeitsplatzes einhergeht, so erscheint diese Wertung des Gesetzgebers durchaus fragwürdig. Außerdem zeigt die Praxis, dass sich die Fahrnisexekution nicht in dem vom Gesetzgeber erwarteten Ausmaß zurückdrängen lässt.

- Bei der Exekution zur Erwirkung von unvertretbaren Handlungen und Unterlassungen ist das erste Vollstreckungsmittel stets eine Geldstrafe; erst bei weiterem Zuwiderhandeln gegen den Titel darf die Haft verhängt werden (§§ 354, 355 EO). Die Bestimmung des Beugemittels erfolgt in diesen Fällen zwar von Amts wegen, doch kann nach der Auffassung des OGH die Haft nur verhängt werden, wenn der betreibende Gläubiger im Strafantrag Beweise (vgl § 361 EO) für den maßgeblichen Sachverhalt anbietet, was auf die Notwendigkeit der Beantragung der Haft hinausläuft (RZ 1989/49 = RPflSlgE 1990/12).

2. Untersuchungsgrundsatz

38 Gem § 55 Abs 2 und 3 EO kann das Gericht zur Aufklärung des maßgebenden Sachverhalts **von Amts wegen Erhebungen pflegen** und die notwendigen Bescheinigungen bzw Beweisaufnahmen anordnen. Die hA leitet daraus die Geltung des Untersuchungsgrundsatzes im Exekutionsverfahren ab (*Rechberger/Simotta* Rz 111; *Holzhammer* 30).

Die zentrale Entscheidung in der Zwangsvollstreckung, die Exekutionsbewilligung, erfolgt freilich allein aufgrund des aktenkundigen Vorbringens des betreibenden Gläubigers; nach § 55 Abs 2 EO sind hier gerichtliche Erhebungen ausdrücklich ausgeschlossen. Insofern gilt hier der Beibringungsgrundsatz (vgl aber §§ 294a, 358 Abs 2 EO).

Erhebt der Verpflichtete im vereinfachten Bewilligungsverfahren Einspruch gegen die Exekutionsbewilligung, so hat der betreibende Gläubiger den Exekutionstitel beizubringen; andernfalls ist die Exekution einzustellen. Der betreibende Gläubiger hat auch eine etwaige Rechtsnachfolge auf Verpflichtetenseite im Wege der Titelergänzung zu beweisen (§§ 9, 10 EO – vgl Rz 115 ff). Das Gleiche gilt für andere Tatsachen, die für die Vollstreckbarkeit des Anspruches und dessen Bestand maßgebend und nicht dem Titel zu entnehmen sind (etwa für den Eintritt von Bedingungen, die Fälligkeit des Anspruches, den Aufwertungsschlüssel im Falle von Wertsicherungsklauseln [vgl § 7 Abs 2, § 8 Abs 2 EO]). Obwohl also das Gericht im Exekutionsverfahren den maßgebenden Sachverhalt von Amts wegen aufzuklären hat, ist es in seiner Entscheidung über die Exekutionsbewilligung weitgehend auf die **Beibringung** des relevanten Tatsachensubstrates durch den betreibenden Gläubiger angewiesen. Ist für die Entscheidung des Gerichts aber die Kenntnis des Grundbuchsstands von Bedeutung, so hat es diesen von Amts wegen zu erheben (§ 55a EO).

3. Amtsbetrieb

39 Der **Vollzug** einer einmal bewilligten Exekution **erfolgt von Amts wegen** (§ 16 Abs 1 EO).

In einzelnen Fällen bedarf es jedoch einer Antragstellung durch den betreibenden Gläubiger, um das Verfahren in Gang zu halten: Handelt der Verpflichtete in der Unterlassungsexekution nach Bewilligung der Exekution und Verhängung der ersten Strafe nochmals dem Titel zuwider, so muss der betreibende Gläubiger einen Strafantrag stellen, aufgrund dessen weitere Beugestrafen verhängt werden (§ 355 Abs 1 EO), usw.

In zahlreichen Fällen unterbleiben weitere Exekutionsschritte mangels Mitwirkung des betreibenden Gläubigers: so etwa, wenn er bei der Delogierung keine Arbeitskräfte und Transportmittel für die Wegschaffung der aus dem zu räumenden Objekt zu entfernenden Fahrnisse bereitstellt (§ 349 Abs 1 EO) oder wenn der Betreibende in der Fahrnisexekution keinen Kostenvorschuss für die Überstellung der gepfändeten Sachen zur Versteigerung erlegt (§ 274a EO).

4. Mündlichkeit – Schriftlichkeit

Das Exekutionsbewilligungsverfahren ist ein **schriftliches** Verfahren, **40**
§ 55 Abs 2 EO schließt eine mündliche Verhandlung vor Bewilligung der Exekution ausdrücklich aus. Nur in der Zwangsvollstreckung zur Erwirkung von Duldungen und Unterlassungen (§§ 355 ff EO) hat das Gericht, sofern nicht Gefahr im Verzug ist, vor der Verhängung von Geldstrafen dem Verpflichteten Gelegenheit zu einer Äußerung zu den Strafzumessungsgründen zu geben, wenn nicht bereits eine Äußerung zu einem im Wesentlichen gleichen Antrag notorisch ist (§ 358 Abs 2 EO). Der Verpflichtete kann allerdings – sieht man vom Fall der Haftverhängung ab (§ 361 EO) – keine Einwendungen gegen den Anspruch oder seine Vollstreckbarkeit vortragen.

In einigen Fällen wird die **Einvernahme der Parteien** ausdrücklich **40a**
angeordnet, so etwa

- bei Anträgen auf Einschränkung oder Einstellung der Exekution, die nicht vom betreibenden Gläubiger gestellt werden (§ 45 Abs 3 EO), wie dem Einstellungsantrag des Pfandgläubigers, der sein Einlösungsrecht nach § 462 ABGB ausüben möchte (§ 200 Z 2 EO);
- beim Antrag des Verpflichteten auf Einleitung der Zwangsverwaltung anstelle der Zwangsversteigerung (§ 201 EO) ist der betreibende Gläubiger einzuvernehmen.

In einer Reihe von Fällen sieht die EO ausdrücklich eine **mündliche** **41**
Verhandlung vor, wobei allerdings idR auch schriftliches Anbringen berücksichtigt wird. Dies ist etwa der Fall

- bei Verhandlungen über Widersprüche (§§ 128, 185, 213, 358, 398 EO);
- im Zwangsverwaltungsverfahren bei Bemängelung der Verwalterrechnung (§ 116 EO) und zur Verteilung des Verwaltungsüberschusses (§ 123 EO);
- im Zwangsversteigerungsverfahren zur Erteilung des Zuschlags (§ 185 EO) und zur Verteilung des Meistbots (§§ 209 ff, 285 Abs 3 EO).

5. Unmittelbarkeit

42 Dort, wo das Gesetz eine mündliche Verhandlung vorschreibt (SZ 22/40) oder tatsächlich eine solche durchgeführt wird (EvBl 1994/53), gilt auch in der Zwangsvollstreckung der Unmittelbarkeitsgrundsatz (vgl auch § 276 Abs 1, § 412 Abs 1 ZPO iVm § 78 EO). Dies hat zur Folge, dass Beweise nur vor dem erkennenden Gericht aufgenommen werden und Beschlüsse nur durch jenen Richter gefällt werden dürfen, der an der Verhandlung teilgenommen hat, sowie dass zuletzt in solchen Fällen eine Umwürdigung erstgerichtlicher Tatsachenfeststellungen im (schriftlichen) Rekursverfahren ausgeschlossen ist.

6. Rechtliches Gehör

43 Das Exekutionsbewilligungsverfahren ist ein einseitiges Verfahren: Die Zwangsvollstreckung wird vom Gericht aufgrund der Angaben des betreibenden Gläubigers im Exekutionsantrag bewilligt, ohne dass dem Verpflichteten in diesem Verfahrensstadium rechtliches Gehör zuteil wird. Erst mit der Zustellung der Exekutionsbewilligung erfährt der Verpflichtete vom anhängigen Zwangsvollstreckungsverfahren; nun kann er sich gegen die Bewilligung der Exekution zur Wehr setzen: Er kann gegen den Bewilligungsbeschluss Rekurs (vgl Rz 180) erheben, der allerdings dem Neuerungsverbot der ZPO unterliegt – das Vorbringen im Rekurs beschränkt sich also darauf, zu behaupten, dass die Exekution schon aufgrund der im Exekutionsantrag behaupteten Tatsachen nicht zu bewilligen gewesen wäre.

Eine Ausnahme vom Neuerungsverbot besteht nur im Verfahren über einen Antrag auf Vollstreckbarerklärung eines ausländischen Titels (§ 84 EO – vgl Rz 135 ff). Der Verpflichtete kann in diesem Verfahren im Rekurs hinsichtlich der Gründe für die Versagung der Anerkennung und Vollstreckung **neue Tatsachen** geltend machen, ist aber zur gleichzeitigen Geltendmachung aller nicht aktenkundigen Versagungsgründe bei sonstigem Ausschluss verpflichtet (§ 84 Abs 2 Z 2 EO).

44 Daher muss die Exekutionsordnung dem Verpflichteten andere Rechtsbehelfe zur Wahrung seines rechtlichen Gehörs zur Verfügung stellen: Zur Erhebung von **Einwendungen gegen die Exekutionsbewilligung**, die die Exekution unzulässig machen, steht ihm die **Impugnationsklage** oder das **Impugnationsgesuch** (§§ 36, 40 EO – vgl unten Rz 211 ff, 220) zur Verfügung. Eine Reihe von (anderen) Gründen, die zur **Einstellung** bzw **Einschränkung** der Zwangsvollstreckung führen, sind in den §§ 39 ff EO aufgezählt. In diesen Fällen ist die Exekution auf Antrag bzw in manchen Fällen sogar von Amts wegen einzustellen (§§ 39 f EO) bzw

einzuschränken (§ 41 EO – vgl unten Rz 165, 167 f). Einwendungen gegen den vollstreckbaren Anspruch muss der Verpflichtete – soweit dies nicht durch die Präklusionswirkung des Titels ausgeschlossen ist – mit **Oppositionsklage oder -gesuch** (§§ 35, 40 EO – vgl Rz 196 ff, 208 ff) geltend machen. Im vereinfachten Bewilligungsverfahren kann der Verpflichtete den Umstand, dass ein die Exekution deckender Exekutionstitel samt Vollstreckbarkeitserklärung fehlt oder dass der Exekutionstitel nicht mit den im Exekutionsantrag darüber enthaltenen Angaben übereinstimmt, mit **Einspruch** geltend machen (§ 54c EO – vgl Rz 113).

Behauptet ein Dritter an einem Exekutionsobjekt ein Recht, das die 45
Vornahme der Exekution unzulässig machen würde, so steht ihm hiefür die **Exszindierungsklage** zur Verfügung (§ 37 EO – vgl Rz 221 ff).

Nachträglich rechtliches Gehör wird dem Gegner der gefährdeten Par- 46
tei im Provisorialverfahren gewährt, wo ihm gegen die Bewilligung einer einstweiligen Verfügung der **Widerspruch als Alternative zum Rekurs** zur Verfügung steht (§ 397 EO – vgl Rz 528). Es kommt zunächst zu einer einseitigen – dh ohne Gehör des Gegners gefällten – Entscheidung, sodass der Gegner im Rekurs aufgrund des Neuerungsverbots keinen umfassenden Rechtsschutz erfahren würde. Daher steht ihm mit dem Widerspruch ein remonstrativer Rechtsbehelf zur Verfügung, mit welchem er neue Tatsachen und Beweis- bzw Bescheinigungsmittel vorbringen kann.

In anderen Fällen stellt der **Widerspruch** dagegen eine Art **anti-** 47
zipiertes Rechtsmittel dar; dies ist der Fall beim Widerspruch gegen die Erteilung des Zuschlags in der Liegenschaftsexekution (§ 184 EO – vgl Rz 186 und 301) und beim Widerspruch gegen den Bestand, den Rang oder die Höhe der zur Verteilungstagsatzung angemeldeten Forderungen (§ 128 Abs 2, §§ 213, 286 Abs 1, § 307 Abs 2 EO – vgl Rz 186 und 321). Hier geht es darum, dass durch den (erfolgreichen) Widerspruch die vorweg bekämpfte Entscheidung gar nicht erst zustande kommen soll.

Freilich sind dem Zwangsvollstreckungsrecht auch zahlreiche Fälle 48
bekannt, in denen dem Gegner **rechtliches Gehör vor Fällung einer Entscheidung** gewährt wird: Stellt etwa der Verpflichtete einen Einstellungs- oder Einschränkungsantrag, so ist der betreibende Gläubiger darüber einzuvernehmen (§ 45 Abs 3 EO); zum Antrag auf Erlassung einer einstweiligen Verfügung kann der Gegner der gefährdeten Partei einvernommen werden (§ 397 Abs 1 EO); stellt dieser umgekehrt einen Antrag auf Aufhebung oder Einschränkung der einstweiligen Verfügung, so muss die gefährdete Partei gehört werden (eine mündliche Verhandlung ist seit der EO-Nov 2005 nicht mehr erforderlich; § 399 Abs 2 EO), usw.

49 Die Gewährung von rechtlichem Gehör erfolgt im Exekutionsverfahren zum Teil in mündlicher Verhandlung (vgl oben Rz 41), zum Teil durch Einvernahme beider Parteien (vgl oben Rz 40a) oder des Antragsgegners (vgl etwa § 40 Abs 1, § 41 Abs 2 EO) oder durch schriftliche Stellungnahme bzw Antragstellung.

7. Öffentlichkeit

50 Da im Exekutionsverfahren nur selten mündlich verhandelt wird, ist der „öffentliche Verfahrensbereich" von vornherein beschränkt. Aber auch dort, wo eine mündliche Verhandlung stattfindet, ist das Exekutionsverfahren grundsätzlich nicht öffentlich (§ 59 Abs 1 EO). Volksöffentlichkeit besteht dagegen naturgemäß beim Versteigerungstermin in der Liegenschafts- und Fahrnisexekution (§ 177 Abs 1, § 270 EO).

Jede Partei kann jedoch verlangen, dass außer ihrem Bevollmächtigten einer Person ihres Vertrauens die Anwesenheit bei ihrer mündlichen Einvernahme gestattet werde. Der Vertrauensperson kann jedoch die Anwesenheit untersagt werden, wenn begründete Besorgnis besteht, dass die Anwesenheit zur Störung der Einvernahme oder zur Erschwerung der Sachverhaltsfeststellung missbraucht werde (§ 55 Abs 1 EO).

Dagegen bezieht sich die Parteiöffentlichkeit im Exekutionsverfahren auf alle Exekutionshandlungen (§ 32 EO), dh die Parteien haben nicht nur das Recht, an etwaigen mündlichen Verhandlungen teilzunehmen, sondern auch jenes, beim Vollzug zugegen zu sein. Der betreibende Gläubiger kann – insbesondere bei der Fahrnisexekution – beantragen, dass die Pfändung unter seiner Beteiligung stattfindet (§ 32 Abs 3 EO), damit er den Gerichtsvollzieher auf etwaige Exekutionsobjekte hinweisen kann; erfahrungsgemäß steigert diese „Intervention" des betreibenden Gläubigers die Schlagkraft des Vollzuges.

Die Möglichkeit der Intervention im Vollzug wird freilich zum Teil auch missbraucht, um zusätzliche „Kosten zu schinden"; der betreibende Gläubiger hat daher keinen Anspruch auf Ersatz der Kosten für die Beteiligung am Exekutionsvollzug, wenn die hereinzubringende Forderung 2.000 € nicht übersteigt. Prozesskosten und Nebengebühren sind nur dann zu berücksichtigen, wenn sie allein Gegenstand des durchzusetzenden Anspruchs sind (§ 253b EO).

8. Schuldnerschutz

51 Zweck des Zwangsvollstreckungsverfahrens ist die Verwirklichung von Gläubigerrechten durch staatlichen Zwang. Wie jedes Verfahren dient es aber auch und gerade dem Ausgleich gegenläufiger Interessen: In der Exekution gilt es auch, das schutzwürdige Interesse des Verpflichteten an der Verhinderung einer unverhältnismäßigen oder gar existenzbedrohen-

den Vollstreckung zu berücksichtigen; dieses Interesse des Schuldners ist – ebenso wie jenes des Gläubigers an einer effektiven Rechtsdurchsetzung – zum Teil auch verfassungsrechtlich geschützt (vgl oben Rz 5).

Vorweg ist jedoch darauf hinzuweisen, dass für die Zwangsvollstreckung kein allgemeiner Verhältnismäßigkeitsgrundsatz gilt und dass die EO weder eine allgemeine Härteklausel noch einen Aufschiebungstatbestand wegen Schuldnerproblemen kennt. Umgekehrt hat das Gesetz jedoch in einer Reihe von Punkten legitime Schuldnerinteressen berücksichtigt. Die Setzung des Schwergewichtes bei diesem Interessenausgleich zwischen Gläubiger und Schuldner ist eine der zentralen rechtspolitischen Fragen des Exekutionsrechts; gerade hierin zeigt sich, dass Zwangsvollstreckungsrecht nicht bloß „technisches Recht" zur Umsetzung zivilrechtlicher Ansprüche darstellt, sondern dass Gesetzgeber und Rechtsanwender hier zur Wertung gehalten sind.

Dem **Schuldnerschutz** sind folgende Regelungen verpflichtet: 52

- Ist (bei der Geldexekution) nicht zu erwarten, dass die Fortsetzung oder Durchführung der Exekution einen die Exekutionskosten übersteigenden Betrag ergeben wird, so ist die Exekution einzustellen (§ 39 Abs 1 Z 8 EO; **Kostendeckungsprinzip**). Die Vollstreckung soll der Befriedigung des betreibenden Gläubigers und nicht der „Bestrafung" des Verpflichteten dienen.
- Die Exekution darf **nicht in weiterem Umfang** vollzogen werden, als sie zur **Verwirklichung des vollstreckbaren Anspruches** notwendig ist (§ 27 Abs 1 EO). Die Exekution ist einzuschränken, wenn sie in größerem Umfang vollzogen wird, als dies zur Befriedigung des Betreibenden notwendig ist (§ 41 Abs 2 EO).
- Hat der betreibende Gläubiger eine bewegliche Sache des Verpflichteten in seiner Gewahrsame, an der ihm ein **Pfand- oder Zurückbehaltungsrecht** zusteht, so kann der Verpflichtete die Einschränkung der Pfändung auf diese Sache beantragen, soweit die Forderung durch die Sache gedeckt ist (§ 263 EO).
- In der Liegenschaftsexekution statuiert § 151 EO, in der Fahrnisexekution § 277 EO eine **Verschleuderungsgrenze** (grundsätzlich der halbe Schätzwert; vgl Rz 263, 358).
- §§ 250 und 251 EO zählen bestimmte bewegliche körperliche Sachen auf, die **unpfändbar** sind; dabei handelt es sich zum einen um Sachen, die der Verpflichtete für die Deckung seiner existenziellen Grundbedürfnisse braucht (etwa Kleidung, Möbel, Haushaltsgegenstände), andererseits um Sachen, zu denen für gewöhnlich eine emotionale Bindung besteht (etwa Haustiere, Eheringe etc); vgl dazu Rz 339.

- Von besonderer Bedeutung sind die Pfändungsbeschränkungen in der Forderungsexekution, die dem Verpflichteten ein **Existenzminimum** erhalten sollen (§§ 290 ff EO – vgl Rz 396).
- Dem – vermeintlich oder tatsächlich passenden – Gedanken des Schuldnerschutzes sind auch jene Bestimmungen verpflichtet, die den **Vorrang der Forderungsexekution vor der Fahrnisexekution** statuieren (vgl Rz 37).
- Der Gerichtsvollzieher kann für den Zeitraum von erfolgversprechenden Vollzügen – insbesondere wenn Zahlungen des Verpflichteten zu erwarten sind – für längstens vier Monate mit der Anordnung des Verkaufs von gepfändeter Fahrnis innehalten; der Gesetzgeber präferiert hier also zum Schutze des Schuldners dessen **Zahlungen** gegenüber einer Verwertung seiner Vermögensgegenstände (§ 264b EO).
- Gläubiger und Schuldner können eine **Zahlungsvereinbarung** treffen: In diesem Fall ist die Exekution auf Antrag des betreibenden Gläubigers oder mit dessen Zustimmung aufzuschieben; die Fortsetzung kann in diesem Fall frühestens nach drei Monaten erfolgen. Wird die Fortsetzung nicht innerhalb von zwei Jahren beantragt, so ist die Exekution einzustellen (§ 45a EO).
- Schon im Urteil in einem Räumungs- oder Kündigungsprozess, mit dem eine Räumungspflicht bezüglich einer gemieteten Wohnung ausgesprochen wird, kann das Gericht eine **längere als die gesetzliche Räumungsfrist** festsetzen (§ 34 MRG); von größerer Bedeutung ist jedoch die Möglichkeit des (ehemaligen) Mieters, im Falle der zwangsweisen Räumung der Wohnung bei Gefahr der Obdachlosigkeit eine Aufschiebung der Exekution um drei, im Falle besonders berücksichtigungswürdiger Umstände höchstens zwei Mal jeweils um weitere drei Monate zu beantragen (§ 35 MRG).
- Nach §§ 200b, 282a EO kann die Zwangsversteigerung einer Liegenschaft bzw die Verwertung von gepfändeten beweglichen Sachen aufgeschoben werden, wenn der Verpflichtete durch eine **Naturkatastrophe** in jene wirtschaftlichen Schwierigkeiten geraten ist, die schließlich zur Exekution geführt haben, wenn durch die Exekution die wirtschaftliche Existenz des Verpflichteten gefährdet ist. Es darf aber nicht die Gefahr bestehen, dass der Gläubiger schwer geschädigt, insbesondere seine Forderung teilweise oder ganz uneinbringlich werden könnte. Die Exekution ist auf Antrag des betreibenden Gläubigers nach Ablauf eines Jahres ab Einlangen des Aufschiebungsantrages oder bei Wegfall der Voraussetzungen fortzusetzen.
- Besonderen Schuldnerschutz genießen **Gemeinden**, durch verwaltungsbehördlichen Ausspruch als **öffentlich** und **gemeinnützig** aner-

kannte **Anstalten** sowie unter staatlicher Aufsicht stehende, dem **öffentlichen Verkehr dienende Anstalten** (§§ 15, 28 EO; in diesem Zusammenhang wurde auch eine Reihe von einschlägigen Verordnungen erlassen; vgl auch § 13 PostG 1997, BGBl I 1998/18).

F. Exekutionsvoraussetzungen

Literatur: *Rechberger*, Die fehlerhafte Exekution (1978) 147 ff.

Petschek/Hämmerle/Ludwig 20 ff, 40 ff; *Heller/Berger/Stix* I 153 ff; *Rechberger/Simotta* Rz 15 ff; *Holzhammer* 55 ff; *Neumayr* 41 ff.

Die allgemeinen Prozessvoraussetzungen des Erkenntnisverfahrens **53** gelten als **allgemeine Exekutionsvoraussetzungen** auch in der Zwangsvollstreckung; hiezu zählen die **inländische Gerichtsbarkeit** (vgl Rz 11), die **Zulässigkeit des Rechtsweges** (vgl Rz 13), die **Parteifähigkeit** und die **Prozessfähigkeit** (vgl Rz 33) sowie die **Vertretungsmacht des Einschreiters** (vgl Rz 34).

Daneben kennt das Exekutionsrecht eine Reihe von spezifischen Voraussetzungen für das Zwangsvollstreckungsverfahren, die **besonderen Exekutionsvoraussetzungen**. Zu diesen zählen die **Zuständigkeit** von Bewilligungs- und Exekutionsgericht (vgl Rz 14), der **notwendige Inhalt des Exekutionsantrages** (vgl Rz 87), die Existenz eines **Exekutionstitels** (vgl Rz 75 ff), die **Vollstreckungsunterworfenheit** des Exekutionsobjektes (vgl Rz 339, 393 ff), die Existenz einer **Vollstreckbarkeitsbestätigung** (vgl Rz 80 ff), der Ablauf von **Sperrfristen** für die Einleitung des Exekutionsverfahrens (vgl Rz 161), der Umstand, dass der Erlös der Zwangsvollstreckung voraussichtlich die **Kosten der Exekution decken** wird (vgl Rz 66 ff). **54**

Bei allen diesen Voraussetzungen handelt es sich um sog **absolute** Exekutionsvoraussetzungen, dh sie sind **von Amts wegen** wahrzunehmen. **55**

Relative Exekutionshindernisse sind nur auf Einrede des Verpflichteten zu prüfen; zu diesen zählen die rechtskräftige **Unwirksamerklärung des Exekutionstitels** (vgl Rz 221 ff, 163, 166), ein etwaiger **Exekutionsverzicht** oder eine **Exekutionsstundung** (vgl Rz 214) sowie die Erfüllung einer Wahlschuld durch den Verpflichteten nach der Exekutionsbewilligung (vgl Rz 90 ff).

Das Nichtvorliegen von Exekutionsvoraussetzungen ist vom Exekutionsgericht zunächst anlässlich der Prüfung des Exekutionsantrages wahrzunehmen; der Antrag ist **zurückzuweisen**. Stellt sich der Mangel einer Exekutionsvoraussetzung erst danach heraus, so ist die Exekution gem § 39 EO **einzustellen**. Die Einstellung gem § 39 EO stellt insofern das Korrelat zur Nichtigkeitssanktion der §§ 471 Z 7 und 477 ZPO dar. Daneben ist auch ein Nichtigkeitsrekurs möglich, für den aber das Neuerungsverbot (vgl Rz 178) gilt. Freilich heilen Mängel von Exekutionsvoraussetzungen, die nur das Bewilligungsverfahren selbst betreffen, mit Rechtskraft des Bewilligungsbeschlusses; andere Mängel können noch bis zum Ende des Exekutionsverfahrens wahrgenommen werden. Nach Ende des Exekutionsverfahrens können nach § 42 Abs 2 JN der Mangel der inländischen Gerichtsbarkeit und die Unzulässigkeit des Rechtsweges auf Antrag der obersten Administrativbehörde wahrgenommen werden.

G. Verfahrensbausteine

Literatur: *Feigl*, Kostenzuspruch im Exekutionsverfahren, AnwZ 1935, 10; *Herz*, Über ein Kostenproblem im Delogierungsverfahren, NBlRA 1959, 5; *Holzer*, Leistungsfrist für Exekutions-Bewilligungskosten? NBlRA 1960, 86; *Hule*, Kosten für die Beteiligung am Exekutionsvollzug, ÖJZ 1962, 85; *Stölzle*, Kosten oder nur Verbindungsgebühr für den zweiten Exekutionsantrag? NBlRA 1966, 88; *Feil*, Kostenersatz im Verfahren nach § 352 EO, JBl 1971, 247; *Stölzle*, Die Geltendmachung „nachträglicher Kosten" im Prozeß- und Exekutionsverfahren, AnwBl 1977, 235; *Schmidt*, Verbindungspflicht und Fahrnisexekution, AnwBl 1979, 527; *BMJ* (Hg), Grundlagen einer Automation des Mahnverfahrens und des Einsatzes automationsunterstützter Datenverarbeitung beim Exekutionsgericht Wien (1982); *Schneider*, Neun Monate ADV-Mahnverfahren. ADV-Drittschuldnerabfrage ab 1.9.1986, AnwBl 1986, 561; *Souhrada*, Sozialversicherungsauskünfte im Exekutionsverfahren, SozSi 1987, 124; *Karollus*, Zur Rechtsstellung des Liegenschaftserstehers, JBl 1989, 23; *Stifter*, Kosten für die Beteiligung am Vollzug. Unter welchen Voraussetzungen die Judikatur solche zuspricht, ÖRPfl 1989, H 1, 28; *Schneider*, Elektronischer Rechtsverkehr aufgrund der Erweiterten Wertgrenzen-Novelle 1989, AnwBl 1989, 451; *ders*, Elektronischer Rechtsverkehr – Mißverständnisse in der Anwaltschaft? AnwBl 1990, 539; *Rechberger*, Die Kostenfolgen einer Exekutionseinstellung wegen Bewilligung der Wiedereinsetzung in den vorigen Stand, BeitrZPR IV (1991) 51; *Feil*, Kostenersatz im Exekutionsverfahren[2] (1991); *Wisleitner*, Die Akteneinsicht des Verpflichteten bei der Fahrnisexekution vor Beginn des Vollzugs, RZ 1991, 273; *M. Bydlinski*, Kostenersatz im Zivilprozeß (1992); *Simotta*, Einige Probleme des Datenschutzes im Zivilverfahrensrecht, ÖJZ 1993, 793 und 838; *Oberhammer*, Einstellung der Räumungsexekution infolge eines Wiedereinsetzungsantrages des Verpflichteten und § 75 EO, wobl 1993, 129; *ders*, Gläubigermehrheit in der Unterlassungsexekution. Zugleich ein Beitrag zur Funktion der Beugestrafen nach § 355 EO, JBl 1993, 356; *ders*, „Änderung der Abgabestelle" durch Delogierung und Hinterlegung ohne vorausgehenden Zustellversuch, wobl 1994, 18; *ders*, Judikaturwende im Wiedereinsetzungsfall? RdW 1994, 202; *Swoboda*, Wer zahlt die Zeche? Eine Replik auf Oberhammer, „Gläubigermehrheit in der Unterlassungsexekution", JBl 1994, 198; *Albrecht*, Die Exekutionsordnungs-Novelle 1995 (1995); *Klicka/Albrecht*, Die EO-Novelle 1995 – Änderungen im Allgemeinen Teil, ecolex 1995, 707; *Mohr*, Vereinfachtes Bewilligungsverfahren und andere am 1.10.1995 in Kraft getretene Bestimmungen der EONov 1995, ÖJZ 1995,

34

889; *Oberhammer*, Kostenfolgen der Einstellung der Unterlassungsexekution wegen Gläubigermehrheit, RdW 1995, 289; *BMJ* (Hg), ADV-Exekutionsverfahren (1995), mit Beiträgen von *Konecny* und *Strejcek*; *Benn-Ibler*, 31.1.1999 – Der Countdown läuft, AnwBl 1998, 597; *Konecny*, Die Exekutionsordnung nach 100 Jahren, in *Mayr* (Hg), 100 Jahre österreichische Zivilprozeßgesetze (1998) 95; *Rassi*, Ein Plädoyer für eine Kostenpauschalierung im Exekutionsverfahren, RZ 2002, 182; *Mohr*, EO-Novelle 2003, ecolex 2003, 502; *Obermair*, Die Verzinsung von Kostentiteln, AnwBl 2007, 403; *Rassi*, Exekutionstipps für Praktiker III: Die Exekutionskosten, Zak 2007, 403.

Petschek/Hämmerle/Ludwig 31 ff, 34, 38 f, 93 ff; *Heller/Berger/Stix* I 347 f, 358 ff, 613 ff, 626 ff, 632 ff, 637, 685 ff, 759; *Rechberger/Simotta* Rz 176 ff; *Holzhammer* 37 ff, 43 ff; *Rassi* in *Burgstaller/Deixler-Hübner* zu §§ 56 ff, 71 ff EO; *Fucik* in *Burgstaller/Deixler-Hübner* zu §§ 74 ff EO; *Jakusch* in *Angst* zu §§ 56 ff, 71 ff EO; *Neumayr* 101 f, 103 f, 108 ff, 112 f.

1. Exekutionshandlungen des Gerichtes

Gerichtliche Entscheidungen ergehen im Exekutionsverfahren in Beschlussform (§ 62 EO); gem § 78 EO sind auf diese Beschlüsse die §§ 425 bis 430 ZPO, auf ihre Anfechtung die §§ 514 bis 528a ZPO anwendbar. 56

Vgl zur zentralen Entscheidung des Exekutionsverfahrens, der Exekutionsbewilligung, Rz 86 ff.

Von den **ideellen Exekutionshandlungen** des Gerichtes (ds die Beschlüsse und ihre Vorbereitung, die Verfahrensleitung) sind die **realen Exekutionshandlungen** im Exekutionsvollzug zu unterscheiden. Zu diesen zählen neben der Ausübung von Zwang (etwa zur Pfändung beweglicher Sachen, Räumung einer Wohnung, Wegnahme einer geschuldeten Sache usw) auch die Verwertung der gepfändeten Vermögensgegenstände in der Geldexekution und sonstige den Vollzug begleitende Maßnahmen (etwa die Einlagerung von Fahrnissen des Delogierten nach § 349 Abs 2 EO oder die Löschung von Daten Dritter gem § 275 Abs 6 EO). 57

Die Zeit des Vollzuges ist vom Gerichtsvollzieher selbst zu wählen. Dabei ist darauf Bedacht zu nehmen, wann der Vollzug am wahrscheinlichsten erfolgreich durchgeführt werden kann (§ 30 Abs 1 EO). An Samstagen, Sonntagen und gesetzlichen Feiertagen sowie zur Nachtzeit (von 22 Uhr bis 6 Uhr) dürfen Exekutionshandlungen nur dann, wenn der Zweck der Vollstreckung anders nicht erreicht werden kann oder wenn ein Vollzugsversuch an Werktagen zur Tageszeit erfolglos war, vorgenommen werden (§ 30 Abs 2 EO iVm Art I BGBl 1967/193, § 1 FRG und § 26 Geo). Im Exekutionsverfahren gibt es keine verhandlungsfreie Zeit (§ 223 Abs 2 ZPO); Oppositions-, Impugnations-, Exszindierungsklagen und Anträge auf Bewilligung, Einschränkung oder Aufhebung von einstweiligen Verfügungen sind Ferialsachen (§ 224 Abs 1 Z 5 und 6 ZPO). 58

2. Zustellung und öffentliche Bekanntmachung

59 Auch für Zustellungen im Zuge des Exekutionsverfahrens gelten die Bestimmungen der §§ 87 bis 121 ZPO und des ZustellG.

60 Eine **Zustellung zu eigenen Handen** gem § 21 ZustellG ist vorgesehen für

- gerichtliche Bescheide, mit denen eine bücherliche Eintragung bewilligt wird (Art XIII Z 2 EGEO);
- die Zustellung des Zahlungsverbotes an den Drittschuldner (§ 294 Abs 2 EO);
- die Zustellung des eine einstweilige Verfügung bewilligenden Beschlusses an den Gegner der gefährdeten Partei, an den Drittschuldner oder an Inhaber von mit Drittverbot belegten Sachen (§ 395 Abs 1 EO);
- die Zustellung der Versteigerungsbewilligung an den Verpflichteten (§ 119 Z 1 GBG).

Die bei einer Exekutionshandlung vorkommenden Aufforderungen und sonstigen Mitteilungen erfolgen, wenn die EO nichts anderes bestimmt, mündlich (§ 72 Abs 1 EO); ist dies wegen Abwesenheit der betreffenden Personen nicht möglich, so hat eine schriftliche Zustellung zu erfolgen (§ 72 Abs 2 EO).

61 In einer Reihe von Fällen sieht das Gesetz – über den in § 25 ZustellG angesprochenen Fall hinaus – eine „Zustellung" durch **öffentliche Bekanntmachung** vor, die seit 1.1.2002 durch **Aufnahme in die Ediktsdatei** (vgl §§ 71, 71a EO) erfolgt. Sie ist vorgesehen zur

- Bekanntmachung der Bestellung des Zwangsverwalters (§ 99 Abs 2 EO);
- Bekanntmachung der Verteilungstagsatzung bei der Zwangsverwaltung (§ 123 Abs 2 EO);
- Bekanntmachung des Versteigerungsedikts (§§ 170, 170a, 170b, 242, 272a, 352b EO);
- Bekanntgabe der Besichtigungszeit der Liegenschaft (§ 176 Abs 2 EO);
- Bekanntmachung der Bestellung eines Kurators nach § 174 EO (vgl auch § 230 EO);
- Mitteilung der Zuschlagserteilung an den Meistbietenden (§ 183 Abs 3 EO);
- Mitteilung der Zuschlagserteilung an den Überbieter (§ 199 Abs 1 EO);
- Bekanntmachung der Meistbotsverteilungstagsatzung (§ 209 Abs 4 EO).

Bloß durch **Anschlag an der Gerichtstafel** ist jetzt nur mehr die durch pfandweise Beschreibung oder Anmerkung im Pfändungsprotokoll zu vollziehende Pfändung einer bücherlich nicht eingetragenen Liegenschaft sowie eines Superädifikats bekannt zu machen (§§ 95, 134 EO). 62

In einigen wenigen Fällen ist auch noch eine **ortsübliche Verlautbarung** vorgesehen (vgl §§ 95, 342 Abs 2 EO). 63

3. Fristen und Versäumung

Die Fristen im Exekutionsverfahren sind Fallfristen, dh es gibt keine Wiedereinsetzung in den vorigen Stand (§ 58 Abs 2 EO). Beginnt eine Frist mit dem Einlangen eines Antrags bei Gericht und wird die mit dem Antrag verbundene Rechtsfolge auch bei einer Zustimmung zum Antrag des Antragsgegners vorgesehen, so beginnt in diesem Fall die Frist mit dem Einlangen der Zustimmung bei Gericht oder mangels einer solchen mit dem Ablauf der zur Äußerung festgelegten Frist (§ 58 Abs 3 EO). Das Nichterscheinen von (gehörig geladenen) Personen bei einer Verhandlung oder Einvernehmung steht der Verhandlung und Beschlussfassung nicht entgegen (§ 56 Abs 1 EO). Anträge und Einwendungen, zu deren Anbringung eine Tagsatzung bestimmt ist, können nicht nachträglich vorgebracht werden (§ 57 Abs 1 EO). Liegt einer Verhandlung oder Einvernehmung ein Antrag einer Partei oder ein von Amts wegen in Aussicht genommenes Vorgehen des Gerichts zugrunde, so werden diejenigen, die nicht erscheinen, als dem Antrag oder dem Vorgehen zustimmend behandelt (§ 56 Abs 2 EO); dies gilt auch, wenn jemandem eine Erklärung innerhalb bestimmter Frist aufgetragen worden ist und diese Person die Frist versäumt hat (§ 56 Abs 3 EO). 64

In einer Reihe von Fällen sieht die EO **besondere Säumnisfolgen** vor: So kommt es etwa zum faktischen Stillstand der Zwangsvollstreckung, wenn es der betreibende Gläubiger im Zuge der Delogierung verabsäumt, für den Abtransport der Fahrnisse des Verpflichteten entsprechende Beförderungsmittel zur Verfügung zu stellen (§ 349 Abs 1 EO). In manchen Fällen führt die Versäumung einer Tagsatzung zum Verlust des Rechtsmittels gegen die dort gefällte Entscheidung: So sind etwa zum Rekurs gegen den Verteilungsbeschluss nur der Verpflichtete und – bis auf wenige Ausnahmen – jene Berechtigten befugt, die bei der Verteilungstagsatzung erschienen sind (vgl *Lecher* in *Burgstaller/Deixler-Hübner* Rz 2 zu § 234 EO). 65

4. Exekutionskosten

a) Kosten des betreibenden Gläubigers

66 Sofern nicht für einzelne Fälle etwas anderes angeordnet ist, hat der Verpflichtete dem betreibenden Gläubiger auf Antrag alle ihm verursachten, zur Rechtsverwirklichung notwendigen Kosten des Exekutionsverfahrens zu ersetzen (§ 74 Abs 1 EO).

Zum Ersatz der Kosten des betreibenden Gläubigers für dessen Intervention beim Vollzug vgl oben Rz 50.

67 Der betreibende Gläubiger hat die während des Verfahrens entstehenden Kosten bei der ersten Gelegenheit geltend zu machen (§ 54 Abs 1 ZPO). Bringt er den Exekutionsantrag im elektronischen Rechtsverkehr ein, braucht er Barauslagen unter 30 € nur auf Aufforderung des Gerichts zu belegen (vgl dazu § 74a EO). Der Anspruch auf Ersatz der Kosten des Betreibenden erlischt, wenn deren Bestimmung nicht binnen vier Wochen ab Beendigung oder Einstellung der Exekution begehrt wird (§ 74 Abs 2 EO; vgl aber § 284 Abs 4 EO); § 54 Abs 2 ZPO ist im Exekutionsverfahren anwendbar, nicht aber § 54a ZPO (§ 74 Abs 1 EO).

Beschlüsse, mit denen die Exekutionskosten bestimmt werden, sind ab ihrer Erlassung vollstreckbar (§ 74 Abs 4 EO); dh der betreibende Gläubiger kann im Exekutionsantrag auch schon einen entsprechenden Antrag bezüglich der Kosten dieses Antrages stellen, sodass diese Kosten im Zuge der Vollstreckung des Hauptanspruches hereingebracht werden können. Die Exekutionskosten werden als Nebengebühren des Hauptanspruches ohne weiteres mit dem Hauptanspruch eingebracht (§ 27 Abs 2, § 279 EO).

Auch die Bewilligung der Exekution zur Verwirklichung von Ansprüchen auf Herausgabe oder Überlassung von Sachen, auf Handlungen oder Unterlassungen schließt die Bewilligung der Exekution zugunsten der dem betreibenden Gläubiger erwachsenden Kosten in sich; dieser hat das zur Deckung dieser Kosten zu verwendende Exekutionsobjekt schon im Exekutionsantrag anzugeben (§ 369 EO).

68 In einer Reihe von Fällen greift auch in der Zwangsvollstreckung das Prinzip der **Kostenseparation** ein: So hat etwa der säumige Ersteher die Kosten einer Wiederversteigerung zu tragen (§ 155 Abs 1 EO – vgl Rz 307).

69 In bestimmten Fällen hat der **betreibende Gläubiger jedoch keinen Kostenersatzanspruch**. Dies ist der Fall, wenn

- der Verpflichtete mit einer Oppositions- oder Impugnationsklage durchgedrungen ist (§ 75 EO);

- der Exekutionstitel rechtskräftig für ungültig erkannt, aufgehoben oder sonst für unwirksam erklärt wurde (vgl § 39 Abs 1 Z 1 EO iVm § 75 EO); dies gilt jedoch nicht, wenn der Exekutionstitel aufgrund einer Wiedereinsetzung in den vorigen Stand aus der Welt geschaffen wurde (diese Frage war früher strittig, wurde jedoch durch § 75 Satz 2 EO idF EO-Nov 2000 geklärt);
- die erteilte Vollstreckbarkeitsbestätigung rechtskräftig aufgehoben wurde (vgl § 39 Abs 1 Z 9 EO iVm § 75 EO);
- die Exekution nicht durch einen Titel gedeckt ist oder diesem die Vollstreckbarkeitsbestätigung mangelt (vgl § 39 Abs 1 Z 10 EO iVm § 75 EO);
- ein anderer Grund zur Einstellung geführt hat, der dem Gläubiger bei Stellung des Exekutionsantrages oder bei Beginn des Vollzuges schon bekannt war (§ 75 EO);
- der betreibende Gläubiger auf die durch Überweisung zur Einziehung erworbenen Rechte verzichtet (§ 311 Abs 3 EO);
- die Vollziehung der Exekution zur Sicherstellung unterbleibt, weil der Tatbestand des § 376 Abs 1 Z 1, 3 oder 4 verwirklicht wurde (§ 376 Abs 2 EO).

Liegt in solchen Fällen schon ein Kostenbewilligungsbeschluss vor, so sind die Kosten dem betreibenden Gläubiger mit Beschluss abzuerkennen.

Im **Provisorialverfahren** hat die gefährdete Partei die gesamten Kosten selbst zu tragen (§ 393 Abs 1 EO); obsiegt sie im Rechtfertigungsverfahren (vgl Rz 522), so kann sie die Kosten des Provisorialverfahrens am Rechtsweg durchsetzen.

b) Kosten des Verpflichteten

Der Verpflichtete hat die Zwangsvollstreckung verursacht, da er sich nicht titelkonform verhalten hat; daher steht ihm grundsätzlich **kein Kostenersatzanspruch** zu. Kommt es jedoch zu einem Zwischenstreit oder zu einem Rekurs und obsiegt der Verpflichtete, so hat er einen Kostenersatzanspruch (§§ 41 ff ZPO; vgl EvBl 1967/68). Obsiegt der Gegner der gefährdeten Partei im Verfügungsverfahren, so steht auch ihm Kostenersatz zu. 70

c) Kosten Dritter

Im Exekutionsverfahren beteiligte Dritte haben einen Kostenersatzanspruch, wenn sie in einem Zwischenstreit oder in einem Rekurs ob- 71 siegen (§§ 41 ff ZPO) oder wenn dies die EO ausdrücklich anordnet (vgl etwa §§ 292h, 302 EO).

5. Verfahrenshilfe

72 Die §§ 63 bis 73 ZPO gelten auch in der Zwangsvollstreckung (§ 78 EO). Die für das Erkenntnisverfahren bewilligte Verfahrenshilfe erstreckt sich auch auf das Vollstreckungsverfahren; jedoch findet eine amtswegige Überprüfung statt, wenn das Vollstreckungsverfahren nach Ablauf eines Jahres eingeleitet wird (§ 68 Abs 1a ZPO). Die Verfahrenshilfe für das Exekutionsverfahren gilt auch für Prozesse, die sich aus Anlass des Verfahrens ergeben.

6. Automationsunterstützte Datenverarbeitung

73 Aufgrund des im Exekutionsverfahren zu bewältigenden Massenanfalles an gleichartigen Rechtssachen erscheint es hier besonders naheliegend, durch Einsatz der automationsunterstützten Datenverarbeitung (ADV) Rationalisierungseffekte zu erzielen. Im Zuge des durch die EO-Nov 1995 geschaffenen vereinfachten Bewilligungsverfahrens (vgl Rz 110 ff) kann der betreibende Gläubiger seinen Exekutionsantrag on-line im Wege des elektronischen Rechtsverkehrs einbringen (vgl dazu die VO des BMJ über den Elektronischen Rechtsverkehr, BGBl II 2005/481 und oben Rz 67). § 73a EO ermöglicht eine elektronische Einsichtnahme in die Geschäftsbehelfe des Exekutionsverfahrens; vgl dazu die Durchführungsverordnung BGBl 1996/498.

II. VOM EXEKUTIONSTITEL ZUR BEFRIEDIGUNG DES BETREIBENDEN GLÄUBIGERS

A. Überblick

Da die Zwangsvollstreckung nur aufgrund gerichtlicher Bewilligung erfolgen darf, besteht das Exekutionsverfahren aus zwei Verfahrensteilen: dem Bewilligungsverfahren und dem Vollzugsverfahren. 74

Damit die Exekutionsbewilligung erteilt werden kann, muss ein **vollstreckbarer Exekutionstitel** vorliegen. Die Vollstreckbarkeit muss im Wege der **Vollstreckbarkeitsbestätigung** beurkundet sein.

Ist die Exekution rechtskräftig bewilligt, wird sie (idR von Amts wegen) vollzogen. Das Vollzugsverfahren soll zur **Befriedigung des betreibenden Gläubigers** auf der Grundlage des Exekutionstitels führen.

B. Der Exekutionstitel

Literatur: *Just,* Vergleiche nach dem Hofdekret vom 8. VI. 1832 J.G. S. 2567 als Exekutionstitel, NZ 1935, 182; *Stagel,* Die Klage nach § 10 EO, ÖJZ 1952, 345; *W. Kralik,* Die Vollstreckbarkeit der Notariatsurkunden, 1. Kongreß des österreichischen Notariates 1963, Notariatsgedenkschrift 1964, 33; *Traxler,* Die Exekution gegen Gemeinden, GdZ 1982, 385; *Fasching,* Konkurs, Ausgleich und Zwangsvollstreckung bei Gemeinden (1983); *Neuteufel,* Art XXIX EGEO und das New-Yorker Übereinkommen über die Anerkennung und Vollstreckung ausländischer Schiedssprüche, ÖJZ 1984, 320; H. *Hoyer,* Das Parallelabkommen der EFTA-Staaten mit der EG über Gerichtsstand und Vollstreckung, NZ 1989, 238; *Rebhahn/Strasser,* Zwangsvollstreckung und Insolvenz bei Gemeinden (1989); *Bajons,* Das Luganer Parallelübereinkommen zum EuGVÜ, ZfRV 1993, 45; *Rechberger/Oberhammer/Bogensberger,* Der vollstreckbare Notariatsakt (1994); *Reckenzaun,* Die Durchsetzung von Unterhaltsansprüchen gegen den Gemeinschuldner, ÖJZ 1994, 113 ff; *Handstanger,* Aus der Rechtsprechung der Gerichte der Europäischen Union, ÖJZ 1995, 161; *Ballon,* Kann gegen eine Gemeinde Exekution geführt werden oder kann eine Gemeinde in Konkurs oder Ausgleich gehen? GdZ 1996, 9, 2; *Kloiber,* Die Exekutionsordnungs-Novelle 1995, ein Überblick über die mit 1. 10. 1995 in Kraft getretenen Änderungen, ÖA 1996, 2; *Schumacher,* Rechtstitel und Bestimmtheit als Voraussetzungen der Vollstreckbarkeit des Notariatsaktes, NZ 1996, 195; *Frank/Schneider/Kirschbichler/Morawec/Roth,* Der elektronische Rechtsverkehr mit den Gerichten (ERV) (1999); *Nunner-Krautgasser,* Der Rückstandsausweis als Grundlage der gerichtlichen Exekution, ÖJZ 2000, 833; *Angst,* Der vollstreckbare Notariatsakt im Lichte der jüngeren Judikatur des OGH, NZ 2001, 366; *König,* Aufschiebung der Zwangsvollstreckung vor Rechtskraft der Vollstreckbarerklärung (Art 39 EuGVÜ/LGVÜ, 47 EuGVVO), RZ 2001, 267; *Wresounig,* § 15 EO in rechtsdogmatischer und rechtspolitischer Sicht, RZ 2001, 154; *Czernich/Pülzl,* OGH: Keine Prüfung der materiellen Gültigkeit eines Rückstandsausweises durch die ordentlichen Gerichte, SWK 2002, 304; *Jakusch,* Die EO-Novelle 2003,

ÖJZ 2004, 201; *ders,* Die Zwangsvollstreckung am Schnittpunkt von Justiz und Verwaltung, Schriftenreihe der NÖ JurGes 2004; *Derntl,* Exekution im elektronischen Rechtsverkehr (ERV) bei Forderungshöhe außerhalb des vereinfachten Bewilligungsverfahrens, SozSi 2005, 463; *Mohr,* Exekutionsordnungsnovelle 2005, ecolex 2005, 602; *Obermaier,* Die Verzinsung von Kostentiteln, AnwBl 2007, 403; *Schumacher*, Zur Exekution von Rechnungslegungsansprüchen, RdW 2007/292, 259; *Wagner*, Die Vollstreckung von Schiedssprüchen (2007); *Kodek*, Die Genossenschaftswohnung in der Exekution – Überlegungen aus Anlass der E 3 Ob 92/07m, wobl 2008, 89.

Petschek/Hämmerle/Ludwig 7 ff, 14 ff; *Heller/Berger/Stix* I 65 ff; *Rechberger/Simotta* Rz 203 ff; *Holzhammer* 63 ff; *Meinhart* in *Burgstaller/Deixler-Hübner* zu §§ 1 f, 7 EO; *Jakusch* in *Angst* Rz 1 ff zu §§ 1 f, 7 EO; *Neumayr* 55 ff.

1. Die Vollstreckbarkeit des Titels und ihre Voraussetzungen

75 Der Exekutionstitel ist jener Rechtsakt, der einem materiellen Anspruch Vollstreckbarkeit verleiht; als Urkunde (vgl § 1 EO: „Akte und Urkunden") verbrieft er den vollstreckbaren Anspruch und gibt dem Gläubiger den Vollstreckungsanspruch (vgl dazu oben Rz 6).

76 Damit ein Exekutionstitel vollstreckt werden kann, müssen folgende **Voraussetzungen** erfüllt sein:

- Eine Entscheidung muss ordnungsgemäß zugestellt, im Falle des § 416 Abs 3 ZPO ordnungsgemäß verkündet worden sein.
- Suspensiv wirkende Rechtsmittelfristen müssen abgelaufen sein (vgl § 1 Z 1 EO).
- Die Leistungsfrist muss abgelaufen sein (vgl § 7 Abs 2 EO).
- Bei künftig fällig werdenden Leistungen (zB Unterhalt, der jeweils am Monatsersten fällig ist) muss die Fälligkeit eingetreten sein (vgl § 7 Abs 2 EO).
- Bei bedingten Exekutionstiteln muss die Bedingung eingetreten sein (vgl § 7 Abs 2 EO).
- Die Judikatsschuld darf noch nicht verjährt sein (die Verjährungsfrist beträgt bei Exekutionstiteln regelmäßig 30, ausnahmsweise 40 Jahre [JMV RGBl 1858/105; §§ 1479, 1485 ABGB]).
- Ein bestandrechtlicher Exekutionstitel darf nicht durch Ablauf der Sechs-Monate-Frist des § 575 Abs 3 ZPO (ebenso § 23 Abs 9 HbG) außer Kraft getreten sein.

Zu den besonderen Voraussetzungen, die gegeben sein müssen, damit ein ausländischer Exekutionstitel in Österreich vollstreckt werden kann, vgl unten Rz 119 ff.

2. Die einzelnen inländischen Exekutionstitel

§ 1 EO zählt die „Akte und Urkunden“, die als Grundlage der Bewilligung der Exekution dienen können (vgl § 3 Abs 1 EO) taxativ auf:

a) Gerichtliche Exekutionstitel

- Urteile und Beschlüsse der Zivilgerichte (Z 1) 77

  Nicht darunter fällt ein Auftrag zur Urkundenvorlage iSd § 82 ZPO (3 Ob 142/06p = EvBl 2006/172 = EFSlg 114.994 = JBl 2007, 253 *(Schumacher)* = RdW 2007/105, 93 = Zak 2006/585);

- Zahlungsaufträge einschließlich Wechsel- und Scheckzahlungsaufträge sowie die im Amtshaftungsverfahren erlassenen (Z 2);
- Zahlungsbefehle (Z 3);
- gerichtliche Aufkündigungen eines Bestandvertrages und gerichtliche Aufträge zur Übergabe oder Übernahme des Bestandgegenstandes (Z 4);
- Vergleiche, die über privatrechtliche Ansprüche vor Zivil- oder Strafgerichten abgeschlossen wurden (Z 5);
- im Außerstreitverfahren ergangene Beschlüsse (Z 6);
- im Konkurs- oder Ausgleichsverfahren ergangene gerichtliche Beschlüsse und amtliche Eintragungen in das Anmeldungsverzeichnis des Konkurs- oder Ausgleichsverfahrens (Z 7);
- Erkenntnisse der Strafgerichte, die über die Kosten des Strafverfahrens oder über die privatrechtlichen Ansprüche ergehen oder eine bestellte Sicherheit für verfallen erklären (Z 8);
- Beschlüsse und Entscheidungen der Zivil- und Strafgerichte, durch die gegen Parteien und deren Vertreter Geldstrafen oder Geldbußen verhängt werden (Z 9).

b) Verwaltungsbehördliche Exekutionstitel

- Entscheidungen über privatrechtliche Ansprüche, die von den Verwaltungsbehörden oder anderen hiezu berufenen öffentlichen Organen gefällt werden (Z 10); 78
- Bescheide der Versicherungsträger, mit denen Leistungen zuerkannt oder zurückgefordert werden (Z 11; vgl § 66 ASGG);
- in Angelegenheiten des öffentlichen Rechtes ergangene Erkenntnisse der Verwaltungsbehörden oder anderer hiezu berufener öffentlicher Organe (Z 12; zB ist gem Art 146 B-VG die Exekution der Erkenntnisse

des VfGH über Ansprüche nach Art 137 B-VG von den ordentlichen Gerichten durchzuführen);

- die über direkte Steuern und Gebühren, Sozialversicherungsbeiträge sowie über Landes-, Bezirks- und Gemeindezuschläge ausgefertigten vollstreckbaren Zahlungsaufträge und Rückstandsausweise (Z 13);
- Entscheidungen der in den Z 10 und 12 genannten Behörden und öffentlichen Organe, durch die Geldstrafen oder Geldbußen verhängt werden oder der Ersatz der Kosten eines Verfahrens auferlegt wird (Z 14);
- Vergleiche, die vor einem Gemeindevermittlungsamt oder vor anderen zur Aufnahme von Vergleichen berufenen öffentlichen Organen geschlossen wurden, sofern ihnen durch das Gesetz die Wirkung eines gerichtlichen Vergleiches beigelegt ist; das sind zB die Agrarbehörden, die Jugendwohlfahrtsträger und die Gemeindeschlichtungsstellen in Mietsachen (Z 15).

c) Nichtbehördliche Exekutionstitel

79
- Schiedssprüche und Schiedsvergleiche (Z 16);
- die nach § 3 NO vollstreckbaren Notariatsakte (Z 17).

C. Die Bestätigung der Vollstreckbarkeit

Literatur: *Schmuck*, Bemerkungen zur Vollstreckbarkeitsklausel, NZ 1953, 121; *Pfersmann*, Der Verwaltungsgerichtshof und die aufschiebende Wirkung, besonders in Bausachen, ÖJZ 1981, 85; *ders*, Nochmals: § 30 Abs 2 VwGG – Zur aufschiebenden Wirkung für Nachbarbeschwerden in Bausachen vor dem VwGH, ÖJZ 1981, 382; *C. Huber*, Familienbeihilfe und Unterhaltsrecht, JBl 1983, 225, 306; *Petrasch*, Das neue Revisions-(Rekurs?)Recht, ÖJZ 1983, 169, 200; *Pfersmann*, Zu den Begriffen „Nebenforderungen" und „Kostenpunkt", besonders bei Anwendung exekutionsrechtlicher Bestimmungen, ÖJZ 1985, 205; *Souhrada*, Forderungsexekution und Sozialversicherung. Sozialversicherungsrechtliche Aspekte der Novelle 1991 zur Exekutionsordnung (EONov 1991), SozSi 1992, 115; *Oberhammer*, Einstellung der Räumungsexekution infolge eines Wiedereinsetzungsantrages des Verpflichteten und § 75 EO, wobl 1993, 129; *ders*, Kostenfolgen der Einstellung der Unterlassungsexekution wegen Gläubigermehrheit, RdW 1995, 289.

Petschek/Hämmerle/Ludwig 4 ff; *Heller/Berger/Stix* I 176 ff, 205; *Rechberger/Simotta* Rz 215 ff; *Holzhammer* 69 ff; *Meinhart* in *Burgstaller/Deixler-Hübner* §§ 1, 7 Rz 63 ff; *Jakusch* in *Angst* §§ 1, 7 EO Rz 91 ff; *Neumayr* 63 ff.

1. Die Bedeutung der Vollstreckbarkeitsklausel

80 Die Vollstreckbarkeitsklausel (oder Vollstreckbarkeitsbestätigung) ist die amtliche Beurkundung, dass der Exekutionstitel vollstreckbar ist; sie kann sowohl auf der Ausfertigung des Exekutionstitels angebracht als auch als gesonderte Bestätigung ausgestellt sein. Da diese Bestätigung die Vollstreckbarkeit bindend bezeugt, erspart sich das Exekutionsgericht, bei dem um die Exekutionsbewilligung angesucht wird, die Rückfrage bei der Titelstelle, ob der Exekutionstitel auch tatsächlich (rechtskräftig und) vollstreckbar ist. **In der Bestätigung der Vollstreckbarkeit erschöpft sich ihre Funktion**; alle übrigen Voraussetzungen für die Exekution werden erst anlässlich der Exekutionsbewilligung geprüft (vgl §§ 7 bis 9 EO). Da die Vollstreckbarkeitsbestätigung nur die formelle Vollstreckbarkeit betrifft, wird das Vorhandensein der weiteren Exekutionsvoraussetzungen nach § 7 Abs 1 und Abs 2 EO nicht festgestellt (8 Ob 90/04z = EFSlg 109.180; 3 Ob 8/07h). Dadurch unterscheidet sich die österreichische Vollstreckbarkeitsklausel grundlegend von der deutschen Vollstreckungsklausel, die praktisch das Bewilligungsverfahren ersetzt.

Unter den Begriff „Bestätigung der Vollstreckbarkeit" (§ 54 Abs 2 EO) fällt auch die Bestätigung, dass die Entscheidung oder Verfügung einem die Vollstreckbarkeit hemmenden Rechtszug nicht unterliegt; das ist bei den Exekutionstiteln nach § 1 Z 8–10 sowie §§ 12, 14 EO der Fall. Bei Schiedssprüchen ist eine Bestätigung der Rechtskraft und der Vollstreckbarkeit iSd § 606 Abs 6 ZPO beizubringen. Keiner Bestätigung der Vollstreckbarkeit bedarf es bei Beschlüssen, mit denen die Exekutionskosten bestimmt werden, bei Vergleichen und bei vollstreckbaren Notariatsakten (§ 54 Abs 2 Satz 2 EO).

Die Vollstreckbarkeitsbestätigung ist eine **Exekutionsvoraussetzung**, deren Mangel in jeder Lage des Verfahrens von Amts wegen zu beachten ist. Fehlt die Klausel, so ist der Exekutionsbewilligungsantrag gem § 54 Abs 3 EO zur Verbesserung zurückzustellen; mangels Verbesserung ist der Antrag auf Exekutionsbewilligung zurückzuweisen. Stellt sich erst im Vollzugsverfahren das Fehlen der Vollstreckbarkeitsbestätigung heraus, ist die Exekution (analog § 39 Abs 1 Z 9 EO) von Amts wegen einzustellen. Der Verpflichtete kann das Fehlen der Vollstreckbarkeitsklausel mittels Rekurses gegen die Exekutionsbewilligung und nach deren Rechtskraft mit Einstellungsantrag geltend machen. 81

2. Die Erteilung und die Aufhebung der Vollstreckbarkeitsklausel

Das Verfahren zur Erteilung und Aufhebung der Vollstreckbarkeitsbestätigung gehört nicht zum Vollstreckungsverfahren, sondern noch zum Erkenntnisverfahren, sodass hierauf dessen Vorschriften (ZPO, AußStrG, AO, KO, EO, StPO, AVG, BAO etc) zur Anwendung kommen. Dies spielt zB für die Anwaltspflicht, die Kosten oder die Zulässigkeit von Neuerungen im Rekurs eine Rolle. 82

83 Die Bestätigung wird auf Antrag des Gläubigers **ohne Anhörung des Verpflichteten** erteilt. Bei Gericht fällt dies in die Kompetenz des Rechtspflegers (§ 16 Abs 1 Z 2 RpflG). Damit die Klausel erteilt werden kann, muss geprüft werden, ob die Leistungsfrist abgelaufen ist; ist die Entscheidung durch ein die Vollstreckbarkeit hemmendes Rechtsmittel anfechtbar, muss ferner geprüft werden, ob die formelle Rechtskraft eingetreten ist.

Für die Ausfertigung der Vollstreckbarkeitsbestätigung wird eine Stampiglie (blau) verwendet (vgl § 150 Abs 2 Geo), deren Text lautet: „Diese Ausfertigung ist vollstreckbar". Bei den nicht von einem Zivilgericht stammenden Exekutionstiteln lautet die Vollstreckbarkeitsklausel idR: „Diese Ausfertigung unterliegt keinem die Vollstreckbarkeit hemmenden Rechtszug" (vgl etwa § 3 Abs 2 VVG).

84 Die gesetzwidrig oder irrtümlich erteilte Bestätigung der Vollstreckbarkeit ist von der Behörde, die sie erteilt hat (strittig ist, ob auch ein Schiedsgericht die von ihm erteilte Vollstreckbarkeitsbestätigung selbst aufheben kann – vgl *Heller/Berger/Stix* I 208), von Amts wegen oder auf Antrag eines Beteiligten mit Beschluss oder Bescheid wieder **aufzuheben**; dieser Beschluss ist allen Beteiligten zuzustellen (§ 7 Abs 3 und 4 EO). Gesetzwidrig ist eine Vollstreckbarkeitsbestätigung zB dann erteilt worden, wenn der Exekutionstitel nicht ordnungsgemäß zugestellt wurde und deshalb nicht rechtskräftig geworden ist. Die Gesetzwidrigkeit ist stets nach dem Zeitpunkt der Erteilung der Vollstreckbarkeitsbestätigung zu beurteilen (EvBl 1970/181).

Das Rekursverfahren gegen die Entscheidung über den Antrag auf Aufhebung der Vollstreckbarkeitsbestätigung ist **zweiseitig**, wenn der Beklagte die Abweisung seines Antrags bekämpft, weil dann die mit der Bestätigung erworbene gesicherte Rechtsposition des Klägers berührt ist. Wenn das Rechtsmittel vom Kläger gegen die Stattgebung des Antrags erhoben wurde, ist das Verfahren hingegen bloß **einseitig** (3 Ob 168/07p = Zak 2008/63).

85 Mit dem Antrag auf Aufhebung der Vollstreckbarkeitsbestätigung kann der Antrag auf Einstellung oder Aufschiebung der Exekution verbunden werden (§ 7 Abs 5 EO). Nach rechtskräftiger Aufhebung der Vollstreckbarkeitsbestätigung ist die Exekution auf Antrag oder von Amts wegen gem § 39 Abs 1 Z 9 EO einzustellen.

3. Die Bestätigung der Vollstreckbarkeit für die Vollstreckung im Ausland

85a Vgl zur Zuständigkeit für die Bestätigung der Vollstreckbarkeit für die Vollstreckung im Ausland § 7a EO.

D. Die Exekutionsbewilligung

Literatur: *Siegel*, Grundbuchsrechtliche Identitätsfeststellung und Exekutionsführung, NZ 1937, 91; *Stanzl*, Die Firma im Exekutionsverfahren, JBl 1951, 530; *Rziha*, Kann auf die Bestimmung des § 7 (2) EO vertraglich verzichtet werden? JBl 1952, 438; *Schmuck*, Bemerkungen zur Vollstreckbarkeitsklausel, NZ 1953, 121; *Hofer-Zeni*, Der Rückstandsausweis im allgemeinen Verwaltungsverfahren, ZAS 1974, 88; *Rechberger*, Die fehlerhafte Exekution (1978) 110 ff, 127 ff; *Apathy*, Schadenersatz und Rücktritt bei Annahmeverzug, JBl 1982, 561; *Reischauer*, Zum automatischen Pfandrechtsübergang, insbesondere bei notwendiger Zession, ÖJZ 1989, 193 und 232; *Schagerl*, Exekutionsbewilligung aufgrund von Exekutionstiteln gemäß § 1 Z 3 EO, ÖRPfl 1989, H 1, 34; *Klicka*, Zivilprozessuale Fragen bei Unternehmensveräußerung, ecolex 1990, 205; *Schumacher*, Der Liquidationsausgleich in der Praxis, JBl 1990, 5; *Ballon*, Probleme bei der Veräußerung der streitverfangenen Sache durch den Beklagten, BeitrZPO IV (1991) 1; *Braumüller*, Das Zurückbehaltungsrecht in Exekution und Insolvenz (1991); *Hörmann*, Brutto- oder Nettotitel? Eine Frage im Schnittpunkt mehrerer Rechtsgebiete, NZ 1991, 60; *Mohr*, Die neue Lohnpfändung, EO-Novelle 1991 (1991); *H. Hoyer*, Gilt § 440 ABGB noch? Oder: Was leistet das Grundbuchsverfahren für das materielle Recht? JBl 1994, 645; *Rechberger/Oberhammer*, § 234 ZPO – einfach kompliziert? ecolex 1994, 456; *dies*, Der vollstreckbare Notariatsakt (1994); *Welser*, Posterior tempore, potior iure! Eine unbegreifliche Entscheidung zur Doppelveräußerung, NZ 1994, 73; *Albrecht*, Die Exekutionsordnungs-Novelle 1995 (1995); *Klicka/Albrecht*, Die EO-Novelle 1995 – Änderungen im Allgemeinen Teil, ecolex 1995, 707; *dies*, Die Fahrnisexekution nach der EO-Novelle 1995, ecolex 1995, 791; *Mohr*, Vereinfachtes Bewilligungsverfahren und andere am 1.10.1995 in Kraft getretene Bestimmungen der EONov 1995, ÖJZ 1995, 889; *Hoyer*, Exekutionsanträge mit Grundbuchsbezug verbesserungsfähig, ecolex 1996, 902; *Mohr*, Die Fahrnisexekution nach der EONov 1995, ÖJZ 1996, 81; *Konecny*, Die Exekutionsordnung nach 100 Jahren, in *Mayr* (Hg), 100 Jahre österreichische Zivilprozeßgesetze (1998) 95; *Thiele*, „Zukunftszinsen“ und das Zinsrechts-Änderungsgesetz 2002, RdW 2003/350, 427; *Sima*, Die EO-Novelle 2005, ZIK 2005/122, 126; *Dworak/Schaumberger/Wachter*, Der fehlerfreie Exekutionsantrag (2006); *Rassi*, Exekutionstipps für Praktiker I: Das Bewilligungsverfahren, Zak 2006/601, 350.

Petschek/Hämmerle/Ludwig 8 ff, 12 ff, 40 f; *Heller/Berger/Stix* I 63 ff, 153, 157 ff, 167 ff, 178 ff, 213 ff, 255 ff, 275 ff, 617 ff, 639, 764 ff, 882 ff, 885 ff; *Rechberger/Simotta* Rz 231 ff; *Holzhammer* 81 ff; *Meinhart* in *Burgstaller/Deixler-Hübner* zu §§ 3 ff EO; *Meinhart/Burgstaller* in *Burgstaller/Deixler-Hübner* zu § 10 EO; *Neurauter* in *Burgstaller/Deixler-Hübner* zu § 14 EO; *Kloiber* in *Burgstaller/Deixler-Hübner* zu §§ 54 f EO; *Kloiber* in *Burgstaller/Deixler-Hübner* zu §§ 54b ff EO; *Jakusch* in *Angst* zu §§ 3 ff, 10, 14, 54 ff EO; *Neumayr* 84 ff, 92 ff.

1. Der Exekutionsantrag

a) Form und Inhalt

Aufgrund der Geltung der Dispositionsmaxime (vgl oben Rz 35 ff) kann **86**
die Exekution grundsätzlich nur auf Antrag des betreibenden Gläubigers bewilligt werden. Dieses Gesuch um Einleitung des Zwangsvollstreckungs-

verfahrens kann mit Hilfe eines Schriftsatzes eingebracht oder mündlich zu Protokoll erklärt werden; in letzterem Fall trifft den Richter eine Anleitungspflicht (§ 53 Abs 1 EO). Zur Einbringung des Exekutionsantrages im Wege des elektronischen Rechtsverkehrs vgl § 54a EO sowie die VO des BMJ über den elektronischen Rechtsverkehr, BGBl 1995/559; vgl dazu Rz 73.

87 Für den Inhalt des Exekutionsantrages gilt neben den auf jeden Schriftsatz im zivilgerichtlichen Verfahren anzuwendenden Bestimmungen des § 75 ZPO (vgl dazu *Rechberger/Simotta*, ZPR Rz 449) jene des § 54 Abs 1 EO; danach gehört zum **notwendigen Inhalt** des Exekutionsantrages:

Inhalt Ex-Antrag

- die genaue Bezeichnung des Antragstellers und desjenigen, gegen den die Exekution geführt werden soll (Z 1);

  Da die Exekution nur für oder gegen jene Person bewilligt werden darf, die im Exekutionstitel als Berechtigter bzw Verpflichteter genannt wird (vgl § 7 Abs 1 und § 9 EO), müssen dann, wenn es zu einer Rechtsnachfolge gekommen ist, die zum Nachweis dafür erforderlichen Urkunden dem Exekutionsantrag beigelegt werden (vgl zur Titelergänzung unten Rz 115 ff).

- die Angabe aller für die Ermittlung des Exekutionsgerichtes wesentlichen Umstände (Z 1);

  Ist das Gericht, das die Exekution bewilligen soll, ausnahmsweise nicht auch zum Vollzug berufen (vgl §§ 5, 6 EO), hat das Bewilligungsgericht das Exekutionsgericht von Amts wegen um den Exekutionsvollzug zu ersuchen (§ 69 Abs 1 EO).

- die bestimmte Angabe des Anspruches, dessentwegen die Exekution stattfinden soll (Z 2);

  Der betreibende Gläubiger muss den Anspruch genau bezeichnen, weil die Exekution nach § 7 Abs 1 EO nur dann bewilligt werden darf, wenn der im Exekutionsantrag geltend gemachte Anspruch durch den Titel gedeckt ist. Bei Geldforderungen sind der hereinzubringende Betrag, die beanspruchten Nebengebühren (Zinsen, Prozess- und Exekutionskosten), bei variablen Zinsen iSd § 8a EO ein prozentmäßiger Zinssatz, soweit er feststeht, sowie der Anspruch, der sich aufgrund einer Wertsicherungsklausel ergibt (vgl dazu unten Rz 97), anzugeben. Wenn die Fälligkeit oder Vollstreckbarkeit des Anspruches vom Eintritt einer vom betreibenden Gläubiger zu beweisenden Bedingung abhängt, müssen die den Titel ergänzenden Urkunden, die diesen Eintritt nachweisen, dem Antrag auf Exekutionsbewilligung beigelegt werden (vgl zur Titelergänzung unten Rz 115 ff). Liegen einer hereinzubringenden Unterhaltsforderung oder sonstigen wiederkehrenden Leistung mehrere Exekutionstitel zugrunde, so genügt es, die Forderung mit dem Gesamtbetrag anzuführen (§ 54 Abs 4 EO).

- die bestimmte Angabe des Exekutionstitels (Z 2);

  Da es für die Verzugszinsen vom Kostenbetrag gem § 54a ZPO keinen eigenen Exekutionstitel gibt, genügt hier, dass der betreibende Gläubiger zusammen mit der

Exekution zur Hereinbringung der Prozesskosten auch jene zur Hereinbringung der Verzugszinsen beantragt.

Sofern nicht im vereinfachten Bewilligungsverfahren (§§ 54b ff EO) zu entscheiden ist (vgl unten Rz 110 ff), ist dem Exekutionsantrag stets eine **Ausfertigung des Exekutionstitels** samt Bestätigung der Vollstreckbarkeit anzuschließen. Hat der betreibende Gläubiger (zB eine Verwaltungsbehörde) jedoch den Exekutionstitel selbst ausgestellt, so genügt es, den Inhalt des Exekutionstitels in den Exekutionsantrag aufzunehmen (§ 54 Abs 2 EO).

- die Bezeichnung der anzuwendenden Exekutionsmittel (Z 3);
- bei der Geldexekution die Bezeichnung der Exekutionsobjekte.

Zum **ratsamen Inhalt** des Exekutionsantrages gehören folgende Angaben: 88

- Bei der Fahrnisexekution, der Herausgabeexekution, bei Verhaftungen, Vorführungen und Räumungen sowie bei der einstweiligen Fahrnisverwahrung soll der betreibende Gläubiger angeben, ob die Exekution unter seiner Beteiligung zu vollziehen ist (vgl oben Rz 50).
- Bei der Exekution auf Zug-um-Zug-Leistungen (vgl § 8 EO) soll der betreibende Gläubiger im Exekutionsantrag entweder den Nachweis der erbrachten Gegenleistung vorlegen oder angeben, dass er bereit sei, diese zu bewirken oder sicherzustellen (es verhindert einen Aufschiebungsantrag des Verpflichteten gem § 42 Abs 1 Z 4 EO; vgl unten Rz 101, 151).

Die allgemeine Voraussetzung jeder Zwangsvollstreckung, nämlich dass der Verpflichtete seinen Leistungspflichten nicht nachgekommen ist, braucht der betreibende Gläubiger **weder zu behaupten noch zu beweisen**. Dies folgt aus dem allgemeinen Grundsatz, dass sich der Antragsteller bei „Negativen" idR auf die bloße Behauptung des Nichtgeschehens beschränken kann und der Gegner demgegenüber einen gegenteiligen Geschehensablauf nachweisen muss (vgl *Rechberger/Simotta*, ZPR Rz 761). Es ist daher Sache des Verpflichteten, im Wege der Opposition nach §§ 35 und 40 EO (vgl unten Rz 196 ff) die bewilligte Exekution zur Einstellung zu bringen, wenn er seiner Leistungspflicht (schon) nachgekommen ist (vgl SZ 27/28 = EvBl 1954/148). 89

b) Der Exekutionsantrag bei Wahlschuldverhältnissen

Hat der Gläubiger nach dem Exekutionstitel die Wahl zwischen mehreren Leistungen, hat er im Exekutionsantrag anzugeben, dass er dem Verpflichteten seine Wahl mitgeteilt hat. Da erst dadurch die Fälligkeit und Voll- 90 streckbarkeit der Forderung eintritt, kann sich der Verpflichtete mangels Verständigung gegen die Exekutionsbewilligung mit der Impugnationsklage (vgl unten Rz 211 ff) wehren.

91 Hat der **Verpflichtete** die Wahl zwischen mehreren Leistungen, kann der Gläubiger nach Ablauf der Leistungsfrist die Exekution zur Bewirkung einer dieser Leistungen beantragen (§ 12 Abs 1 EO). Dessenungeachtet kann der Verpflichtete sein Wahlrecht so lange ausüben, als der Gläubiger die von ihm gewählte Leistung auch noch nicht zum Teil empfangen hat (§ 12 Abs 2 EO); dies führt jedenfalls zur Einstellung der Exekution gem § 39 Abs 1 Z 7 EO (vgl unten Rz 166).

92 Hat der Verpflichtete nach dem Exekutionstitel die Möglichkeit, sich durch die Erbringung einer anderen als der geschuldeten Leistung zu befreien (Ersetzungsbefugnis, *facultas alternativa*), muss der Exekutionsantrag stets auf die geschuldete Leistung lauten (vgl SZ 27/265). Auch hier kann der Verpflichtete so lange seine Ersetzungsbefugnis ausüben, als der betreibende Gläubiger die geschuldete Leistung auch noch nicht teilweise erhalten hat (analog § 12 Abs 2 EO).

2. Das Bewilligungsverfahren

93 Das Bewilligungsverfahren beginnt mit dem Einlangen des Exekutionsantrages und dauert bis zur Rechtskraft der Exekutionsbewilligung. Über den Antrag ist grundsätzlich in einem einseitigen Aktenverfahren zu entscheiden (vgl oben Rz 86); der Verpflichtete soll vom Vollzug überrascht werden. Die Einseitigkeit des Exekutionsverfahrens bedeutet keinen Verstoß gegen das Gebot eines fairen Verfahrens iSd Art 6 MRK (*Jakusch in Angst* § 3 Rz 13a mwN).

94 Ausnahmsweise kann es aber doch zur Einvernehmung des Verpflichteten/Gegners oder zur Einholung bestimmter Erklärungen kommen:

- Vor der Exekutionsbewilligung zur Herausgabe von Sachen, von deren als Gegenleistung zu bewirkende Übergabe die Verpflichtung des Drittschuldners abhängig ist, **ist** der Verpflichtete einzuvernehmen (§ 309 Abs 3 EO).
- Vor der Exekutionsbewilligung zur Erwirkung von Handlungen, Duldungen oder Unterlassungen **kann** der Verpflichtete einvernommen werden, sofern nicht Gefahr im Verzug ist (§ 358 EO).
- Vor der Erlassung einer einstweiligen Verfügung **kann** der Gegner der gefährdeten Partei – ausgenommen im Fall der Verfügung nach § 382a EO – vernommen werden (§ 397 Abs 1 EO).

- Vor der Bewilligung der Geldexekution gegen eine Gemeinde oder eine als öffentlich oder gemeinnützig erklärte Anstalt **ist** eine Erklärung der staatlichen Verwaltungsbehörde darüber einzuholen, ob und inwieweit Vermögensbestandteile ohne Beeinträchtigung der durch die Gemeinde oder die Anstalt zu wahrenden Interessen zur Befriedigung des Gläubigers verwendet werden können (§ 15 EO).

Das Bewilligungsgericht prüft aufgrund der Angaben des betreibenden Gläubigers zunächst die **Zulässigkeit des Exekutionsantrages**. Fehlt eine Exekutionsvoraussetzung (vgl oben Rz 53 ff), so ist der Exekutionsantrag als unzulässig zurückzuweisen. 95

Ein zulässiger Antrag ist auf seine Begründetheit zu prüfen. Die **materiellen Bewilligungserfordernisse**, bei deren Mangel der Exekutionsantrag abzuweisen ist, finden sich in den §§ 7 bis 9 EO: 96

- Die im Exekutionsantrag als betreibender Gläubiger bzw Verpflichteter genannte Person muss mit der im Exekutionstitel als Berechtigter bzw Verpflichteter genannten Person identisch sein (§ 7 Abs 1 und § 9 EO). Vgl oben Rz 87 und unten Rz 115 ff.
- Aus dem Exekutionstitel müssen Gegenstand, Art, Umfang und Zeit der geschuldeten Leistung oder Unterlassung zu entnehmen sein (§ 7 Abs 1 EO).

Hinsichtlich eines Anspruches, der sich aufgrund einer **Wertsicherungsklausel** ergibt, ist gem § 8 Abs 2 und 3 EO die Exekution dann zu bewilligen, wenn die Wertsicherungsklausel an nicht mehr als eine veränderliche Größe anknüpft und der Aufwertungsschlüssel durch eine unbedenkliche Urkunde bewiesen wird (einfache Titelergänzung); liegt eine solche Urkunde nicht vor, muss der Aufwertungsschlüssel mit Hilfe einer Titelergänzungsklage nachgewiesen werden (vgl unten Rz 117). Der Beweis des Aufwertungsschlüssels entfällt, wenn dafür ein vom Österreichischen Statistischen Zentralamt verlautbarter Verbraucherpreisindex herangezogen wurde oder seine Höhe gesetzlich bestimmt ist. Ist im Exekutionstitel nichts Näheres bestimmt, gilt als Aufwertungsschlüssel der vom Österreichischen Statistischen Zentralamt verlautbarte, für den Monat der Schaffung des Exekutionstitels gültige Verbraucherpreisindex (vgl Näheres in § 8 Abs 3 EO). 97

Bezüglich der Zinsen ist die Exekution auch dann zu bewilligen, wenn der Zinssatz in einer bestimmten Zahl von Prozentpunkten über dem Basiszinssatz ausgedrückt wird (§ 8a EO, vgl auch § 352 UGB). Der Basiszinssatz ist nicht nachzuweisen.

98 Für ausreichend bestimmt sieht die Rsp einen auf eine **ausländische Währung** lautenden Exekutionstitel an (vgl RdW 1985, 76); die Umrechnung ist erst im Verwertungsverfahren vorzunehmen. Dies gilt jedoch nicht für Anträge auf zwangsweise Pfandrechtsbegründung bzw Zwangsversteigerung einer Liegenschaft, bei welchen der Exekutionsantrag den Betrag der betriebenen Forderung in Euro zu enthalten hat (vgl *Jakusch* in *Angst* § 7 Rz 47a).

Das Gleiche gilt von einem Exekutionstitel, der auf Zahlung eines Bruttolohnes lautet, sofern er keine Einschränkung, insbesondere kein Abzugsrecht des Verpflichteten enthält (vgl JBl 1963, 334 = ArbSlg 7508); die Exekution ist in einem solchen Fall auf den ganzen Betrag zu bewilligen, und der Verpflichtete muss sein Abzugsrecht mit Oppositionsklage geltend machen (vgl RPflSlgE 1984/125).

99 Enthält der Exekutionstitel keine Leistungsfrist, so ist er sofort vollstreckbar (vgl SZ 33/19).

- Die Fälligkeit muss eingetreten und die Leistungsfrist abgelaufen sein (§ 7 Abs 2 EO).

Hängt die Vollstreckbarkeit vom Eintritt eines kalendermäßig bestimmten oder bestimmbaren Tages ab, so darf die Exekution nur bewilligt werden, wenn dieser Tag schon abgelaufen ist. Ist der Fälligkeitstag oder das Ende der Leistungsfrist unbestimmt oder hängt die Vollstreckbarkeit vom Eintritt einer seitens des Berechtigten zu beweisenden Tatsache (also von einer aufschiebenden Bedingung) oder von einer Vorleistung des Berechtigten ab (Beispiele bei *Holzhammer* 87), darf die Exekution nur bewilligt werden, wenn der Eintritt des maßgeblichen Umstandes durch öffentliche oder öffentlich beglaubigte Urkunden bewiesen wird (einfache Titelergänzung, vgl § 7 Abs 2 EO). Liegen solche Urkunden nicht vor, muss der betreibende Gläubiger eine Titelergänzungsklage erheben (vgl unten Rz 117).

100 Den Verzug des Schuldners hinsichtlich der hereinzubringenden Forderung muss der betreibende Gläubiger selbst dann nicht beweisen, wenn dadurch (etwa weil Terminsverlust ohne qualifizierte Mahnung vereinbart wurde) die vorzeitige Fälligkeit eintritt (Jud 100 [alt] = GlU 6577 = AmtlSlg I 141).

101 Für die **Exekution zur Erwirkung einer Zug-um-Zug-Leistung** gilt die Sonderregelung des § 8 EO: Danach ist die Bewilligung der Exekution nicht vom Nachweis, dass die Gegenleistung bewirkt oder doch ihre Erfüllung sichergestellt ist, abhängig. Das Gericht muss aber in der Exekutionsbewilligung ausdrücklich darauf hinweisen, dass der Verpflichtete die Leistung nur gegen eine Gegenleistung Zug um Zug zu erbringen hat. Unterlässt das Gericht diesen Hinweis, kann der Verpflichtete gegen die Exekutionsbewilligung Rekurs erheben und einen Aufschiebungsantrag

nach § 42 Abs 1 Z 7 EO (vgl unten Rz 151) stellen. Auch der Exekutionsvollzug geschieht unabhängig vom Nachweis des betreibenden Gläubigers, die Gegenleistung bewirkt oder sichergestellt zu haben. Die hM gewährt dem Verpflichteten jedoch – dem Grundgedanken des § 367 Abs 2 EO folgend – zur Abwehr der Exekution den Aufschiebungsantrag nach § 42 Abs 1 Z 4 EO (vgl unten Rz 151). Punkt 25 Abs 1 DBV geht dagegen unrichtig davon aus, dass die Nichterbringung der Gegenleistung durch den betreibenden Gläubiger die Exekution (vorläufig) unzulässig macht. Durch Nichtannahme der Gegenleistung kann der Verpflichtete den Vollzug der Exekution nicht hintanhalten (3 Ob 7/05h = SZ 2005/48 = EFSlg 112.350 = JBl 2005, 523 = RdW 2005/626 = ecolex 2005/271).

Lautet der Exekutionstitel gem § 406 Satz 2 ZPO auf eine **zukünfti-** 102
ge Leistung, darf die Exekution nur für die bereits fälligen Raten bewilligt werden. Das gilt nicht für Unterhaltsforderungen und Renten aus Körperverletzung; hier gibt es die Vorratspfändung nach § 291c EO (vgl unten Rz 410).

Der betreibende Gläubiger kann den Exekutionsantrag zurückziehen 103
oder ändern, solange die Exekutionsbewilligung noch nicht erteilt ist. Danach kann er nur mehr die Einstellung der Exekution nach § 39 Abs 1 Z 6 EO beantragen (vgl unten Rz 166).

3. Der Exekutionsbewilligungsbeschluss

Der maßgebliche Zeitpunkt für die Zulässigkeit und Begründetheit 104
des Exekutionsantrages ist gem § 406 ZPO und § 7 Abs 2 EO der Tag der Beschlussfassung (vgl SZ 45/9). Nur bei Liegenschaftsexekutionen, bei denen die Bestimmungen des GBG gelten (vgl § 88 Abs 2 EO), ist für die Exekutionsbewilligung gem § 93 GBG der Zeitpunkt maßgeblich, in dem der Exekutionsantrag beim Grundbuchsgericht einlangt.

Fehlt im Exekutionsantrag gesetzlich vorgeschriebenes Vorbringen 105
oder sind ihm nicht alle vorgeschriebenen Urkunden angeschlossen, so ist der Schriftsatz gem § 54 Abs 3 EO (eingeführt durch die EO-Nov 1995) zur Verbesserung zurückzustellen. Das bedeutet, dass sowohl Form- als auch Inhaltsmängel des Antrages verbesserungsfähig sind. Inhaltliche Mängel sind nach dem Wortlaut des § 54 Abs 3 EO allerdings nur dann verbesserungsfähig, wenn ein erforderliches Vorbringen fehlt, nicht jedoch, wenn der Exekutionsantrag zwar einer sachlichen Erledigung zugänglich ist, aber das vorhandene Vorbringen inhaltlich nicht geeignet ist, das Begehren im Exekutionsantrag zu decken, ihm also die Schlüssigkeit fehlt (*Jakusch* in *Angst* § 54 Rz 56).

Der **Inhalt des Exekutionsbewilligungsbeschlusses** entspricht im Wesentlichen dem Inhalt des Exekutionsantrages (vgl oben Rz 87). § 63 EO nennt die Bezeichnung der Parteien, des vollstreckbaren Anspruches samt Nebengebühren, der Exekutionsmittel, der Exekutionsobjekte (bei der Geldexekution) und des Exekutionsgerichtes. Da nach § 428 Abs 1 ZPO nur Beschlüsse über widerstreitende Anträge und solche, mit denen ein Antrag abgewiesen wird, begründet werden müssen, bedarf die Exekutionsbewilligung **keiner Begründung**.

Die vom Antragsteller beigebrachten Gleich- und Halbschriften haben den Exekutionsantrag so formgerecht zu enthalten, dass die Exekutionsbewilligung in Form einer Stampiglie erteilt werden kann: „Das Gericht bewilligt die beantragte Exekution. Die Kosten der betreibenden Parteien werden mit € … bestimmt“ (vgl § 79 Abs 5 GOG).

106 Das Exekutionsgericht stellt die Exekutionsbewilligung den Parteien und sonstigen Beteiligten zu (vgl § 550 Abs 1 Geo). Für den Beginn des Vollzuges braucht die Rechtskraft der Exekutionsbewilligung nicht abgewartet zu werden; bei der Fahrnisexekution wird der Bewilligungsbeschluss dem Verpflichteten – außer bei vereinfachtem Bewilligungsverfahren (§ 249 Abs 3 EO) – (erst) bei Vornahme der Pfändung zugestellt (§ 253 Abs 4 EO – vgl dazu Rz 342).

107 Der Verpflichtete kann sich gegen die Exekutionsbewilligung mit **Rekurs** (vgl unten Rz 180), mit **Impugnationsklage oder -gesuch** (vgl unten Rz 211 ff, 220) oder mit einem **Einstellungsantrag** (vgl unten Rz 162 ff) wehren. Im vereinfachten Bewilligungsverfahren steht ihm überdies der **Einspruch** nach § 54c EO zu (vgl unten Rz 114). Einwendungen gegen den vollstreckbaren Anspruch kann der Verpflichtete mit **Oppositionsklage bzw -gesuch** (vgl unten Rz 197 ff, 208) geltend machen; den Umstand, dass die Vollstreckbarkeitsbestätigung gesetzwidrig oder irrtümlich erteilt wurde, mit einem Aufhebungsantrag gem § 7 Abs 3 EO (vgl oben Rz 84).

Der betreibende Gläubiger kann die Zurück- oder Abweisung seines Exekutionsantrages mit Rekurs bekämpfen.

108 Das Exekutionsgericht ist an seinen Bewilligungsbeschluss gem § 416 Abs 2 und § 425 Abs 2 ZPO gebunden (dasselbe gilt, wenn der Bewilligungsbeschluss ausnahmsweise von einem anderen Gericht stammt); die Exekutionsbewilligung stellt die **unveränderliche Rechtsgrundlage für den Vollzug** der Exekution dar.

109 Als Beschluss wird die Exekutionsbewilligung, wenn sie nicht mehr anfechtbar ist, formell rechtskräftig.

Materielle Rechtskraft kommt dem Bewilligungsbeschluss nur in eingeschränktem Maße zu, weil für eine Bindungswirkung kein Anlass besteht. Die Einmaligkeitswirkung zeigt sich aber dann, wenn der gleiche Anspruch (dh aus demselben Titel und auf dieselbe Exekutionsart gerichtet) nochmals gegen denselben Verpflichteten geltend gemacht wird. Will der Gläubiger mit einem zweiten Antrag auf ein anderes Exekutionsobjekt greifen, obwohl er schon befriedigt worden ist, muss man sich allerdings mit dem Mangel des „Vollstreckungsinteresses“ behelfen (vgl oben Rz 6), will man den (ehemaligen) Schuldner nicht auf die Opposition verweisen. Vgl Näheres bei *Holzhammer* 83 f; zur Präklusionswirkung des Bewilligungsbeschlusses vgl *Oberhammer*, JBl 1995, 121 ff (Entscheidungsanmerkung).

4. Das vereinfachte Bewilligungsverfahren

§ 54a EO erlaubt die ADV-unterstützte Durchführung des Exekutions- **110**
verfahrens. Die Bestimmungen der §§ 54b–g EO (eingeführt durch die EO-Nov 1995) regeln ein vereinfachtes Bewilligungsverfahren, bei dem im Hinblick auf den elektronischen Rechtsverkehr der Exekutionstitel nicht vorgelegt werden muss (§ 54b Abs 2 Z 2 EO). Das Gericht hat im vereinfachten Bewilligungsverfahren zu entscheiden, wenn es sich um eine Geldexekution handelt und die hereinzubringende Forderung 30.000 € nicht übersteigt (Prozesskosten oder Nebengebühren sind nur dann zu berücksichtigen, wenn sie allein Gegenstand des durchzusetzenden Anspruches sind; bei einer Forderungsexekution auf wiederkehrende Leistungen sind nur die bereits fälligen Ansprüche maßgebend). Damit wird der Grundgedanke des ADV-Mahnverfahrens im Exekutionsverfahren gleichsam fortgeführt.

Das vereinfachte Bewilligungsverfahren kommt gem § 54b Abs 1 EO **111**
nicht zur Anwendung, wenn

- der betreibende Gläubiger Exekution auf das **unbewegliche** Vermögen, ein Superädifikat oder ein Baurecht beantragt (Z 1);
- wegen der Notwendigkeit einer Titelergänzung die **Vorlage anderer Urkunden** als des Exekutionstitels notwendig ist (Z 3) oder
- ein **ausländischer Exekutionstitel**, welcher der Vollstreckbarerklärung bedarf, noch nicht für vollstreckbar erklärt worden ist (Z 4).

Da Vollzugshandlungen im Rahmen der **Fahrnisexekution** dann, **112**
wenn die Exekutionsbewilligung im vereinfachten Bewilligungsverfahren erteilt wurde, gem § 249 Abs 3 EO erst **frühestens 14 Tage nach Zustellung der Bewilligung** der Exekution vorgenommen werden dürfen (vgl

unten Rz 342), könnten aufgrund des Wegfalls des Überraschungseffektes Exekutionsobjekte der Pfändung entzogen werden. Bescheinigt dies der betreibende Gläubiger – was *in praxi* freilich schwierig ist –, kommt ein vereinfachtes Bewilligungsverfahren gleichfalls nicht in Frage (Z 5).

Eine Parallelbestimmung zu § 249 Abs 3 EO stellt § 303a EO dar, nach der bei der **Forderungsexekution** an den betreibenden Gläubiger erst **vier Wochen nach Zustellung des Zahlungsverbotes** an den Drittschuldner geleistet oder der Betrag hinterlegt werden darf, wenn die Exekutionsbewilligung im vereinfachten Verfahren erteilt worden ist. (Der Drittschuldner kann mit der Leistung oder Hinterlegung **bis zum nächsten Auszahlungstermin zuwarten**, nicht jedoch länger als acht Wochen.) Diese Bestimmungen sollen verhindern, dass die Abstandnahme von der Vorlage des Exekutionstitels durch den betreibenden Gläubiger zu einer Verminderung des Rechtsschutzes für den Verpflichteten führt. Er soll noch vor den Vollzugshandlungen bzw vor der Zahlung an den Gläubiger **mit Hilfe des Einspruches** (vgl unten Rz 113) die Möglichkeit haben, auf die zu Unrecht erteilte Exekutionsbewilligung hinzuweisen.

113 An den Exekutionsantrag werden insofern **erhöhte Anforderungen** gestellt, als er die Angaben des § 7 Abs 1 EO zu enthalten **und** auch den Tag zu nennen hat, an dem die Bestätigung der Vollstreckbarkeit erteilt wurde (§ 54b Abs 2 Z 1 EO). Bestehen aufgrund der Angaben im Exekutionsantrag oder aufgrund gerichtsbekannter Tatsachen Bedenken, ob ein Exekutionstitel samt Bestätigung der Vollstreckbarkeit vorhanden ist, hat das Gericht den betreibenden Gläubiger aufzufordern, binnen fünf Tagen eine Ausfertigung des Exekutionstitels samt Bestätigung der Vollstreckbarkeit vorzulegen (§ 54b Abs 2 Z 3 EO).

Gegen die im vereinfachten Bewilligungsverfahren ergangene Exekutionsbewilligung steht dem Verpflichteten der innerhalb von 14 Tagen nach Zustellung der schriftlichen Ausfertigung des Bewilligungsbeschlusses zu erhebende **Einspruch** gem § 54c EO zu. Mit diesem können jedoch ausschließlich die im Gesetz aufgezählten Einwände, nicht jedoch solche, welche die materielle Richtigkeit des Exekutionstitels oder die Vollstreckbarkeit des Anspruchs betreffen, geltend gemacht werden (vgl *Jakusch* in *Angst*, § 54c Rz 2a). Er kann darin geltend machen, dass ein die bewilligte Exekution deckender Exekutionstitel samt Bestätigung der Vollstreckbarkeit fehlt oder dass der Exekutionstitel nicht mit den im Exekutionsantrag enthaltenen Angaben darüber übereinstimmt. Die Erhebung des Einspruches hemmt nicht den Vollzug der bewilligten Exekution; ist bis zur Vornahme von Verwertungshandlungen über den Einspruch nicht rechtskräftig entschieden, hat das Exekutionsgericht aber mit dem weiteren Vollzug bis zum Eintritt der Rechtskraft dieser Entscheidung von Amts wegen innezuhalten.

Der Einspruch zieht den Auftrag des Exekutionsgerichts an den betreibenden Gläubiger nach sich, binnen fünf Tagen eine Ausfertigung des Exekutionstitels samt Bestätigung der Vollstreckbarkeit vorzulegen. Das Exekutionsgericht kann dies auch auf andere Art überprüfen (§ 54d EO). Kommt der betreibende Gläubiger diesem Vorlageauftrag nicht rechtzeitig nach oder stimmt der Exekutionstitel tatsächlich nicht mit den im Exekutionsantrag enthaltenen Angaben, insbesondere auch mit jenen über Zinsen, beanspruchte Nebengebühren oder Kosten, überein, so ist das Exekutionsverfahren einzustellen (§ 54e EO).

Der mit dem Einspruch vorgebrachte Umstand, dass die im Exekutionstitel festgesetzte Unterhaltspflicht nachträglich rechtskräftig herabgesetzt wurde, bildet keine Grundlage für eine Einstellung des Exekutionsverfahrens gem § 54e EO (3 Ob 228/06k = EvBl 2007/87 = Zak 2007/319).

Der betreibende Gläubiger hat dem Verpflichteten alle durch eine Exekutionsbewilligung, für die es am Exekutionstitel samt Bestätigung der Vollstreckbarkeit fehlt, verursachten Vermögensnachteile zu ersetzen. Die Höhe dieses Ersatzes hat das Gericht auf Antrag des Verpflichteten gem § 273 ZPO nach freier Überzeugung festzusetzen; vgl § 54f EO. **114**

Wurde die Exekutionsbewilligung mutwillig erwirkt, ist dem betreibenden Gläubiger überdies eine Mutwillensstrafe von mindestens 72 € aufzuerlegen (§ 54g EO).

5. Die Titelergänzung

a) Die Fälle der Titelergänzung

Die Exekutionsordnung stellt in § 7 Abs 1 und 2, § 8 Abs 2 und § 9 eine Reihe von Voraussetzungen für die Bewilligung der Exekution auf. Vermag der Exekutionstitel diese Voraussetzungen nicht zu erfüllen, bedarf er der Ergänzung, damit die Exekution bewilligt werden kann. Im Einzelnen handelt es sich dabei um folgende Fälle: **115**

- Der Exekutionstitel ist **unbestimmt** (§ 7 Abs 1 EO).
- Der **Fälligkeitstag** oder das **Ende der Leistungsfrist** ist im Exekutionstitel nicht kalendermäßig bestimmt oder die Vollstreckbarkeit des Anspruches ist von einer vom betreibenden Gläubiger zu beweisenden Tatsache abhängig (§ 7 Abs 2 EO).
- Eine **Wertsicherungsklausel** enthält einen anderen Aufwertungsschlüssel als den vom Österreichischen Statistischen Zentralamt ver-

lautbarten Verbraucherpreisindex, dessen Höhe nicht gesetzlich bestimmt ist (§ 8 Abs 2 EO).

- Zwischen dem im Exekutionsantrag genannten betreibenden **Gläubiger** und/oder **Verpflichteten** und dem im Exekutionstitel aufscheinenden Berechtigten und/oder Verpflichteten besteht keine Übereinstimmung (§ 9 EO).

116 Die Ergänzung des Titels kann entweder durch die Vorlage von Urkunden erfolgen (**einfache Titelergänzung**) oder im Wege einer **Titelergänzungsklage**. Sowohl die entsprechenden Urkunden als auch das der Titelergänzung stattgebende Urteil ist dem Exekutionsantrag beizulegen. Für die einfache Titelergänzung verlangt das Gesetz in den Fällen des § 7 Abs 2 EO und des § 9 EO eine öffentliche oder öffentlich beglaubigte Urkunde; für den Aufwertungsschlüssel genügt nach § 8 Abs 2 EO eine unbedenkliche Urkunde. In allen anderen Fällen, in denen es um die Bestimmtheit des Exekutionstitels iS des § 7 Abs 1 EO geht, wird aber gleichfalls eine öffentliche oder öffentlich beglaubigte Urkunde zu verlangen sein.

b) Die Titelergänzungs- oder Purifikationsklage

117 Seit jeher umstritten ist die Frage nach dem Rechtsschutzziel der Titelergänzungsklage: Die hA (vgl *Holzhammer* 17; JBl 1960, 128 = RZ 1960, 14; RPflSlgE 1980/55; *Jakusch* in *Angst* § 10 Rz 1) hält sie für eine prozessuale Feststellungsklage, die auf Feststellung des Vollstreckungsanspruches gerichtet ist. Nach *Walker* (Exekutionsrecht[4] 97) soll es sich um eine Leistungsklage handeln, nach *Petschek* (Zivilprozessrechtliche Streitfragen 160 f) dagegen um eine Rechtsgestaltungsklage, die den Vollstreckungsanspruch neu schaffe.

Der Grund, warum in den Fällen des § 7 Abs 1 und 2, des § 8 Abs 2 EO und des § 9 EO die Exekution nicht bewilligt werden darf, liegt stets in der **mangelnden subjektiven oder objektiven Bestimmtheit des Titels**. Deshalb macht es aber keinen Unterschied, ob der Gläubiger gar keinen Exekutionstitel besitzt oder nur einen solchen, der konkret (noch) nicht vollstreckbar ist, weil der Zeitpunkt der Fälligkeit an ein nachträglich eintretendes Ereignis geknüpft oder ein Gesamtrechtsnachfolger in die Schuldnerposition eingerückt ist oder weil noch bestimmt werden muss, in welcher Höhe die zu vollstreckende Forderung zum Zeitpunkt des Exekutionsantrages tatsächlich besteht. Die den Exekutionstitel ergänzenden Umstände sind allesamt ***nova producta***, die zum Zeitpunkt, auf den der Exekutionstitel abstellt, eben noch nicht gegeben waren. Deshalb ist die Titelergänzungsklage in der Tat eine **schlichte Leistungsklage** und das daraufhin ergehende positive Urteil **ein den ursprünglichen Exekutionstitel ergänzendes Leistungsurteil**. Handelt es sich beim ursprünglichen Exekutionstitel gleichfalls um ein Urteil, steht dessen Rechtskraft dieser Betrachtungsweise nicht entgegen, weil der Titelergänzungsprozess ja über *nova producta* geführt wird; der Anspruch selbst kann aufgrund der Bindungswirkung dieses Urteils freilich nicht mehr in Frage gestellt werden (vgl Näheres bei *Rechberger/Oberhammer/Bogensberger* 29 ff).

Da die Titelergänzungsklage regelmäßig schon vor der Stellung des Exekutionsantrages eingebracht wird, gilt für sie nicht die Regel des § 17 Abs 2 EO. Sie ist daher bei dem nach ihrem Streitwert zuständigen Gericht einzubringen, in dessen Sprengel der Beklagte seinen allgemeinen Gerichtsstand hat. Der Streitwert richtet sich bei Klagen auf Ergänzung eines Geldtitels nach diesem Geldbetrag (SZ 51/125), sonst nach der Bewertung des Klägers. **118**

E. Die Exekutionsbewilligung bei ausländischen Exekutionstiteln

Literatur: *Schima*, Zur Lage im internationalen Verfahrensrecht, JBl 1951, 552; V. *Hoyer*, Bemerkungen zur Geschichte der Vollstreckung ausländischer Entscheidungen in Österreich im 19. Jahrhundert, ZfRV 1964, 94; *Matscher*, Zur Theorie der Anerkennung ausländischer Entscheidungen nach österreichischem Recht, in FS Schima (1969) 265; *H. Hoyer*, Die Vollstreckung ausländischer Titel in Österreich, in Österreichische Landesreferate zum VIII. Internationalen Kongreß für Rechtsvergleichung in Pescara 1970 (1970) 47 (51 ff); *Matscher*, Einige Probleme der internationalen Urteilsanerkennung und -vollstreckung, ZZP 86 (1973) 404; *Rechberger*, Das Anerkennungs- und Vollstreckungsabkommen zwischen Österreich und Italien, ZfRV 1975, 17; *ders*, Das Anerkennungs- und Vollstreckungsabkommen zwischen Österreich und dem Fürstentum Liechtenstein, ZfRV 1975, 122; *Matscher*, Die Neuregelung der Rechtsbeziehungen zwischen Österreich und Italien auf dem Gebiet des Privat- und Prozeßrechts, JBl 1977, 113, 180; *ders*, Der Vorbehalt ausschließlicher Zuständigkeit im österreichischen Recht. Systemfragen der Anerkennung ausländischer Entscheidungen, JBl 1979, 182 und 239; *Schwimann*, Vor neuen Fehlleistungen des Gesetzgebers? ÖJZ 1981, 628; *Loewe*, Neue Fehlleistungen in der Beurteilung der Gesetzgebung durch Theoretiker? Zu Schwimann in ÖJZ 1981, 628, ÖJZ 1982, 197; *H. Hoyer*, Die Anerkennung ausländischer Entscheidungen und ihre Vollstreckung im Inland, JBl 1982, 634; *Neuteufel*, Art XXIX EGEO und das New-Yorker Übereinkommen über die Anerkennung und Vollstreckung ausländischer Schiedssprüche, ÖJZ 1984, 320; *H. Hoyer*, Das Parallelabkommen der EFTA-Staaten mit der EG über Gerichtsstand und Vollstreckung, NZ 1989, 238; *Matscher*, Grundfragen der Anerkennung und Vollstreckung ausländischer Entscheidungen in Zivilsachen (aus österreichischer Sicht), ZZP 103 (1990) 294; *Bajons*, Das Luganer Parallelübereinkommen zum EuGVÜ, ZfRV 1993, 45; *Musger*, Das Übereinkommen von Lugano: Internationales Zivilverfahrensrecht für den Europäischen Wirtschaftsraum, RZ 1993, 192; *Albrecht*, Die Exekutionsordnungs-Novelle 1995 (1995); *Klicka/Albrecht*, Die EO-Novelle 1995 – Änderungen im Allgemeinen Teil, ecolex 1995, 707; *Mohr*, Vereinfachtes Bewilligungsverfahren und andere am 1.10.1995 in Kraft getretene Bestimmungen der EONov 1995, ÖJZ 1995, 889; *Pfeiler*, Die Anerkennung ausländischer Titel, JAP 1995/96, 275; *Stürner*, Das grenzüberschreitende Vollstreckungsverfahren in der Europäischen Union, in FS Henckel (1995) 863; *Czernich*, Zu den Voraussetzungen der Anerkennung und Vollstreckung fremder Entscheidungen nach autonomem Recht (§ 79 EO), JBl 1996, 495; *Frauenberger-Pfeiler*, Die Vollstreckung aufgrund ausländischer Titel, JAP 1996/97, 63; *dies*, Lugano-Abkommen: Anerkennung und Vollstreckung ausländischer Entscheidungen, ecolex 1996, 735; *Lechner/Mayr*, Das Übereinkommen von Lugano (1996); *Mayr*, Ab wann ist das Luganer Übereinkommen anzuwenden? wbl 1996, 381; *Czernich*, Mahnverfahren und Lugano-Übereinkommen, RZ 1997, 189; *Mayr/Lechner*, Die Zuständigkeits- und Vollstreckungsübereinkommen von Lugano, Liechtenst JZ 1997, 17; *Ready*, Die Beweiskraft englischer Notariatsurkunden und die Vollstreckung ausländischer öffentlicher Urkunden im Vereinigten Königreich nach den Übereinkommen von Brüssel 1968 und Lugano 1988, NZ 1997, 349; *Reinisch*, Blockiermaßnahmen der EU gegen extraterritoriale Rechtsakte, ecolex 1997, 900; *ders*, Rechtsgrundlage der „Blockierverordnung“ gegen extraterritoriale Rechtsakte, ecolex 1997, 991; *Burgstaller/Meier*, Wirkung konkursrechtlicher Restschuldbefreiung im Ausland, ÖBA 1998, 261; *Czernich/Tiefenthaler*, Neue Aspekte im internationalen Verfahrensrecht durch den Beitritt Österreichs zum EuGVÜ, JBl 1998, 745; *K. Hoffmann*, Effizientere Erwirkung von Entscheidungen in der EU, AnwBl 1998, 472; *Matscher*, Die Neuregelung der inländischen Gerichtsbarkeit durch die WGN 1997, JBl 1998, 488; *Schoibl*, Die Zuständigkeit für Verbrauchersachen nach europäischem Zivilverfahrensrecht des Brüsseler und des Luganer Übereinkommens (EuGVÜ/LGVÜ), JBl 1998, 700 und 767; *Wiltschek*, Grenzüberschreitende Entscheidungen in Patentverletzungsverfahren, ÖBl 1998 SNr, 132; *Achatz/A. Burgstaller,* Ordre public, Unionsrecht und Steuerrecht, JBl 1999, 403; *Jirousek*, Der neue österreichisch-deutsche Amtshilfevertrag, ÖStZ 1999, 497; *Klauser*, Abgrenzung und Unterschiede zwischen EuGVÜ und LGVÜ, ecolex 1999, 679; *Kohlegger*, Ein Vergleich zwischen EuGVÜ und LGVÜ, ÖJZ 1999, 41; *König*, Bedarf die EO einer LGVÜ-/EuGVÜ-Nachbesserung? ecolex 1999, 310; *Michaels*, Anerkennung internationaler Schiedssprüche und ordre public, ZfRV 1999, 5; *M. Roth/Döring*, Das Haager Abkommen über den Schutz von Kindern – Eine Revision des Haager Minderjährigenschutzabkommens von 1961, JBl 1999, 758; *Schütz*, Zwischenstaatliche Vereinbarungen, die für Familienrichter bedeutsam sein könnten, RZ 1999, 41; *Burgstaller*, Vollstreckung ausländischer Schiedssprüche in Österreich, ZfRV 2000, 83; *Erhart/Heine-Geldern/Reindl*, Rechtsprechungsübersicht Europäischer Gerichtshof, ecolex 2000, 612; *Gamauf*, Aktuelle Probleme des ordre public im Schiedsverfahren, insbesondere im Hinblick auf Eingriffsnormen, ZfRV 2000, 41; *Mohr*, Die Exekutionsordnungs-Novelle 2000 – ein Überblick, ZIK 2000/99, 81; *Rechberger/Frauenberger-Pfeiler*, Anerkennung und Vollstreckung ausländischer Titel außerhalb des Anwendungsbereiches des Brüsseler und Luganer Übereinkommens: Österreich, in *Walter/Baumgartner* (Hg), Recognition and Enforcement of Foreign Judgments outside the Scope of the Brussels and Lugano Conventions, Civil Procedure in Europe, Bd 3 (2000) 47; *Schoibl*, Zum zeitlichen Anwendungsbereich und zum Ratifikationsstand des Brüsseler Übereinkommens und zum Konkurrenzverhältnis der beiden Europäischen Gerichtsstands- und Vollstreckungsübereinkommen EuGVÜ – LGVÜ, ÖJZ 2000, 481; *Szecsenyi*, Zur Anerkennung und Vollstreckung österreichischer Urteile in Ungarn, ZfRV 2000, 105; *König*, Redaktionsversehen in Art 47 EuGVVO? ecolex 2001, 737; *ders*, Aufschiebung der Zwangsvollstreckung vor Rechtskraft der Vollstreckbarerklärung (Art 39

EuGVÜ/LGVÜ, 47 EuGVVO), RZ 2001, 267; *Musger*, Internationales Zivilverfahrensrecht in der Brüssel-II-Verordnung und im KindRÄG 2001, RZ 2001, 89; *Schoibl*, Die „Exekution aufgrund von Akten und Urkunden supranationaler Organisationen" in Österreich: Zur Zwangsvollstreckung von vollstreckungsfähigen Gemeinschaftsrechtsakten im österreichischen Recht, in FS Geimer (2002) 981; *Klauser/Horn*, Brüssel IIa-Verordnung in Kraft, ecolex 2004, 910; *Rauscher*, Grenzüberschreitende Forderungsexekution in Europa, welche Spielregeln stellt die EuGVVO für Gläubiger, Verpflichtete und Gerichte auf? AnwBl 2006, 628; *Regen*, Prozessbetrug als Anerkennungshindernis – Ein Beitrag zur Konkretisierung des ordre public-Vorbehaltes (2008).

Petschek/Hämmerle/Ludwig 12 ff; *Heller/Berger/Stix* I 761 ff; *Rechberger/Simotta* Rz 249 ff; *Holzhammer* 91 ff; *Rechberger* in *Fasching/Konecny*, EuVTVO; *Jakusch/Schütz* in *Angst* zu §§ 79 bis 86a EO; *Neumayr* 70 ff, 92 ff.

Zum Europäischen Vollstreckungstitel: *Storme*, Rapprochement du Droit Judiciaire de l'Union européenne/Approximation of Judiciary Law in the European Union (1994); *ders*, Ein einheitlicher Europäischer Vollstreckungstitel als Vorbote eines weltweiten Titels, Nakamura-FS (1996) 581; *Tarzia*, Aussichten für eine Harmonisierung des Zwangsvollstreckungsrechts in der Europäischen Union, ZEuP 1996, 231; *Rosenberg/Gaul/ Schilken*, Zwangsvollstreckungsrecht[11] (1997); *Tarko*, Ein Europäischer Justizraum: Errungenschaften auf dem Gebiet der justiziellen Zusammenarbeit in Zivilsachen, ÖJZ 1999, 401; *Heß*, Die „Europäisierung" des internationalen Zivilprozessrechts durch den Amsterdamer Vertrag – Chancen und Gefahren, NJW 2000, 23; *Müller-Graff/Friedemann*, Die justizielle Zusammenarbeit in Zivilsachen in der Europäischen Union, DRiZ 2000, 350; *Nelle*, Anspruch, Titel und Vollstreckung im internationalen Rechtsverkehr (2000); *Heß*, Aktuelle Perspektiven der europäischen Prozessrechtsangleichung, JZ 2001, 573; *ders*, Die Integrationsfunktion des Europäischen Zivilverfahrensrechts, IPRax 2001, 389; *Geimer*, Internationale Durchsetzung vollstreckbarer Urkunden, in *Rechberger*, Die vollstreckbare Urkunde, LBI XXV (2002) 69; *Heß*, Neues deutsches und europäisches Zustellungsrecht, NJW 2002, 2417; *Junker*, Vom Brüsseler Übereinkommen zur Brüsseler Verordnung – Wandlungen des Internationalen Zivilprozessrechts, RIW 2002, 569; *Kohler*, Systemwechsel im europäischen Anerkennungsrecht: Von der EuGVO zur Abschaffung des Exequaturs, in *Mansel/Basedow/Roth/Bauer*, Systemwechsel im europäischen Kollisionsrecht (2002) 147; Piltz, Vom EuGVÜ zur Brüssel I-Verordnung, NJW 2002, 789; Rechberger, Perspektiven der grenzüberschreitenden Zirkulation und Vollstreckung notarieller Urkunden in Europa, Geimer-FS (2002) 903; *R. Wagner*, Vom Brüsseler Übereinkommen über die Brüssel I-Verordnung zum Europäischen Vollstreckungstitel, IPRax 2002, 75; *Coester-Waltjen*, Einige Überlegungen zu dem künftigen Europäischen Vollstreckungstitel, Beys-FS (2003) 183; *Eichele*, Aktuelle Entwicklungen im Europäischen Zivilprozessrecht – Auf dem Weg zum Europäischen Vollstreckungstitel, BRAK-Mit. 2003, 54; *Kohler*, Der europäische Justizraum für Zivilsachen und das Gemeinschaftskollisionsrecht, IPRax 2003, 401; *ders*, Quantensprung im europäischen Justizraum, RIW 2003/10; *Rauscher*, Der Europäische Vollstreckungstitel für unbestrittene Forderungen, GPR 2003/04, 286; *Rechberger*, Die Vollstreckung notarieller Urkunden nach der EuGVVO, Weißmann-FS (2003) 771; Schoibl, Vom Brüsseler Übereinkommen zur Brüssel-I-Verordnung: Neuorientierung im europäischen Zivilprozessrecht, JBl 2003, 149; *Franzmann*, Die Verordnung (EG) Nr. 805/2004 – notarielle Urkunden europaweit vollstreckbar, MittBayNot 2004, 404; *Heß*, Europäischer Vollstreckungstitel und nationale Vollstreckungsgegenklage, IPRax 2004, 493; *Hüßtege*, Braucht die Verordnung über den Europäischen Vollstreckungstitel eine ordre-public-Klausel? Jayme-FS (2004) 371; *ders*, Der europäische Vollstreckungstitel, in *Gottwald*, Perspektiven der justiziellen Zusammenarbeit in Zivilsachen in der Europäischen Union, Veröffentlichungen der Wissenschaftlichen Vereinigung für Internationales Verfahrensrecht e.V. Bd 15 (2004) 113; *Kohler*, Von der EuGVVO zum Europäischen Vollstreckungstitel – Entwicklungen und Tendenzen im Recht der Anerkennung und Vollstreckung ausländischer Entscheidungen, in *Reichelt/Rechberger*, Europäisches Kollisionsrecht (2004) 63; *Leible/Lehmann*, Die Verordnung über den Europäischen Vollstreckungstitel für unbestrittene Forderungen und ihre Auswirkungen auf die notarielle Praxis, NotBZ 2004, 453; *Matscher*, Die indirekte Wirkung des Art 6 EMRK bei der Anerkennung und Vollstreckung ausländischer Entscheidungen, Kollhosser-FS (2004) II 427; *Pfeiffer*, Einheitliche, unmittelbare und unbedingte Urteilsgeltung in Europa, Jayme-FS (2004) 675; *Rauscher*, Der Europäische Vollstreckungstitel (2004); *ders*, Europäischer Vollstreckungstitel für unbestrittene Forderungen, RIW 11/2004 – Die Erste Seite; *Rechberger/Frauenberger-Pfeiler*, Der Europäische Vollstreckungstitel – Eine Annäherung, Fischer-FS (2004) 399; *Stadler*, Das europäische Zivilprozessrecht – Wie viel Beschleunigung verträgt Europa? Kritisches zur Verordnung über den Europäischen Vollstreckungstitel und ihrer Grundidee, IPRax 2004, 2; *dies*, Kritische Anmerkungen zum Europäischen Vollstreckungstitel, RIW 2004, 801; *Stein*, Der Europäische Vollstreckungstitel für unbestrittene Forderungen – Einstieg in den Ausstieg aus dem Exequaturverfahren bei Auslandsvollstreckungen, EuZW 2004, 679; *ders*, Der Europäische Vollstreckungstitel für unbestrittene Forderungen tritt in Kraft – Aufruf zu einer nüchternen Betrachtung, IPRax 2004, 181; *Yessiou-Faltsi*, Die Folgen des Europäischen Vollstreckungstitels für das Vollstreckungsrecht in Europa, in *Gottwald*, Perspektiven der justiziellen Zusammenarbeit in Zivilsachen in der Europäischen Union (2004) 213; *Becker*, Grundrechtsschutz bei der Anerkennung und Vollstreckbarerklärung im europäischen Zivilverfahrensrecht: Bestimmung der Grenzen für die Einführung eines europäischen Vollstreckungstitels (2004); Brenn, Europäischer Vollstreckungstitel, Zak 1/2005, 3; *ders*, Europäischer Zivilprozess (2005); *Coester-Waltjen*, Der neue Europäische Vollstreckungstitel, JURA Heft 6/2005; Franzmann, Der Europäische Vollstreckungstitel für unbestrittene Forderungen – Hinweise für die notarielle Praxis, MittBay 2005, 470; *Geimer*, Internationales Zivilprozessrecht5 (2005); *Klauser*, Europäisches Anerkennungs- und Vollstreckungsrecht, NetV 2005, 126; *Kohler*, Das Prinzip der gegenseitigen Anerkennung in Zivilsachen im europäischen Justizraum, ZSR 2005 II, 263; *Mohr*, Die Exekutionsordnungs-Novelle 2005, ecolex 2005, 602; *Mosser*, Der Europäische Vollstreckungstitel im Überblick, ecolex 2005, 785; *Münch*, Die vollstreckbare Notariatsurkunde im Anwendungsbereich der VO (EG) Nr. 805/2004, Rechberger-FS (2005) 395; *Pfeiffer*, Europa als einheitlicher Vollstreckungsraum – Die Verordnung über den europäischen Vollstreckungstitel, BauR 2005, 1541; *Pietsch*, Der Europäische Vollstreckungstitel für unbestrittene Forderungen im Jahre 2005, FF 5/2005, 180; *Rausch*, Vereinfachte Unterhaltsvollstreckung in der EU mit dem neuen EuVT, FuR 2005, 437; *Reichel*, Das EG- Vollstreckungstitel–Durchführungsgesetz und die Auswirkungen auf das arbeitsgerichtliche Verfahren, NZA 2005/19; *Rellermeyer*, Der Europäische Vollstreckungstitel für unbestrittene Forderungen, RPfleger 2005, 389; *Riedel*, Europäischer Vollstreckungstitel für unbestrittene Forderungen (2005); *Rott*, Bedrohung des Verbraucherschutzes im Internationalen Verfahrens- und Privatrecht durch den Binnenmarkt, EuZW 2005/6; *Sima*, Der Europäische Vollstreckungstitel, ZIK 2005/34; *R. Wagner*, Das Gesetz zur Durchführung der Verordnung (EG) Nr.

805/2004 zum Europäischen Vollstreckungstitel, IPRax 2005, 401; *ders*, Der Europäische Vollstreckungstitel, NJW 2005, 1157; *ders*, Die neue EG-Verordnung zum Europäischen Vollsteckungstitel, IPRax 2005, 189; *Burgstaller/Neumayr*, Der Europäische Vollstreckungstitel für unbestrittene Forderungen, ÖJZ 2006/13, 179; *Frauenberger*, Neues aus dem EuZVR – (Neue) Mittel zur Verwirklichung des „freien Urteilsverkehrs" in Europa, JAP 2006/07/17, 107; *Gebauer*, Der Europäische Vollstreckungstitel für unbestrittene Forderungen, NJ 2006, 103; *Gerling*, Die Gleichstellung ausländischer mit inländischen Vollstreckungstiteln durch die Verordnung zur Einführung eines Europäischen Vollstreckungstitels für unbestrittene Forderungen (2006); *Graf*, Einwendungen im Vollstreckbarerklärungsverfahren nach der EuGVVO, wbl 2006, 79; *Kohler*, Herkunftslandprinzip und Anerkennung gerichtlicher Entscheidungen im europäischen Justizraum, in *Reichelt*, Das Herkunftslandprinzip im Europäischen Gemeinschaftsrecht (2006) 71; *König*, Die Oppositionsklage (§ 35 EO) und Art 22 Nr 5 EuGVVO, ÖJZ 2006/60; *McGuire*, Rechtsbehelfe des Schuldners gegen den Europäischen Vollstreckungstitel, ecolex 2006, 83; *Oberhammer*, Der Europäische Vollstreckungstitel: Rechtspolitische Ziele und Methoden, JBl 2006, 477; *Sujecki*, Niederländisches Gesetz zur Durchführung der Verordnung (EG) Nr 805/2004 zum Europäischen Vollstreckungstitel, IPRax 2006, 525; *Heringer*, Der Europäische Vollstreckungstitel für unbestrittene Forderungen (2007); *König*, Der Europäische Vollstreckungstitel: Haben wir gehörig vorgesorgt? in *König* (Hrsg), Europäisches Zivilverfahrensrecht in Österreich: Bilanz nach 10 Jahren (2007) 113; *Mayr*, Neuigkeiten im Europäischen Zivilverfahrensrecht, Zak 2007/372, 207; *Pietsch*, Die Anerkennung und Vollstreckungserklärung für österreichische zivilrechtliche Forderungstitel in Deutschland, AnwBl 2007, 348; *Leible/Freitag*, Forderungsbeitreibung in der EU (2008); *Rechberger*, Die neue Generation – Bemerkungen zu den Verordnungen Nr 805/2004, Nr 1896/2006 und Nr 861/2007 des Europäischen Parlaments und des Rates, in FS Leipold (2008, in Druck).

Rechberger in *Fasching/Konecny,* V/1[2], EuVTVO; *Rechberger/Simotta*, ZPR, Rz 1220 ff; *Höllwert* in *Burgstaller/Neumayr*, EuVTVO; *Kropholler*, Europäisches Zivilprozessrecht[8] (2005); *Rauscher/Pabst* in *Rauscher*, Europäisches Zivilprozessrecht II[2] (2006); *Mayr/Czernich*, EZPR 195 ff.

1. Die Notwendigkeit der Vollstreckbarerklärung ausländischer Exekutionstitel

Sofern nicht ein „Europäischer Vollstreckungstitel" (s dazu Rz 139a ff) 119
vorgelegt wird, muss einem ausländischen Exekutionstitel (vgl die Definition in § 79 Abs 1 EO) – und genauso einem Exekutionstitel, der von einer supranationalen Organisation stammt, der Österreich angehört (§ 86a EO) – im Inland zuerst die Vollstreckungswirkung **verliehen werden**, damit er Grundlage einer Exekutionsbewilligung sein kann. Es genügt nicht, die einem ausländischen Titel in seinem Herkunftsland zukommende Vollstreckungswirkung etwa im Wege der Anerkennung auf das Inland zu erstrecken, weil ein ausländischer Leistungsbefehl keine inländischen Vollstreckungshandlungen auszulösen vermag. Die Verleihung der Vollstreckbarkeit geschieht durch die **Vollstreckbarerklärung**, mit deren Rechtskraft ein ausländischer Exekuti-

onstitel wie ein inländischer zu behandeln ist (§ 84b EO). Das bedeutet, dass dem ausländischen Exekutionstitel generell und alle Behörden bindend die Vollstreckbarkeit zuerkannt wird. Divergierende Entscheidungen über die Vollstreckbarkeit eines ausländischen Titels in verschiedenen Exekutionsverfahren, denen derselbe Titel zugrunde gelegt wird, sind daher nicht möglich.

Das Verfahren zur Vollstreckbarerklärung (§§ 83 ff EO) wurde aufgrund der Vorgaben der Art 31 ff LGVÜ und EuGVÜ (jetzt Art 38 ff EuGVVO) durch die EO-Nov 1995 eingeführt (früher erfolgte auch die Prüfung, ob der ausländische Exekutionstitel in Österreich vollstreckt werden kann, nur *incidenter* im Rahmen des Exekutionsbewilligungsverfahrens anhand der Vorschriften der EO).

120 Einem rechtskräftig für vollstreckbar erklärten ausländischen Exekutionstitel kommen im Inland nie mehr Wirkungen als im Ursprungsstaat zu (§ 84b EO). Daraus ergibt sich vor allem, dass Beschränkungen der Vollstreckbarkeit des Titels nach dem Recht dieses Staates, also etwa die Unzulässigkeit bestimmter Exekutionsmittel oder die Exekutionsfreiheit einzelner Exekutionsobjekte, auch im Inland zu beachten sind (*Jakusch* in *Angst* § 84b Rz 4).

121 Im Gegensatz zur Vollstreckungswirkung können die Feststellungswirkung (materielle Rechtskraft) und die Gestaltungswirkung einer ausländischen Entscheidung durchaus **auf das Inland erstreckt** werden, was durch die **Anerkennung** der Entscheidung geschieht. Diese erfolgt grundsätzlich *ipso iure*; ein eigenes Verfahren für die Erstreckung dieser Wirkungen einer ausländischen Entscheidung ist nicht vorgesehen. Ist eine österreichische Entscheidung von einer **ausländischen Vorfrageentscheidung** abhängig, so hat das Gericht inzident zu prüfen, ob diese anerkannt werden kann. Gem § 236 Abs 3 ZPO können die Parteien durch Stellung eines Zwischenantrags auf Feststellung auch ein (Zwischen-)Urteil über die Anerkennung (bzw Nichtanerkennung) erwirken, das über den Rechtsstreit hinauswirkt. Stets müssen auch für die Anerkennung die Voraussetzungen vorliegen, die das Gesetz für die Vollstreckbarerklärung aufstellt (soweit diese dafür in Frage kommen; § 85 Z 3 EO).

2. Die Voraussetzungen für die Vollstreckbarerklärung

a) Vollstreckbarkeit im Erststaat und Gegenseitigkeit

122 Grundvoraussetzung für die Vollstreckbarerklärung eines ausländischen Exekutionstitels ist gem § 79 Abs 2 EO, dass er im Erststaat vollstreckbar ist (dem Exekutionstitel können keine Wirkungen verliehen werden, die er in seinem Heimatstaat nicht hat) und dass die Gegenseitigkeit durch Staatsverträge oder durch Verordnungen verbürgt ist.

Den bedeutendsten, die Gegenseitigkeit verbürgenden, (multilateralen) Staatsvertrag, der jemals abgeschlossen wurde, stellte das Brüsseler Übereinkommen oder **EuGVÜ** (Übereinkommen vom 27.9.1968 über die gerichtliche Zuständigkeit und die Vollstreckung gerichtlicher Entscheidungen in Zivil- und Handelssachen, BGBl III 1998/167) dar. Mit diesem multilateralen Vollstreckungsvertrag der EG wurde der Grundstein für ein Europäisches Zivilprozessrecht gelegt. Dieses Übereinkommen wurde mit 1.3.2002 durch die unmittelbar anwendbare EuGVVO ersetzt.

Weiterhin in Kraft steht naturgemäß das Parallelübereinkommen zum EuGVÜ, das Luganer Übereinkommen oder **LGVÜ** (Übereinkommen vom 16.9.1988 über die gerichtliche Zuständigkeit und die Vollstreckung gerichtlicher Entscheidungen in Zivil- und Handelssachen, BGBl 1996/448), mit dem sich die (damaligen) EFTA-Staaten dem EuGVÜ angeschlossen haben. Das LGVÜ gilt heute zum einen innerhalb der verbliebenen EFTA-Staaten (Schweiz, Norwegen, Island) und zum anderen zwischen diesen Staaten und den EU-Staaten.

Im Anwendungsbereich der **EuGVVO** (Verordnung [EG] Nr 44/2001 des Rates vom 22.12.2000 über die gerichtliche Zuständigkeit und die Anerkennung und Vollstreckung von Entscheidungen in Zivil- und Handelssachen [ABl L 12/1 vom 16.1.2001]), also gegenüber allen EU-Mitgliedstaaten, stellt sich – für Entscheidungen in Zivil- und Handelssachen – die Frage der Gegenseitigkeit naturgemäß gar nicht, weil deren Regeln über die Anerkennung und Vollstreckung aufgrund des Verordnungscharakters in allen EU-Staaten direkt anzuwenden sind.

Dasselbe gilt für die **EuEheVO** (Verordnung [EG] Nr 2201/2003 des Rates vom 27.11.2003 über die Zuständigkeit und die Anerkennung und Vollstreckung von Entscheidungen in Ehesachen und in Verfahren betreffend die elterliche Verantwortung [ABl L 338/1 vom 23.12.2003]), welche die Freizügigkeit von Scheidungsurteilen und Sorgerechtsentscheidungen sicherstellt und doppelte Scheidungsverfahren bei Ehen von Angehörigen aus zwei EU-Staaten verhindern soll, sowie für die **EuInsVO** (Verordnung [EG] Nr 1346/2000 des Rates vom 29.5.2000 über Insolvenzverfahren [ABl L 160/1 vom 30.6.2000]), in welcher auch die Anerkennung und Vollstreckung bestimmter ausländischer Entscheidungen auf dem Gebiet des Insolvenzrechts vorgesehen ist. Diese beiden Verordnungen gelten allerdings nicht für Dänemark.

Die wechselseitige Urteilsvollstreckung wird ferner durch **multilaterale Abkommen auf Spezialgebieten**, vornehmlich auf dem Gebiet des internationalen Transportwesens, verbürgt. 123

Zu nennen sind das Übereinkommen über den Beförderungsvertrag im internationalen Straßengüterverkehr (CMR) BGBl 1961/138 idF BGBl 1981/192; das Warschauer Abkommen zur Vereinheitlichung von Regeln über die Beförderung im internationalen Luftverkehr BGBl 1961/286 idF BGBl 1971/161; das Übereinkommen über den internationalen Eisenbahnverkehr (COTIF) BGBl 1985/225, samt den Verträgen über die internationale Eisenbahnbeförderung von Personen und Gepäck (CIV) und über die internationale Eisenbahnbeförderung von Gütern (CIM).

Andere multilaterale Abkommen betreffen die Durchsetzung von Prozesskostenentscheidungen gegen den von einer aktorischen Kaution befreiten Kläger (so das Haager Prozessübereinkommen [HPÜ] 1954, BGBl 1957/91) und von Unterhaltsentscheidungen (so das Haager Unterhaltsvollstreckungsabkommen, BGBl 1961/294, und das New Yorker Unterhaltsschutzabkommen, BGBl 1969/316 – nicht beigetreten sind diesen Abkommen vor allem Staaten des anglo-amerikanischen Rechtskreises).

Das multilaterale Abkommen mit der größten jemals registrierten Anzahl beigetretener Staaten stellt das New Yorker (oder UN-)**Übereinkommen über die Anerkennung und Vollstreckung ausländischer Schiedssprüche** vom 10.6.1958 (BGBl 1961/200) dar; ihm gehören heute mehr als 120 Staaten an. Auf seiner Grundlage anerkennt und vollstreckt Österreich jeden wo auch immer gefällten Schiedsspruch.

124 Die Gegenseitigkeit wird auch durch eine Reihe **bilateraler Anerkennungs- und Vollstreckungsverträge** verbürgt, die allerdings gem Art 69 EuGVVO (bzw Art 55 LGVÜ), soweit sie Mitgliedstaaten dieser Verordnung (bzw dieser Übereinkommen) betreffen, durch diese ersetzt werden.

Gem Art 70 EuGVVO (bzw Art 56 LGVÜ) behalten die bilateralen Abkommen ihre Wirksamkeit aber für jene Rechtsgebiete, auf die die EuGVVO (bzw das LGVÜ) nicht anzuwenden sind (also zB für Statusentscheidungen, Schiedssprüche oder Eintragungen im Anmeldungsverzeichnis der Insolvenzverfahren). Dieser verbliebene – ohnedies bescheidene – Anwendungsbereich der bilateralen Verträge mit EU-Staaten wird freilich durch andere EU-Verordnungen (EuEheVO und EuInsVO vgl bei Rz 122) noch weiter eingeschränkt.

Bilaterale Anerkennungs- und Vollstreckungsverträge gibt es mit Belgien (BGBl 1961/287), Deutschland (BGBl 1960/105), Finnland (BGBl 1988/118), Frankreich (BGBl 1967/288), dem Vereinigten Königreich (BGBl 1962/224 und 1971/453), Israel (BGBl 1968/349), Italien (BGBl 1974/521 und 1989/472), Liechtenstein (BGBl 1975/114), Luxemburg (BGBl 1975/610), den Niederlanden (BGBl 1966/37), Norwegen (BGBl 1985/406), Schweden (BGBl 1983/556), der Schweiz (BGBl 1962/125), Spanien (BGBl 1985/373), Tunesien (BGBl 1980/305) und der Türkei (BGBl 1992/571).

125 Letztlich kann die Gegenseitigkeit durch mit fremden Staaten akkordierte **Gegenseitigkeitsverordnungen** des BMJ nach dem Auslandsunterhaltsgesetz, BGBl 1990/160, verbürgt sein.

Aufgrund solcher Verordnungen besteht zwischen Österreich und den USA (BGBl 1990/479), Australien (BGBl 1992/399) sowie den Kanadischen Provinzen British Columbia, Nova Scotia, Saskachewan (BGBl 1992/495), New Brunswick, Newfoundland (BGBl 1996/209), Yukon Territorium (BGBl II 1997/180), Alberta, Ontario (BGBl II 1998/47), Northwest Territories (BGBl II 1998/82, II 1999/356) und Prince Edward Island (BGBl II 1999/356) Gegenseitigkeit für die Durchsetzung von **Unterhaltstiteln**.

b) Die (weiteren) Voraussetzungen für die Vollstreckbarerklärung nach der EuGVVO und dem LGVÜ

Nach der EuGVVO ist ein ausländischer Exekutionstitel – wenn mit ihm die in Art 53 vorgesehene Bescheinigung des Gerichts des Ursprungsstaats über Art und Inhalt des Exekutionstitels sowie seine Vollstreckbarkeit im Ursprungsstaat vorgelegt wird – vom Gericht, bei dem der Antrag auf Vollstreckbarerkärung gestellt wird, **unverzüglich** für vollstreckbar zu erklären (Art 41 EuGVVO). Das bedeutet, dass in erster Instanz **keine weiteren Voraussetzungen zu prüfen** sind und einem Titel, der in seinem Ursprungsland vollstreckbar ist, ohne weiteres auch für das Inland die Vollstreckungswirkung verliehen wird. Erst ein **Rekurs** gegen diesen Beschluss (vgl dazu näher bei Rz 135 f) kann dazu führen, dass dem ausländischen Titel die Vollstreckbarkeit (doch) versagt wird, was nur aus jenen Gründen erfolgen darf, deretwegen einer Entscheidung gem Art 34, 35 EuGVVO die Anerkennung zu versagen ist (Art 45 Abs 1 EuGVVO). 126

Nach Art 34 EuGVVO wird eine Entscheidung **nicht anerkannt**, wenn

- die Anerkennung **der öffentlichen Ordnung *(ordre public)*** des Mitgliedstaats, in dem sie geltend gemacht wird, **offensichtlich widersprechen** würde (Z 1);
- dem Beklagten, der sich auf das Verfahren nicht eingelassen hat, das **verfahrenseinleitende Schriftstück** oder ein gleichwertiges Schriftstück **nicht so rechtzeitig und in einer Weise zugestellt worden ist, dass er sich verteidigen konnte**, es sei denn, der Beklagte hat gegen die Entscheidung keinen Rechtsbehelf eingelegt, obwohl er die Möglichkeit dazu hatte (Z 2);
- sie **mit einer Entscheidung unvereinbar** ist, die zwischen denselben Parteien **in dem Mitgliedstaat**, in dem die Anerkennung geltend gemacht wird, ergangen ist (Z 3);
- sie **mit einer früheren Entscheidung unvereinbar** ist, die **in einem anderen Mitgliedstaat** oder in einem Drittstaat zwischen denselben Parteien in einem Rechtsstreit wegen desselben Anspruchs ergangen ist, sofern die frühere Entscheidung die notwendigen Voraussetzungen für ihre Anerkennung in dem Mitgliedstaat erfüllt, in dem die Anerkennung geltend gemacht wird (Z 4).

Während demnach Verstöße gegen den *ordre public*, den Grundsatz des rechtlichen Gehörs und die (internationale) Rechtskraft einer früheren Entscheidung, die Anerkennung der ausländischen Entscheidung hindern, ist der **Mangel der internationalen Zuständigkeit des Erststaats** 127 nur dann ein Grund für die Versagung der Anerkennung, wenn die Zuständigkeitsbestimmungen der EuGVVO für Versicherungssachen (Art 8 ff), für Verbrauchersachen (Art 15 ff EuGVVO) oder die Bestimmungen über die ausschließlichen Zuständigkeiten (Art 22 EuGVVO) verletzt worden sind (Art 35 Abs 1 EuGVVO). Die Regeln der Zuständigkeitsordnung der EuGVVO sind (so wie schon jene des LGVÜ) im Übrigen **Befolgungsregeln für den Richter des Entscheidungsstaats** (den „Erstrichter") iS einer *compétence directe*, die die innerstaatlichen Normen über die internationale Zuständigkeit im Anwendungsbereich der EuGVVO verdrängen.

127a Nach dem **LGVÜ** (das der Regelung des EuGVÜ folgt) hat das über den Antrag auf Vollstreckbarerklärung entscheidende Gericht (erster Instanz) dagegen noch **von Amts wegen** zu prüfen, ob die genannten Versagungsgründe vorliegen (Art 34 LGVÜ).

Die Gründe für die Versagung der Vollstreckbarkeit nach dem LGVÜ unterscheiden sich von den Anerkennungsversagungsgründen der EuGVVO überdies dadurch, dass die *ordre public*-Widrigkeit **nicht offensichtlich** sein muss (was noch eine weitergehende *ordre public*-Prüfung ermöglicht), und dass noch ein weiterer Versagungsgrund genannt wird, nämlich, wenn sich das Gericht des Urteilsstaats bei seiner Entscheidung hinsichtlich einer Vorfrage, die den Personenstand, die Rechts- und Handlungsfähigkeit sowie die gesetzliche Vertretung einer natürlichen Person, die ehelichen Güterstände, das Gebiet des Erbrechts einschließlich des Testamentsrechtes betrifft, in **Widerspruch zu einer Vorschrift des internationalen Privatrechts** des Staates, in dem die Anerkennung geltend gemacht wird, gesetzt hat, es sei denn, dass die Entscheidung nicht zu einem anderen Ergebnis geführt hätte, wenn die Vorschriften des IPR dieses Staates angewandt worden wären (vgl auch die Abweichungen von Art 27 Z 2 und Z 5 LGVÜ).

c) Die (weiteren) Vollstreckbarkeitsvoraussetzungen bei Anwendbarkeit eines bilateralen Staatsvertrages

128 Alle Verträge folgen im Wesentlichen dem gleichen Schema: Damit die Entscheidung des anderen Staates anerkannt und vollstreckt werden kann, darf der Titel nicht der öffentlichen Ordnung des ersuchten Staates widersprechen (*ordre public*-Klausel), das rechtliche Gehör des Beklagten, der sich nicht auf das Verfahren eingelassen hat, muss gewahrt gewesen sein und (zumindest nach den meisten Abkommen) darf nicht im Inland in derselben Sache früher ein Verfahren eingeleitet worden sein.

129 Dazu kommen die **Regeln über die internationale Zuständigkeit des Erststaates**, die in den bilateralen Verträgen bloß **Beurteilungsregeln** für den Richter des Anerkennungs- bzw Vollstreckungsstaats (den „Zweitrichter") iS der *compétence indirecte* darstellen, also bei Verletzung der

Zuständigkeitskriterien zur Versagung der Anerkennung und/oder Vollstreckung führen.

Die meisten Verträge regeln diese sog „Anerkennungszuständigkeit" durch die Aufstellung eines gemeinsamen **Gerichtsstandskatalogs**, in den regelmäßig alle Zuständigkeitstatbestände der beiden nationalen Prozessordnungen aufgenommen sind, die die Vertragspartner als zur Begründung der internationalen Zuständigkeit ausreichend erachten. Für den Fall, dass die Zuständigkeitsordnung eines Staates die Heilung der Unzuständigkeit durch rügelose Einlassung vorsieht oder den (international unerwünschten) Vermögensgerichtsstand kennt, gewähren die Abkommen dem Beklagten die sog ***exceptio incompetentiae internationalis***, mit der er die Beschränkung der Vollstreckbarkeit des Urteils auf sein im Erststaat gelegenes Vermögen erreicht; die Exekution im anderen Vertragsstaat wird dem Gegner dagegen verwehrt.

Ohne einen derartigen Gerichtsstandskatalog kommen nur Verträge mit solchen **130**
Staaten aus, deren Rechtsordnungen der österreichischen besonders nahe verwandt sind: Hier darf der Zweitstaat die Vollstreckung des ausländischen Titels nur dann versagen, wenn er in dieser Rechtssache für sich selbst (oder für einen Drittstaat, dessen Rechte er zu wahren hat) die ausschließliche internationale Zuständigkeit beansprucht (es handelt sich dabei um die sog **Haager Jurisdiktionsformel**); dies ist nach dem österreichisch-deutschen und dem österreichisch-schweizerischen Vertrag der Fall.

d) Die (weiteren) Vollstreckbarkeitsvoraussetzungen der EO

Auch nach der EO ist einer ausländischen Entscheidung die Vollstreckbarerklä- **131**
rung wegen *ordre public*-Widrigkeit zu versagen: nämlich dann, wenn eine Handlung erzwungen werden soll, die nach dem Recht des Inlands entweder unerlaubt oder nicht erzwingbar ist (§ 81 Z 2 EO) oder ein Rechtsverhältnis zur Anerkennung oder ein Anspruch zur Verwirklichung gelangen soll, dem durch das inländische Gesetz im Inland aus Rücksichten der öffentlichen Ordnung oder der Sittlichkeit die Gültigkeit oder Klagbarkeit versagt ist (§ 81 Z 3 EO).

Das **rechtliche Gehör des Beklagten** wahrt die EO einerseits durch die Bestimmung, dass die das ausländische Verfahren einleitende Verfügung der Person, gegen die Exekution geführt werden soll, zu eigenen Handen zugestellt worden sein muss (§ 80 Z 2 EO), und andererseits durch die Anordnung, dass die Vollstreckbarerklärung dessen ungeachtet zu versagen ist, wenn es dem Antragsgegner wegen einer Unregelmäßigkeit des Verfahrens nicht möglich war, sich an dem ausländischen Verfahren zu beteiligen (§ 81 Z 1 EO).

Die **internationale Zuständigkeit des Erststaats** muss im Vollstreckbarerklärungsverfahren anhand der sog „**österreichischen Jurisdiktionsformel**" des § 80 Z 1 EO geprüft werden: Danach müßte die Rechtssache nach Maßgabe der im Inland über die Zuständigkeit geltenden Bestimmungen im auswärtigen Staat anhängig gemacht werden können. Zu prüfen ist also, ob irgendein Gericht des Erststaats, hätte es (hypothetisch) österreichisches Recht angewendet, international zuständig gewesen wäre.

Der Anwendungsbereich der §§ 80 und 81 EO im Rahmen der Voll- **132**
streckbarerklärung eines ausländischen Exekutionstitels ist heute **äußerst gering** (vgl § 86 EO). Heranzuziehen sind die Regeln der EO bei der Voll-

streckbarerklärung von Unterhaltstiteln aus dem anglo-amerikanischen Rechtsbereich, wenn die Gegenseitigkeit durch Ministerialverordnung verbürgt ist (vgl bei Rz 125), sowie in den seltenen Fällen der Vollstreckung aufgrund eines Staatsvertrages, der zwar die Gegenseitigkeit verbürgt, im Übrigen aber auf das inländische Recht verweist; dies ist etwa auf dem Gebiet des internationalen Transportwesens der Fall (vgl bei Rz 123).

133 Soweit es allein um die **Anerkennung** ausländischer Entscheidungen geht, ist die (analoge) Anwendung der Regeln der §§ 80 und 81 EO aber deshalb nach wie vor von Bedeutung, weil in **Statussachen** (zB Abstammungssachen, Adoption, Ehescheidung usw) die Gegenseitigkeit **nicht** Anerkennungsvoraussetzung ist (vgl nur *Jakusch* in *Angst* § 79 Rz 6). Statusrechtliche Entscheidungen werden in Österreich demnach grundsätzlich immer (schon) dann anerkannt, wenn bei spiegelbildlicher Übertragung der österreichischen Regeln über die internationale Zuständigkeit (vgl dazu die §§ 76 Abs 2, 108 Abs 3, 110 Abs 1 JN) ein Gericht des Erststaats international zuständig wäre.

Allerdings wird der Anwendungsbereich dieser Bestimmungen durch die **EuEheVO** (vgl bei Rz 122) weiter eingeschränkt. Außerdem richtet sich die Anerkennung von Entscheidungen „über den Bestand der Ehe“ und die Anerkennung und Vollstreckbarerklärung von Entscheidungen „über die Regelung der Obsorge und das Recht auf persönlichen Verkehr“ außerhalb des Anwendungsbereichs dieser VO jetzt nach den Bestimmungen der §§ 97 ff und §§ 112 ff AußStrG.

3. Das Vollstreckbarerklärungsverfahren

134 Zuständig zur Vollstreckbarerklärung ist gem § 82 EO das Bezirksgericht, bei dem der Verpflichtete seinen Wohnsitz oder Sitz hat, oder das Exekutionsgericht nach §§ 18 und 19 EO.

135 Über den Antrag auf Vollstreckbarerklärung ist **ohne vorhergehende mündliche Verhandlung** und ohne Einvernehmung des Gegners zu entscheiden (§ 83 Abs 1 EO). Dem Antragsgegner ist aber nachträgliches Gehör zu gewähren; er kann gegen den Beschluss, mit dem dem Antrag auf Vollstreckbarerklärung stattgegeben wurde, **Rekurs** erheben, der (in jedem Fall) zweiseitig ist (§ 84 Abs 1 EO; vgl auch Art 43 EuGVVO, Art 40 Abs 2 LGVÜ).

136 Die Gestaltung des Rekurses folgt (seit der EO-Nov 2000 vollinhaltlich) den Vorgaben der Art 43 ff EuGVVO (Art 36 ff LGVÜ): Die Rekursfrist beträgt grundsätzlich **einen Monat**; befindet sich der Wohnsitz oder Sitz des verpflichteten Rekurswerbers nicht im Inland und stellt der

Rekurs die erste Möglichkeit dar, sich am Verfahren zu beteiligen, **zwei Monate** (§ 84 Abs 2 Z 1 EO). Der Verpflichtete kann hinsichtlich der Versagungsgründe **neue Tatsachen** geltend machen, ist aber zur gleichzeitigen Geltendmachung aller nicht aktenkundigen Versagungsgründe bei sonstigem Ausschluss verpflichtet (§ 84 Abs 2 Z 2 EO). Es ist daher auch im Fall der Aufhebung der Vollstreckbarerklärung und Zurückverweisung an das Gericht erster Instanz zur Klärung strittiger Tatfragen nicht zulässig, in der dort stattfindenden mündlichen Verhandlung bis dahin nicht aktenkundiges Vorbringen im Hinblick auf Verweigerungsgründe zu erstatten; es gilt die **Eventualmaxime**.

Erhebt der Antragsteller gegen eine **abweisende Entscheidung** über seinen Antrag auf Vollstreckbarerklärung Rekurs, so gilt § 84 Abs 2 Z 1 erster Satz und Z 2 EO für die **Rekursbeantwortung des Antragsgegners** entsprechend. Abweichend von der Grundregel des § 528 Abs 2 Z 2 ZPO ist ein **Revisionsrekurs auch gegen die bestätigende Entscheidung** des Rekursgerichts zulässig (§ 84 Abs 4 EO). 137

Da die Vollstreckbarerklärung nicht davon abhängig ist, dass der ausländische Exekutionstitel im Ursprungsstaat bereits rechtskräftig ist, gewährt § 84 Abs 5 EO dem Antragsgegner die Möglichkeit, gleichzeitig mit einem Rekurs oder einer Rekursbeantwortung gegen die Entscheidung über den Antrag auf Vollstreckbarerklärung die **Unterbrechung des Verfahrens** bis zum Eintritt der Rechtskraft des Titels zu beantragen, wobei das Gericht dem Antragsgegner eine Frist für die Bekämpfung der Entscheidung im Ursprungsstaat setzen kann. Außerdem kann das Gericht die Vornahme zulässiger Exekutionshandlungen von einer **Sicherheitsleistung** des betreibenden Gläubigers abhängig machen. 138

4. Exekutionsbewilligung und Exekutionsvollzug

Mit dem Antrag auf Vollstreckbarerklärung des ausländischen Exekutionstitels kann der Antrag auf Bewilligung der Exekution verbunden werden; über beide Anträge ist zugleich zu entscheiden (§ 84a EO). Die Exekutionsbewilligung setzt die Rechtskraft der Vollstreckbarerklärung nicht voraus, wohl aber deren zumindest gleichzeitige Erteilung (3 Ob 167/07s = RIS-Justiz RS0122979). 139

Da eine bewilligte Exekution unverzüglich in Vollzug gesetzt wird (vgl oben Rz 39), die Vollstreckbarerklärung des ausländischen Titels aber im Rechtsmittelweg auch wieder beseitigt werden kann, sieht § 84a Abs 2 EO vor, dass das Exekutionsgericht (mithin auch der Gerichtsvollzieher, wenn diesem wie etwa bei der Fahrnisexekution die Verwertung übertragen ist) von Amts wegen mit dem weiteren Vollzug bis zum Eintritt der Rechtskraft der Vollstreckbarerklärung innezuhalten hat, wenn bis zur Vornahme von Verwertungshandlungen noch keine rechtskräftige Entscheidung darüber vorliegt; die Pfändung von Exekutionsobjekten ist daher gleichsam als Sicherungsmaßnahme schon vor rechtskräftiger Vollstreckbarerklärung möglich. Es kommt damit zwar zur exekutiven Verstrickung, nicht aber zur Verwertung der Exekutionsobjekte, womit für den betreibenden Gläubiger in diesem Verfahrensstadium der gleiche Effekt erzielt wird wie bei einer Exekution zur Sicherstellung.

Wird der Exekutionstitel im Ursprungsstaat nach Rechtskraft der Vollstreckbarerklärung aufgehoben oder abgeändert, kann der Verpflichtete die Aufhebung oder Abänderung der Vollstreckbarerklärung beantragen und damit einen Antrag auf Einstellung oder Einschränkung der Exekution verbinden (§ 84c Abs 1 EO).

Die Bestimmung des § 84c EO über die Aufhebung und Abänderung der Vollstreckbarerklärung ist bei Wegfall der Vollstreckbarkeit des ausländischen Exekutionstitels im Ursprungsstaat zum Zweck der Herstellung des Gleichklangs mit der Rechtslage des Ursprungsstaates, von dem der Exekutionstitel stammt, analog anzuwenden (3 Ob 212/06g = ZfRV 2007/29).

5. Die Europäischen Vollstreckungstitel

a) Die Europäische Vollstreckungstitelverordnung

139a Grundsätzlich können in Österreich ausländische Titel zwar erst nach erfolgter Vollstreckbarerklärung vollstreckt werden (vgl Rz 119 ff), doch gilt dies nicht, wenn ein sog „Europäischer Vollstreckungstitel" vorliegt. Nachdem zuerst in (der Neufassung der) der **EuEheVO** die direkte Vollstreckbarkeit „bestimmter Entscheidungen über das Umgangsrecht und bestimmter Entscheidungen, mit denen die Rückgabe des Kindes angeordnet wird", vorgesehen wurde (vgl Art 40 ff EuEheVO), hat die **EuVTVO** (Verordnung [EG] Nr 805/2004 des Europäischen Parlamentes und des Rates vom 21.4.2004 zur Einführung eines europäischen Vollstreckungstitels für unbestrittene Forderungen, ABl L 143/15 vom 30.4.2004) das Prinzip der direkten Vollstreckbarkeit auf **Exekutionstitel über unbestrittene Forderungen in Zivil- und Handelssachen** erweitert. Die EuVTVO ist der erste bedeutende Schritt in der Umsetzung eines im November 2000 vom Europäischen Rat beschlossenen Maßnahmenprogramms, welches die Freizügigkeit von Urteilen innerhalb der Europäischen Union fördern und langfristig zur gänzlichen Abschaffung des Exequaturverfahrens führen soll.

In Österreich stellt § 2 Abs 2 EO, eingefügt durch die EO-Nov 2005, klar, dass den in § 1 EO genannten Akten und Urkunden, die als inländische Exekutionstitel gelten, auch solche Akte und Urkunden gleich stehen, die zwar außerhalb des Geltungsbereiches der EO errichtet wurden, aber aufgrund einer völkerrechtlichen Vereinbarung oder eines Rechtsaktes der EU ohne gesonderte Vollstreckbarerklärung zu vollstrecken sind.

Eine im Ursprungsstaat **als Europäischer Vollstreckungstitel** (EVT) bestätigte Entscheidung soll im Hinblick auf die Vollstreckung so behandelt werden, als wäre sie im Vollstreckungsmitgliedstaat ergangen. Da es kein Exequaturverfahren (mehr) gibt, werden derartige Entscheidungen ohne Zwischenverfahren anerkannt; Gründe für die Verweigerung der Vollstreckung können grundsätzlich nicht (mehr) geltend gemacht werden. Die **Vollstreckbarerklärung** im Vollstreckungsstaat wird demnach **durch eine Bestätigung im Urteilsstaat ersetzt**, dass es sich bei der Entscheidung um einen Europäischen Vollstreckungstitel iS der EuVTVO handelt. Wird die Bestätigung gem Art 6 EuVTVO erteilt, ist die Entscheidung in jedem Mitgliedstaat (mit Ausnahme Dänemarks) **unmittelbar vollstreckbar** (Art 5 EuVTVO). Das Vollstreckungsverfahren richtet sich nach dem Recht des Vollstreckungsstaates.

Eine Zustellung der Bestätigung als Europäischer Vollstreckungstitel an den Schuldner wird – äußerst bedenklicherweise – weder von der EuVTVO noch von den österreichischen Ausführungsbestimmungen gefordert (3 Ob 253/06m = JBl 2007, 735 = RdW 2007/578 = ZIK 2007/243).

In Österreich ist für die Erteilung der Bestätigung als EuVT jenes Gericht zuständig, das in erster Instanz zuständig war (bei Exekutionstiteln gem § 1 Z 1 bis 9 EO), bzw jene Stelle, die den Exekutionstitel erlassen oder beurkundet hat (bei Exekutionstiteln gem § 1 Z 10 bis 15 EO). Bei den in § 1 Z 17 EO genannten Exekutionstiteln obliegt die Erteilung der Bestätigung grundsätzlich jenem Notar, der den Notariatsakt aufgenommen hat; siehe dazu § 7a EO.

In den Anwendungsbereich fallen **unbestrittene und vollstreckbare** (aber nicht notwendigerweise rechtskräftige) **Titel über Geldforderungen in Zivil- und Handelssachen**. Übereinstimmend mit Art 1 Abs 2 EuGVVO sind Statussachen, insolvenzrechtliche Verfahren, sozialversicherungsrechtliche Angelegenheiten und die Schiedsgerichtsbarkeit vom Anwendungsbereich ausdrücklich ausgenommen. Eine Entscheidung gegen einen Verbraucher darf nur dann als EVT bestätigt werden, wenn sie in dessen Wohnsitzstaat ergangen ist.

Eine Forderung **gilt als unbestritten** (Art 3 EuVTVO), wenn

- der Schuldner die Forderung ausdrücklich in einer öffentlichen Urkunde anerkannt hat;

- ihr der Schuldner durch Vergleich oder Anerkenntnis zugestimmt hat;
- der Schuldner ihr im gerichtlichen Verfahren zu keiner Zeit widersprochen hat;
- der Schuldner zu einer Gerichtsverhandlung nicht erschienen oder dabei nicht vertreten worden ist, nachdem er zuvor der Forderung im gerichtlichen Verfahren widersprochen hat;

Aufgrund der Einbeziehung von Versäumungsurteilen in den EVT sind die in den Art 12 bis 19 EuVTVO vorgesehenen **Mindestvorschriften für das Zustellungsrecht** von besonderer Bedeutung, die einen EVT insbesondere dann ausschließen, wenn das verfahrenseinleitende Schriftstück nicht zugestellt wurde oder die Annahme der Zustellung im Urteilsstaat auf einer Fiktion beruht. Die Zustellung soll grundsätzlich an den Schuldner **persönlich gegen Empfangsbestätigung** erfolgen (Art 13 EuVTVO).

Weitere Zustellformen sind in Art 14 f EuVTVO vorgesehen. Danach folgen Vorschriften über die Ladung samt Fristen und die Unterrichtung des Schuldners sowie die **Heilung** bei Nichteinhaltung der formalen Mindestvorschriften.

Der Rechtsschutz des Schuldners, der sich auf das Verfahren nicht eingelassen hat, ist eingeschränkt. Gegen die Ausstellung einer Bestätigung als EVT ist daher grundsätzlich **kein Rechtsbehelf** möglich (Art 10 Abs 4 EuVTVO). Allerdings sieht Art 10 Abs 1 EuVTVO vor, dass die Bestätigung als Europäischer Vollstreckungstitel

- **berichtigt** werden kann, wenn die Entscheidung und die Bestätigung aufgrund eines materiellen Fehlers voneinander abweichen;
- **widerrufen** werden kann, wenn sie hinsichtlich der in der Verordnung festgelegten Voraussetzungen eindeutig zu Unrecht erteilt wurde.

Weiteren Rechtsschutz für den Schuldner bietet Art 19 EuVTVO. Nach dieser Bestimmung kann eine Entscheidung nur dann als EVT bestätigt werden, wenn das Recht des Ursprungsstaates Mindestvorschriften für die Überprüfung der Entscheidung in Ausnahmefällen vorsieht (im Wesentlichen geht es hier um die Fälle der Wiedereinsetzung in den vorigen Stand). Davon abgesehen stehen dem Schuldner nur die Rechtsbehelfe gegen das Urteil selbst nach dem Recht des Ursprungsstaates und die Rechtsbehelfe gegen die Vollstreckung nach dem Recht des Vollstreckungsstaates zur Verfügung.

Aus dem Grundsatz des gegenseitigen Vertrauens in die ordnungsgemäße Rechtspflege in den Mitgliedstaaten wie auch aus dem Ziel der Beschleunigung des Verfahrens ergibt sich, dass die **Anerkennung** im Vollstreckungsstaat **nicht mehr geprüft** werden darf (siehe dazu im Gegensatz Art 34, 35 EuGVVO, vgl bei Rz 126 ff). Insbesondere wurde von der in Art 34 Z 1 EuGVVO vorgesehenen Prüfung der Vereinbarkeit mit der **öffentlichen Ordnung** (***ordre public***) im Vollstreckungsstaat abgegangen. Das Urteil soll im Vollstreckungsstaat vielmehr unmittelbar und ohne weitere Kontrolle anerkannt und vollstreckt werden. Die Anerkennung kann nur verweigert werden, wenn die als EVT bestätigte Entscheidung mit einer früheren Entscheidung unvereinbar ist (Art 21 EuVTVO). In Österreich kann der Schuldner dies in der Exekution als besonderen Einstellungsgrund iSd § 39 EO geltend machen.

Nach diesem Konzept könnte im Vollstreckungsmitgliedstaat allerdings auch nicht mehr geprüft werden, ob überhaupt der Anwendungsbereich der EuVTVO für die Forderung gegeben ist. Genauso wenig soll es im Vollstreckungsverfahren eine Rolle spielen, wenn der Schuldner geltend macht, dass ihm im Titelverfahren das rechtliche Gehör entzogen worden ist. Beide Regeln bedürfen jedoch – wenn auch in sehr engen Grenzen – einer (differenzierten) teleologischen Reduktion. Zum einen wird eine offensichtliche Überschreitung des Anwendungsbereichs der EuVTVO durchaus im Vollstreckungsmitgliedstaat auf Antrag oder von Amts wegen wahrzunehmen sein. Schon aus völkerrechtlichen Gründen kann diesem die Nachprüfung nicht verboten sein, ob der Ursprungsmitgliedstaat Gerichtsgewalt über den Beklagten besessen hat. Zum zweiten stellt sich die Frage, auf welche Weise die Verletzung von Verfahrensgrundrechten, die als europäischer *ordre public* zu gelten haben (Art 6 EMRK, Art 47 der Grundrechtscharta der EU), noch im Vollstreckungsstaat geltend gemacht werden kann. Da die *ordre public*-Kontrolle nach der EuVTVO nicht im Rahmen der Möglichkeiten des Vollstreckungsmitgliedstaats liegt, kommt für den Schuldner nur eine Individualbeschwerde an den EGMR nach Art 34 EMRK in Frage. Daraus resultiert aber die unabdingbare Notwendigkeit, diese Beschwerde im Interesse der Aufrechterhaltung des Standards der europäischen Rechtsschutzkultur unter den Begriff des Rechtsbehelfs iSd Art 23 EuVTVO zu subsumieren, damit der Schuldner wenigstens die Aussetzung der Vollstreckung nach Art 23 EuVTVO erreichen kann.

b) Das Europäische Mahnverfahren und das Europäische Bagatellverfahren

Neben den Europäischen Vollstreckungstitel nach der EuVTVO treten künftig zwei weitere **besondere Europäische Vollstreckungstitel**, nämlich der **Europäische Zahlungsbefehl** nach der Verordnung des Europäischen Parlaments und des Rates Nr 1896/2006 vom 12. Dezember 2006 zur Einführung eines Europäischen Mahnverfahrens (in Kraft ab 12. 12. 2008) und das **Europäische Bagatellurteil** nach der Verordnung des Europäischen Parlaments und des Rates Nr 861/2007 vom 11. Juli 2007 zur Einführung eines Europäischen Verfahrens für geringfügige Forderungen (in Kraft ab 1. 1. 2009). Diese Verordnungen folgen zwar insofern dem Grundmuster der EuVTVO, als sowohl der Europäische Zahlungsbefehl als auch ein im Europäischen Bagatellverfahren ergangenes Urteil in den anderen Mitgliedstaaten anerkannt und vollstreckt wird, **oh-** 139b

ne dass es einer Vollstreckbarerklärung bedarf und ohne dass die Anerkennung angefochten werden kann. Im Gegensatz zu dem durch die EuVTVO geschaffenen europäischen Vollstreckungstitel, bei welchem der in einem rein innerstaatlichen Verfahren ergangene Titel durch die Bestätigung als Europäischer Vollstreckungstitel „europäisiert“ wird, handelt es sich bei den aufgrund der neuen Verordnungen ergangenen Titeln um – soweit dies möglich ist – **vom nationalen Verfahrensrecht losgelöste, in einem EU-einheitlichen Erkenntnisverfahren ergangene, originäre Europäische Vollstreckungstitel.**

Das **Europäische Mahnverfahren** und das **Europäische Bagatellverfahren** stellen fakultative Verfahren dar, die dem Gläubiger neben den beiden Varianten, einen nationalen Exekutionstitel entweder im jeweiligen Vollstreckungsstaat nach der EuGVVO anerkennen und für vollstreckbar erklären oder ihn – bei Vorliegen der Voraussetzungen der EuVTVO – im Entscheidungsstaat als Europäischen Exekutionstitel bestätigen zu lassen, **weitere Möglichkeiten** einräumen, seine Forderung im europäischen Binnenmarkt durchzusetzen.

Den Europäischen Vollstreckungstiteln fehlt – bedauerlicherweise – eine gemeinsame Systematik: So stellt das Urteil des Bagatellverfahrens insofern ein **Mittelding** zwischen einem Europäischen Vollstreckungstitel iSd EuVTVO und dem Europäischen Mahnbefehl dar, als es sich zwar einerseits um einen besonderen Europäischen Vollstreckungstitel wie den Europäischen Zahlungsbefehl handelt, andererseits bedarf dieser Titel aber, so wie ein Europäischer Vollstreckungstitel iSd EuVTVO, einer Bestätigung, die bei der Vollstreckung im Vollstreckungsmitgliedstaat gemeinsam mit dem Urteil vorgelegt werden muss. Der für vollstreckbar erklärte Europäische Zahlungsbefehl bedarf dagegen keiner Bestätigung, ist also in gewisser Weise privilegiert. Es ist insgesamt wenig benutzerfreundlich und der Rechtsklarheit abträglich, wenn die EuBagVVO, aufgrund einer ganzen Reihe von Abweichungen sowohl von der EuVTVO als auch von der EuMahnVVO, wiederum eine **neue Variante** eines Europäischen Vollstreckungstitels bringt.

F. Der Gang des Vollzugsverfahrens

140 Aufgrund der Vielfältigkeit der Exekutionsobjekte und Exekutionsmittel gibt es keinen einheitlichen Ablauf des Vollzugsverfahrens.

1. Die Exekution wegen Geldforderungen (Geldexekution)

Die Exekution zur Befriedigung wegen einer Geldforderung (zur Exekution zur Sicherstellung vgl unten Rz 449 ff) lässt sich grundsätzlich in drei Abschnitte gliedern:

a) Die Pfändung des Exekutionsobjektes

Die Pfändung ist grundsätzlich mit der Beschlagnahme der Sache verbunden und verschafft einerseits dem betreibenden Gläubiger das exekutive Befriedigungsrecht aus dem Exekutionsobjekt, während sie andererseits dem Verpflichteten die Verfügungsmacht über die Sache entzieht (Verstrickung). Dem betreibenden Gläubiger gegenüber sind Sachdispositionen des Verpflichteten unwirksam. Die Verfügungsmacht über die Exekutionsobjekte geht auf den Staat über, was bei der Fahrnisexekution besonders gut zum Ausdruck kommt, wenn die Sachen des Verpflichteten in gerichtliche Verwahrung genommen werden. 141

b) Die Verwertung des gepfändeten Exekutionsobjektes

Die Verwertung kann auf verschiedene, der Eigenart der Sache jeweils angepasste, Art erfolgen. Bei Liegenschaften und beweglichen körperlichen Sachen geschieht sie primär durch öffentliche Versteigerung, es kommt aber auch ein Verkauf in Frage; bei Forderungen kommt es zu deren Überweisung an die betreibenden Gläubiger. 142

c) Die Befriedigung des betreibenden Gläubigers

Die Befriedigung erfolgt grundsätzlich aus dem bei der Verwertung der Exekutionsobjekte erzielten Erlös. Ist nur ein betreibender Gläubiger vorhanden, so wird ihm dieser Erlös, soweit dies zu seiner Befriedigung notwendig ist, zugewiesen. In diesem Fall wird die Befriedigung des betreibenden Gläubigers schon unmittelbar durch das Verwertungsverfahren erreicht. Dies geschieht bei der Forderungsexekution im Fall der Überweisung an Zahlungs statt (§ 316 EO), aber auch bei der Überweisung zur Einziehung, wenn der Drittschuldner zahlt (§ 312 Abs 1 EO); bei der Fahrnisexekution, wenn sie ausschließlich zugunsten eines einzigen Gläubigers stattgefunden hat, dem der Verkaufserlös unmittelbar nach der Versteigerung ausgezahlt wird (§ 283 Abs 1 EO). Sind mehrere betreibende Gläubiger vorhanden (und in jedem Fall bei der Liegenschaftsexekution), kommt es hingegen zu einem eigenen Verteilungsverfahren, das mit einem richterlichen Beschluss endet. 143

Die Beschlagnahme von Sachen des Verpflichteten erfolgt nach dem österreichischen Vollzugssystem allein zu dem Zweck, durch deren Umsetzung in Geld die Befriedigung der Geldforderung des betreibenden Gläubigers zu erreichen; eine Befriedigung durch direkte Übernahme des gepfändeten Vermögensobjektes ist grundsätzlich **nicht vorgesehen**. Allerdings kann der betreibende Gläubiger sowohl bei der Zwangsversteigerung von Fahrnis als auch bei der Liegenschaftsversteigerung mitbieten und die Sache selbst erstehen (vgl § 180 Abs 1 und § 278 Abs 1 EO). Bei der Forderungsexekution kann er beantragen, dass ihm die gepfändete Forderung an Zahlungs statt überwiesen werde, womit er selbst Gläubiger des Schuldners des Verpflichteten wird (§ 316 EO – vgl unten Rz 380). Die auffallende **Ausnahme** von diesem Ablauf der Geldexekution stellt die **zwangsweise Pfandrechtsbegründung** bei der Immobiliarexekution dar, die sich in der Einverleibung der Zwangshypothek im Grundbuch erschöpft (vgl unten Rz 237 ff).

2. Die Exekution zur Erwirkung von Handlungen oder Unterlassungen (Naturalexekution)

144 Wegen der Mannigfaltigkeit der verschiedenen Vollzugsarten der Naturalexekution ist hier eine generelle Gliederung der Vollzugsverfahren in bestimmte Abschnitte nicht möglich. Es liegt in der Natur der Sache, dass hier von einer stufenweisen Entwicklung des Vollzugsverfahrens wie bei der Geldexekution nicht die Rede sein kann. Das Gesetz regelt aber zwei ihrem Wesen nach völlig unterschiedliche Methoden der Herstellung des der festgestellten Rechtslage entsprechenden tatsächlichen Zustandes, nämlich, einerseits, wie bei der Geldexekution, die Anwendung direkten Zwanges, und, andererseits, ausnahmsweise auch die Anwendung indirekten Zwanges durch die Einflussnahme auf den Willen des Verpflichteten.

a) Die direkte Exekution

145 Wie bei der Geldexekution wird auch in den meisten Fällen der Exekution zur Erwirkung von Handlungen unmittelbarer Zwang ausgeübt, um die Befriedigung des betreibenden Gläubigers zu erreichen: Bewegliche Sachen sind dem Verpflichteten „wegzunehmen“ (§ 346 Abs 1 EO); in den Besitz von Liegenschaften ist der betreibende Gläubiger erforderlichenfalls durch „Entfernung von Personen und beweglichen Sachen“ zu setzen (§ 349 Abs 1 EO); die für die Einräumung oder Aufhebung bücherlicher Rechte notwendige bücherliche Eintragung wird vom Bewilligungsgericht angeordnet (§ 350 Abs 1 EO); die Teilung gemeinschaftlicher Sachen kann aufgrund eines vollstreckbaren Teilungsbeschlusses erfolgen (Naturalteilung) oder im Wege der Feilbietung oder Versteigerung (Zivilteilung).

b) Die indirekte Exekution

146 Die Exekution zur Erwirkung von unvertretbaren Handlungen (§ 354 EO), Duldungen und Unterlassungen (§ 355 EO) erfolgt mangels anderer Durchsetzungsmöglichkeiten durch Verhängung von Geld- oder gar Haftstra-

fen, welche den widerstrebenden Willen des Verpflichteten beugen sollen. Zur Funktion dieser „Strafen“ vgl unten Rz 441, 444.

c) Die Fiktion des § 367 EO

Einen Sonderfall stellt die „Exekution“ zur Abgabe einer Willenserklärung dar: Im Fall dieser unvertretbaren Handlung ersetzt das Gesetz die Anwendung von Zwang sinnvollerweise durch die Fiktion, dass die Willenserklärung „als abgegeben gilt“, sobald das Urteil die Rechtskraft erlangt hat (§ 367 Abs 1 EO – vgl unten Rz 425). **147**

G. Das Ende des Exekutionsvollzuges

Literatur: *Ballon*, Klagbarkeit von Ansprüchen, JBl 1978, 10; *Dolinar*, Das Rechtsschutzziel der Oppositionsklage, JBl 1979, 528; *Berger*, Vermischte exekutionsrechtliche Fragen, ÖJZ 1981, 449, ÖJZ 1982, 10, 431, ÖJZ 1983, 116; *Kostka*, Die Exekutionsklagen nach den §§ 35, 36 und 37 EO und das Arbeits- und Sozialgerichtsgesetz, ZAS 1989, 79; *Prunbauer*, Beseitigung einer einstweiligen Verfügung. Oppositionsklage oder Aufhebungsantrag? ecolex 1990, 233.

Petschek/Hämmerle/Ludwig 87; *Heller/Berger/Stix* I 301; *Rechberger/Simotta* Rz 405; *Holzhammer* 122 ff; *Neumayr* 112 ff.

1. Die „Beendigung“ der Exekution

Unter „Beendigung“ der Exekution wird nach hA der Abschluss eines erfolgreichen Vollzugsverfahrens verstanden, in dem der betreibende Gläubiger also im Wege der gerichtlichen Zwangsvollstreckung befriedigt wurde. Diese Beendigung des Vollzugsverfahrens und damit des gesamten Vollstreckungsverfahrens tritt *ipso iure* ohne Gerichtsbeschluss mit dem Augenblick ein, in dem der betreibende Gläubiger die volle Befriedigung seines materiellen Anspruches erhalten hat. Ausnahmsweise geschieht dies schon mit der Beendigung des Verwertungsverfahrens, regelmäßig erst nach weiteren Verfahrensschritten: Findet ein Verteilungsverfahren statt, mit Ausführung des Verteilungsbeschlusses (§ 236 Abs 1, § 287 EO), mit der Übergabe der dem Verpflichteten weggenommenen Sachen an den Gläubiger (§ 346 EO), mit dem Beschluss über die Überweisung an Zahlungs statt (§ 316 EO), mit der Zahlung des Drittschuldners an den betreibenden Gläubiger nach Überweisung zur Einziehung (§ 312 Abs 1 EO). **148**

Es ist deshalb wichtig, das Ende des Vollzugsverfahrens exakt festzustellen, weil einerseits mit der Befriedigung des betreibenden Gläubigers die Wirkung des Exekutionsbewilligungsbeschlusses erlischt, sodass keine weiteren Exekutionsschritte mehr gesetzt werden dürfen. Andererseits gibt es aufgrund des Endes des Exekutionsverfahrens keine Möglichkeit mehr, die geschehenen Exekutionshandlungen im Rahmen dieses Verfahrens wieder rückgängig zu machen; sind sie zu Unrecht erfolgt, so kann der Betroffene nur noch zivilrechtliche Ersatzansprüche (insbesondere Bereicherung, allenfalls Schadenersatz) geltend machen. Mit der Beendigung der Exekution können daher auch keine Exekutionsklagen mehr angebracht werden.

2. Die Einstellung der Exekution

149 Eine erfolglose Zwangsvollstreckung (wozu auch ein Verfahren gehört, das zwecklos geworden ist, weil der Verpflichtete freiwillig geleistet hat) führt nicht zur Beendigung des Verfahrens, sondern zu dessen Einstellung, die als *contrarius actus* zur Exekutionsbewilligung die Entstrickung herbeiführt (vgl unten Rz 162 ff).

Eine **Ausnahme** stellt die erfolgreiche Zwangsverwaltung dar, die nach Tilgung sämtlicher Forderungen eingestellt wird. Hier bedarf es eines Beschlusses, mit dessen Rechtskraft der Verpflichtete wiederum die volle Verfügungsmacht über die Liegenschaft oder das sonstige zwangsverwaltete Objekt zurückbekommt.

III. AUFSCHIEBUNG, INNEHALTUNG, STILLSTAND, EINSTELLUNG UND EINSCHRÄNKUNG DER EXEKUTION

Literatur: *Schuster*, Die Rechtskraftwirkung der Exekutionseinstellung nach § 39, Zl 6 EO, GZ 1931, 330; *Albert Ehrenzweig jun.*, Die Rechtskraftwirkung der Exekutionseinstellung nach § 39, Z 6 EO, JBl 1932, 119; *Rechberger*, Die fehlerhafte Exekution (1978); *Berger*, Vermischte exekutionsrechtliche Fragen, ÖJZ 1981, 449, ÖJZ 1982, 10, 431, ÖJZ 1983, 116; *F. Bydlinski*, Superädifikate und Kündigungsschutz, JBl 1984, 241; *Rechberger*, Das Urteil im unterbrochenen Zivilprozeß – Exekutionsakte im aufgeschobenen Exekutionsverfahren, in FS Kralik (1986) 273 ff; *Eder*, Die Aufschiebung der Fahrnisexekution bei Forderungsexekution, ecolex 1992, 549; *Souhrada*, Forderungsexekution und Sozialversicherung. Sozialversicherungsrechtliche Aspekte der Novelle 1991 zur Exekutionsordnung (EONov 1991), SozSi 1992, 115; *Kloiber*, Das Auffindungs- und Zugriffsverfahren, ZIK 1996, 80; *Oberhammer*, Kostenfolgen der Einstellung der Unterlassungsexekution wegen Gläubigermehrheit, RdW 1995, 289; *ders*, Fahrnisverwertung nach der EO-Novelle 1995: Grundsätzliche Neuerungen im Verwertungsverfahren, ZIK 1996, 84; *ders*, Aufschiebung der Räumungsexekution und Fortsetzung beendigter Bestandverhältnisse im gerichtlichen Ausgleich – zum neuen §12a AO, ZIK 1998, 1; *Nunner-Krautgasser*, Der Rückstandsausweis als Grundlage der gerichtlichen Exekution, ÖJZ 2000, 833; *dies*, Konsequenzen der Aussetzung der Einhebung nach § 212a BAO für das gerichtliche Vollstreckungsverfahren, RdW 2000, 655; *König*, Die Aufschiebung der Zwangsvollstreckung vor Rechtskraft der Vollstreckbarerklärung (Art 39 EuGVÜ/LGVÜ, 47 EuGVVO), RZ 2001, 267; *Czernich/Pülzl*, OGH: Keine Prüfung der materiellen Gültigkeit eines Rückstandsausweises durch die ordentlichen Gerichte, SWK 2002, S 304; *Mini*, Die Aufschiebung der Exekution (2002); *Jakusch*, Der Zwischenstreit im Exekutionsverfahren, RZ 2003, 226; *Widhalm-Budak*, Das Aufschiebungsrecht des Masseverwalters gemäß § 120a KO, ZIK 2003/3, 4; *Jakusch*, Die EO-Novelle 2003, ÖJZ 2004/14, 201; *Rassi*, Exekutionstipps für Praktiker II: Die Aufschiebung nach der EO, Zak 2007, 103.

Petschek/Hämmerle/Ludwig 87 ff; *Heller/Berger/Stix* I 485 f; *Rechberger/Simotta* Rz 264 ff; *Holzhammer* 120 ff; *Rebernig* in *Burgstaller/Deixler-Hübner* zu §§ 39 ff EO; *Deixler-Hübner* in *Burgstaller/Deixler-Hübner* zu §§ 42 ff EO; *Jakusch* in *Angst* zu §§ 39 ff EO; *Neumayr* 112 ff.

A. Die Aufschiebung

Den **Rechtsmitteln** und **Rechtsbehelfen** des Exekutionsverfahrens 150
kommt idR **keine aufschiebende Wirkung** zu. Die Fortsetzung der Exekution hätte daher in manchen Fällen, in denen solchen Abwehrmitteln des Verpflichteten Erfolg beschieden ist, zur Folge, dass dem Verpflichteten durch eine ungerechtfertigte Zwangsvollstreckung ein unwiederbringlicher Nachteil erwüchse. Die EO beugt dem mit der Möglichkeit der **Aufschiebung der Exekution** vor. Voraussetzungen der Aufschiebung sind:

- Es muss ein Aufschiebungsantrag gestellt werden (§ 42 Abs 1 EO).
- Es muss ein gesetzlicher Aufschiebungsgrund verwirklicht sein.
- Der Beginn oder die Fortsetzung der Exekution muss mit der Gefahr eines unersetzlichen oder nur schwer ersetzbaren Nachteiles verbunden sein (§ 44 Abs 1 EO).
- Die Aufschiebung darf die Befriedigung des betreibenden Gläubigers nicht gefährden; ist dies der Fall, so hat der Aufschiebungswerber hiefür Sicherheit zu leisten (§ 44 Abs 2 Z 3 EO).
- Der vom Aufschiebungswerber angestrengte Rechtsbehelf darf nicht aussichtslos sein (§ 44 Abs 3 EO *e contrario*); stützt sich der Aufschiebungsantrag auf eine außerordentliche Revision des Verpflichteten, so sind deren Erfolgschancen jedoch nicht zu prüfen (§ 44 Abs 3 EO).
- Das Aufschiebungsinteresse des Verpflichteten muss das Fortsetzungsinteresse des betreibenden Gläubigers übersteigen (dieses Erfordernis wurde von der Rsp entwickelt und stützt sich darauf, dass § 42 EO eine „Kann"-Bestimmung darstellt; vgl JBl 1953, 326; JBl 1956, 184; RPflSlgE 1986/2).

151 § 42 EO kennt folgende **Aufschiebungsgründe**:

- die Erhebung einer Klage auf Ungültig- oder Unwirksamerklärung oder auf Aufhebung des der Exekution zugrunde liegenden Titels (Z 1);
- die Stellung eines Wiedereinsetzungsantrages, die Erhebung einer Wiederaufnahmsklage oder einer Klage auf Aufhebung eines Schiedsspruches bezüglich des zugrunde liegenden Titels (Z 2);
- die Erhebung einer außerordentlichen Revision gegen den zugrunde liegenden Titel (Z 2a);
- die Stellung eines Einstellungsantrages gem § 39 Abs 1 Z 2 bis 4, 6, 8, und 10 oder § 40 EO (Z 3);
- der Umstand, dass die Exekution wegen eines Anspruches stattfindet, der von einer Zug um Zug zu bewirkenden Gegenleistung des Betreibenden abhängt, und der Gläubiger weder die Gegenleistung bewirkt hat noch dieselbe zu bewirken oder sicherzustellen bereit ist (Z 4);
- die Erhebung einer Oppositions-, Impugnations- oder Exszindierungsklage oder einer Klage, mit der iS von § 39 Abs 1 Z 5 EO aus anderen Gründen auf Unzulässigerklärung der Exekution geklagt wird, sowie die Erhebung von Einwendungen gegen den Anspruch bei der Verwaltungsbehörde, die den zugrunde liegenden Titel erlassen hat (Z 5);
- die Bewilligung der Gläubigerkonvokation im Verlassenschaftsverfahren gem § 813 ABGB (Z 6);
- die Anfechtung der Exekutionsbewilligung mit Rekurs (Z 7);

- die Erhebung einer Vollzugsbeschwerde (§ 68 EO), wenn die für die Entscheidung darüber erforderlichen Einvernehmungen nicht unverzüglich stattfinden können (Z 8);
- die Beantragung der Aufhebung oder Abänderung der rechtskräftigen Vollstreckbarerklärung (Z 9).

Daneben schafft eine Vielzahl von Sonderregeln weitere Aufschiebungstatbestände (vgl etwa Art XVII EGEO; §§ 45a, 99b, 200a, 200b, 201, 202 Abs 2, 203, 264a, 282a EO; §§ 34a, 35 MRG, §§ 18, 19 AbgEO, § 12a AO, § 120a KO). Die früher auf die Fahrnisexekution und die Zwangsversteigerung (§ 200a EO) beschränkte Möglichkeit der einvernehmlichen Aufschiebung der Exekution, wenn zwischen den Parteien eine Zahlungsvereinbarung getroffen wurde, wurde mit dem durch die EO-Nov 2003 eingefügten § 45a EO auf alle Exekutionsarten ausgedehnt. Die Exekution kann anschließend erst nach Ablauf von drei Monaten ab Einlangen des Aufschiebungsantrages fortgesetzt werden. Wird die Fortsetzung nicht innerhalb von zwei Jahren beantragt, ist die Exekution einzustellen. Ergänzt wird § 45a EO durch § 311a EO, wonach bei Aufschiebung einer Exekution zur Hereinbringung einer Forderung auf wiederkehrende Leistungen nach § 45a EO bereits vollzogene Exekutionsakte aufgehoben werden; der Pfandrang aber bleibt dem betreibenden Gläubiger erhalten. Eine Aufschiebung allein würde nämlich bedeuten, dass der Verpflichtete den pfändbaren Teil des Bezuges nicht erhielte, weil die Pfändung aufrecht bliebe; dann könnte er jedoch die Zahlungsvereinbarung nicht erfüllen. 152

In folgenden Fällen ist die Aufschiebung gem § 44 Abs 2 EO von einer **Sicherheitsleistung** des Antragstellers abhängig zu machen: 153

- wenn die Tatsachen, auf die sich die Einwendungen gegen den Anspruch oder die Exekutionsbewilligung stützen (§§ 35, 36 EO), nicht durch unbedenkliche Urkunden dargetan sind (Z 1);
- wenn ein naher Angehöriger des Verpflichteten iS von § 32 KO (*familia suspecta*) oder eine mit ihm in Hausgemeinschaft lebende Person später als 14 Tage nach dem Exekutionsvollzug Exszindierungsklage (§ 37 EO) erhebt und der Kläger nicht bescheinigt, dass er von dem Vollzug erst kurz vor oder nach Ablauf dieses Zeitraumes Kenntnis erlangen konnte und dass er die Klage ohne unnötigen Aufschub eingebracht hat (Z 2);
- wenn die Aufschiebung geeignet ist, die Befriedigung des betreibenden Gläubigers zu gefährden. Treten erst nach Bewilligung der Aufschiebung Umstände ein, die eine solche Gefährdung wahrscheinlich ma-

chen, so kann dem Aufschiebungswerber auf Antrag des betreibenden Gläubigers auch nachträglich eine Sicherheitsleistung auferlegt werden (Z 3).

154 Ein Antrag auf Aufschiebung ist von der Exekutionsbewilligung bis zur Einstellung oder Beendigung der Zwangsvollstreckung möglich; er ist regelmäßig beim Exekutionsgericht einzubringen. Eine Einvernehmung des Gegners ist nicht zwingend vorgesehen (§ 45 Abs 3 EO *e contrario*); dem betreibenden Gläubiger wird der Aufschiebungsantrag aber mit einer Aufforderung zur Äußerung zugestellt. Bei der Bewilligung der Aufschiebung hat das Gericht anzugeben, für wie lange die Exekution aufgeschoben sein soll (§ 44 Abs 4 EO); ein aufgeschobenes Exekutionsverfahren wird, sofern nicht etwas anderes angeordnet ist (vgl § 70 Abs 2, § 271 Abs 3 EO), nur auf Antrag fortgesetzt (§ 44 Abs 5 EO).

B. Die Innehaltung

155 Auch ein Aufschiebungsantrag kann in manchen Konstellationen zu spät kommen: Dies ist dann der Fall, wenn sich erst im Laufe des Vollzuges durch den Gerichtsvollzieher herausstellt, dass die Fortsetzung der Exekution nicht gerechtfertigt erscheint. Der Gerichtsvollzieher kann dann von der **Fortsetzung der Exekutionshandlungen kurzfristig absehen**, bis durch das Gericht geklärt ist, ob die Vollstreckung fortzusetzen ist.

Gem § 46 EO darf der **Gerichtsvollzieher** mit der Vollziehung der ihm aufgetragenen Exekutionshandlung dann innehalten, wenn ihm nachgewiesen wird, dass der betreibende Gläubiger nach Erlassung des Exekutionstitels befriedigt worden ist, Stundung bewilligt hat oder von der Fortsetzung des Exekutionsverfahrens abgestanden ist. Der Gerichtsvollzieher hat dem Gericht über die Innehaltung zu berichten (§ 553 Abs 5 Geo). Damit hat nun der Verpflichtete die Möglichkeit, einen Oppositionsantrag (§ 40 EO) oder eine Oppositionsklage (§ 35 EO) zu erheben. Der Vollzug der Exekution hat selbstverständlich zu unterbleiben, wenn der Verpflichtete die betriebene Forderung beim Vollzug bezahlt oder den Betreibenden vor dem Gerichtsvollzieher befriedigt.

Einen ähnlichen Fall regelt § 34a Abs 1 MRG: Nach dieser Bestimmung ist mit der Räumungsexekution innezuhalten, wenn den zu räumenden Mietgegenstand ein Mieter nutzt, der glaubhaft macht, dass die Räumungsexekution zur Umgehung der Ansprüche des Mieters nach § 2 Abs 3 MRG auf Anerkennung als Hauptmieter vollzogen werden soll. Der betreibende Gläubiger kann diesem Innehalten aber vorbeugen, indem er den Mieter nachweislich vor Entstehung des der Räumung zugrunde liegenden Exekutionstitels von der Beendigung des Hauptmietverhältnisses (mit dem potentiellen „Strohmann“, der hier Verpflichteter ist) iS von § 2 Abs 2 MRG verständigt hat. Der Mieter hat durch die Innehaltung Zeit, einen Aufschiebungsantrag zu stellen, aufgrund dessen die Exekution bis zur rechtskräftigen Erledigung seines Antrages auf Anerkennung als Hauptmieter nach § 2 Abs 3 MRG aufgeschoben wird; dringt er mit seinem Antrag nach § 2 Abs 3 MRG durch, so ist die Räumungsexekution auf Antrag einzustellen.

Anders strukturiert als die klassischen Fälle der Innehaltung ist der **156** durch die EO-Nov 1995 geschaffene § 264b EO: Diese Bestimmung räumt dem **Gerichtsvollzieher in der Fahrnisexekution** ein Ermessen ein, für den Zeitraum von erfolgversprechenden Vollzügen, längstens aber für vier Monate mit der Anordnung des Verkaufes der Pfandgegenstände innezuhalten, was dem betreibenden Gläubiger mitzuteilen ist. Diese Bestimmung ist vor dem Hintergrund zu verstehen, dass der Gesetzgeber Zahlungen des Verpflichteten gegenüber der Verwertung von Fahrnissen präferiert (vgl dazu schon Rz 37); erscheint es daher wahrscheinlich, dass der Verpflichtete die betriebene Forderung innerhalb von vier Monaten begleicht, so hat das Vollstreckungsorgan mit der weiteren Verwertung von bisher gepfändeten beweglichen Sachen innezuhalten.

Gegen ein ungerechtfertigtes Innehalten durch den Gerichtsvollzieher **157** kann sich der betreibende Gläubiger mit Vollzugsbeschwerde (§ 68 EO) zur Wehr setzen.

Zur Möglichkeit der amtswegigen Innehaltung mit dem weiteren Vollzug bis zum Eintritt der Rechtskraft der Vollstreckbarerklärung eines ausländischen Exekutionstitels vgl oben Rz 139.

Das Gesetz sieht in anderen als den ausdrücklich geregelten Fällen **158** keine Innehaltung vor. Doch würde es zu unbilligen Ergebnissen führen, wenn man ein Innehalten nicht auch in Fällen eines unmöglichen oder untunlichen Vollzuges zuließe (so auch *Holzhammer* 121). So wird der Gerichtsvollzieher etwa den Vollzug abzubrechen haben, wenn sich bei der Delogierung herausstellt, dass der Verpflichtete schwer krank und bettlägerig ist. Zu betonen ist aber, dass ein solches Innehalten nur in krassen Fällen möglich ist; letztlich bleibt die Entscheidung dem wertenden Ermessen und der Verantwortung des Gerichtsvollziehers überlassen.

Ein „Absetzen einer Vollzugshandlung“, eine „Verschiebung der Vollzugshand- **159** lung auf kurze Zeit“ oder die „Absetzung einer Exekution“ durch das Gericht ist an sich in der EO nicht vorgesehen; ein solcher „Beschluss“ kann aber als eine besondere Weisung des Gerichtes an den Gerichtsvollzieher gewertet werden (vgl dazu *Jakusch* in *Angst* Rz 2, 8 zu § 25 EO), einem schon erteilten Vollzugsauftrag nicht nachzukommen; ein abgesondertes Rechtsmittel kann gegen eine solche Entscheidung nicht erhoben werden (MietSlg 3590; RdW 1986, 15). Dort, wo die Festsetzung von Vollzugsterminen dem Gerichtsvollzieher obliegt, steht es auch in seiner Möglichkeit, diese zu verschieben. Der betreibende Gläubiger hat es aber jedenfalls in der Hand, gegen eine solche Maßnahme, wenn sie zu einer nachhaltigen Verzögerung der Vollstreckung führt, Vollzugsbeschwerde nach § 68 EO zu erheben.

C. Der Stillstand

160 In einer Reihe von Fällen kommt es zu einem **faktischen Stillstand der Exekution**. Zwar ist die Exekution weder eingestellt noch beendigt, doch kann das Verfahren aufgrund tatsächlicher oder rechtlicher Hindernisse vorerst nicht fortgesetzt werden.

Dies ist entweder deshalb der Fall, weil die EO für einen Exekutionsschritt einen Antrag oder die Mitwirkung des betreibenden Gläubigers verlangt, dieser aber untätig bleibt; zu denken ist etwa an den Fall, dass der betreibende Gläubiger in der Räumungsexekution nicht die erforderlichen Transportmittel und Arbeitskräfte für den Abtransport der Sachen des Verpflichteten zur Verfügung stellt und dergleichen mehr.

161 Andererseits sieht die EO eine Reihe von **Sperrfristen** für die Stellung eines neuen Verwertungsantrages vor. So ist etwa das Verwertungsverfahren (nicht das ganze Exekutionsverfahren!) einzustellen, wenn der betreibende Gläubiger vor Beginn der Versteigerung von der Fortsetzung der Exekution absteht (dazu kommt es etwa insbesondere dann, wenn Gläubiger und Schuldner in diesem Stadium eine Ratenzahlungsvereinbarung treffen); wegen der Forderung des betreibenden Gläubigers kann dann erst nach Ablauf eines halben Jahres (in der Liegenschaftsexekution: § 200 Z 3 EO; in der Fahrnisexekution: § 282 Abs 1 EO) eine neue Versteigerung beantragt werden. Bis dahin steht das Exekutionsverfahren still. Sperrfristen von sechs Monaten enthalten etwa auch die §§ 252e und 252f EO. Im Falle einer Zahlungsvereinbarung nach § 45a EO (vgl Rz 152) ist eine Sperrfrist von drei Monaten vorgesehen.

D. Die Einstellung

162 Die EO kennt eine Reihe von Fällen, in denen die Exekution wegen des Mangels einer Exekutionsvoraussetzung (vgl dazu oben Rz 53 ff) auf Antrag oder von Amts wegen durch gerichtlichen Beschluss einzustellen ist. Die Einstellung der Exekution führt nicht nur zum Ende des Exekutionsverfahrens, sondern – soweit dies möglich ist – auch zur Aufhebung aller bis dahin vollzogenen Exekutionsakte (§ 39 Abs 1 Satz 1 EO).

163 Die Einstellung erfolgt in manchen Fällen nur **auf Antrag**, in manchen auch **von Amts wegen**. Der Einstellungsantrag ist regelmäßig beim

Exekutionsgericht zu stellen (vgl § 45 Abs 2 EO). Vor der Einstellung sind die Parteien einzuvernehmen; dies gilt jedoch nicht, wenn die Einstellung aufgrund einer rechtskräftigen Entscheidung (vgl § 35 Abs 4, § 36 Abs 3, § 37 Abs 4 EO) oder eines Antrages des betreibenden Gläubigers erfolgen soll (§ 45 Abs 3 EO). Bei einem Oppositions- oder Impugnationsgesuch entfällt die Einvernahme, wenn der Verpflichtete den Oppositions- oder Impugnationsgrund mit unbedenklichen Urkunden dartun kann (§ 40 Abs 1 EO); hängt die Entscheidung über den Antrag in diesen Fällen von der Ermittlung und Feststellung streitiger Tatumstände ab, so ist der Verpflichtete freilich auf den Rechtsweg zu verweisen – bestreitet der betreibende Gläubiger bei seiner Einvernahme also das Vorliegen eines Oppositions- oder Impugnationsgrundes, so muss der Verpflichtete eine Oppositions- oder Impugnationsklage (vgl Rz 196 ff, 211 ff) erheben, um die Einstellung der Exekution zu erreichen.

Im Rahmen der einzelnen Exekutionsarten sind eine Reihe von be- 164
sonderen Einstellungsgründen geregelt (vgl §§ 101, 129, 130, 137 Abs 3, 188 Abs 3, 200, 205 bis 208, 271, 282 Abs 1 EO). Dabei ist zwischen der Einstellung des Exekutionsverfahrens als solchem und der bloßen Einstellung des Verwertungsverfahrens gem § 282 Abs 1 EO zu unterscheiden: Letztere führt lediglich zu einem Stillstand der Exekution, das Verfahren kann nach Ablauf der Sperrfrist fortgesetzt werden.

Von Amts wegen ist die Exekution in folgenden Fällen einzu- 165
stellen:

- wenn die Exekution nicht durch einen Exekutionstitel gedeckt ist oder diesem die Bestätigung der Vollstreckbarkeit fehlt (§ 39 Abs 1 Z 10 EO);
- wenn der betreibende Gläubiger im vereinfachten Bewilligungsverfahren dem Auftrag zur Vorlage des Exekutionstitels (§ 54d EO) nicht fristgerecht entsprochen hat (§ 54e Abs 1 Z 1 EO);
- wenn die Vollstreckbarerklärung eines ausländischen Titels (§§ 79 ff EO) rechtskräftig aufgehoben wurde (§ 39 Abs 1 Z 11 EO);
- wenn die Vollstreckbarkeitsbestätigung rechtskräftig aufgehoben wurde (§ 39 Abs 1 Z 9 EO);
- wenn einer Oppositions-, Impugnations- oder Exszindierungsklage rechtskräftig stattgegeben wurde (§ 35 Abs 4, § 36 Abs 3, § 37 Abs 4 EO);
- wenn die Exekution auf Sachen, Rechte oder Forderungen geführt wird, die der Exekution überhaupt oder einer abgesonderten Exekutionsführung entzogen sind (§ 39 Abs 1 Z 2 EO);

- wenn die Exekution aufgrund von Urteilen oder Vergleichen geführt wird, die gem § 2 ZPO ohne Mitwirkung des gesetzlichen Vertreters im Rahmen der beschränkten Prozessfähigkeit des mündigen Minderjährigen zustande gekommen sind, und sich auf Vermögen erstreckt, das seiner freien Verfügung entzogen ist (§ 39 Abs 1 Z 3 EO);
- wenn die Exekution gegen eine Gemeinde oder eine als öffentlich und gemeinnützig erklärte Anstalt gem § 15 EO für unzulässig erklärt wird (§ 39 Abs 1 Z 4 EO);
- wenn die Exekution aus anderen Gründen durch rechtskräftige Entscheidung für unzulässig erklärt wurde (§ 39 Abs 1 Z 5 EO; vgl etwa Art XVII EGEO iVm § 4 NO und § 36 EO).

Aus § 39 Abs 1 Z 5 EO ergibt sich uE, dass die Exekution jedenfalls auch dann einzustellen ist, wenn nach dem für die Erlassung des Titels iS von § 35 Abs 1 EO maßgebenden Zeitpunkt eine rechtskräftige Entscheidung ergangen ist, die ihrem Entscheidungsgegenstand nach mit dem Bestand des betriebenen Anspruches logisch unvereinbar ist (vgl *Rechberger/Oberhammer/Bogensberger* 68; enger JBl 1995, 461 [*Mader*]).

- wenn sich nicht erwarten lässt, dass die Fortsetzung oder Durchführung der Exekution einen die Kosten der Exekution übersteigenden Ertrag ergeben wird (§ 39 Abs 1 Z 8 EO).

166 **Nur auf Antrag ist die Exekution in folgenden Fällen einzustellen:**

- wenn der zugrunde liegende Exekutionstitel durch rechtskräftige Entscheidung für ungültig erkannt, aufgehoben oder sonst für unwirksam erklärt wurde (§ 39 Abs 1 Z 1 EO);
- wenn der Gläubiger das Exekutionsbegehren zurückgezogen hat, wenn er auf den Vollzug der Exekution überhaupt oder auf eine einstweilen noch nicht abgelaufene Frist verzichtet hat oder wenn er von der Fortsetzung der Exekution abgestanden ist (§ 39 Abs 1 Z 6, § 40 EO; Einstellung auf Antrag des betreibenden Gläubigers oder aufgrund eines Impugnationsgesuchs);
- wenn der betreibende Gläubiger nach dem gem § 35 Abs 1 EO für die Oppositionsklage maßgebenden Zeitpunkt befriedigt wurde oder Stundung bewilligt hat (§ 40 Abs 1 EO – Oppositionsgesuch);
- wenn der Verpflichtete, der die Wahl zwischen mehreren zu erbringenden Leistungen hat (vgl § 12 Abs 2 EO), nach Bewilligung der Exekution in Ausübung dieses Wahlrechts eine andere als diejenige Leistung bewirkt hat, auf welche die Exekution gerichtet ist (§ 39 Abs 1 Z 7 EO).

E. Die Einschränkung

Zur Einschränkung (**Teileinstellung**) der Vollstreckung kommt es, wenn ein Einstellungsgrund nur **hinsichtlich einzelner der in Exekution gezogenen Gegenstände oder eines Teiles des vollstreckbaren Anspruches** eintritt (§ 41 Abs 1 EO). Die Bestimmungen über die Einstellung der Exekution sind hier sinngemäß anzuwenden. **167**

Außerdem ist die Exekution einzuschränken, wenn sie in größerem Umfange vollzogen wurde, als es zur Befriedigung des betreibenden Gläubigers notwendig ist (Verbot der Überdeckung; § 41 Abs 2 EO); vor der Entscheidung über einen diesbezüglichen Antrag ist der betreibende Gläubiger einzuvernehmen. **168**

Vgl daneben auch die besonderen Einschränkungsgründe der §§ 96, 263, 377, 399 EO und des § 17 AbgEO. Eine Einschränkung der Exekution findet aber etwa auch dann statt, wenn eine Exekution zur Erwirkung von Duldungen und Unterlassungen zunächst bewilligt wurde und der Verpflichtete gegen eine Bestrafung wegen eines späteren Zuwiderhandelns gegen den Titel erfolgreich Impugnationsklage erhoben hat. **169**

IV. RECHTSMITTEL UND RECHTSBEHELFE

Literatur: *Rechberger*, Die fehlerhafte Exekution (1978); *Petrasch*, Das neue Revisions-(Rekurs-)Recht, ÖJZ 1983, 169 und 200; *Fasching*, Die Änderungen des Verfahrens zur Erlassung einstweiliger Verfügungen durch die Zivilverfahrens-Novelle 1983, GesRZ 1984, 62; *ders*, Die Anwendung der Rekursbeschränkungen des § 517 ZPO im Exekutionsverfahren, ÖJZ 1984, 125; *Fucik*, Die einheitliche Rechtsmittelfrist, ÖJZ 1984, 432; *Kinzel*, Nochmals: Gilt § 517 ZPO nunmehr auch im Exekutionsverfahren? ÖJZ 1984, 347; *Mayr*, Zur Anwendbarkeit des § 517 ZPO im Exekutionsverfahren, AnwBl 1984, 457; *Müller*, Gilt § 517 ZPO im Exekutionsverfahren? AnwBl 1984, 248; *Petrasch*, Die Zivilverfahrens-Novelle 1983 in der Rechtsprechung des Obersten Gerichtshofes, ÖJZ 1985, 257, 291; *Pfersmann*, Zu den Begriffen „Nebenforderungen" und „Kostenpunkt", besonders bei Anwendung exekutionsrechtlicher Bestimmungen, ÖJZ 1985, 205; *Fichtenbauer*, Zur Rekursmöglichkeit in Exekutionssachen nach der Zivilverfahrensnovelle 1986, AnwBl 1986, 284; *Böhm*, Entscheidungsbesprechung zu 3 Ob 77/87, 2.9.1987, JBl 1988, 327; *Petrasch*, Der Weg zum Obersten Gerichtshof nach der Erweiterten Wertgrenzen-Novelle 1989, ÖJZ 1989, 743; *Pfeiler*, Die Gerichtszuständigkeit nach dem Abkommen von Lugano, ecolex 1996, 659; *Frauenberger-Pfeiler*, Lugano Abkommen: Anerkennung und Vollstreckung ausländischer Entscheidungen, ecolex 1996, 735; *dies*, Die Vollstreckung aufgrund ausländischer Titel, JAP 1996/97, 63; *H. Hoyer*, Lockerung der Rechtsmittelbeschränkungen im Meistbotsverteilungsverfahren, ÖBA 1996, 249; *Danzl*, Der Weg zum OGH nach der WGN 1997, ÖJZ 1998, Sonderheft; *Kimeswenger*, Zweiseitigkeit des Rekurses im Verfügungsverfahren, ecolex 1998, 851; *G. Kodek*, Zur Zweiseitigkeit des Rekursverfahrens. Überlegungen aus Anlass der Entscheidung *Beer gegen Österreich* – Schluss, ÖJZ 2004/37, 589; *Mosser*, EGMR: Neue Judikatur zu Art 6 EMRK und Waffengleichheit im Exekutionsverfahren, Zak 2006/318, 186; *Pochmarski*, Beschluss und Rekurs in der Zivilprozessordnung (2006); *Längle*, Erfasst die Verfahrenshilfe auch Drittschuldnerkosten? Zak 2007/573, 328; *Rassi*, Exekutionstipps für Praktiker III: Die Exekutionskosten, Zak 2007/698, 403.

Petschek/Hämmerle/Ludwig 78 ff; *Heller/Berger/Stix* I 589 f, 642 ff, 671 ff, 885 ff, II 1011 ff, 2875 ff; *Rechberger/Simotta* Rz 308 ff; *Holzhammer* 135 ff; *Rassi* in *Burgstaller/Deixler-Hübner* zu §§ 65 ff EO; *Jakusch* in *Angst* zu §§ 65 ff EO; *Neumayr* 127 ff.

A. Der Rekurs

1. Allgemeines

170 Da die gerichtlichen Entscheidungen und Verfügungen im Exekutionsverfahren in der Form von Beschlüssen ergehen (vgl § 62 EO), ist das regelmäßige Rechtsmittel der Rekurs (§ 65 EO). Geregelt wird der Rekurs im Exekutionsverfahren durch die §§ 65 bis 67 EO und durch Spezialnormen bei den einzelnen Exekutionsarten sowie (über § 78 EO) durch die Bestimmungen der §§ 514 bis 528a ZPO. Für den Rekurs im Verfahren zur Erlassung einstweiliger Verfügungen gelten überdies die Bestimmungen des § 402 EO.

Der Rekurs ist grundsätzlich **aufsteigend** (devolutiv), grundsätzlich **nicht aufschiebend** und grundsätzlich **einseitig** (vgl *Rechberger/Simotta*, ZPR Rz 1053 f).

§ 67 Abs 1 EO bestimmt ausdrücklich, dass Beschlüsse im Exekutionsverfahren – sofern die EO nichts anderes bestimmt – schon vor Ablauf der Rekursfrist in Vollzug gesetzt werden. Der Rekurs hat nur dann aufschiebende Wirkung, wenn dies die EO ausdrücklich anordnet (§ 67 Abs 2 EO). Deshalb ist § 524 Abs 2 ZPO, der unter den dort genannten Voraussetzungen ausnahmsweise eine aufschiebende Wirkung des Rekurses erlaubt, nicht auf das Exekutionsverfahren anwendbar (aA *Heller/Berger/Stix* I 654 f). Aufschiebende Wirkung kann zB dem Rekurs gegen eine einstweilige Verfügung zuerkannt werden (§ 396 EO). In gewissen Fällen ist die hemmende Wirkung des Rekurses im Exekutionsverfahren jedoch gesetzlich vorgesehen (vgl *Jakusch* in *Angst* § 67 Rz 2).

Ausnahmsweise **zweiseitig** ist der Rekurs gegen den Beschluss, mit 171
dem über den Antrag auf Vollstreckbarerklärung eines ausländischen Exekutionstitels entschieden wird (§ 84 Abs 1 EO), und gegen Beschlüsse im Verfahren zur Erlassung oder Aufhebung einer einstweiligen Verfügung (§ 402 Abs 1 EO).

2. Der Rekurs gegen Beschlüsse der ersten Instanz

Sofern das Gesetz nichts anderes bestimmt, ist grundsätzlich jeder Be- 172
schluss des Exekutionsverfahrens mit Rekurs anfechtbar (§ 65 Abs 1 EO). Die Bestimmungen des § 517 ZPO über die Unzulässigkeit des Rekurses gegen Bagatellbeschlüsse (der Wert des betriebenen Anspruches übersteigt an Geld oder Geldeswert nicht 2.000 €) gelten über § 78 EO auch im Exekutionsverfahren (anwendbar sind Z 3 und Z 5). Gemäß § 65 Abs 2 EO gilt § 517 ZPO aber nicht:

- für die Exekution auf das unbewegliche Vermögen;
- für Beschlüsse, mit denen über die Bewilligung, die Einstellung, die Aufschiebung oder die Fortsetzung der Exekution entschieden wird;
- für Beschlüsse, mit denen über eine Geldstrafe oder über eine Haft entschieden wird, und
- für die in § 402 Abs 1 EO aufgezählten Beschlüsse (vgl unten Rz 525, 528, 532).

Gegen eine Reihe von Beschlüssen ist ein abgesonderter Rekurs nicht 173
möglich; sie können nur mit einem Rekurs gegen die nächstfolgende, selbständig anfechtbare Entscheidung bekämpft werden (vgl zB die Fälle der §§ 66 und 239 Abs 2 EO).

174 Die **Rekurslegitimation** kommt den Parteien des Exekutionsverfahrens sowie sonstigen Beteiligten zu, soweit diesen vom Gesetz ausdrücklich ein Rekursrecht zuerkannt wird (wie zB von § 294 Abs 4 EO dem Drittschuldner gegen das Zahlungsverbot) oder wenn sie sonst ein rechtliches Interesse an der Anfechtung des Beschlusses haben, weil er in ihre Rechte eingreift (zB kann der Hauseigentümer gegen die Bewilligung der Zwangsverwaltung der Bestandrechte des Mieters Rekurs erheben, wenn er den Mietvertrag gem § 30 Abs 2 Z 4 MRG wegen Untervermietung gegen unverhältnismäßig hohe Gegenleistung kündigen könnte; vgl MietSlg 34.842). Keine Rekurslegitimation kommt jedoch dem erstbetreibenden Gläubiger gegen die Bewilligung der Zwangsversteigerung zugunsten eines zweitbetreibenden Gläubigers zu. Ein Rechtsmittelrecht eines Beteiligten besteht nur dann, wenn in seine zivilrechtliche Rechtsstellung unmittelbar eingegriffen wird (3 Ob 2/07a); ebensowenig sind im Grundbuch vorgemerkte Eigentümer der in Exekution gezogenen Liegenschaft – in Ermangelung eines unbedingten Rechtes, zu welchem die Vormerkung erst durch die Rechtfertigung wird – rekurslegitimiert (OGH 3 Ob 203/06h = JusGuide 2007/02/4128). Keine Rekurslegitimation besteht ferner dann, wenn der Partei ein anderer Rechtsbehelf, etwa die Exszindierungsklage (bei Ersitzung), zur Verfügung steht (s *Jakusch* in *Angst* § 65 Rz 6).

175 Die **Rekursfrist** (sowie die Rekursbeantwortungsfrist) beträgt regelmäßig 14 Tage, beginnend mit der Wirksamkeit des Beschlusses (§ 521 Abs 1 ZPO, § 88 Abs 2 EO, § 402 Abs 1 EO). Eine absolute Rekursfrist von 14 Tagen, gerechnet vom Versteigerungstermin, gibt es beim Rekurs gegen den Zuschlag bei der Zwangsversteigerung für diejenigen Personen, deren Verständigung vom Versteigerungstermin unterlassen wurde (§ 187 Abs 1 letzter Satz EO).

Zu den Sondervorschriften über die Frist für den Rekurs gegen den Beschluss über einen Antrag auf Vollstreckbarerklärung eines ausländischen Exekutionstitels vgl § 84 EO und Rz 136.

176 Eine **Beschwer** des Rekurswerbers, der in der Unterinstanz ein Antragsrecht hatte, liegt dann vor, wenn die Entscheidung von der von ihm beantragten zu seinem Nachteil abweicht (formelle Beschwer, wie zB beim Rekurs des Verpflichteten gegen die Abweisung des Einstellungsantrages); in allen anderen Fällen ist der Rekurswerber dann beschwert, wenn seine Rechtsstellung durch die anzufechtende Entscheidung beeinträchtigt wird (materielle Beschwer, wie zB beim Rekurs des Verpflichteten gegen die Exekutionsbewilligung). Die Beschwer muss als Zulässigkeitsvoraussetzung zum Zeitpunkt der Rekursentscheidung vorliegen; andernfalls ist der Rekurs als unzulässig zurückzuweisen (EvBl 1975/267).

Der Rekurswerber ist nicht als beschwert zu erachten, wenn sich sein Interesse bloß auf die Abänderung der ihn belastenden Kostenentscheidungen der Vorinstanzen beschränkt (OGH 1 Ob 197/05k = EFSlg 112.387). Das Rechtsschutzinteresse an einer Rekursentscheidung ist jedenfalls zu verneinen, wenn die Exekution bereits eingestellt worden ist (vgl LG Wr Neustadt 17 R 260/04p = AnwBl 2005/7981).

Der Rekurswerber, der nicht durch einen Anwalt vertreten ist, kann den Rekurs beim Bezirksgericht mündlich zu Protokoll geben. Bringt er ihn mittels Schriftsatzes ein, muss der Rekurs (gleich bei welchem Gericht) mit einer Anwaltsunterschrift versehen sein (§ 520 Abs 1 Satz 2 ZPO). Bei einstweiligen Verfügungen zur Sicherung eines im Außerstreitverfahren geltend zu machenden Anspruches richtet sich die Vertretungspflicht für das Rechtsmittelverfahren nach den Bestimmungen des AußStrG (§ 402 Abs 3a EO). 177

Rekursgründe sind in der EO nicht aufgezählt; es gelten die (rudimentären) Regeln der ZPO. So wie im Rekursverfahren des Zivilprozesses gilt grundsätzlich das **Neuerungsverbot**; im Rekursverfahren sind weder *nova reperta* noch *nova producta* zu berücksichtigen (vgl aber die Ausnahme vom Neuerungsverbot im Vollstreckbarerklärungsverfahren § 84 Abs 2 Z 2 und Abs 3 EO – vgl auch Rz 43 und 136 f). 178

Auch für das **Rekursverfahren** und die **Entscheidung des Rekursgerichtes** gelten mangels abweichender Bestimmungen der EO über § 78 EO die Bestimmungen der ZPO (§§ 520, 521 Abs 3, §§ 522, 523, 526, 527). 179

Vgl Näheres bei *Rechberger/Simotta*, ZPR Rz 1055 ff.

3. Der Rekurs gegen die Exekutionsbewilligung

Die wichtigste Besonderheit des Rekurses gegen die Exekutionsbewilligung besteht darin, dass der Verpflichtete aus diesem Anlass die Aufschiebung der Exekution beantragen kann (§ 42 Abs 1 Z 7 EO – vgl Rz 151). Gibt das Exekutionsgericht dem Aufschiebungsantrag statt, hat es die Aufschiebung mit dem Eintritt der Rechtskraft der Rekursentscheidung zu befristen. 180

Aufgrund der Rekursentscheidung hat das Exekutionsgericht die zur Fortsetzung oder Einstellung des Exekutionsvollzuges erforderlichen Verfügungen zu treffen (§ 70 Abs 2 EO). Bei rechtskräftiger Bestätigung der Exekutionsbewilligung ist das aufgeschobene Exekutionsverfahren ausnahmsweise nicht auf Antrag (wie in § 44 Abs 5 EO vorgesehen), sondern von Amts wegen fortzusetzen (RPflSlgE 1984/94). Wird der Exekutionsantrag rechtskräftig zurück- oder abgewiesen, ist die Exekution einzustellen.

4. Der Revisionsrekurs

181 Die Zulässigkeit des Revisionsrekurses regeln § 528 ZPO und Sonderbestimmungen der EO (vgl etwa OGH 3 Ob 195/04d = EFSlg 112.676).

„Jedenfalls unzulässig" ist der Revisionsrekurs,

- wenn der Entscheidungsgegenstand an Geld oder Geldeswert 4.000 € nicht übersteigt (§ 528 Abs 2 Z 1 ZPO);

  Maßgeblich ist dabei der Wert des Gegenstandes, über den das Rekursgericht entschieden hat; besteht dieser nicht ausschließlich in einem Geldbetrag, hat es auszusprechen, ob die Wertgrenze von 4.000 € überstiegen wird oder nicht (§ 526 Abs 3 ZPO).

  Nebengebühren sind bei dieser Berechnung nicht zu berücksichtigen (SZ 57/43).

  Ansprüche aus verschiedenen Exekutionstiteln oder von Exekutionskosten aus verschiedenen Exekutionsverfahren sind auch dann nicht zusammenzurechnen, wenn sie in einem gemeinsamen Exekutionsgesuch geltend gemacht werden (RZ 1988/10).

  Zur Zulässigkeit des Revisionsrekurses in Fällen, in denen der rekursgerichtliche Entscheidungsgegenstand 4.000 €, nicht aber 20.000 € übersteigt, vgl gleich unten Rz 181a.

- wenn der erstrichterliche Beschluss zur Gänze bestätigt wird, es sei denn, dass der Antrag ohne Sachentscheidung aus formellen Gründen zurückgewiesen worden ist (§ 528 Abs 2 Z 2 ZPO);

  Das gilt nicht für den Rekurs gegen die Erteilung oder Versagung der Vollstreckbarerklärung eines ausländischen Exekutionstitels (§ 84 Abs 4 EO) sowie bei einstweiligen Verfügungen gem § 402 Abs 1 letzter Satz EO.

- über den Kostenpunkt (§ 528 Abs 2 Z 3 ZPO);

  Eine Entscheidung im Kostenpunkt liegt nicht nur dann vor, wenn es sich um die Bemessung der Kosten handelt, sondern auch, wenn über den Kostenersatzanspruch entschieden wird (MietSlg 36.818). Liegt dem Exekutionsverfahren ein Kostentitel zugrunde, ist der Revisionsrekurs aber nicht schon deshalb ausgeschlossen (SZ 25/230).

- über die Verfahrenshilfe (§ 528 Abs 2 Z 4 ZPO);
- über die Gebühren der Sachverständigen (§ 528 Abs 2 Z 5 ZPO);
- in Streitigkeiten wegen Besitzstörung (§ 528 Abs 2 Z 6 ZPO).

Übersteigt der rekursgerichtliche Entscheidungsgegenstand 4.000 €, nicht aber 20.000 €, so ist der ordentliche Revisionsrekurs zulässig, wenn ihn das Rekursgericht zugelassen hat, weil die Entscheidung von der Lösung einer Rechtsfrage von erheblicher Bedeutung abhängt. Hat das Rekursgericht in solchen Fällen den ordentlichen Revisionsrekurs nicht zugelassen, so kann gem § 528 Abs 2a ZPO iVm § 508 ZPO (beim Rekursgericht) ein Antrag auf Abänderung dieses Ausspruchs (verbunden mit einem ordentlichen Revisionsrekurs) eingebracht werden. Wird kein solcher Antrag eingebracht oder lehnte das Rekursgericht auch aufgrund eines solchen Antrages die Zulassung des Revisionsrekurses ab, so ist dieser jedenfalls unzulässig (§ 528 Abs 2 Z 1a ZPO). 181a

In den Fällen des § 505 Abs 4 ZPO (also insbesondere dann, wenn der rekursgerichtliche Entscheidungsgegenstand 20.000 € übersteigt) darf das Rekursgericht den Revisionsrekurs nur dann zulassen, wenn die Entscheidung von der Lösung einer Rechtsfrage von erheblicher Bedeutung abhängt (**ordentlicher Revisionsrekurs**, § 528 Abs 1 ZPO). Wird der Rekurs nicht zugelassen, kann **außerordentlicher Revisionsrekurs** erhoben werden (§ 528 Abs 3 ZPO). 182

Vgl Näheres bei *Rechberger/Simotta*, ZPR Rz 1059 ff.

5. Der Rekurs gegen aufhebende Rekursentscheidungen

Hebt das Rekursgericht den Beschluss der ersten Instanz auf und verweist die Rechtssache zur neuerlichen, nach Ergänzung des Verfahrens zu fällenden Entscheidung an das Erstgericht zurück, kann dieser Beschluss nur dann angefochten werden, wenn das Rekursgericht den Rekurs zugelassen hat. Auch diese Zulassung darf nur dann erfolgen, wenn das Rekursgericht die Voraussetzungen für die Zulässigkeit des Revisionsrekurses nach § 528 ZPO für gegeben erachtet (§ 527 Abs 2 ZPO); § 528 Abs 2 Z 1a, Abs 2a und Abs 3 ZPO gilt hier jedoch nicht. 183

Vgl Näheres bei *Rechberger/Simotta*, ZPR Rz 1068.

B. Der Widerspruch

1. Die Funktion des Widerspruches

Die EO gewährt in drei Fällen ergänzend zum Rekurs den Rechtsbehelf des Widerspruches, der sich stets an die erste Instanz richtet (also nicht aufsteigend ist) und zu einer mündlichen Verhandlung über den geltend gemachten Widerspruchsgrund führt. 184

Dabei sind **zwei Widerspruchstypen** mit verschiedener Funktion zu unterscheiden: Einerseits dient der Widerspruch als **Alternative zum Rekurs**, also zur Anfechtung eines Beschlusses, andererseits als **„antizipiertes Rechtsmittel"**, das schon vor Beschlussfassung erhoben werden muss und den Rekurs möglichst ersparen soll.

2. Der Widerspruch als Alternative zum Rekurs

185 Der Widerspruch gegen die Bewilligung einer einstweiligen Verfügung nach § 397 EO stellt deshalb eine wichtige Alternative zum Rekurs, der gegen diesen Beschluss gleichfalls möglich ist, dar, weil er dem Beschwerten die Möglichkeit für das Vorbringen neuer Tatsachen gibt, die das Gericht bei Beschlussfassung nicht berücksichtigen konnte. Über dieses Vorbringen ist dann mündlich zu verhandeln. Vgl Näheres unten Rz 528 ff.

3. Der Widerspruch als antizipiertes Rechtsmittel

186 Diese Art des Widerspruches kann in zwei Verfahrenssituationen erhoben werden: Es handelt sich einerseits um den Widerspruch gegen die Erteilung des Zuschlags (§ 184 EO) und andererseits um den Widerspruch gegen den Bestand, den Rang oder die Höhe der zur Verteilungstagsatzung angemeldeten Forderungen (§§ 128, 213, 286 Abs 1, § 307 Abs 2 EO).

Der Widerspruch hat hier die Funktion eines antizipierten Rechtsmittels, das nur **vor der Beschlussfassung** erhoben werden kann und die eigentliche Anfechtung des dann gefällten Beschlusses möglichst in engen Grenzen halten soll. Der Beschwerte soll alles, was er mit dem Rekurs gegen den Zuschlagsbeschluss oder gegen den Verteilungsbeschluss vorbringen würde, schon vorher geltend machen, um dem dann nach mündlicher Verhandlung gefällten Beschluss eine erhöhte Bestandskraft zu sichern. Vgl Näheres unten Rz 269, 296 ff, 301 ff und 321 ff.

C. Die Vorstellung

1. Die Funktion der Vorstellung

187 Die in § 12 RpflG geregelte Vorstellung ist ein Rechtsbehelf, der sich gegen Entscheidungen des Rechtspflegers (vgl oben Rz 21) richtet, die nach den sonstigen Vorschriften wegen des Streitwertes nicht oder nur beschränkt anfechtbar sind. Die Gewährung dieses Rekurssurrogates verhindert die unerfreuliche Alternative, dass Fehler des Rechtspflegers in bestimmten Fällen bloß im Amtshaftungsverfahren geltend gemacht werden könnten, und stellt überdies sicher, dass auch in den Fällen, in denen der Rechtspfleger (durch Rekurs unanfechtbare) Entscheidungen fällt, jedenfalls ein Richter (endgültig) entscheiden kann.

2. Das Vorstellungsverfahren

Die Vorstellung ist nicht aufsteigend; es entscheidet der Richter der ersten Instanz (§ 12 Abs 1 und 4 RpflG). Der Rechtsbehelf ist beim erkennenden Gericht mündlich zu Protokoll zu erklären oder schriftlich einzubringen; die Frist für die Vorstellung beträgt 14 Tage ab der Zustellung der Entscheidung (§ 12 Abs 2 RpflG). 188

Grundsätzlich kommt der Vorstellung keine aufschiebende Wirkung zu, doch kann ihr der Richter auf Antrag eine solche zuerkennen und notwendige Sicherungsmaßnahmen anordnen, wenn daraus dem Gegner kein unverhältnismäßiger Nachteil erwächst und sonst der Zweck der Vorstellung vereitelt werden würde (§ 12 Abs 3 RpflG).

Über eine zulässige Vorstellung hat der Richter stets in der Sache selbst zu entscheiden (§ 12 Abs 4 RpflG); eine Zurückverweisung an den Rechtspfleger ist nicht möglich.

D. Die Vollzugsbeschwerde

1. Die Funktion der Vollzugsbeschwerde

Die Vollzugsbeschwerde nach § 68 EO ist von der Aufsichtsbeschwerde gem § 78 Abs 1 GOG zu unterscheiden: Letztere ist vom Gerichtsvorsteher im Rahmen der Justizverwaltung zu erledigen und im Rahmen des Exekutionsvollzuges vor allem bei Verzögerungen von Exekutionshandlungen denkbar, etwa weil ein Gerichtsvollzieher überlastet ist. 189

Die Vollzugsbeschwerde aber ist ein **Rechtsbehelf**, den jeder erheben kann, der sich durch einen **Vorgang des Exekutionsvollzuges**, insbesondere durch eine Amtshandlung des Vollstreckungsorgans oder durch die Verweigerung einer Exekutionshandlung, für beschwert erachtet; Gegenstand der Beschwerde kann demnach nicht eine Amtshandlung des Richters oder Rechtspflegers sein.

Die Vollzugsbeschwerde kann sich etwa gegen die Pfändung beweglicher Sachen, die sich nicht in der Gewahrsame des Verpflichteten befinden (vgl unten Rz 346); gegen eine Pfändung unter dem erforderlichen Maß wegen vermeintlicher Deckung; gegen die Delogierung ohne vorherige Verständigung des Verpflichteten; gegen ein ungerechtfertigtes Innehalten (vgl Rz 157) oder gegen die Erteilung des Zuschlags bei der

Fahrnisexekution (vgl Rz 363) aufgrund eines mangelhaften Versteigerungsverfahrens richten.

2. Das Verfahren über die Vollzugsbeschwerde

190 Die Vollzugsbeschwerde ist formfrei. Dieser früher keiner Befristung unterliegende Rechtsbehelf ist seit der EO-Novelle 2008 **binnen 14 Tagen nach Kenntnis** vom Exekutionsvollzug oder von der Verweigerung einzubringen (§ 68 EO idF EO-Novelle 2008). Die Entscheidung über Vollzugsbeschwerden im Zusammenhang mit der Exekution auf bewegliche körperliche Sachen obliegt dem Rechtspfleger (§ 17 Abs 2 Z 6 RpflG), sonst ist der Richter zuständig.

Die Entscheidung ergeht – allenfalls nach Einvernehmungen und Erhebungen – mit Beschluss. Ist die Beschwerde berechtigt und kann dem Mangel noch abgeholfen werden, dann sind – wenn der Beschluss nicht unmittelbare Wirkungen hat (wie zB bei Aufhebung einer Pfändung) – die zur Abhilfe notwendigen Handlungen zu setzen (zB durch den Auftrag an den Gerichtsvollzieher, die verletzte Drittdetention wiederherzustellen). Kann dem Mangel nicht (mehr) abgeholfen werden, ist die Beschwerde abzuweisen (zB nach Beendigung der Exekution).

Kann über die Beschwerde nicht unverzüglich entschieden werden (weil zB die erforderliche Einvernehmung der Parteien nicht sogleich möglich ist), so kann die Exekution auf Antrag gem § 42 Abs 1 Z 8 EO aufgeschoben werden.

E. Einwendungen, Erinnerungen und (sonstige) Beschwerden

1. Einwendungen

191 Neben dem Widerspruch und der Vollzugsbeschwerde kannte die EO ursprünglich in mehreren Fällen auch noch den Rechtsbehelf der Einwendung, der eine ähnliche Funktion wie die Vollzugsbeschwerde erfüllt. Solche Einwendungen spielen aber nur mehr bei der Bekanntgabe des Schätzwerts einer Liegenschaft (§ 144 EO) eine Rolle.

Zu den „Einwendungen“ gegen Verwaltungsmaßnahmen des Zwangsverwalters bei der Exekution auf andere Vermögensrechte (§§ 330 ff EO – vgl dazu Rz 418 ff) s bei Rz 192.

2. Erinnerungen

192 Eine ähnliche Funktion wie die Vollzugsbeschwerde haben auch die Erinnerungen, die schriftlich oder protokollarisch (§ 54 Geo) angebracht werden können. Bedeutung haben sie nur mehr gegen das Verhalten des Kurators, der gem §§ 297, 310, 314 EO zur Einziehung einer gepfändeten Forderung bestellt worden ist (§ 315 Abs 1 EO – vgl Rz 388 f). Das Exekutionsgericht hat dann gegenüber dem Kurator auf die Abstellung der wahrgenommenen Verzögerungen oder anderer Mängel sowie auf tunlichst rasche Ausführung erteilter Aufträge zu dringen.

Auch im Zusammenhang mit Verwaltungsmaßnahmen des Zwangsverwalters bei der Exekution auf andere Vermögensrechte (§§ 330 ff EO – vgl dazu Rz 418 ff) ist nach wie vor nicht nur von Einwendungen, sondern auch von Erinnerungen „im Sinne des § 114" die Rede (§ 337 EO). Die EO-Novelle 2008 hat allerdings die „Einwendungen und Erinnerungen" gegen die Zulässigkeit oder Angemessenheit einzelner Verwaltungsmaßregeln des Zwangsverwalters (§ 114 Abs 2 aF EO) durch „**Beschwerden**" gegen einzelne Maßnahmen oder das Verhalten des Verwalters (§ 114 Abs 3 EO idF EO-Novelle 2008) ersetzt (s dazu Rz 255). Die unveränderte Textierung des § 337 EO dürfte auf ein Redaktionsversehen zurückzuführen sein.

V. DIE EXEKUTIONSRECHTLICHEN KLAGEN

Literatur: *Karplus*, Über Compensation vollstreckbarer Forderungen, JBl 1902, 349; *Spitzer*, Die Anfechtung erschlichener Versäumnisurteile, JBl 1927, 327; *Grün*, Die Rechtskraftwirkung des Urteiles im Oppositionsprozesse, GZ 1930, 248; *R. Kralik*, Das Begehren der Vollstreckungsgegenklage, GZ 1931, 2; *Melichar*, Die Geltendmachung von Gegenforderungen im österreichischen Zivil- und Exekutionsrecht, JBl 1946, 49; *Reindl*, Zur Abgrenzung der Wiederaufnahmsklage von der Oppositionsklage, ÖJZ 1956, 537; *Schima*, Aufhebung von Verwaltungsbescheiden und rechtskräftiges Zivilurteil, JBl 1956, 353; *Kropiunig*, Die Aufrechnung im Exekutionsverfahren, ÖJZ 1967, 541; *Hörburger*, Klage nach § 37 EO oder Antrag auf Einstellung nach § 252 (§ 39 Abs 1 Z 2) EO bei abgesonderter Fahrnisexekution auf Liegenschaftszubehör, JBl 1970, 104; *ders*, Ist die vom Pächter auf Grund des Pachtvertrages errichtete Tankstelle eine „Maschine" im Sinne des § 297a ABGB? NZ 1970, 18; *Mähr*, Ausscheidung von Fahrnissen mangels Zubehöreigenschaft im Zwangsversteigerungsverfahren, RZ 1970, 23; *H. Böhm*, Ungerechtfertigte Zwangsvollstreckung und materiellrechtliche Ausgleichsansprüche (1971); *Blasbichler*, Die verfrühte Erhebung der Oppositionsklage und ihre Kostenfolgen, RZ 1974, 186; *Fasan*, Die verfrühte Erhebung der Oppositionsklage und ihre Kostenfolgen, RZ 1975, 4; *Fasching*, Urteilsmäßige Rechtsgestaltung im Zivilprozeß, JBl 1975, 505; *Ballon*, Klagbarkeit von Ansprüchen, JBl 1978, 10; *Dolinar*, Das Rechtsschutzziel der Oppositionsklage, JBl 1979, 528; *Hügel*, Sperrung eines Anderkontos durch einstweilige Verfügung zur Sicherung von Ansprüchen gegen einen Klienten des Kontoinhabers, JBl 1980, 646; *Berger*, Vermischte exekutionsrechtliche Fragen, ÖJZ 1981, 449; *Iretz*, Eingriff in Eigentumsrechte Dritter, Stb 1981, H 1, 3; *Lenneis*, Zur Schlüssigkeit der Widerspruchsklage gemäß § 37 EO bei behauptetem Eigentum, AnwBl 1981, 444; *Picker*, Die Drittwiderspruchsklage in ihrer geschichtlichen Entwicklung als Beispiel für das Zusammenwirken von materiellem Recht und Prozeßrecht (1981); *Spielbüchler*, Zur dinglichen Rechtsstellung des Vorbehaltskäufers, JBl 1981, 505; *Buchegger*, Die Aufrechnung als Oppositionsklagegrund, BeitrZPR I (1982) 39; *Feil*, Exszindierungsklage (1985); *ders*, Rechtsverteidigung im Exekutionsverfahren (1988) 54; *Burgstaller*, Das Pfandrecht in der Exekution (1988); *Gitschthaler*, Zum Streitwert einer Exszindierungsklage, ÖJZ 1988, 41; *Karollus*, Zur Rechtsstellung des Liegenschaftserstehers, JBl 1989, 23; *Kostka*, Die Exekutionsklagen nach den §§ 35, 36 und 37 EO und das Arbeits- und Sozialgerichtsgesetz, ZAS 1989, 79; *Klicka*, Zivilprozessuale Fragen bei Unternehmesveräußerung, ecolex 1990, 205; *Prunbauer*, Beseitigung einer einstweiligen Verfügung. Oppositionsklage oder Aufhebungsantrag? ecolex 1990, 233; *Buchegger*, Zum Novenbegriff des § 530/1 Z 7 ZPO, BeitrZPR IV (1991) 11; *Butschek*, Die Rechtsstellung des Treugebers bei der uneigennützigen Treuhand, JBl 1991, 364; *Hörmann*, Brutto- oder Nettotitel? Eine Frage im Schnittpunkt mehrerer Rechtsgebiete, NZ 1991, 60; *Riedler*, Zur Zulässigkeit des Revisionsrekurses im Unterhaltsverfahren und der Konkurrenz von Oppositions- und Feststellungsklage, BeitrZPR IV (1991) 75; *Fasching*, Die Bedachtnahme auf Treu und Glauben im österreichischen Zivilprozeß, ÖJZ 1992, 366; *Laurer*, Der Grundsatz des fair trial (Art 6 MRK) in den von der Zivilprozeßordnung beherrschten Verfahrenssystemen, FS Adamovich (1992) 313; *Swoboda*, Änderungen in der Rechtsprechung und Exekutionstitel, RdW 1992, 3; *ders*, Die Unterlassungsexekution als wettbewerbliches Damoklesschwert, ÖJZ 1992, 573; *H. Hoyer*, Exszindierungsklage, Beweislast und Kostenersatzpflicht, in FS Matscher (1993) 207; *Oberhammer*, Gläubigermehrheit in der Unterlassungsexekution. Zugleich ein Beitrag zur Funktion der Beugestrafen nach § 355 EO, JBl 1993, 356; *König*, Einstweilige Verfügungen im Zivilverfahren (1994); *Oberhammer*, Verfassungsgesetzliche Schranken der Haft in zivilgerichtlichen Erkenntnis-, Exekutions- und Insolvenzverfahren, ÖJZ 1994, 265; *Deixler-Hübner*, Die Eventualmaxime im Oppositionsverfahren, ÖJZ 1995, 170; *Klicka*, Die Beweislastverteilung im Zivilverfahrensrecht (1995); *ders*, Die Beweislastverteilung bei der Exszindierungsklage, JBl 1995, 573; *Rinner*, Bemerkungen zur einstweiligen Verfügung, insb nach § 382/1 Z 8 lit b EO, in Buchegger (Hrsg), Beiträge zum Zivilprozeßrecht V (1995) 129; *Angst*, Das Unternehmen als Zubehör der Pfandliegenschaft, ÖBA 1998, 82; *Oberhammer*, Die Offene Handelsgesellschaft im Zivilprozeß (1998) 322 ff; *Walter*, Die Treuhand im Exekutions- und Insolvenzverfahren (1998); *König*, Bedarf die EO einer LGVÜ-/EuGVÜ-Nachbesserung? ecolex 1999, 310; *Nunner-Krautgasser*, Der Rückstandsausweis als Grundlage der gerichtlichen Exekution, ÖJZ 2000, 833; *Oberhammer*, Objektive Grenzen der materiellen Rechtskraft: Bindung und Präklusion, JBl 2000, 203; *Gruber*, Die Treuhand in der Zwangsvollstreckung, JBl 2001, 207; *Hule*, Gedanken zum Wesen der Oppositionsklage, in FS Sprung (2001); *Czernich/Pülzl*, OGH: Keine Prüfung der materiellen Gültigkeit eines Rückstandsausweises durch die ordentlichen Gerichte, SWK 2002, S 304; *Reiner*, Aufrechnung als Oppositionsgrund bei der Vollstreckung eines US-Schiedsspruches in Österreich, IPRax 2002, 432; *Wilhelm*, Die Anmerkung der Einräumung von Wohnungseigentum – Exszindierung mit Pfiff, ecolex 2002, 481; *Friedl*, Exszindierungsrecht des Wohnungseigentumsbewerbers, ecolex 2003, 220; *Thoss*, Schadenersatzansprüche von Eigentümer und Anwartschaftsberechtigtem bei Verletzung des Vorbehaltsguts durch Dritte, JBl 2003, 277; *Jakusch*, Die Zwangsvollstreckung am Schnittpunkt von Justiz und Verwaltung, Schriftenreihe der NÖ JurGes 2004; *Sollerer*, Die Impugnationsklage (2004); *Markl/Endres*, § 16 Abs 2 WEG 2002 contra § 37 EO – Recht auf Beibehaltung eines rechtswidrigen Zustandes?, wobl 2005, 368; *Burgstaller/Neumayr*, Der Europäische Vollstreckungstitel für unbestrittene Forderungen, ÖJZ 2006, 179; *Graf*, Einwendungen im Vollstreckbarerklärungsverfahren nach der EuGVVO, wbl 2006, 79; *König*, Die Oppositionsklage (§ 35 EO) und Art 22 Nr 5 EuGVVO, ÖJZ 2006, 931; *McGuire*, Rechtsbehelfe des Schuldners gegen EU-Vollstreckungstitel, ecolex 2006, 83; *Nunner-Krautgasser*, Unzulänglichkeit der Verlassenschaft: Haftungsbeschränkung? Zak 2006/558, 323; *Schumacher*, Zur Exekution von Rechnungslegungsansprüchen, RdW 2007/292, 259.

Petschek/Hämmerle/Ludwig 78 ff; *Heller/Berger/Stix* I 368 ff, II 1715 ff; *Rechberger/Simotta* Rz 339 ff; *Holzhammer* 145 ff; *Dullinger* in *Burgstaller/Deixler-Hübner* zu § 35 EO; *Rebernig* in *Burgstaller/Deixler-Hübner* zu §§ 36, 38 EO; *Neurauter* in *Burgstaller/Deixler-Hübner* zu Art VII EGEO; *Burgstaller/Holzner* in *Burgstaller/Deixler-Hübner* zu § 37 EO; *Jakusch* in *Angst* zu §§ 35 ff EO; *Neumayr* 138 ff.

A. Allgemeines

Während des Exekutionsverfahrens können Rechtsstreitigkeiten entstehen, die für den Verlauf des Exekutionsverfahrens von Bedeutung sind. Da das Exekutionsverfahren zur Entscheidung streitiger Tat- und Rechtsfragen ungeeignet ist, muss der Beschwerte mit Hilfe einer Exekutionsklage einen Zivilprozess anstrengen, der dann neben dem Exekutionsverfahren abläuft (vgl nur 3 Ob 169/07k = EvBl 2008/2 = JBl 2008, 118 = ecolex 2008/19 = **193** ecolex 2008, 638 [*Wilhelm*] = RdW 2007/745, 728 = GesRZ 2008, 39 [*Arnold*]). Wegen der Beziehung des Rechtsstreites zum Exekutionsverfahren wird dieser Prozess aber vor dem Exekutionsgericht abgeführt (vgl auch die Generalklausel des § 17 Abs 2 EO).

Die Zuständigkeiten für die Exekutionsklagen sind einerseits **ausschließliche** Zuständigkeiten (mit Ausnahme des Wahlgerichtsstandes für die Interessenklage nach § 368 Abs 2 EO, vgl unten Rz 426) – eine abweichende Zuständigkeitsvereinbarung ist aber möglich (§ 51 EO) –, andererseits **individuelle** Zuständigkeiten, weil das Exekutionsgericht (also ein Bezirksgericht) auch dann zu entscheiden hat, wenn die Streitsache sonst in die sachliche Zuständigkeit eines Gerichtshofs fiele.

Für die Oppositionsklage ist gem § 35 Abs 2 EO das die Exekution **letztlich bewilligende Gericht** zuständig, unabhängig von einer späteren Überweisung (LGZ Wien 45 R 177/06x = EFSlg 115.306).

194 Die EO regelt ausdrücklich **sechs Exekutionsklagen**, von denen drei (meist als „exekutionsrechtliche" Klagen bezeichnet) bei rechtskräftiger Stattgebung zur amtswegigen **Einstellung des Exekutionsverfahrens** führen (vgl § 35 Abs 4, § 36 Abs 3, § 37 Abs 4 EO), nämlich die **Oppositionsklage** (§ 35 EO), die **Impugnationsklage** (§ 36 EO) und die **Exszindierungsklage** (§ 37 EO – vgl unten Rz 196 ff, 211 ff, 221 ff).

195 Vor das Exekutionsgericht gehören auch die **Pfandvorrechtsklage**, mit der ein Dritter wegen seines besseren Pfandrechtes die vorzugsweise Befriedigung aus dem Pfanderlös geltend macht (§ 258 Abs 1 EO), die **Widerspruchsklage** des Ausfallsbeteiligten, der mit seinem in der Verteilungstagsatzung erhobenen Widerspruch gegen eine vorrangige Forderung auf den Rechtsweg verwiesen wurde (§ 128 Abs 4, § 232 Abs 1, § 286 Abs 1 EO), und die **Interessenklage** des betreibenden Gläubigers, der nach Einstellung der vergeblichen Individualleistungsexekution auf die Leistung des Nichterfüllungsinteresses oder auf den Ersatz des ihm durch die Nichterfüllung verursachten Schadens wechselt; letztere Klage kann auch bei dem sonst dafür zuständigen Gericht geltend gemacht werden (§ 368 EO). Näher wird die **Pfandvorrechtsklage** im Zusammenhang mit der Fahrnisexekution (vgl unten Rz 348), die **Widerspruchsklage** im Zusammenhang mit der Liegenschaftsversteigerung (vgl unten Rz 322 f) und die **Interessenklage** im Zusammenhang mit der Naturalexekution (vgl unten Rz 426) behandelt.

B. Die Oppositionsklage

1. Die Funktion der „Opposition“

Liegt ein Exekutionstitel vor, so verbrieft er den Vollstreckungsanspruch des betreibenden Gläubigers unabhängig davon, ob der vollstreckbare Anspruch nach Entstehen des Exekutionstitels bzw, bei zivilgerichtlichen Entscheidungen, nach dem Zeitpunkt, ab dem das Neuerungsverbot gilt, erloschen oder gehemmt ist (vgl oben Rz 178). Es ist daher Sache des Verpflichteten, seine „Einwendungen gegen den Anspruch“ (so die amtliche Überschrift des § 35 EO), nämlich Anspruchsbefriedigung oder Anspruchsstundung, geltend zu machen; er hat dafür die Rechtsbehelfe der Oppositionsklage und des Oppositionsgesuches zur Verfügung, die beide auf die Einstellung der Exekution abzielen. 196

Die Funktion und Wirkung der Oppositionsklage ist nicht die einer Durchbrechung der Rechtskraft des Exekutionstitels, sondern lediglich die Ermöglichung der Geltendmachung von Änderungen der Sachlage, die nach Beendigung des Erkenntnisverfahrens eingetreten sind. Hat es der Oppositionsbeklagte verabsäumt, im Titelverfahren all das zu begehren, was ihm möglicherweise zugestanden wäre (*in casu* die Bekanntgabe von Einzelgeschäften unter Anführung der Beteiligten und die Belegung dieser Einzelgeschäfte), kann dies nicht später nachgeholt bzw im Wege des Exekutionsverfahrens durchgesetzt werden (OGH 9 Ob A 41/07f = ASoK 2007, 358).

2. Das Rechtsschutzziel der Oppositionsklage

Die ältere Lehre und Rsp betrachteten die Oppositionsklage als Rechtsgestaltungsklage, die auf die Unzulässigerklärung der konkreten (zur Klage Anlass gebenden) Exekution gerichtet ist; die Frage des Bestehens oder Nichtbestehens bzw der Hemmung des im Exekutionstitel verbrieften Anspruches ist bei dieser Konstruktion bloß als Vorfrage für die Unzulässigerklärung der Exekution zu beurteilen. Das stattgebende Urteil kann danach nur die bekämpfte Exekution, nicht aber alle anderen, aufgrund desselben Exekutionstitels laufenden, Exekutionen für unzulässig erklären (sog Einzelwirkungstheorie). Der entscheidende Nachteil dieser Auffassung liegt darin, dass mehrere Oppositionsklagen erhoben werden müssen, wenn aufgrund ein und desselben Exekutionstitels mehrere Exekutionen geführt werden. 197

Eine in der exekutionsrechtlichen Literatur aktuelle Auffassung (vgl nur *Holzhammer* 146 f) sieht die Oppositionsklage als **Rechtsgestaltungsklage**, die das Ziel verfolgt, dem Exekutionstitel **die Vollstreckbarkeit überhaupt** zu nehmen (**Gesamtwirkungstheorie**). Das Erlöschen oder die Hemmung des Anspruches bildet auch hier bloß eine Vorfrage. Der Nachteil dieser Theorie besteht darin, dass über das (Nicht-)Bestehen des materiellen Anspruches keine rechtskräftige Entscheidung herbeigeführt wird.

Die hRsp vertritt die sog **Kombinationstheorie**, nach der die Oppositionsklage ein Doppelbegehren enthält, mit dem einerseits die rechtskräftige Feststellung, dass der vollstreckbare Anspruch aufgehoben oder gehemmt ist, und andererseits die Unzulässigerklärung jeglicher Exekution aus diesem Titel begehrt wird (vgl OGH verst Senat JBl 1977, 43; SZ 60/88; 3 Ob 322/05g = EFSlg 115.305; dem OGH folgend *Jakusch* in *Angst* § 35 Rz 4). Der entscheidende Vorteil dieser Auffassung besteht darin, dass nicht nur über die Einstellung der Exekution, sondern auch bindend über das Nichtbestehen oder die Hemmung des materiellen Anspruches entschieden wird; jede weitere Exekution auf der Grundlage desselben Exekutionstitels ist damit ein für allemal ausgeschlossen.

198 Sowohl den praktischen Bedürfnissen als auch der Konzeption des Gesetzes am besten entspricht die Betrachtung der Oppositionsklage als (bloße) **negative Feststellungsklage.** Da aufgrund einer erfolgreichen Klage rechtskräftig festgestellt wird, dass der vollstreckbare Anspruch nicht mehr besteht bzw gehemmt ist, kommt eine Exekution aufgrund dieses Titels entweder gar nicht mehr oder nur dann in Frage, wenn der Hemmungsgrund weggefallen ist. Einer Gestaltungswirkung des Urteiles bedarf es dagegen deshalb nicht, weil die Einstellung der Exekution nach § 35 Abs 4 EO als Tatbestandsfolge des rechtskräftigen stattgebenden Urteiles über die Einwendungen gegen den Anspruch ausdrücklich angeordnet wird (Tatbestandswirkung).

3. Die Oppositionsklagegründe

199 Die Oppositionsklage kann auf Tatsachen gegründet werden, die **den materiellen Anspruch** (zum Teil) **aufheben** (zB Erfüllung, Novation, Vergleich, Verjährung der Judikatsschuld, nachträgliche Unmöglichkeit der Leistung [vgl 3 Ob 40/06p = EFSlg 115.299]) **oder hemmen** (zB Stundung). Wesentlich ist, dass diese Tatsachen erst nach der Entstehung des Exekutionstitels eingetreten sein dürfen. Im Falle einer gerichtlichen Entscheidung bedeutet das aufgrund der Präklusionswirkung der materiellen Rechtskraft, dass sie nach dem Zeitpunkt entstanden sein müssen, bis zu welchem der Verpflichtete des Exekutionsverfahrens von diesen Tatsachen im vorangegangenen gerichtlichen Verfahren Gebrauch machen konnte; es muss sich also um *nova producta* handeln (vgl dazu *Rechberger/Simotta*, ZPR Rz 751). Auf Tatsachen, die vor Entstehung des Exekutionstitels eingetreten sind, kann eine Oppositionsklage nur dann gestützt werden, wenn sie zu diesem Zeitpunkt nach den bestehenden Gesetzen nicht mehr geltend gemacht werden konnten, nicht aber schon dann, wenn sie dem Oppositionskläger, wenn auch ohne sein Verschulden, erst später bekannt wurden (3 Ob 154/07d = JusGuide 2008/06/5429 [OGH] = Zak 2008/65 = EF-Z 2008/62, 105 = iFamZ 2008/48).

Strittig ist, ob auch **Gestaltungsrechte** (Irrtumsanfechtung, Wand- **200**
lung, Minderung) noch mit Oppositionsklage ausgeübt werden können, wenn die Einwendungstatsache schon vor dem nach § 35 Abs 1 EO maßgeblichen Zeitpunkt entstanden ist, also schon im Titelverfahren hätte geltend gemacht werden können. Dies ist zu bejahen, da prozessuale Diligenzobliegenheiten niemals einen Zwang zu rechtsgestaltendem Handeln der Parteien beinhalten; andernfalls würde die (zivilrechtliche) Rechtsposition des Schuldners entgegen den zivilrechtlichen Regeln verschlechtert.

Auch hinsichtlich der Aufrechnungserklärung wird die Auffassung **201**
vertreten, dass eine **„nachträgliche" Aufrechnung** (also eine Aufrechnung mit einer Forderung, die schon zum entscheidungsmaßgeblichen Zeitpunkt für die Schaffung des Titels bestanden hat) im Wege der Oppositionsklage unzulässig sei, weil es sich dabei in Wahrheit um kein *novum productum* handle (vgl die Nachweise bei *Rechberger/Simotta* Rz 347). Auch diese Auffassung ist verfehlt, da die Aufrechnung ein Mittel zur Erfüllung einer Schuld wie jedes andere ist. Die Einwendungstatsache entsteht daher erst dann, wenn das Gestaltungsrecht ausgeübt wird, weil der Anspruch eben erst dann erlischt. Die Gegenforderung des Schuldners kann ja selbstverständlich auch selbständig mit Leistungsklage geltend gemacht werden (vgl Näheres bei *Buchegger/Holzhammer* in *Holzhammer* 148 f). Mit der hier vertretenen Auffassung stimmt auch die hL in Deutschland überein (vgl nur *Münzberg* in *Stein/Jonas*, Kommentar zur ZPO^{22} VII Rz 37 zu § 767).

Eine Ausnahme macht die Rspr jedoch im Falle der Aufrechnung bei Vorliegen eines vollstreckbaren Notariatsakts, da dem Notariatsakt die Präklusionswirkung mangels Rechtskraft fehle. In 3 Ob 205/98p dehnte der OGH diese Rspr auch auf Vergleiche aus (vgl *Jakusch* in *Angst* § 35 Rz 56a).

4. Das Verfahren über die Oppositionsklage

Kläger ist der Verpflichtete, Beklagter der betreibende Gläubiger des **202**
laufenden Exekutionsverfahrens. Individuell zuständig ist für die Klage das Gericht, von dem die Exekution bewilligt wurde, regelmäßig also das Exekutionsgericht; eine abweichende Parteienvereinbarung ist aber zuläs-

sig. Nur bei Exekutionstiteln in Arbeitsrechtssachen ist auch für die Oppositionsklage das Titelgericht zuständig.

Diese Ausnahme gilt auch bei den nicht zivilgerichtlichen Exekutionstiteln nach § 1 Z 10, 12 bis 14 EO; hier sind die Einwendungen gegen den Anspruch bei jener Behörde anzubringen, von der der Exekutionstitel stammt (§ 35 Abs 2 EO). Folglich sind auch Einwendungen gegen den vom Kostenbeamten des Firmenbuchgerichts erlassenen Strafbeschluss im Verwaltungswege anzubringen (so 3 Ob 258/07y = EvBl 2008/103 = RdW 2008/408, 453).

Nach der zweifelhaften hM fällt die Oppositionsklage in den Anwendungsbereich von Art 22 Nr 5 EuGVVO. Es besteht demnach also eine ausschließliche österreichische internationale Zuständigkeit für Oppositionsklagen, die im Rahmen eines österreichischen Exekutionsverfahrens erhoben werden (vgl *Tiefenthaler* in *Czernich/Tiefenthaler/Kodek* Art 22 EuGVVO Rz 50; *Mayr/Czernich*, EuZPR Rz 221; *Tiefenthaler* in *Burgstaller/Neumayr*, IZVR Art 22 EuGVVO Rz 45). *König*, ÖJZ 2006, 934 bejaht eine solche Zuständigkeit, wenn der betreibende Gläubiger seinen Wohnsitz/Sitz im EU-Ausland hat, nur hinsichtlich des Oppositions**gesuchs** gem § 40 EO, da dieses – im Gegensatz zur Oppositionsklage – nur auf Einstellung der **Anlass**exekution und nicht der Unzulässigerklärung **jeglicher** Exekution aus diesem Titel abziele.

203 Die Oppositionsklage kann gem § 35 Abs 1 Satz 1 EO **nur im Zuge eines Exekutionsverfahrens** erhoben werden; das muss sinnvollerweise dahin ausgelegt werden, dass die Klage ab rechtskräftiger Exekutionsbewilligung zulässig ist. Ist die Exekution beendet oder eingestellt, kommt andererseits eine Oppositionsklage nicht mehr in Frage. Dann ist nur noch eine negative Feststellungsklage, dass der vollstreckbare Anspruch nicht (mehr) besteht, möglich bzw muss eine noch nicht erledigte Oppositionsklage in eine solche Feststellungsklage umgedeutet werden.

204 Für die Oppositionsklage gilt ausnahmsweise die **Eventualmaxime**: Gem § 35 Abs 3 EO müssen alle Einwendungen, die der Verpflichtete zur Zeit der Erhebung der Klage oder zur Zeit des Einschreitens bei der Titelbehörde vorzubringen imstande war, bei sonstigem Ausschluss gleichzeitig geltend gemacht werden (dies verstößt nicht gegen Art 6 EMRK: 3 Ob 269/04m = EvBl 2005/112). Auch ist die neuerliche Einbringung einer Oppositionsklage nach Klageabweisung infolge Unschlüssigkeit unzulässig (3 Ob 193/07i = JusGuide 2008/03/5380 [OGH]). Einwendungen, die erst nach der Gerichtsanhängigkeit der Oppositionsklage entstanden oder dem Kläger erst danach bekannt geworden sind, können auch noch bis zum Schluss der mündlichen Verhandlung erster Instanz vorgebracht werden. Ebenso sind nachträgliche Ergänzungen zulässig, soweit diese die vorgebrachten Tatsachen nur verdeutlichen, präzisieren bzw zur Richtigstellung, Ergänzung oder Erläuterung des bereits erstatteten Vorbringens dienen (3 Ob 76/06g = EFSlg 115.308).

Die Eventualmaxime dient der Verfahrenskonzentration, indem sie dem Verpflichteten die Möglichkeit nimmt, Einwendungen im Laufe des Verfahrens „nachzuschieben“ oder sich für spätere Oppositionsklagen aufzusparen. Sie ist von Amts wegen zu beachten; ihre Verletzung bildet nach hM eine Mangelhaftigkeit des Verfahrens (obwohl es sich dabei nicht um einen Mangel handelt, der iS von § 496 Abs 1 Z 2 ZPO die „erschöpfende Erörterung und gründliche Beurteilung der Streitsache“ verhindert), die im Rechtsmittel geltend zu machen ist (vgl nur 3 Ob 182/05v = EFSlg 115.312), aber keinen Nichtigkeitsgrund.

Die Eventualmaxime gilt wegen des Gebots der Waffengleichheit der Parteien nicht nur für den Kläger, sondern auch für den Beklagten, obwohl dies im Gesetz keinen ausdrücklichen Niederschlag gefunden hat. § 35 Abs 3 EO verlangt daher Behauptung in der Klage oder in der Klagebeantwortung und nicht erst in der folgenden mündlichen Verhandlung, in der diese Schriftsätze vorzutragen sind (3 Ob 99/05p = EFSlg 115.310).

Ein Verstoß gegen die Eventualmaxime rechtfertigt keinesfalls die Zurückweisung der Klage, vielmehr ist bei der Sachentscheidung auf präkludiertes Vorbringen nicht Bedacht zu nehmen (3 Ob 53/06z = EFSlg 115.311).

Zugleich mit der Erhebung der Oppositionsklage kann der Verpflichtete den Antrag auf Aufschiebung der Exekution gem § 42 Abs 1 Z 5 EO stellen (vgl oben Rz 151). Wird der Klage rechtskräftig stattgegeben, so ist die Exekution **von Amts wegen einzustellen** (§ 35 Abs 4 EO). 205

5. Oppositionsklage und Klage auf Feststellung des Nichtbestehens des vollstreckbaren Anspruchs

Nach Streitanhängigkeit der Oppositionsklage ist eine Klage auf Feststellung des Erlöschens bzw der Hemmung des materiellen Anspruches wegen desselben Rechtsschutzzieles der Klagen unzulässig; das Prozesshindernis der Streitanhängigkeit stünde der Feststellungsklage entgegen (vgl etwa 2 Ob 256/06w = JusGuide 2007/49/5278 [OGH]). Läuft der Prozess über die negative Feststellungsklage zum Zeitpunkt der Bewilligung der Exekution bereits, ist die Feststellungsklage in eine Oppositionsklage umzudeuten. 206

6. Oppositionsklage und Rekurs

207 Ist der Oppositionsgrund ausnahmsweise aktenkundig, könnte er auch mit Rekurs geltend gemacht werden, da er in diesem Fall keine unzulässige Neuerung darstellt. Gem § 35 Abs 2 Satz 1 EO hat der Verpflichtete in einem solchen Fall die Wahl zwischen dem Rekurs gegen die Exekutionsbewilligung und der Oppositionsklage. Erhebt er die Oppositionsklage, kann er nach hM allerdings nur die Kosten des Rekurses ersetzt bekommen (vgl nur *Holzhammer* 153 f; EvBl 1958/351). Der Einwand der Erfüllung der titelmäßigen Verpflichtung ist jedoch ebenso wie der Einwand der Unmöglichkeit der Erfüllung der titelmäßigen Verpflichtung ein strittiger Umstand, der stets mit Oppositionsklage (allenfalls mit Oppositionsgesuch) geltend zu machen ist (3 Ob 163/06a = EFSlg 115.300 = RdW 2007/317).

7. Das Oppositionsgesuch

208 Gem § 40 Abs 1 EO kann der Verpflichtete, „ohne vorläufig gemäß § 35 Klage zu erheben", die Einstellung der Exekution beantragen. Ist die Anspruchsbefriedigung oder Anspruchsstundung unstreitig, braucht natürlich kein Prozess geführt zu werden. Dem Oppositionsgesuch ist stattzugeben und die Exekution sogleich einzustellen, wenn der Verpflichtete die Befriedigung des betreibenden Gläubigers oder dessen Erklärung über die Anspruchsstundung durch unbedenkliche Urkunden dartun kann. Andernfalls ist der betreibende Gläubiger jedenfalls einzuvernehmen, was die Sachlage gleichfalls klären kann. Erscheint die Entscheidung jedoch nach den Ergebnissen dieser Einvernahme von der Ermittlung und Feststellung streitiger Tatumstände abhängig, muss das Exekutionsgericht den Verpflichteten mit seinen Einwendungen auf den Rechtsweg verweisen (§ 40 Abs 2 EO); er muss dann doch Oppositionsklage erheben.

209 Der Verpflichtete hat demnach die **Wahl** zwischen Oppositionsgesuch und Oppositionsklage; er kann die beiden Rechtsbehelfe aber nach hM nicht kumulieren, weil der Oppositionsklage das rechtliche Interesse fehlt, wenn auch das der Prozessökonomie verpflichtete Oppositionsgesuch möglich ist (vgl nur *Holzhammer* 154). Deshalb erhält der Verpflichtete, der statt des Oppositionsgesuches die Oppositionsklage wählt, auch nur die Kosten des Oppositionsgesuches.

210 Gleich wie mit der Oppositionsklage kann auch mit dem Oppositionsgesuch der Antrag auf Aufschiebung der Exekution verbunden werden (§ 42 Abs 1 Z 3 EO – vgl Rz 151).

C. Die Impugnationsklage

1. Die Funktion der „Impugnation"

Hat der betreibende Gläubiger auch einen durch einen gültigen Exekutionstitel verbrieften vollstreckbaren Anspruch, so kann ihm doch mangels einer Voraussetzung für die Vollstreckung der Vollstreckungsanspruch fehlen (vgl oben Rz 75 ff). Wenn deshalb die Exekution nicht zu dieser Zeit, nicht in dieser Art oder nicht diesem Gläubiger oder gegen diesen Schuldner hätte bewilligt werden dürfen, kann der Verpflichtete seine „Einwendungen gegen die Exekutionsbewilligung" (so die amtliche Überschrift des § 36 EO) mit der Impugnationsklage geltend machen. Da der Verpflichtete den Exekutionsbewilligungsbeschluss mit Rekurs wegen des Neuerungsverbotes kaum jemals wirksam bekämpfen kann, stellt die Impugnationsklage bzw das Impugnationsgesuch nach § 40 EO (vgl unten Rz 212 ff, 220) den wichtigsten Rechtsbehelf zur Bekämpfung der Exekutionsbewilligung dar. **211**

Als Klagetatbestände kommen jedoch nur Sachverhalte in Betracht, die bei Bewilligung der Exekution noch nicht aktenkundig waren bzw bei mangelfreiem erstinstanzlichen Verfahren hätten ermittelt werden müssen (7 Ob 261/04i = EFSlg 112.373). Die Erhebung der Impugnationsklage steht dem Verpflichteten auch dann offen, wenn es um ein aufgrund eines ausländischen Titels geführtes Exekutionsverfahren geht, und zwar auch dann, wenn es sich um einen Europäischen Vollstreckungstitel handelt (*Jakusch* in *Angst* § 36 Rz 41a).

2. Das Rechtsschutzziel der Impugnationsklage

Nach hM (vgl nur *Holzhammer* 157; EvBl 1973/184) ist die Impugnationsklage eine prozessuale Gestaltungsklage, die auf Unzulässigerklärung einer bestimmten Exekution gerichtet ist (Einzelwirkungstheorie). Auch wenn es nur um den Vollstreckungsanspruch geht, ist dies jedoch insofern nachteilig, als dann, wenn mehrere Exekutionsverfahren aufgrund desselben Titels geführt werden, die alle vom Impugnationsgrund betroffen sind, mehrere Prozesse geführt werden müssen. Eine Gesamtwirkungstheorie, nach der die Impugnationsklage als prozessuale Gestaltungsklage, die auf die Vernichtung des Vollstreckungsanspruches überhaupt gerichtet ist, gesehen wird, wurde nur von *Petschek* (Zwangsvollstreckung 226) vertreten. **212**

Auch die Impugnationsklage kann aber als **negative Feststellungsklage** betrachtet werden, mit der das Nichtbestehen des Vollstreckungsan- **213** spruches festgestellt werden soll. Auch dafür spricht die Konzeption des Gesetzes, weil § 36 Abs 3 EO die Einstellung der Exekution als **Tatbestandsfolge** des rechtskräftigen stattgebenden Urteiles über die Einwendungen gegen die Exekutionsbewilligung anordnet.

3. Die Impugnationsgründe

214 Die Impugnationsgründe sind in § 36 EO und Art XVII EGEO taxativ aufgezählt; es handelt sich um

- das Fehlen der Fälligkeit oder der Vollstreckbarkeit des Anspruches (§ 36 Abs 1 Z 1 Fall 1 EO);

  Der Verpflichtete macht dabei geltend, dass die Exekution gem § 7 Abs 2 EO gar nicht hätte bewilligt werden dürfen oder dass die Urkunde, mit der der Eintritt der Fälligkeit bzw Vollstreckbarkeit nachgewiesen worden ist (nämlich im Wege der einfachen Titelergänzung; vgl oben Rz 116 f), unrichtig ist. Weiters, dass er – in einem auf Unterlassung gerichteten Verfahren – dem Exekutionstitel überhaupt nicht zuwidergehandelt hätte, oder ihn zumindest kein Verschulden treffe (7 Ob 261/04i = EFSlg 112.374 = NZ 2005/69).

- das Fehlen der angenommenen Rechtsnachfolge (§ 36 Abs 1 Z 1 Fall 2 EO);

  Der Verpflichtete bringt dabei vor, dass die Rechtsnachfolge nicht auf die in § 9 EO vorgeschriebene Form nachgewiesen worden ist bzw die im Wege der einfachen Titelergänzung vorgelegten Urkunden unrichtig sind, sodass die Exekution nicht hätte bewilligt werden dürfen.

- das Nichtvorliegen einer Wertsicherungsklausel (§ 36 Abs 1 Z 2 EO);

  Der Verpflichtete bringt dabei vor, dass keine wirksame Wertsicherungsklausel vorliegt oder der Aufwertungsschlüssel nicht in der in den §§ 8 und 10 EO vorgeschriebenen Form nachgewiesen worden ist oder dass die zum Beweis für den Aufrechnungsschlüssel vorgelegten Urkunden unrichtig sind, sodass die Exekution nicht in diesem Umfang hätte bewilligt werden dürfen.

- Exekutionsverzicht und Exekutionsstundung (§ 36 Abs 1 Z 3 EO);

  Der Wortlaut des Gesetzes umfasst zwar nur den Einleitungsverzicht und die Einleitungsstundung, analog zum Einstellungsgrund des § 39 Abs 1 Z 6 EO kann jedoch auch der Fortsetzungsverzicht und die Fortsetzungsstundung mit Impugnationsklage geltend gemacht werden (vgl nur *Holzhammer* 159). Hat der Rechtsvorgänger des betreibenden Gläubigers diesem seine Forderung gegen den Verpflichteten zediert, so steht ein Exekutionsverzicht des Zedenten dem des betreibenden Gläubigers selbst gleich und bildet daher den Impugnationsgrund des § 36 Abs 1 Z 3 EO (3 Ob 80/05v = RIS-Justiz RS 0119895).

- das Fehlen der Exekutionskraft eines Notariatsaktes (Art XVII EGEO);

Über die Impugnationsgründe hinaus können mit der Klage nach Art XVII EGEO, für die nach dieser Bestimmung die Regeln über die Impugnationsklage gelten, Mängel geltend gemacht werden, die sich aus der Verletzung jener Vorschriften ergeben, an die die NO die Exekutionsfähigkeit eines Notariatsaktes knüpft (vgl Näheres bei *Rechberger/Oberhammer/Bogensberger* 63 ff; 3 Ob 53/06z = MietSlg 58.750).

Zum Unterschied von der Oppositionsklage hängt die Zulässigkeit der Impugnationsklage nicht davon ab, ob die den Gegenstand der Einwendung bildenden Tatsachen **vor oder nach Entstehung des Exekutionstitels** eingetreten sind und/oder ob der Verpflichtete in dem der Entstehung vorangegangenen gerichtlichen Verfahren von diesen Tatsachen wirksam Gebrauch machen konnte, da die Vollstreckbarkeit des Anspruches nicht Gegenstand des Erkenntnisverfahrens ist; es besteht also keine Beschränkung auf *nova producta*. **215**

4. Das Verfahren über die Impugnationsklage

Auch hier ist Kläger der Verpflichtete und Beklagter der betreibende Gläubiger des laufenden Exekutionsverfahrens. Auch für die Impugnationsklage ist das Gericht, das die Exekution in erster Instanz bewilligt hat, also regelmäßig das Exekutionsgericht, individuell zuständig; abweichende Parteienvereinbarungen sind zulässig. Für die internationale Zuständigkeit gilt Art 22 Nr 5 EuGVVO. Wird die Klage nach Art XVII EGEO vor Bewilligung der Exekution aufgrund des Notariatsaktes erhoben, richtet sich die Zuständigkeit dafür nach den allgemeinen Bestimmungen der JN. **216**

Bei verwaltungsbehördlichen Exekutionstiteln hängt die Rechtswegzulässigkeit von der Art der Einwendungen, die gegen die Exekutionsbewilligung erhoben werden, ab: Unzulässig ist der Rechtsweg, wenn die dem Verwaltungsrecht zuzuordnenden Grundlagen des Vollstreckungsanspruches bekämpft werden (bei Rechtskraft und Vollstreckbarkeit des Titels, Berechtigung der Verwaltungsbehörde zur Forderungsbetreibung). Geht es dagegen um privatrechtliche Voraussetzungen des Vollstreckungsanspruches (zB die Rechtsnachfolge) oder um den schlichten Beweis von Tatsachen, von denen die Vollstreckbarkeit iSd § 7 Abs 2 EO abhängt, ist der Rechtsweg zulässig.

Auch die Impugnationsklage ist ab der Exekutionsbewilligung bis zur Beendigung der Exekution zulässig. Ebenso wie im Oppositionsprozess besteht auch im Impugnationsprozess die **Eventualmaxime** (§ 36 Abs 2 letzter Satz EO – vgl Näheres oben Rz 204). **217**

218 Auch mit der Impugnationsklage (und mit der Klage nach Art XVII EGEO) kann der Antrag auf Aufschiebung der Exekution verbunden werden (§ 42 Abs 1 Z 5 EO – vgl Rz 151). Wird der Klage rechtskräftig stattgegeben, ist die Exekution gem § 36 Abs 3 EO **von Amts wegen einzustellen.**

5. Impugnationsklage und Rekurs

219 Obwohl § 36 Abs 1 letzter Satz EO die Impugnationsklage als (echte) Alternative zum Rekurs bezeichnet, lässt die hM (vgl nur *Holzhammer* 160 f; EvBl 1957/2) dem Verpflichteten das Wahlrecht zwischen Rekurs und Impugnationsklage. Auch hier hat der Verpflichtete jedoch Kostenfolgen zu gewärtigen, wenn er statt des Rekurses (wenn die Einwendungstatsachen zur Zeit der Exekutionsbewilligung schon aktenkundig waren) die Impugnationsklage wählt.

Bestreitet der Verpflichtete, dass der behauptete Sachverhalt rechtlich ein Zuwiderhandeln gegen das titelmäßige Duldungs- oder Unterlassungsgebot darstellt, steht ihm dafür nur der Rekurs, nicht auch die Impugnationsklage zur Verfügung. Bestreitet er hingegen, den als Zuwiderhandlung behaupteten Sachverhalt verwirklicht zu haben, kann er sowohl gegen die Exekutionsbewilligung als auch gegen den Strafbeschluss Impugnationsklage nach § 36 Abs 1 Z 1 EO erheben (3 Ob 205/07d = JusGuide 2008/18/5639). Vgl zur Abgrenzung auch *Jakusch* in *Angst* § 36 Rz 8 ff.

6. Impugnationsklage und Klage auf Feststellung des Nichtbestehens des vollstreckbaren Anspruchs

Die Möglichkeit, eine Klage nach § 36 EO zu erheben, schließt eine Feststellungsklage, die auf das Nichtbestehen der vollstreckbaren Forderung gerichtet ist, gerade nicht aus und begründet gegenüber einer solchen auch keine Streitanhängigkeit (10 Ob 119/05f = EFSlg 115.315).

7. Das Impugnationsgesuch

220 § 40 Abs 1 EO gibt dem Verpflichteten auch die Möglichkeit, die Einstellung der Exekution zu beantragen, „ohne vorläufig gemäß § 36 Klage zu erheben". Für das Impugnationsgesuch gilt dasselbe wie für das Oppositionsgesuch (vgl oben Rz 208 ff).

Gegenüber der Impugnationsklage ist das Impugnationsgesuch allerdings auf das Vorbringen des Exekutionsverzichtes und der Exekutionsstundung **beschränkt**; nur insoweit kann der Verpflichtete zwischen der

Klage und dem Gesuch wählen. Hier gilt dasselbe wie für das Verhältnis zwischen Oppositionsklage und Oppositionsgesuch (vgl oben Rz 208 ff).

D. Die Exszindierungsklage

1. Die Funktion der „Exszindierung“

Das gesetzliche Vollstreckungssystem nimmt in Kauf, dass Exeku- 221
tionshandlungen in den Rechtsbereich eines Dritten eingreifen, insbesondere, dass dem Verpflichteten nicht gehörige Gegenstände gepfändet werden („abgeirrte Exekution“). Um den Exekutionsvollzug einigermaßen rasch durchführen zu können, erfolgt nur eine beschränkte Prüfung der wahren Vermögensverhältnisse: Bei der Immobiliarexekution genügt die Eintragung des Verpflichteten als Eigentümer im Grundbuch, bei der Fahrnisexekution die Gewahrsame des Verpflichteten über die bewegliche körperliche Sache. Die erfolgte Pfändung (Grundbuchseintragung) ist auch dann wirksam, wenn das Exekutionsobjekt dem Verpflichteten in Wahrheit nicht gehört.

Steht einem Dritten ein Recht an der in Exekution gezogenen Sache zu, das die Exekution unzulässig macht, ist es seine Sache, sich zu wehren. Er muss seinen Widerspruch mit Exszindierungsklage (Drittwiderspruchs-, Aussonderungsklage) nach § 37 EO geltend machen (die amtliche Überschrift des § 37 EO lautet deshalb: **„Widerspruch Dritter“**). Obsiegt er, so führt dies zur „Herausgabe“ des betroffenen Gegenstandes, indem die Exekution auf diese Sache eingestellt wird (im Konkurs führt die erfolgreiche Geltendmachung eines Aussonderungsanspruches gleichfalls zur Herausgabe der Sache aus der Konkursmasse).

2. Das Rechtsschutzziel der Exszindierungsklage

Nach hM (vgl nur *Jakusch* in *Angst* § 37 Rz 51; SZ 14/95) ist die 222
Exszindierungsklage eine prozessuale Gestaltungsklage, mit der die Exekution aus einem bestimmten Exekutionstitel auf ein bestimmtes Exekutionsobjekt für unwirksam erklärt wird.

Zutreffend ist dagegen die Auffassung, es handle sich um eine negative Feststellungsklage mit negatorischer Funktion, die der Feststellung des Rechtes dient, das die Exekution unzulässig macht. Auch in diesem Fall ordnet das Gesetz als **Tatbestandsfolge** des rechtskräftigen stattgebenden Urteiles die Einstellung der Exekution an (§ 37 Abs 4 EO), sodass es einer urteilsmäßigen Unzulässigerklärung der Exekution nicht bedarf (vgl zu dieser Meinung *Oberhammer*, Die OHG im Zivilprozeß [1998] 328).

223 Nach § 37 Abs 2 EO kann die Exszindierungsklage zugleich auch **gegen den Verpflichteten** als Streitgenossen des betreibenden Gläubigers gerichtet werden. Das ist dann sinnvoll, wenn sich der Verpflichtete selbst als an dem Exekutionsobjekt Berechtigter ausgibt. Gegenüber dem Verpflichteten ist die Exszindierungsklage aber jedenfalls eine **Feststellungs- oder Leistungsklage**.

3. Die Exszindierungsgründe

224 Gem § 37 Abs 1 EO ist jener berechtigt, die Exszindierungsklage zu erheben, der an einem durch die Exekution betroffenen Gegenstand, an einem Teil eines solchen oder an einzelnen Gegenständen des Zubehörs einer in Exekution gezogenen Liegenschaft ein Recht behauptet, welches die Vornahme der Exekution unzulässig machen würde. Das Vorliegen eines solchen Rechtes ergibt sich aus dem materiellen Recht, wobei zweckmäßigerweise wirtschaftliche Gesichtspunkte heranzuziehen sind. Es handelt sich insbesondere um folgende Rechte:

- das Eigentum, vorausgesetzt, dass der Eigentümer nicht kraft eines dinglichen Rechtes verpflichtet ist, die Exekution zu dulden;
- das Miteigentum, wenn es durch die Vollstreckung beeinträchtigt wird (vgl hiezu insb *Markl/Endres*, wobl 2005, 368);
- das Vorbehaltseigentum;
- das Sicherungseigentum;
- das Pfandrecht des innehabenden Pfandgläubigers;
- das Fruchtgenussrecht, und zwar wenn dem Fruchtnießer der Besitz an einer beweglichen Sache entzogen und diese lastenfrei veräußert werden soll;
- wenn die Zwangsverwaltung einer unbeweglichen Sache bewilligt wurde;
- Rechte am Zubehör;
- obligatorische Herausgabeansprüche hinsichtlich einer Sache, die nicht zum Schuldnervermögen gehört (vgl 3 Ob 145/04a = ecolex 2005/316 zum Exszindierungsanspruch des Treugebers).

4. Das Verfahren über die Exszindierungsklage

225 Kläger ist der Dritte, der das die Exekution unzulässig machende Recht behauptet. Beklagter kann neben dem betreibenden Gläubiger auch der Verpflichtete sein; allerdings muss er (zB durch Berühmung als Eigentümer der gepfändeten Sache) zur Exszindierungsklage Veranlassung ge-

geben haben, weil sonst die Kostenfolgen des § 45 ZPO eintreten (vgl dazu *Rechberger/Simotta*, ZPR Rz 436).

Auch für die Exszindierungsklage ist regelmäßig das Exekutionsgericht (individuell) zuständig (§ 37 Abs 3 EO); abweichende Parteienvereinbarungen sind jedoch zulässig. Für die internationale Zuständigkeit gilt Art 22 Nr 5 EuGVVO. Richtet sich die Klage gegen eine verwaltungs- oder finanzbehördliche Exekution, ist das Bezirksgericht zuständig, in dessen Sprengel sich zur Zeit der Klageerhebung die betroffenen Gegenstände befinden (Art III Abs 3 EGEO). **226**

Die Exszindierungsklage kann erhoben werden, sobald nach Gerichtsanhängigkeit des Exekutionsantrages das Exekutionsobjekt feststeht (*Holzhammer* 168); da es darum geht, die Exekution möglichst rasch zu beenden, wäre es prozessunökonomisch, auf die (rechtskräftige) Exekutionsbewilligung abzustellen. Die Klage kann so lange erhoben werden, als die Exekution nicht eingestellt oder sonst beendet ist. **227**

Der Exszindierungsprozess ist im Übrigen ein normaler Zivilprozess; die Eventualmaxime gilt hier nicht. **228**

Mit der Exszindierungsklage kann gem § 42 Abs 1 Z 5 EO der Antrag auf Aufschiebung der Exekution verbunden werden (vgl dazu Rz 151). Wird der Exszindierungsklage rechtskräftig stattgegeben, ist die Exekution von **Amts wegen einzustellen** (§ 37 Abs 4 EO). **229**

VI. DIE LIEGENSCHAFTSEXEKUTION

Literatur: *Hölzel*, Die Behandlung des Deckungskapitales bei einer neuerlichen Versteigerung der Liegenschaft, GH 1904, 443, 451; *Mandyczewski*, Die Zwangsversteigerung physischer Teile von Grundbuchskörpern, RZ 1904, 81; *Kornitzer*, Studien zum Meistbotsverfahren (1909); *Tauber*, Auftrag an die Schuldner des Verpflichteten zur Leistung an den Zwangsverwalter, ZBl 1913, 904; *Raunig*, Ausgedinge und neuerliche Liegenschaftsversteigerung, GZ 1931, 130; *Loeb*, Mietzinspfändung, Zwangsverwaltung und Hypothek, JBl 1935, 69, 93; *Krehan*, Wie lange kann der Beitritt zur Zwangsversteigerung erfolgen? NZ 1936, 102; *Jäger*, Zwangsverwaltung RL Zwa (23. – 27. Lfg); *Modler*, Die Einstellung der Zwangsvollstreckung durch zwangsweise Pfandrechtsbegründung auf Liegenschaften, DR 1941, 5; *ders*, Fragen der Liegenschaftsexekution, in FS ZPO (1948) 201; *Krehan*, Die Nebengebührenkaution, HBZ 1950, H 3, 3; *ders*, Zur parzellenweisen Versteigerung, ImmZ 1950, 151; *Jäger*, Zwangsweise Pfandrechtsbegründung, RL Zwa (49. Lfg); *Sperl*, Wann ist die Exekution durch zwangsweise Pfandrechtsbegründung beendet? ÖJZ 1951, 188; *Frank*, Kann auch der Hypothekargläubiger die Löschung begehren? JBl 1952, 556; *Jaksch*, Aufteilung und Teillöschung sowie Pfandstellenausnützung bei Simultanhypotheken, ÖJZ 1957, 176; *Angerbauer*, Die Löschung des exekutiv begründeten Pfandrechts, NZ 1959, 22; *Edtstadler*, Löschung von zwangsweise begründeten Pfandrechten, NZ 1959, 187; *Hentschl*, Löschung von zwangsweise begründeten Pfandrechten, NZ 1960, 54; *Ostheim*, Nebengebühren bei Höchstbetragshypotheken, JBl 1960, 625; *Pichler*, Die Einverleibung des Pfandrechts nach § 208 EO, ÖJZ 1961, 206; *Bauerreiß*, Kann neben der Exekution auf ein wirtschaftliches Unternehmen auch Exekution durch Zwangsverwaltung der Betriebsliegenschaft geführt werden? RZ 1962, 145; *Putschi*, Kann der Verpflichtete im Zwangsverwaltungsverfahren über seine eigene Wohnung verfügen? NBlRA 1963, 76; *Hentschl*, Die Exekution auf das unbewegliche Vermögen (Realexekution), ImmZ 1965, 85, 99, 117; *Angst*, Die rechtliche Behandlung von Überbauten, ÖJZ 1972, 119; *Hoyer*, Zwei Fragen der Höchstbetragshypothek, in FS Demelius (1973) 349; *Böhm*, Widerspruch gegen die Verteilung (§ 213 EO) und Klage aus dem besseren Recht (§ 231 Abs 4 EO), ÖJZ 1974, 533; *Glatzel*, Die rechtliche Behandlung von Superädifikaten aus der Sicht eines Kreditinstitutes, QuHGZ 1977 H 3, 41; *Hoyer*, Die Simultanhypothek[2] (1977); *Rechberger*, Die fehlerhafte Exekution (1978); *Feil*, Zwangsversteigerung von Liegenschaften (1980); *Glatzel*, Rechtsprobleme um Bauwerke auf fremdem Grund – aus der Sicht eines Kreditinstitutes, QuHGZ 1980 H 4, 127; *Berger*, Vermischte exekutionsrechtliche Fragen, ÖJZ 1982, 10; *F. Bydlinski*, Das Recht der Superädifikate (1982); *Puster*, Zwangsversteigerung leicht gemacht[2] (1984); *Pfersmann*, Zu den Begriffen „Nebenforderungen" und „Kostenpunkt", besonders bei Anwendung exekutionsrechtlicher Bestimmungen, ÖJZ 1985, 205; *Hofmeister*, Veräußerungs- und Belastungsverbote. Aktuelle Rechtsprechung und Entwicklungstendenzen (Vortragsbericht), ÖJZ 1986, 752; *Engelhart*, Das Wiederkaufsrecht im Exekutions- und Insolvenzverfahren, NZ 1987, 273; *Nowotny*, Die Haftung des gerichtlich bestellten Sachverständigen gegenüber dem Ersteher in der Liegenschaftszwangsversteigerung, JBl 1987, 282; *Rechberger*, Bestimmtheit der Forderung (§ 14 Abs 1 GBG, §§ 7 Abs 1 und 54 Abs 1 Z 2 EO, § 3 Abs 1 lit b NO) und Wertsicherungsklausel. Zugleich eine Betrachtung über die Problematik des Umkehrschlusses, in FS Wagner (1987) 299; *Burgstaller*, Das Pfandrecht in der Exekution (1988); *Janser/Schreier*, Höchstbetragshypothek und künftige Forderung, NZ 1988, 2; *Rechberger*, Franz Klein und das Exekutionsrecht, in *Hof-*

meister (Hg), Forschungsband Franz Klein (1988) 125 f; *Schumacher*, Sondermassekosten in der Meistbotsverteilung, JBl 1988, 436; *Karollus*, Zur Rechtsstellung des Liegenschaftserstehers, JBl 1989, 23; *Graf*, Überlegungen zum Schutz der nachrangigen Pfandgläubiger bei der Simultanhypothek, ÖBA 1989, 574; *Gröll*, Schutz des guten Glaubens an die Bestandteileigenschaft eines Gebäudes? ÖBA 1989, 1182; *Kininger*, Die „Übergabe" der geräumten Liegenschaft an den betreibenden Gläubiger, in *Buchegger/Holzhammer* (Hrsg), Beitr ZPR III (1989) 243; *Reischauer*, Zum automatischen Pfandrechtsübergang insb bei notwendiger Zession, ÖJZ 1989, 193, 232; *Graf*, Welchen Rang genießen grundbücherlich sichergestellte Zinsenrückstände? ÖBA 1990, 369; *Hoyer*, Ein Beitrag zum Recht der Superädifikate, FS Ostheim (1990) 95; *Jannach*, Das Ausgedinge im Zwangsversteigerungsverfahren (1990); *Reidinger*, Inbestandgabe zur Erschwerung von Liegenschaftsexekutionen. Rechte der Hypothekargläubiger und der Betreibenden, wobl 1990, 122; *Karollus*, Zum Beseitigungsanspruch gegen pfandverschlechternde Einwirkungen, insbesondere durch Vermietung der Pfandliegenschaft, ÖBA 1991, 164; *Hofmeister*, Probleme der Exekution in Miteigentumsanteile (Vortragsbericht), ÖJZ 1991, 202; *Hörmann*, Brutto- oder Nettotitel? NZ 1991, 60; *Musger*, Verfahrensrechtliche Bindungswirkungen und Art 6 MRK, JBl 1991, 420, 499; *Reidinger*, Inbestandgabe zur Erschwerung von Liegenschaftsexekutionen. Rechte des Erstehers, wobl 1991, 217; *Holzner*, Rechtsfragen der Mithaftung von Liegenschaftszubehör, JBl 1992, 753; *Stabentheiner*, Das Liegenschaftsbewertungsgesetz und die entsprechenden Änderungen des Außerstreitgesetzes und der Exekutionsordnung durch das Bundesgesetz BGBl 1992, 150 (1992); *Schaar*, Rechte und Pflichten des Erstehers bei exekutivem Liegenschaftserwerb (1993); *Simotta*, Einige Probleme des Datenschutzes im Zivilverfahrensrecht, ÖJZ 1993, 793; *Eder*, Der Schuldnerschutz in der gerichtlichen Exekution (1994); *Gregor/Kratochwill*, Das Baurecht und seine Bewertung, Sach 1994 H 4, 11; *Reidinger*, Inbestandgabe zur Erschwerung von Liegenschaftsexekutionen – aktuelle Rechtsprechung, wobl 1994, 110; *Hoyer*, Ersatzhypotheken gemäß § 222 Abs 4 EO, NZ 1995, 25; *Angst*, Rechtsfragen des rechtsgeschäftlichen Veräußerungs- und Belastungsverbotes, in GedS Hofmeister (1996) 1; *Hoyer*, Exekutionsanträge mit Grundbuchsbezug verbesserungsfähig, ecolex 1996, 902; *ders*, Eingriff des Simultanhypothekars in die Rückgriffslage der Nachberechtigten macht haftbar, ecolex 1996, 158; *Schweighofer*, Lebensgemeinschaft, Ehegattenwohnungseigentum und die eingetragene Erwerbsgesellschaft, wobl 1996, 95 (102); *Angst*, Das Unternehmen als Zubehör der Pfandliegenschaft, ÖBA 1998, 82; *Aschauer*, Das rechtsgeschäftliche Veräußerungs- und Belastungsverbot bei Liegenschaften (1998); *Oberhammer*, Grundprobleme des Belastungs- und Veräußerungsverbots nach § 364c ABGB, JAP 1998/99, 30, 79; *Call*, Anmerkungen zum gesetzlichen Vorzugspfandrecht gem § 13c Abs 3 bis 5 WEG im Rahmen der Wohnrechtsnovelle 1999, wobl 1999, 358; *Feil*, Österreichisches Hypothekarrecht (auf der Grundlage von Exner)2 (1999) 217 ff; *Hoyer*, Grundbuchseintragungen in Euro möglich, NZ 1999, 65; *Kralik/Beer*, Neues Vorzugspfandrecht im Wohnungseigentumsgesetz, NV 1999, 44; *Kurzbauer*, Die Höchstbetragshypothek (1999); *Kepplinger*, Ehegattenwohnungseigentum, Exekution und Konkurs, immolex 2000, 121; *Mini*, Die neue Zwangsversteigerung von Liegenschaften (2000); *Mohr*, Zwangsversteigerung einer Liegenschaft, in FS Dittrich (2000) 493; *ders*, Die neue Zwangsversteigerung. EO-Novelle 2000, ecolex Spezial (2000); *ders*, Exekutionsordnungs-Novelle 2000, ecolex 2000, 641; *ders*, Die Zwangsversteigerung einer Liegenschaft nach der Exekutionsordnungs-Novelle 2000, immolex 2000, 275; *ders*, Die Exekutionsordnungs-Novelle 2000 – ein Überblick, ZIK 2000/99, 81; *Riel*, Die kridamäßige Veräußerung nach der EO-Novelle, ZIK 2000/185, 146; *Stabentheiner*, Zu Einzelfragen des wohnungseigentumsrechtlichen Vorzugspfandrechts, immolex 2000, 116; *Angst*, Die Liegenschaftsschätzung nach der EO-Novelle 2000, ImmZ 2001, 61; *Bachner*, Zur Durchsetzung der Ausschließung eines Wohnungseigentümers, wobl 2001, 305; *BMJ*, Erlass zur Exekutionsordnungs-Novelle 2000, JABl 2001/4, 27; *Hinteregger*, Rechte des Pfandgläubigers bei Entwertung der Pfandliegenschaft durch Vermietung, ÖBA 2001, 448; *Markl*, Auswirkungen der EO-Novelle 2000 auf die Zwangsversteigerung von Ehegattenwohnungseigentum, wobl 2001, 97; *Rosenmayr/Riehs*, Exekutionsordnung idF der EO-Novelle 2000 (2001); *Schmidt*, Liegenschaftsbewertung nach der EO-Novelle 2000 – vom Probebetrieb zum Echtbetrieb, SV 2001, 153; *ders*, Die Umsetzung der EO-Novelle 2000 im Bereich der Liegenschaftsschätzung, Sach 2001, 14; *Angst*, Liegenschaftsbewertung im Zwangsversteigerungsverfahren, SV 2002, 17; *Call*, Zur Begründung und zum Erwerb von Wohnungseigentum, wobl 2002, 110; *Gärtner-Nietl/Haberer*, Zwangsversteigerungen von Liegenschaften nach der EO-Novelle 2000: Ein paar „Erinnerungen“ für die Praxis, RdW 2002/587, 651; *Graf*, Pfandverschlechterung durch Vermietung, ÖBA 2002, 777; *Mayer*, Neues Wohnungseigentumsgesetz – (weiterhin) aktuelle Judikatur zu Eigentümergemeinschaft und Vorzugspfandrecht, ZIK 2002/161, 123; *Rummel*, Bewertung von Bauerwartungsland, Sach 2002, 115; *Schilcher*, Dogmatische und pragmatische Überlegungen zur Haftung der Gerichtssachverständigen, FS Jelinek (2002) 241; *Fellner*, Meistbot bei Zwangsversteigerungen von Liegenschaften (in der Insolvenz) – Brutto- oder Nettobetrag? ÖBA 2003, 889; *Holzner*, Keine Anmerkung der Anfechtung eines Veräußerungs- und Belastungsverbots nach § 364c ABGB? JBl 2003, 213; *Konecny/Ratschauscher*, Verwertung von Superädifikaten im Konkurs, ZIK 2003/205, 151; *Holzner*, Praxisfragen dinglicher Kreditsicherheiten, ÖBA 2004, 944; *Kristen*, „Reverse-charge“: Übergang der Steuerschuld bei Verwertung von Sicherungseigentum, beim abgetretenen Eigentumsvorbehalt und bei der Zwangsversteigerung von Liegenschaften, ZIK 2004/2, 2; *Rechberger*, Exekutionsverfahren Baurecht, in *Kletečka/Rechberger/Zitta* (Hg), Bauten auf fremdem Grund^2 (2004); *ders*, Exekutionsverfahren Superädifikate, in *Kletečka/Rechberger/Zitta* (Hg), Bauten auf fremdem Grund^2 (2004); *Kristen*, Aktuelle USt-Probleme bei der Zwangsversteigerung von Immobilien, SWK 2004 S 453; *Schmidt*, Elektronische Kommunikation mit dem Gericht, Sach 2004, 182; *Fellner/Achleitner*, Berücksichtigung gelöschter Pfandrechte bei der Meistbotsverteilung von Liegenschaften in der Insolvenz, ZIK 2005/76, 78; *Holzner*, Zwei Fragen des Superädifikatsrechts, JBl 2005, 333; *G. Kodek*, Die Genossenschaftswohnung in Exekution und Konkurs – Zur Reichweite des § 42 Abs 4 MRG, wobl 2005, 33; *Mohr*, Exekutionsordnungs-Novelle 2005, ecolex 2005, 602; *Pernegger*, Neue Reverse-Charge-Tatbestände ab 1. 1. 2005 in Kraft – ein Überblick über die Wirkungsweise der neuen Tatbestände, SWK 2005, 34 = SWK 2005, 32; *Schmidt*, Sachverständige im Spannungsfeld – Beschleunigung – Effizienz – Wirtschaftlichkeit – Qualitätssicherung, Sach 2005, 11; *Sobotka*, Ansteigen des Haftungsrisikos für den Sachverständigen, immolex 2005, 138; *Stockinger*, Neuerungen beim Übergang der Steuerschuld im UstG – Zwangsversteigerungen sowie Lieferung von Gas und Elektrizität – Reverse Charge, SKW 2005, 317; *ders*, Reverse Charge: Neuerungen beim Übergang der Steuerschuld im UStG, SWK 2005, 397 = SWK 2005, 317; *Hager-Rosenkranz*, Beschränkungen der Übertragung von GmbH-Geschäftsanteilen in Exekution und Insolvenz, wbl 2006, 253; *Huber*, Der Einsatz von künstlichen neuronalen Netzwerken mit Backpropagation-Lernalgorithmus zur Vorhersage der Meistbote bei Zwangsversteigerungen von Wiener Eigentumswohnungen (2006); *Kanduth-Kristen/Treer*, SWK-Spezial (2006);

Kletečka, Das Superädifikat, in *Rechberger* (Hrsg), Superädifikat und Baurecht (2006); *Mayer*, Anregungen für eine künftige EO-Novelle, AnwBl 2006, 657; *Spruzina*, Das österreichische Baurecht, in *Rechberger* (Hrsg), Superädifikat und Baurecht (2006); *Schmidinger/Sereinig*, Superädifikate und Baurechte aus Bankensicht unter Berücksichtigung von Bauwerken auf Kleingartengrundstücken, in *Rechberger* (Hrsg), Superädifikat und Baurecht (2006); *Wakounig/Weissel*, Reverse Charge bei Sicherungseigentum, Eigentumsvorbehalt und Zwangsversteigerung von Liegenschaften, ÖStZ 2006/676; *Angst*, Hypothekarische Besicherung und nachträgliche Abtretung von Bestandzinsforderungen, ÖBA 2007, 444; *Holzner*, Löschung der Versteigerungsanmerkung als „Zwischeneintragung"? JBl 2007, 555; *Kranewittter*, Liegenschaftsbewertung[5] (2007); *Mini*, Die Räumungsexekution (2007) 183 ff; *Rassi*, Neuerungen im Exekutionsverfahren – ein Überblick, RZ 2007, 59; *Rechberger/Bittner*, Grundbuchsrecht[2] (2007); *Schefbeck*, Bundesministerium für Justiz – Bundesgesetz, mit dem die Exekutionsordnung, das Vollzugsgebührengesetz und das Gerichtsgebührengesetz geändert werden (Exekutionsordnungsn-Novelle 2008 – EO Nov 2008), JRP 2007, 196; *Ziehensack*, Schriftsätze für Rechtsanwälte (2007/III. Kapitel); *N. N.*, Zwangsverwaltung ungeachtet eines einverleibten Wohnungsgebrauchsrechts, immolex 2007/134; *N. N.*, Fahrnisversteigerung online – der nächste Schritt der Exekutionsreform, ÖJZ 2007/60; *N. N.*, Exekutionsordnungs-Novelle 2008, Zik 2007/244; *Frauenberger-Pfeiler*, Die EO-Novelle 2008, JAP 2007/2008/25; *Kletečka*, Die Belastungen der Kreditwirtschaft durch das Superädifikat – Analyse und Rechtspraktik, RdW 2008/3; *Mohr*, Die neue Zwangsverwaltung – ein Überblick über die Änderungen durch die EO-Novelle 2008, ecolex 2008, 215; *Rainer*, Editorial, immolex 2008, 97; *Sloboda*, Die EO-Novelle 2008 im Überblick, Zak 2008, 123.

Petschek/Hämmerle/Ludwig 42, 95 ff, 98 ff, 106 f, 149 ff; *Heller/Berger/Stix* II 894 ff, 940 ff, 1029 f, 1074 ff, 1506 ff; *Rechberger/Simotta* Rz 406 ff, 422 f, 441 ff; *Holzhammer* 171 ff; *Angst* in *Angst* zu §§ 87 bis 239 EO; *Neumayr* 165 ff.

A. Die Liegenschaftsexekution im Allgemeinen

1. Die Exekutionsmittel und ihr Zweck

Bei der Exekution wegen Geldforderungen auf das unbewegliche Vermögen des Verpflichteten (Liegenschaftsexekution) kann der betreibende Gläubiger zwischen drei Exekutionsmitteln wählen. Das Gesetz regelt: 230

- die zwangsweise Pfandrechtsbegründung (§§ 87 bis 96 EO);
- die Zwangsverwaltung (§§ 97 bis 132 EO);
- die Zwangsversteigerung (§§ 133 bis 239 EO).

Die drei Exekutionsmittel der Liegenschaftsexekution unterscheiden sich deutlich durch ihre Intensität, welche von der zwangsweisen Pfandrechtsbegründung über die Zwangsverwaltung zur Zwangsversteigerung der Liegenschaft ansteigt: Sie äußert sich einerseits in der Beanspruchung des Exekutionsobjekts durch die Exekution und damit korrespondierend andererseits in der Befriedigung des betreibenden Gläubigers.

Der betreibende Gläubiger kann unter den drei genannten Exekutionsmitteln nicht nur frei wählen, sondern sie auch beliebig kombinieren und von einem Exekutionsmittel zum anderen übergehen. Eine Rangordnung zwischen den Exekutionsmitteln besteht nur insofern, als der Verpflichtete gem § 201 EO statt der (schon bewilligten) Zwangsversteigerung die Zwangsverwaltung der Liegenschaft beantragen kann (vgl näher unten Rz 262).

231 **Die zwangsweise Pfandrechtsbegründung** stellt im Rahmen der Exekution zur Befriedigung wegen einer Geldforderung insofern eine Ausnahme dar, als sie gar nicht zur Befriedigung des betreibenden Gläubigers führt. Ihr Zweck erschöpft sich darin, dem Gläubiger eine Zwangshypothek auf der Liegenschaft des Verpflichteten zu verschaffen, in deren Rang er jederzeit die Zwangsverwaltung oder Zwangsversteigerung der Liegenschaft betreiben kann. Damit beinhaltet dieses Exekutionsmittel starke Elemente einer Sicherstellungsexekution, von der es sich aber dadurch unterscheidet, dass der betreibende Gläubiger, der ja bereits einen vollstreckbaren Exekutionstitel besitzt, ein unbedingtes Pfandrecht erhält (vgl zur Vormerkung des Pfandrechtes bei der Exekution zur Sicherstellung unten Rz 463).

Die zwangsweise Pfandrechtsbegründung ist von großer praktischer Bedeutung: Im Jahr 2007 sind in Österreich insgesamt 25.723 Liegenschaftsexekutionen angefallen, von denen 17.384 die Einverleibung einer Zwangshypothek (zwangsweise Pfandrechtsbegründung) betrafen.

232 Mit Hilfe der **Zwangsverwaltung** soll zwar die Befriedigung des betreibenden Gläubigers erreicht, dem Verpflichteten aber die Liegenschaft selbst erhalten werden; die Befriedigung soll aus den Nutzungen der Liegenschaft erfolgen. Eine Kombination von Zwangsverwaltung und Zwangsversteigerung kann eine zumindest teilweise Befriedigung des betreibenden Gläubigers aus den Erträgnissen der Liegenschaft während des eher langsam voranschreitenden Zwangsversteigerungsverfahrens ermöglichen.

Da Liegenschaften zu den nicht reproduzierbaren Wirtschaftsgütern gehören und ihr Verlust oft die Existenzgrundlage des Schuldners angreift, versucht das Gesetz, der Zwangsverwaltung vor der Zwangsversteigerung einen gewissen Vorrang einzuräumen (vgl oben Rz 230 und unten Rz 262). Trotzdem hat die Zwangsverwaltung niemals große praktische Bedeutung erlangt, da es in Österreich nur wenige landwirtschaftliche Güter oder Zinshäuser gibt, deren Erträgnisse eine Zwangsverwaltung lohnen würden. Im Jahr 2007 wurden in Österreich insgesamt bloß 431 Zwangsverwaltungsverfahren eingeleitet.

Die **Zwangsversteigerung** bezweckt die Befriedigung des betreibenden Gläubigers aus der Substanz der Liegenschaft, nämlich aus ihrem Verkaufserlös. Da sie den Verpflichteten am härtesten trifft, finden sich im Liegenschaftsversteigerungsverfahren die meisten Schuldnerschutzbestimmungen (vgl unten Rz 262 f). **233**

Trotzdem zählt die Liegenschaftsversteigerung wegen ihrer Effektivität zu den **in der Praxis häufig** vorkommenden Exekutionsarten: Im Jahr 2007 wurden in Österreich 7.908 Zwangsversteigerungsverfahren eingeleitet.

2. Das Befriedigungsrecht des betreibenden Gläubigers

Wie schon dargestellt (vgl oben Rz 140 ff), lässt sich die Befriedigungsexekution wegen einer Geldforderung regelmäßig in drei wesentliche Abschnitte gliedern, nämlich in den Pfändungs-, Verwertungs- und Befriedigungsabschnitt. Bei der Liegenschaftsexekution weist der Pfändungsabschnitt auffallende Besonderheiten auf: **234**

- Bei der **zwangsweisen Pfandrechtsbegründung** erschöpft sich in ihm bereits das gesamte Exekutionsverfahren. Mit der Einverleibung der Zwangshypothek im Grundbuch, die dem betreibenden Gläubiger sowohl die dingliche Sicherstellung als auch das exekutive Befriedigungsrecht für eine künftige Zwangsverwaltung oder Zwangsversteigerung verschafft, ist das Exekutionsverfahren beendet.
- **Zwangsverwaltung** und **Zwangsversteigerung** wiederum kennen keinen eigenen Pfändungsabschnitt; die Eintragung einer Zwangshypothek ist nicht Voraussetzung für die Einleitung dieser Verfahren. Das exekutive Befriedigungsrecht (vgl § 104 Abs 1 und § 138 Abs 1 EO) des betreibenden Gläubigers entsteht durch die bloße **Anmerkung** der Zwangsverwaltung (§ 98 Abs 1 EO) bzw jene der Einleitung des Versteigerungsverfahrens (§ 137 Abs 1 EO) **im Grundbuch**. Zum Sonderfall des Superädifikats vgl bei Rz 271.

Das exekutive Befriedigungsrecht des betreibenden Gläubigers ist ein **öffentlich-rechtlicher Anspruch** gegen den Staat auf zwangsweise Verwertung der Liegenschaft und auf Befriedigung aus dem Erlös in dem durch das Befriedigungsrecht bestimmten Rang (vgl nur *Angst* in *Angst,* § 138 Rz 1). Dieser bestimmt sich gem § 29 GBG nach dem Zeitpunkt, in dem der entsprechende Exekutionsantrag (bzw das Vollzugsersuchen) beim Grundbuchsgericht einlangt (vgl § 138 Abs 1 Satz 2 EO). **235**

Dieses – vom Gesetzgeber mit Bedacht nicht als „Pfandrecht" bezeichnete – Befriedigungsrecht ist vom Pfandrecht iS des ABGB wohl zu unterscheiden:

- Im Gegensatz zum Pfandrecht des ABGB mangelt es dem exekutiven Befriedigungsrecht weitgehend an der Sicherungsfunktion; es wirkt nämlich nicht über das Exekutionsverfahren, in dem es begründet wurde, hinaus. Scheitert die Zwangsversteigerung und muss das Exekutionsverfahren eingestellt werden, geht auch das Befriedigungsrecht unter.

  Jeder Gläubiger, zu dessen Gunsten die Einleitung des Zwangsversteigerungsverfahrens im Grundbuch angemerkt wurde, kann aber innerhalb von 14 Tagen nach rechtskräftiger Einstellung des Zwangsversteigerungsverfahrens beantragen, dass ihm **im Rang seines Befriedigungsrechtes** auf der Liegenschaft des Verpflichteten eine Zwangshypothek iS der §§ 87 ff EO einverleibt werde (§ 208 Abs 1 EO). Das in der Zwangsversteigerung (nicht bei der Zwangsverwaltung!) erworbene Befriedigungsrecht trägt daher den „Keim" eines Pfandrechtes in sich (*Petschek/Hämmerle/Ludwig* 107).

- Das exekutive Befriedigungsrecht ist unübertragbar und unbelastbar.
- Das exekutive Befriedigungsrecht wird durch Anmerkung (und nicht durch Einverleibung) erworben.

  Gleichgestellt ist das exekutive Befriedigungsrecht mit einem privaten Pfandrecht hinsichtlich der Gewährung des Einlösungsrechtes gem § 462 ABGB (§ 200 Z 2 EO) sowie bezüglich der Befreiung vom Erlag des Vadiums in dem Umfang, in dem die pfandrechtlich sichergestellte Forderung für das Vadium voraussichtlich Deckung bietet (§ 148 Abs 2a EO).

Die **Anmerkung** der Zwangsverwaltung bzw der Einleitung des Ver-
236 steigerungsverfahrens **wirkt absolut**. Das bedeutet, dass die bewilligte Zwangsverwaltung oder Zwangsversteigerung gegen jeden späteren Erwerber der Liegenschaft durchgeführt werden kann (§ 98 Abs 2 und § 138 Abs 1 EO). Dabei geht der betreibende Gläubiger allen später begründeten dinglichen Befriedigungsrechten vor (§ 104 Abs 1 Satz 2, § 138 Abs 1 Satz 1 EO). Darin erschöpft sich die **Verstrickungswirkung** (vgl dazu oben Rz 141) freilich nicht: Bei der Zwangsverwaltung wird dem Verpflichteten die Bewirtschaftung der Liegenschaft und die Verfügungsmacht über deren Erträgnisse entzogen (§ 99 Abs 1 EO – vgl Rz 248), bei der Zwangsversteigerung sind mit deren Einleitung alle Rechtshandlungen des Verpflichteten, die nicht zur ordentlichen Verwaltung der Liegenschaft gehören, den Gläubigern und dem Ersteher gegenüber unwirksam (§ 138 Abs 2 EO – vgl Rz 271). Eine Beschlagnahme ist dagegen bei Liegenschaften (im Gegensatz zu beweglichen Sachen) weder notwendig noch sinnvoll.

87

B. Die zwangsweise Pfandrechtsbegründung

1. Die Bedeutung des Exekutionsmittels

Zugunsten einer vollstreckbaren Geldforderung kann auf Antrag des betreibenden Gläubigers an einer **Liegenschaft** oder an einem **Liegenschaftsanteil**, einem **Superädifikat** oder einem **Baurecht** des Verpflichteten eine Zwangshypothek begründet werden (§ 87 EO). Dieses selbständige Exekutionsmittel gibt dem betreibenden Gläubiger ein exekutives Befriedigungsrecht mit Sicherungsfunktion und erleichtert ihm dadurch die Möglichkeit, dem Verpflichteten Stundung zu gewähren oder einfach eine günstige Entwicklung der Grundstückspreise oder eine sonstige Verbesserung der Situation abzuwarten. Besonders zweckmäßig ist ein gleichzeitig mit dem Antrag auf Bewilligung der Zwangsverwaltung gestellter Antrag auf Einverleibung einer Zwangshypothek, wenn der betreibende Gläubiger nicht schon hypothekarisch sichergestellt ist. Bei Einstellung der Zwangsverwaltung geht nämlich der mit dem exekutiven Befriedigungsrecht verbundene Rang endgültig verloren (vgl unten Rz 260). **237**

2. Das Wesen der Zwangshypothek

Dem „zwangsweise begründeten Pfandrecht" kommt **Doppelnatur** zu: Es ist einerseits durchaus ein Pfandrecht iS des ABGB mit nahezu voller Sicherungsfunktion und andererseits ein exekutives Befriedigungsrecht, dessen bücherliche Einverleibung die Wirkung hat, dass der betreibende Gläubiger wegen seiner vollstreckbaren Forderung auf die Liegenschaft jederzeit (und auch gegen jeden späteren Erwerber) durch Zwangsverwaltung oder Zwangsversteigerung Exekution führen kann (§ 88 Abs 3 Satz 2 EO). **238**

Aus der Pfandrechtsnatur ergibt sich die Verfügungsmacht des Eigentümers über die Zwangshypothek gem § 469 ABGB. Nach stRsp (JBl 1989, 388 = NZ 1989, 338; NZ 1995, 69) verhindert ein rechtsgeschäftliches, im Grundbuch eingetragenes Veräußerungs- und Belastungsverbot auch die zwangsweise Pfandrechtsbegründung, ausgenommen der Fall, dass Verpflichteter und Verbotsberechtigter Gesamtschuldner sind (vgl *Angst* in *Angst* § 87 Rz 11). Zwischen der Zwangshypothek und dem Pfandrecht nach ABGB bestehen aber **zwei wesentliche Unterschiede**: **239**

- Wie jedes exekutive Befriedigungsrecht erlischt auch die Zwangshypothek, wenn sie **innerhalb der letzten 60 Tage** vor der Konkurs- oder Ausgleichseröffnung erworben worden ist (§ 12 Abs 1 KO und § 12

Abs 1 AO); im Fall des § 208 EO entscheidet der Tag der Einleitung des Versteigerungsverfahrens (§ 12 Abs 2 aE KO). Das gilt naturgemäß nicht, wenn es bloß zur Anmerkung der Vollstreckbarkeit eines bereits vorher im Grundbuch einverleibten Pfandrechts gem § 89 EO kommt (vgl dazu unten Rz 240).

- Dem Zwangshypothekar kommt der Vertrauensschutz des Grundbuchs nach hM (*Holzhammer* 174; SZ 22/99 = JBl 1950, 60; JBl 1956, 233 = NZ 1956, 77) **nicht** zugute. Wenn dem Verpflichteten kein Recht zur Verfügung an der Sache zustand, muss er daher aufgrund einer erfolgreichen Exszindierungsklage (vgl oben Rz 221 ff) weichen.

3. Das Verfahren

240 Die zwangsweise Pfandrechtsbegründung erfolgt durch bücherliche Einverleibung des Pfandrechts, wobei die gesicherte Forderung als vollstreckbar zu bezeichnen ist (§ 88 Abs 1 und 3 EO).

Für die Bewilligung und den Vollzug der Einverleibung gelten die Bestimmungen des GBG; es bleibt allerdings bei der allgemeinen Rekursfrist von 14 Tagen (§ 88 Abs 2 EO). Zu den anwendbaren Sondervorschriften des GBG gehören zB die Vorschriften über die besonderen Inhaltserfordernisse des Grundbuchsgesuchs (§§ 84 f GBG), über dessen Prüfung (§ 94 GBG) und über die erweiterte Eigenhandzustellung (§§ 119, 120 GBG).

Besitzt der betreibende Gläubiger bereits eine Hypothek im Grundbuch, ist ihm auf Antrag die bücherliche **Anmerkung der Vollstreckbarkeit** zu bewilligen. Mit dieser Anmerkung erlangt die Forderung unmittelbare Vollstreckbarkeit gegen jeden späteren Erwerber der Liegenschaft (§ 89 EO).

4. Die Beendigung der zwangsweisen Pfandrechtsbegründung

241 Die Frage, wann die Exekution durch zwangsweise Pfandrechtsbegründung beendet ist, zeigt die Grenzen der Konstruktion dieser Einrichtung als selbständiges Exekutionsmittel auf: Nach hM (*Holzhammer* 175; vgl auch ÖBA 1990/228) gilt das Exekutionsverfahren erst mit der Befriedigung des betreibenden Gläubigers als beendet, sodass die Exekution bis dahin aus den Gründen der §§ 39, 40 und 41 EO eingestellt oder eingeschränkt werden kann. Eine amtswegige Löschung des Pfandrechtes nach Einstellung der Exekution auf Antrag des betreibenden Gläubigers kommt aber nicht in Frage, weil ja der Schuldner (Eigentümer) gem § 469 ABGB über die Hypothek verfügen kann (stRsp: vgl nur SZ 28/17; ebenso *Jakusch* in *Angst* § 39 Rz 76).

Ausdrücklich sieht § 96 EO die Einschränkung der Exekution für den Fall vor, dass der betreibende Gläubiger durch die zwangsweise Pfandrechtsbegründung eine größere Sicherheit erlangt hat, als sie das Gesetz für die Anlegung von Mündelgeldern (vgl §§ 230, 230c ABGB) erfordert. Dies kann **nur auf Antrag** des Verpflichteten geschehen und gilt nicht für Vertragshypotheken. 242

5. Die exekutive Begründung eines Vertragspfandes

Von der Geldexekution durch zwangsweise Pfandrechtsbegründung ist die Naturalexekution aufgrund eines Titels auf Begründung eines Vertragspfandes zu unterscheiden: Auch hier wird ein Pfandrecht im exekutiven Weg – nämlich im Wege der Exekution zur Erwirkung von Handlungen und Unterlassungen (vgl dazu Rz 442 ff) – eingetragen, das jedoch als reines Vertragspfand zum Unterschied vom exekutiv begründeten Zwangspfand gem § 12 Abs 1 KO und § 12 Abs 1 AO nicht erlischt, wenn es erst innerhalb von 60 Tagen vor der Konkurs- oder Ausgleichseröffnung erworben worden ist. 243

C. Die Zwangsverwaltung

1. Die Neuregelung durch die EO-Novelle 2008

Mit der EO-Nov 2008 (BGBl I 2008/37) wurde das Verfahren der Zwangsverwaltung in weiten Teilen reformiert. Die Änderungen bezwecken insbesondere eine Verfahrensvereinfachung, die Entlastung der Gerichte, eine Verstärkung des Schuldnerschutzes sowie – in gewissen Bereichen – die Angleichung der Bestimmungen über die Zwangsverwaltung an jene der Zwangsversteigerung bzw an die Vorschriften betreffend den Masseverwalter im Insolvenzverfahren (s ErlRV 295 BlgNR 23.GP 2). 244

Die wichtigsten Änderungen stellen die Erweiterung des Anwendungsbereichs der Zwangsverwaltung auf **Superädifikate und Baurechte** (§ 97 Abs 1 EO) und der Wegfall der obligatorischen Übergabe der zu verwaltenden Liegenschaft an den Verwalter (§ 99 Abs 2 EO) sowie jener des zwingenden Charakters der Rechnungslegungstagsatzung (§ 116 EO) dar.

Eine genauere Regelung haben die Anforderungen an die Person des Zwangsverwalters (§§ 106 ff EO) erfahren. Ausdrücklich normiert werden nunmehr das Kriterium der Unabhängigkeit (§ 107b EO) sowie die Modalitäten seiner Entlohnung (§§ 113 ff EO); gleichzeitig wird der Kreis der Zwangsverwalter auf juristische Personen erweitert (§ 106 Abs 4 EO).

Dem Schuldnerschutz dienen die neu eingeführten Bestimmungen über den Auftrag an den Gläubiger zum Erlag eines Kostenvorschusses zur Deckung der Mindestvergütung des Zwangsverwalters (§ 98a Abs 2 EO), jene über den Aufschub der Zwangsverwaltung für den Fall einer bereits anhängigen, die betriebenen Forderungen binnen Jahresfrist deckenden, Gehaltsexekution (§ 99b EO) sowie die Verpflichtung zur Überlassung einer getrennten Wohneinheit, die die unentbehrlichen Wohnräume enthält, an den Verpflichteten (§ 105 Abs 1 EO).

2. Zweck

245 Die Zwangsverwaltung dient der Befriedigung des betreibenden Gläubigers aus den **Nutzungen und Einkünften von Liegenschaften** (dazu gehören auch Erträgnisse aus einer Dienstbarkeit, vgl 3 Ob 240/07a = EvBl 2008/104 = Zak 2008/347), **Liegenschaftsanteilen und** (seit der EO-Nov 2008) **Superädifikaten und Baurechten** (§ 97 Abs 1 und § 131 EO), aber auch von Rechten, die den wiederholten Bezug von Früchten oder eine andere verwertbare Benützung gewähren, von **Gewerbeberechtigungen**, Industrieprivilegien, Jagd- und Fischereirechten, Freischurfberechtigungen uÄ (§ 334 Abs 1 EO), von gewerblichen Unternehmungen, Fabriksetablissements, Handelsbetrieben und ähnlichen **wirtschaftlichen Unternehmungen** (§ 341 Abs 1 EO) sowie von **Mietzinsen** aus Mietverträgen, welche dem MRG unterliegen (§ 42 Abs 1 MRG).

Wird auf der Liegenschaft eine Land- oder Forstwirtschaft betrieben, so werden auch die Einkünfte aus diesen Unternehmen von der Zwangsverwaltung erfasst (§ 97 Abs 2 EO). Strittig bleibt die Frage, ob von der Zwangsverwaltung einer Betriebsliegenschaft auch die Erträgnisse des darauf betriebenen Unternehmens eingeschlossen werden (vgl den Meinungsstand bei *Angst* in *Angst* § 97 Rz 4).

Veräußerungs- und Belastungsverbote hindern eine Zwangsverwaltung ebenso wenig wie eine fideikommissarische Substitution (LG Eisenstadt 13 R 288/05h = Zak 2007/168).

Die Zwangsverwaltung kann gem § 374 Abs 1 EO auch im Rahmen der Exekution zur Sicherstellung bewilligt werden (vgl unten Rz 463).

Die Zwangsverwaltung erscheint in erster Linie als ein den Schuldner schonendes Exekutionsmittel der **Liegenschaftsexekution**, ist als solches aber nicht sehr bedeutsam. Immerhin kann sie die einzige Möglichkeit für den betreibenden Gläubiger darstellen, wenn ihm die Zwangsversteigerung der Liegenschaft wegen vorrangiger Gläubiger (die bei der Zwangsverwaltung nur mit den Zinsen, Annuitäten und sonstigen laufend wiederkehrenden Leistungen befriedigt werden) nichts bringen würde. Auf

Mietzinse aus Mietverträgen, auf die die Bestimmungen des MRG Anwendung finden, kann überhaupt **nur** im Wege der Zwangsverwaltung Exekution geführt werden (§ 42 Abs 1 MRG).

Seit der Erweiterung der Verstrickungswirkung der Einleitung der Zwangsversteigerung durch die EO-Nov 2000 (§ 138 Abs 2 EO – vgl Rz 271) empfiehlt sich ein mit dem Antrag auf Zwangsversteigerung verbundener Antrag auf Zwangsverwaltung auch nicht mehr schon allein deshalb, um den Verpflichteten von schädlichen Verwaltungshandlungen auszuschließen.

3. Der Gang des Zwangsverwaltungsverfahrens

Der betreibende Gläubiger braucht dem Exekutionsantrag seit der EO-Nov 2008 keine Ausfertigung des Exekutionstitels mehr beizulegen, sofern für die hereinzubringende vollstreckbare Forderung schon ein Pfandrecht an der Liegenschaft rechtskräftig begründet wurde (§ 97 Abs 3 EO). **246**

Wird der Antrag auf Zwangsverwaltung bewilligt – die Erfolgsaussichten einer Zwangsverwaltung sind anlässlich der Bewilligung nicht zu prüfen (vgl 3 Ob 18/07d = ÖJZ-LS 2007/50 = Zak 2007/423 = immolex 2007/134 = wobl 2008/12 [*Call*]) –, hat das Exekutionsgericht (Buchgericht) diese Bewilligung im Lastenblatt der Liegenschaft bücherlich anzumerken. Ist das Bewilligungsgericht nicht auch Grundbuchsgericht, hat es dieses unter Anschluss der erforderlichen Anzahl von Ausfertigungen um die Anmerkung zu ersuchen (§ 98 Abs 1 EO).

Die Bewilligung der Exekution ist dem betreibenden Gläubiger und dem Verpflichteten zuzustellen. Dem betreibenden Gläubiger **kann** (seit der EO-Nov 2008) der Erlag eines Kostenvorschusses zur Deckung der Anlaufkosten der Zwangsverwaltung, insb der Mindestentlohnung des Zwangsverwalters (§ 98a Abs 2 EO), aufgetragen werden, dies bei sonstiger Einstellung der Zwangsverwaltung (s ErlRV 295 BlgNR 23. GP 7).

Obwohl es sich um eine „Kann"-Bestimmung handelt, wird mit den Mat davon auszugehen sein, dass ein solcher Kostenvorschuss jedenfalls zwingend aufzutragen ist (*Angst* in *Angst* § 98a Rz 3), sofern nicht aufgrund der Umstände zu erwarten ist, dass die Erträgnisse aus der Verwertung des gegenständlichen Objekts jedenfalls zumindest die Entlohnung des Zwangsverwalters bis zu dem Zeitpunkt decken, zu dem eine Abschätzung, ob im Rahmen der Zwangsverwaltung mit Erträgnissen zu rechnen ist, möglich scheint (vgl *Frauenberger-Pfeiler*, JAP 2007/2008, 236; *Mohr*, ecolex 2008, 216).

Ab Zustellung des die Zwangsverwaltung bewilligenden Beschlusses an den Verpflichteten sind Rechtshandlungen des Verpflichteten, welche die in Exekution gezogene Liegenschaft sowie deren Zubehör betreffen und nicht zur ordentlichen Verwaltung gehören, **den Gläubigern gegenüber unwirksam** (§ 98a Abs 1 EO). Die Befugnisse des Verwalters beginnen bereits mit der Zustellung des Bestellungsbeschlusses (§ 109 Abs 1 EO), nicht erst mit der – seit der EO-Nov 2008 nicht mehr obligatorischen – Übergabe der Liegenschaft an ihn (zu den durch die neue Rechtslage geschaffenen Unsicherheiten vgl *Angst* in *Angst* § 109 Rz 14).

Nach Erlag des Kostenvorschusses für die Mindestentlohnung des Zwangsverwalters hat das Exekutionsgericht eine geeignete Persönlichkeit zum Verwalter zu ernennen. Gleichzeitig wird dem Verpflichteten verboten, über die Erträgnisse der Liegenschaft zu verfügen und sich an der Geschäftsführung des Verwalters zu beteiligen. Der Verpflichtete hat die Liegenschaft dem Verwalter zu übergeben, widrigenfalls der Gerichtsvollzieher einschreitet.

Erstreckt sich die Zwangsverwaltung auf einen Liegenschaftsanteil, mit dem nicht Wohnungseigentum verbunden ist, sind auch die übrigen Miteigentümer von der Einleitung der Zwangsverwaltung in Kenntnis zu setzen (§ 99 Abs 2, 3 EO).

247 Durch die EO-Nov 2008 wurde in § 99a EO die **Mitwirkungspflicht des Verpflichteten** ausdrücklich normiert. Der Verpflichtete hat dem Zwangsverwalter alle zur Geschäftsführung nötigen Unterlagen zu übergeben und alle erforderlichen Aufklärungen zu erteilen. Kommt er diesen Pflichten beharrlich und grundlos nicht nach, kann er auf Antrag des Zwangsverwalters vom Exekutionsgericht **in Haft** genommen werden (in ErlRV 295 BlgNR 23.GP 8 ist davon die Rede, dass „ausnahmsweise auch die Haft möglich" sei; krit zu dieser Neuregelung *Frauenberger-Pfeiler*, JAP 2007/2008, 236; vgl auch *Mohr*, ecolex 2008, 218). Der Verpflichtete wird vor der Entscheidung über die Verhängung einer Beugehaft jedenfalls zu den Gründen seiner Pflichtverletzung einzuvernehmen sein (§ 358 EO *per analogiam*; s *Angst* in *Angst* § 99a Rz 2). Die Ausfolgung allfälliger zur Geschäftsführung notwendiger, im Besitz des Verpflichteten befindlicher, Unterlagen kann auf Antrag des Zwangsverwalters auch im Wege der Exekution nach §§ 346, 347 EO durchgesetzt werden.

Ist zur Hereinbringung derselben Forderung bereits eine Exekution auf wiederkehrende Geldforderungen anhängig, hat das Exekutionsgericht, sofern der dadurch hereinzubringende Betrag die Forderung samt Nebengebühren binnen eines Jahres zu tilgen geeignet erscheint, die Zwangsverwaltung gem § 99b EO **aufzuschieben**. Dadurch hat die EO-Nov 2008 einen Gleichklang mit der entsprechenden Bestimmung bei der Fahrnisexekution (§ 264a EO) hergestellt und den Schuldnerschutz verstärkt. Es handelt sich jedoch um keinen strikten *gradus executionis* (s dazu bei Rz 37), weil weder die Forderungsexekution erfolglos geblieben sein muss, bevor zur Zwangsverwaltung geschritten werden darf, noch die Forderungsexekution schon dann vorgeht, wenn sie voraussichtlich erfolgreicher ist, als die Zwangsverwaltung (ErlRV 295 BlgNR 23.GP 8).

Die Aufschiebung nach erfolgter Bestellung des Zwangsverwalters hat jedoch nur zur Folge, dass die Verwaltungserträgnisse nicht zu verteilen bzw auszufolgen sind – die Rechtsstellung des Verwalters sowie seine Befugnisse bleiben von der Aufschiebung unberührt (vgl 3 Ob 278/05m = EvBl 2006/73 = immolex 2006/76 = ZIK 2006/236).

Die mit der Verwaltung und der gewöhnlichen wirtschaftlichen Benützung der Liegenschaft verbundenen Auslagen sind vom Verwalter ohne weiteres aus den Erträgnissen zu berichtigen. Über die Verteilung der übrigen Erträgnisse (Ertragsüberschüsse) wird mit den Beteiligten idR in einer eigenen Verteilungstagsatzung verhandelt. Aufgrund der Ergebnisse dieser Verhandlung ergeht der Verteilungsbeschluss, der Bestand, Rang und Höhe jener Forderungen feststellt, die aus den Ertragsüberschüssen befriedigt werden. Bei der Verteilungstagsatzung kann ein Gläubiger gegen die Bezahlung der Forderung eines anderen Gläubigers Widerspruch erheben, was bei streitigen Tatumständen zu einem Prozess über diese Forderung führen kann. 248

BSP

Wenn sämtliche Forderungen, zu deren Hereinbringung das Exekutionsverfahren eingeleitet wurde, getilgt sind, ist die Zwangsverwaltung von Amts wegen einzustellen.

4. Die Wirkungen der Anmerkung der Zwangsverwaltung im Grundbuch

Im Rang der Anmerkung der Bewilligung der Zwangsverwaltung im Grundbuch erwirbt der betreibende Gläubiger das **exekutive Befriedigungsrecht aus den Liegenschaftserträgnissen** (positive Wirkung). Er geht dadurch allen Personen vor, die erst nach dem Zeitpunkt der Anmerkung bücherliche Rechte an der Liegenschaft erwerben oder selbst die Zwangsverwaltung erwirken. Da die Exekution regelmäßig vom Buchgericht bewilligt wird, bestimmt der Zeitpunkt der Anbringung des Antrags auf Zwangsverwaltung den Rang (§ 104 Abs 1 EO), bei Superädifikaten ist der Zeitpunkt der Anmerkung der Bewilligung der Zwangsverwaltung auf dem Protokoll über die pfandweise Beschreibung maßgeblich (§§ 102 Abs 2, 104 Abs 2 EO). Dieser Zeitpunkt ist auch für die Frage, ob Erträgnisse der verwalteten Liegenschaft in die Zwangsverwaltungsmasse fallen, entscheidend (vgl *Angst* in *Angst* § 119 Rz 1). 249

Die Liegenschaft selbst wird zwar naturgemäß nicht beschlagnahmt, doch kommt die **Verstrickungswirkung** (negative Wirkung) dadurch zum Ausdruck, dass dem Verpflichteten beschlussmäßig aufgetragen wird, er habe sich jeder Verfügung über die von der Exekution betroffenen Erträgnisse zu enthalten und dürfe sich an der Geschäftsführung des Verwalters gegen dessen Willen nicht beteiligen (§ 99 Abs 1 EO). Dieses **Verfügungs- und Bewirtschaftungsverbot** hindert den Verpflichteten nicht an Verfügungen über die Liegenschaft selbst; freilich kann der betreibende Gläubiger die Zwangsverwaltung gegen jeden späteren Erwerber der Liegenschaft (mit Ausnahme des Erstehers, falls es zur Zwangsversteigerung kommt) fortsetzen (absolute Wirkung; § 98 Abs 2, § 161 Abs 1 EO).

250 Wohnt der Verpflichtete zur Zeit der Exekutionsbewilligung auf dem zu verwaltenden Grundstück bzw in dem zu verwaltenden Haus, so sind ihm grundsätzlich für die Dauer der Zwangsverwaltung die für ihn **unentbehrlichen Wohnräume** zu überlassen.

Mit der EO-Nov 2008 wurde zunächst klargestellt, dass es sich bei den dem Verpflichteten zu überlassenden unentbehrlichen Wohnräumen um eine getrennte Wohneinheit handeln muss (vgl hiezu *Angst* in *Angst* § 105 Rz 1). Eine solche kann auch erst im Zuge der Zwangsverwaltung geschaffen werden (vgl *Mohr*, ecolex 2008, 218).

Weiters erfolgte eine Änderung des Kreises der geschützten Personen. Es kommt jetzt nicht mehr auf die Eigenschaft als „Familienmitglied" des Verpflichteten an, sondern – ua zwecks Verbesserung der Stellung des Lebensgefährten – auf das Kriterium des „gemeinsamen Haushalts" (ausführlich hiezu *Angst* in *Angst* § 105 Rz 2 mwN). Der Kreis der geschützten Personen wurde insofern ausgedehnt, als es darauf ankommt, dass der Räumung die „Gefährdung der Gesundheit" entgegensteht, und nicht lediglich „Kranke und Wöchnerinnen" vom Schutz umfasst sind.

251 Während laufender Zwangsverwaltung kann zugunsten eines anderen betreibenden Gläubigers keine besondere Zwangsverwaltung derselben Liegenschaft eingeleitet werden; ein anderer Gläubiger kann der laufenden Zwangsverwaltung bloß **beitreten**, wobei er sie in jener Lage annehmen muss, in der sie sich zur Zeit des Beitritts befindet (§ 103 Abs 2 EO; Grundsatz der Einheit des Verwertungsverfahrens, s auch Rz 271, 347). Der beitretende betreibende Gläubiger erwirbt ein Befriedigungsrecht nur im laufenden Rang und nicht in jenem der führenden Zwangsverwaltung (vgl 5 Ob 9/07w = NZ 2008/700 [*Hoyer*] = Zak 2007/424).

Betreibt ein anderer Gläubiger nach Bewilligung der Zwangsverwaltung die Zwangsversteigerung der Liegenschaft, wird der die Zwangsverwaltung betreibende Gläubiger im Rang seines exekutiven Befriedigungsrechts auch dann aus dem Meistbot befriedigt, wenn er auf der Liegenschaft weder pfandrechtlich sichergestellt noch dem Versteigerungsverfahren beigetreten ist (§ 218 Abs 2 EO).

5. Der Zwangsverwalter

Trotz der Gerichtslastigkeit des österreichischen Vollstreckungssys- 252
tems wird die Verwaltung aus einsichtigen Gründen nicht unmittelbar durch das Gericht durchgeführt, sondern durch einen vom Gericht bestellten fachkundigen Zwangsverwalter, der die Liegenschaft ordentlich zu verwalten und zu bewirtschaften hat.

Durch die EO-Nov 2008 wurde die Bestellung des Zwangsverwalters in Anlehnung an die Vorschriften für den Masseverwalter grundsätzlich neu geregelt (ErlRV 295 BlgNR 23.GP 10). Neben der gesetzlichen Festlegung eines detaillierten Anforderungsprofils erfolgte eine Konkretisierung seiner Aufgaben, Befugnisse, Rechtsstellung und Unabhängigkeit sowie seiner Entlohnung.

Die von den Gerichtshöfen erster Instanz geführte Zwangsverwalterliste wurde durch die EO-Nov 2008 durch eine zentral (vom OLG Linz) zu führende, allgemein zugängliche Datenbank (vgl dazu § 107a Abs 2 EO) ersetzt. Bei der unveränderten Beibehaltung der Bestimmung des § 558 Geo, die anordnet, dass **jeder** Gerichtshof erster Instanz ein Zwangsverwalterverzeichnis zu führen hat, handelt es sich daher um ein Redaktionsversehen.

Personen, die an der Durchführung von Zwangsverwaltungen interessiert sind, haben sich selbst in die Datenbank einzutragen. Wurden vor der EO-Nov 2008 Kenntnisse und Eignung der einzelnen Zwangsverwalter anlässlich der Aufnahme in die Zwangsverwalterliste geprüft, erfolgt nunmehr – nach selbständiger Eintragung seitens der daran Interessierten – eine Überprüfung der Kenntnisse im Einzelfall anlässlich der Bestellung, allenfalls nach Durchführung weiterer Erhebungen (vgl *Angst* in *Angst* § 106 Rz 2 f).

Das Exekutionsgericht hat eine unbescholtene, verlässliche und geschäftskundige Person, die Kenntnisse in der Verwaltung von Liegenschaften hat, zum Verwalter zu bestellen (§ 106 Abs 1 EO). Dabei ist insbesondere auf das Vorhandensein einer hinreichenden Kanzleiorganisation und einer zeitgemäßen technischen Ausstattung sowie auf die Belastung mit anhängigen Zwangsverwaltungen Bedacht zu nehmen (§ 107 Abs 1 EO). Darüberhinaus hat die EO-Nov 2008 ein genaues Anforderungsprofil für die Person des Zwangsverwalters festgelegt (§ 106 Abs 2, 107 Abs 2 EO).

In Anlehnung an die Bestimmungen über die Unabhängigkeit des Masseverwalters wurde durch die EO-Nov 2008 auch die Unabhängigkeit des Zwangsverwalters (§ 107b EO) im Gesetz explizit normiert (ErlRV 295 BlgNR 23.GP 10). Der Verwalter hat Umstände, die geeignet sind, seine Unabhängigkeit in Zweifel zu ziehen, unverzüglich dem Gericht anzuzeigen (§ 107b Abs 2 EO). Die Parteien können gegen die Ernennung des Verwalters innerhalb von 14 Tagen nach Zustellung des Beschlusses über die Bestellung des Zwangsverwalters sowie der von diesem bekanntgegebenen Umstände unter Darlegung ihrer Gründe dessen Enthebung beantragen (§ 108 Abs 1

EO). Außerdem kann der Verwalter jederzeit aus wichtigen Gründen von Amts wegen oder auf Antrag vom Exekutionsgericht seines Amtes enthoben und ein neuer Verwalter bestellt werden (Abs 2, 3). Da auch die in die Zwangsverwalterliste eingetragenen Personen keine Verpflichtung trifft, die Bestellung zum Zwangsverwalter anzunehmen (§ 107 Abs 3 EO), kann der Fall eintreten, dass das Exekutionsgericht keinen Zwangsverwalter zu finden vermag. In diesem Fall beauftragt es den betreibenden Gläubiger, eine geeignete Person vorzuschlagen (vgl *Angst* in *Angst* § 99 Rz 2).

Auch für die Deutung der Rechtsstellung des Zwangsverwalters hat sich eine Reihe von unterschiedlichen Ansätzen entwickelt, von denen der **Organtheorie,** die den Zwangsverwalter als gesetzlichen Vertreter des rechts- und parteifähigen Sondergutes der zwangsverwalteten Liegenschaft sieht, der Vorzug zu geben ist (vgl dazu *Petschek/Hämmerle/Ludwig* 155; *Holzhammer* 180; SZ 64/183 = EvBl 1992/96 = JBl 1992, 319). Die jüngere Rspr sieht den Zwangsverwalter allerdings ohne überzeugende Begründung als gesetzlichen Vertreter des Verpflichteten und die Zwangsverwaltungsmasse als Sondervermögen ohne eigene Rechtspersönlichkeit (vgl nur 1 Ob 46/05d = EvBl 2005/167 = JBl 2005, 785 = wobl 2006/104 = RdW 2005/684 = immolex 2006/7 = ZIK 2005/169 sowie die Übersicht bei *Angst* in *Angst* § 109 Rz 1, 11).

253 Der Zwangsverwalter ist – ab Zustellung des Bestellungsbeschlusses an ihn (§ 109 Abs 1 EO) – befugt, alle Nutzungen und Einkünfte sowie (von der EO-Nov 2008 betont) die Betriebskosten aus der verwalteten Liegenschaft einzuziehen.

Der Einwand, vor Einleitung der Zwangsverwaltung an den Verpflichteten bereits im Voraus Bestandzins-Zahlungen geleistet zu haben, steht dem Drittschuldner nur insofern zu, als dieser Umstand im Grundbuch ersichtlich gemacht wurde (3 Ob 261/05m = JBl 2006, 376 = MietSlg 57.160 = Zak 2006/246 = immolex 2006/58 = ecolex 2006/200 = ZIK 2006/237).

Überhaupt kann der Zwangsverwalter **alle Rechtsgeschäfte und Rechtshandlungen** vornehmen und alle Klagen anstrengen, die zur Durchführung der Zwangsverwaltung erforderlich sind, insbesondere auch eine Klage auf Unterlassung schuldhaft schädigender Einwirkungen (§ 109 Abs 3 EO). Er kann Miet- und Pachtverträge unter Einhaltung der gesetzlichen Bestimmungen kündigen, Räumungsklagen erheben und neue Mietverträge für die ortsübliche Dauer abschließen (§ 111 EO).

Für Verfügungen, die **nicht zur ordentlichen Verwaltung** gehören, insbesondere zum Abschluss von Mietverträgen, die auf längere Zeit als die voraussichtliche Dauer der Zwangsverwaltung abgeschlossen werden, zur Verpachtung der Liegenschaft oder einzelner Teile derselben und zur Verpachtung einzelner oder der gesamten Erträgnisse der Liegenschaft durch öffentliche Versteigerung bedarf der Verwalter der **Zustimmung** des Exekutionsgerichts (§ 112 Abs 1 EO; s ausführlich *Angst* in *Angst* § 112 Rz 5). Zum Abschluss davon nicht umfasster Rechtsgeschäfte ist, auch wenn sie von besonderer Wichtigkeit sind (so § 112 Abs 1 EO aF), keine Genehmigung erforderlich.

Im Gegensatz zur Rechtslage vor der EO-Nov 2008 hat der Zwangsverwalter nunmehr selbst (anstelle des Exekutionsgerichts, vgl § 110 Abs 1 aF) dritte Personen, denen Leistungen an den Verpflichteten obliegen, die sich als Einkünfte der verwaltenden Liegenschaft darstellen, unter Anschluss einer Ausfertigung seiner Bestellungsurkunde aufzufordern, diese an ihn zu entrichten. Leistungen, die nach der Verständigung erfolgen, sind relativ unwirksam (vgl hiezu *Angst* in *Angst* § 110 Rz 1). Auf diese Rechtsfolge ist in der Aufforderung hinzuweisen.

Der Verwalter hat (seit der EO-Nov 2008 ausdrücklich im Gesetz **254** festgelegt) innerhalb von 14 Tagen nach Abschluss jedes Rechnungsjahres sowie nach Beendigung der Verwaltung **Rechnung zu legen** und die sich als Ertragsüberschüsse ergebenen Gelder unverzüglich sicher und bestmöglich fruchtbringend anzulegen bzw auf Aufforderung des Gerichtes bei diesem zu erlegen (§ 115 Abs 1 EO). Gleichzeitig (vgl hiezu *Angst* in *Angst* § 117a Rz 1) hat er seinen Anspruch auf Entlohnung und Ersatz der ihm durch die Verwaltung entstandenen Barauslagen geltend zu machen (§ 117a Abs 1 EO).

Die Bestimmungen über die Rechnungslegung wurden durch die EO-Nov 2008 vereinfacht und die Gerichte damit entlastet: Über die vom Zwangsverwalter gelegte Rechnung ist jetzt nur noch dann eine Tagsatzung anzuberaumen, wenn der Verpflichtete oder der betreibende Gläubiger binnen der ihnen gesetzten Frist **Bemängelungen** gegen die vom Verwalter gelegte Rechnung anbringen, widrigenfalls angenommen wird, dass sie die gelegte Rechnung als richtig anerkennen (§ 116 EO). Auf diese Rechtsfolge ist in der Aufforderung zur Äußerung hinzuweisen. Das Gericht kann daraufhin die Rechnung genehmigen oder dem Verwalter eine neuerliche Rechnungslegung auftragen. Die genehmigte Rechnung bildet die Grundlage für die Verteilung der Ertragsüberschüsse. Der Beschluss ist mit Rekurs anfechtbar, welcher jedoch den Parteien, die keine Bemängelungen wider die vom Verwalter gelegte Rechnung angebracht haben, nicht zusteht (§ 117 Abs 2 EO). Haben sie Bemängelungen angebracht, sind jedoch zur Tagsatzung nicht erschienen, verlieren sie (anders als nach § 117 Abs 2 EO aF) ihr Rekursrecht nicht (vgl hiezu *Angst* in *Angst* § 116 Rz 4; § 117 Rz 4).

Dem Verwalter rechtskräftig aufgetragener Schadenersatz wird mit den Ansprüchen des Verwalters kompensiert; wenn dies nicht ausreicht, durch **von Amts wegen** eingeleitete Exekution auf das Vermögen des Verwalters hereingebracht (§ 118 Abs 2 EO).

255 Das Gericht hat die Tätigkeit des Zwangsverwalters zu überwachen und kann diesem (eine weitere von der EO-Nov 2008 eingeführte Neuerung) schriftlich oder mündlich **Weisungen** erteilen, bei deren Nichteinhaltung Geldstrafen gegen ihn verhängen bzw, in dringenden Fällen, auf seine Kosten und Gefahr einen anderen Verwalter bestellen (§ 114 EO). Das Gericht hat ferner über von betreibenden Gläubigern, vom Verpflichteten bzw von Miteigentümern der verwalteten Liegenschaft vorgebrachte **Beschwerden** nach Einvernahme des Verwalters und derjeniger Personen, für welche diese Entscheidung von Belang ist, zu entscheiden (§ 114 Abs 3 EO).

Im Sinne der Herstellung eines Gleichklanges mit der Stellung des Masseverwalters nach der KO (vgl ErlRV 295 BlgNR 23. GP 11) hat die EO-Nov 2008 ausdrücklich die **Verantwortlichkeit** des Zwangsverwalters **für** sämtliche, durch eine pflichtwidrige Ausübung seines Amtes einem Beteiligen erwachsene, **Vermögensnachteile** normiert (§ 109 Abs 2 EO). Für durch seine Handlungen verursachte Schäden haftet der Zwangsverwalter nach dem erhöhten Sorgfaltsmaßstab eines Sachverständigen (§ 1299 ABGB).

Der Zwangsverwalter hat Anspruch auf eine nach dem Umfang, der Schwierigkeit und der Sorgfalt seiner Geschäftsführung zu bemessende **Entlohnung** zuzüglich Umsatzsteuer und Barauslagen (§ 113 Abs 1 EO). Diese Entlohnung wurde durch die EO-Nov 2008 in Anlehnung an die Entlohnung des Masseverwalters (ErlRV 295 BlgNR 23.GP 12) neu geregelt: Für die Verwaltung von Liegenschaften, die durch Vermietung oder Verpachtung genutzt werden, beträgt sie nunmehr 10 % des Bruttoertrages, mindestens jedoch 500 € (§ 113a EO). Darüber hinaus kann die Entlohnung unter gewissen, in § 113b EO demonstrativ aufgeführten „außergewöhnlichen Umständen“ erhöht bzw verringert werden. Über den Anspruch des Verwalters wird gemeinsam mit der Entscheidung über die Rechnungslegung – nach Einvernahme des betreibenden Gläubigers und des Verpflichteten – abgesprochen (§ 117a Abs 2 EO).

6. Die Verwendung der Verwaltungserträgnisse

256 Zu den Verwaltungserträgnissen gehören alle dem Verpflichteten gebührenden, der Exekution nicht entzogenen Nutzungen und Einkünfte der Liegenschaft, und zwar insbesondere (seit der EO-Nov 2008 handelt es sich um eine demonstrative Aufzählung) die nach Anmerkung der Zwangsverwaltung gewonnenen Früchte, die zur Zeit der Anmerkung schon abgesonderten und auf der Liegenschaft befindlichen Früchte, die in diesem Zeitpunkt schon fälligen, jedoch noch nicht gezahlten Einkünfte und die erst nach Anmerkung der Zwangsverwaltung fällig werdenden Einkünfte (§ 119 Abs 2 EO; vgl dazu näher *Angst* in *Angst* § 119 Rz 2 ff). Nicht erfasst werden von der Zwangsverwaltung hingegen Sachen und Einkünfte, die vor Anmerkung der Zwangsverwaltung übertragen worden sind (§ 119 Abs 4 EO).

Die mit der Verwaltung und der gewöhnlichen wirtschaftlichen Benützung der Liegenschaft verbundenen Auslagen (**Verwaltungsauslagen**) sind vom Verwalter ohne weiteres Verfahren aus den Erträgnissen zu berichtigen (§ 120 Abs 1 EO).

Zu diesen (in § 120 Abs 2 EO demonstrativ aufgezählten) Auslagen gehören zB die Kosten der Zwangsverwaltung, Versicherungsprämien, Dienstbezüge des Wirtschaftspersonals, Sozialversicherungsbeiträge sowie Steuern und sonstige öffentliche Abgaben. Die Rangordnung der Berichtigung dieser Auslagen ergibt sich zT aus Vorschriften der EO, zT aus vielfältigen sozialversicherungsrechtlichen Vorschriften und zT aus der Judikatur. *In praxi* richtet sich der Zwangsverwalter bei der Bezahlung nach der Dringlichkeit, muss aber vor der Berichtigung einer in einer späteren Rangordnung stehenden Auslage eine entsprechende Rücklage zur Zahlung einer vorangehenden Auslage bilden (vgl Näheres bei *Holzhammer* 182 f).

Die **Ertragsüberschüsse**, die sich nach Berichtigung der Verwal- **257**
tungsauslagen erübrigen, hat das Gericht idR nach Erledigung jeder einzelnen Verwalterrechnung zu verteilen (§ 122 EO). Über die Verteilung ist in der **Verteilungstagsatzung** mündlich zu verhandeln, zu der alle Teilnahmeberechtigten zu laden sind (§ 123 Abs 1 EO). Diese ist auch in der Ediktsdatei öffentlich bekanntzumachen (§ 123 Abs 2 EO). Die Gläubiger werden aufgefordert, ihre Ansprüche spätestens bei der anberaumten Tagsatzung **anzumelden**; von Amts wegen werden nur jene Forderungen berücksichtigt, zu deren Gunsten die Zwangsverwaltung bewilligt wurde (§ 127 Abs 1 EO). Die Forderungsanmeldung richtet sich (seit der EO-Nov 2008) nach den Vorschriften über die Zwangsversteigerung (§ 210 EO); die Forderungen sind daher 14 Tage vor der Tagsatzung, spätestens bei dieser, anzumelden. Nach der Verteilungstagsatzung angemeldete Forderungen sind nicht zu berücksichtigen (vgl *Angst* in *Angst* § 127 Rz 3).

Bei der Tagsatzung ist über Bestand und Höhe sowie über Rang und Art der Befriedigung der zu berücksichtigenden Forderungen zu verhandeln (§ 128 Abs 1 EO). Dabei können anwesende Gläubiger, deren Ansprüche beim Ausfall der bestrittenen Forderung zum Zug kommen könnten (ausdrücklich genannt werden die Afterpfandgläubiger), gegen die Bezahlung dieser Forderung oder ihrer Zinsen, gegen die beantragte Reihenfolge der Bezahlung, gegen die Höhe der auszufolgenden Beträge oder gegen die Berechtigung zur Empfangnahme der Zahlungen **Widerspruch** erheben. Der Verpflichtete kann nur gegen die Berücksichtigung solcher Ansprüche Widerspruch erheben, für die es keinen Exekutionstitel gibt (§ 128 Abs 3 EO). Über Widersprüche, die bloß streitige Rechtsfragen aufwerfen, hat das Exekutionsgericht im Verteilungsbeschluss zu entscheiden. Hängt die Entscheidung dagegen von der Ermittlung und Feststellung streitiger Tatumstände ab, wird der Bestreitende **auf den**

Rechtsweg verwiesen und muss dann binnen einem Monat beim Exekutionsgericht die Widerspruchsklage erheben (§ 128 Abs 2 und 4 EO).

Im Übrigen verweist § 128 Abs 4 EO auf die Regeln, die das Gesetz für die Meistbotsverteilung bei der Zwangsversteigerung aufstellt (§§ 229 ff EO – vgl unten Rz 324 ff).

258 Im **Verteilungsbeschluss**, der aufgrund der Verhandlung über die erfolgten Anmeldungen, über die von Amts wegen zu beachtenden Ansprüche und über etwaige Widersprüche ergeht, stellt das Gericht den Bestand, den Rang und die Höhe der aus den Ertragsüberschüssen zu berichtigenden Forderungen fest. Die Verteilung erfolgt nach der **Rangordnung** der §§ 124 bis 126 EO, welche durch Bestimmungen der Sozialversicherungsgesetze ergänzt wird:

- **Ansprüche des Zwangsverwalters** auf Entlohnung und Auslagenersatz, soweit nicht schon durch die gewährten Vorschüsse (§ 113 EO) gedeckt (§ 124 Z 1 EO);
- laufende und aus dem letzten Jahr vor der Exekutionsbewilligung rückständige **Sozialversicherungsbeiträge**, soweit nicht nach § 120 EO unmittelbar berichtigt;
- laufende und aus den letzten drei Jahren rückständige **Steuern, Gebühren und öffentliche Abgaben** samt Verzugszinsen, soweit nicht nach § 120 EO unmittelbar berichtigt (§ 124 Z 2 EO);
- fällige und aus dem letzten Jahr vor der Exekutionsbewilligung rückständige **Zinsen, Annuitäten und sonstige wiederkehrende Geldforderungen**, die der Forderung des bestbetreibenden Gläubigers **vorgehen**, nach dem Rang der Bezugsrechte, soweit nicht nach § 120 EO unmittelbar berichtigt (§ 124 Z 3 EO);
- die **Forderung des bestbetreibenden Gläubigers** mit Kapital, dreijährigen Zinsen und sonstigen Rückständen, Prozess- und Exekutionskosten (§ 125 Abs 1 EO);
- laufende und aus dem letzten Jahr vor der Exekutionsbewilligung rückständige **Zinsen, Annuitäten und sonstige wiederkehrende Geldforderungen** von Gläubigern, die dem bestbetreibenden Gläubiger **nach-** und dem nächstbetreibenden Gläubiger vorgehen, nach dem Rang der Bezugsrechte (§ 124 Z 3 EO);
- die Forderungen der nächstbetreibenden Gläubiger mit Kapital, dreijährigen Zinsen und sonstigen Rückständen, Prozess- und Exekutionskosten nach ihrem Rang (§ 125 Abs 1 EO);
- die länger als drei Jahre rückständigen Steuern, Gebühren und öffentlichen Abgaben (§ 125 Abs 2 EO);
- laufende und aus dem letzten Jahr vor der Exekutionsbewilligung rückständige Zinsen, Annuitäten und sonstige wiederkehrende Geldforderungen von Gläubigern, die dem letztbetreibenden Gläubiger nachgehen (§ 126 EO).
- Ein allfälliges *superfluum* ist dem Verpflichteten zuzuweisen (§ 126 Satz 2 EO).

Forderungen, die untereinander den gleichen Rang genießen, sind nach dem Verhältnis ihrer Gesamtbeträge (= quotenmäßig) zu tilgen, wenn die Verteilungsmasse nicht zur vollständigen Befriedigung ausreicht (§ 125 Abs 2 EO).

7. Die Einstellung der Zwangsverwaltung

(Teilweise) über die allgemeinen Einstellungsgründe des § 39 EO hinaus regelt § 129 EO besondere Einstellungsgründe: Die Zwangsversteigerung ist von Amts wegen oder (neu durch die EO-Novelle 2008) auf Antrag des Verpflichteten (sowie, im ersten Fall, über Antrag des Verwalters, vgl *Angst* in *Angst*, § 129 Rz 3) einzustellen, wenn 259

- sämtliche Forderungen samt Nebengebühren getilgt sind, zu deren Hereinbringung die Zwangsverwaltung bewilligt wurde (§ 129 Abs 1 EO),
- kein Ertrag der Zwangsverwaltung zu erwarten ist, der die besonderen Verwaltungskosten übersteigt, und der betreibende Gläubiger diese Kosten nicht vorschießt,
- die Erzielung von Erträgnissen, die zur Befriedigung des betreibenden Gläubigers verwendet werden könnten, entweder überhaupt nicht oder doch innerhalb eines Jahres (in Anlehnung an § 264a EO) nicht zu erwarten ist oder diese Erträgnisse nicht einmal 25 % der laufenden Zinsen des betriebenen Kapitals decken (§ 129 Abs 2 EO).

Damit wurde die bis zur EO-Novelle 2008 strittige Frage, in welchem Umfang auch die Zinsen der betriebenen Forderung in den Verwaltungserträgnisse Deckung finden müssen, eindeutig geregelt (vgl *Angst* in *Angst* § 129 Rz 7).

Im letzten Fall gilt eine **einjährige Sperrfrist**: Innerhalb dieser Zeit hat das Exekutionsgericht die Bewilligung einer neuerlichen Zwangsverwaltung zu verweigern, sofern der betreibende Gläubiger nicht bescheinigt, dass die Erzielung von Erträgnissen, die zur Befriedigung seiner Forderungen hinreichen könnten, zu erwarten ist (§ 97 Abs 4 EO).

Voraussetzung für die Einstellung ist jedenfalls die Möglichkeit (vgl § 45 Abs 3 EO) zur Äußerung für beide Parteien sowie den Verwalter (§ 129 Abs 3 EO).

Mit der Rechtskraft des Einstellungsbeschlusses (er ist dem Verwalter gem § 130 Abs 1 EO erst nach Rechtskraft zuzustellen) tritt die **Entstrickung** ein: Der Verpflichtete erlangt wieder die Befugnis zur Bewirtschaftung und Benützung der Liegenschaft, zur Einziehung der Erträgnisse und zur Verfügung über dieselben. Das Exekutionsgericht hat 260 die bücherliche Löschung der Anmerkung der Zwangsverwaltung von Amts wegen zu veranlassen und den Verwalter zur Übergabe der Liegenschaft an den Verpflichteten und zur Erstattung der Schlussrechnung anzuweisen (§ 130 Abs 2 EO). Ein aus der Schlussrechnung sich ergebender Restbetrag ist dem Verpflichteten herauszugeben, sofern der betreibende Gläubiger mit Zustimmung des Verpflichteten nichts anderes beantragt (§ 130 Abs 2 EO; vgl hiezu *Angst* in *Angst* § 130 Rz 5).

D. Die Zwangsversteigerung

1. Zweck und Besonderheiten

261 Die Zwangsversteigerung einer Liegenschaft bzw eines Superädifikats oder Baurechts (§ 133 Abs 1 EO; im Folgenden sind, sofern nicht ausdrücklich anderes erklärt wird, vom Begriff „Liegenschaften" auch Superädifikate und Baurechte erfasst) bezweckt die Befriedigung der Geldforderung des betreibenden Gläubigers aus dem Erlös der Liegenschaft; sie stellt das die Rechte des Verpflichteten am meisten beeinträchtigende Exekutionsmittel der EO dar. Durch die EO-Nov 2000 hat das ursprünglich besonders umständliche und langwierige Verfahren eine Straffung erfahren, die insbesondere die Anpassung der aus dem 19. Jh stammenden Regelungen der Exekutionsordnung an die Gegebenheiten des modernen Wirtschaftslebens sowie an den Einsatz der neuen Informationstechnologien zum Ziel hatte.

Durch ein Zwangsversteigerungsverfahren sind in der Regel die Interessen einer größeren Anzahl von Personen betroffen. Im Grundbuch können verschiedenartigste Rechte Dritter (der sog Buchberechtigten) eingetragen sein, die vom Eigentumsverlust des Verpflichteten und vom Eigentumserwerb des Erstehers in ganz verschiedener Weise berührt werden können.

Ist eine Liegenschaft Gegenstand einer fideikommissarischen Substitution, erlischt diese – ebenso wie ein vertraglich eingeräumtes Besitznachfolgerecht – nicht mit Einleitung der Zwangsversteigerung, vielmehr tritt die Hyperocha aus der Versteigerung als Substitutionsmasse an die Stelle der Liegenschaft (8 Ob 139/07k = Zak 2008/335).

Andererseits gilt es, den Verpflichteten vor der Verschleuderung seines Vermögens zu schützen, was zB durch das zwingend vorgeschriebene Schätzungsverfahren oder die Bestimmungen über das geringste Gebot gewährleistet werden soll.

Vor allem in der Stammfassung der EO waren manche Bestimmungen für die Versteigerung eher hinderlich, weil sie dem Verpflichteten seinen idR wertvollsten Besitz zu erhalten trachte(te)n. Ein Ersteher der Liegenschaft wurde daher bloß „mit einer gewissen Bedächtigkeit" gesucht (*Pollak* 971). Durch die EO-Nov 2000 wurde das Verfahren zügiger und effizienter gestaltet und von unnötigen Formalismen befreit; die Amtswegigkeit des Verfahrens wurde ausgebaut.

Die besonderen Grundsätze des Zwangsversteigerungsverfahrens verfolgen vor allem das Ziel des Schuldnerschutzes und – seit der EO-Nov 2000 nur mehr eingeschränkt – das Ziel des Schutzes der gegenüber dem betreibenden Gläubiger vorrangigen Hypothekargläubiger.

a) Der Schuldnerschutz

Dem Schuldnerschutz (vgl dazu allgemein Rz 51 f) ist zunächst die – 262
durch die EO-Nov 2008 eingeführte und an § 201 EO (welcher schon in der Stammfassung vorhanden war) orientierte – Bestimmung des **§ 203 EO** („Vorrang anderer Exekutionsarten") verpflichtet, nach welcher das Versteigerungsverfahren **aufzuschieben** ist, wenn zur Hereinbringung derselben Forderung **mit Aussicht auf Erfolg andere Exekutionen** geführt werden: Bei einem Exekutionsverfahren auf wiederkehrende Geldforderungen kommt es darauf an, dass der pfändbare Betrag voraussichtlich ausreichen wird, die hereinzubringende Forderung samt Nebengebühren **im Laufe eines Jahres zu tilgen**, bei einer Exekution auf bewegliche körperliche Sachen darauf, dass die gepfändeten Sachen die hereinzubringende Forderung **voraussichtlich decken** werden. Diese Voraussetzungen sind vom Amts wegen (arg „ist aufzuschieben") zu berücksichtigen; die Anwendung dieser Bestimmung ist zwingend (vgl auch *Angst* in *Angst* § 203 Rz 5).

In Ermangelung einer wegen derselben Forderung gegen den Verpflichteten bereits geführten Forderungs- bzw Mobiliarexekution setzt die Bestimmung des § **201 EO** („Vorrang der Zwangsverwaltung") zwischen Zwangsverwaltung und Zwangsversteigerung insofern einen *gradus executionis* (vgl dazu oben Rz 37, 230) fest, als sie dem Verpflichteten die Möglichkeit einräumt, statt der bereits bewilligten Zwangsversteigerung die **Zwangsverwaltung der Liegenschaft** zu beantragen. Damit diesem Antrag stattgegeben werden kann, muss der durchschnittliche jährliche Ertragsüberschuss aus der Bewirtschaftung der Liegenschaft ausreichen, um die vereinbarten Annuitäten – oder sonstigen Kapitalabschlagszahlungen samt Zinsen – zu decken, oder die Forderung samt Nebengebühren muss aus den voraussichtlichen Ertragsüberschüssen im Laufe eines Jahres getilgt werden können. Man spricht auch vom Grundsatz der Subsidiarität der Zwangsversteigerung.

Kommt es zur Zwangsversteigerung, soll der Verpflichtete durch eine 263
Verschleuderungsgrenze davor geschützt werden, dass seine Liegen-

schaft zu einem unangemessen niedrigen Preis verkauft, der betreibende Gläubiger dadurch nicht befriedigt wird und die Forderung gegenüber dem Verpflichteten zumindest teilweise aufrecht bleibt. Liegenschaften dürfen deshalb nicht unter dem geringsten Gebot, das den halben **Schätzwert** (§ 151 Abs 1 EO – vgl unten Rz 287) beträgt, versteigert werden. Wird das geringste Gebot nicht erreicht, ist das Versteigerungsverfahren – sofern der betreibende Gläubiger nicht binnen zweier Jahre, während derer das Verfahren faktisch stillsteht, den Antrag auf Anberaumung eines weiteren Versteigerungstermins stellt (§ 151 Abs 3 EO – vgl Rz 287) – von Amts wegen einzustellen. Stellt er in dieser Zeit keinen solchen Antrag oder ist das zweite Versteigerungsverfahren erfolglos, so ist das Verfahren einzustellen (vgl dazu Rz 314). Ergänzt werden diese Bestimmungen durch jene über das **Überbot**, die es noch innerhalb von 14 Tagen nach Verlautbarung der Zuschlagserteilung ermöglichen, einen noch besseren Preis als den vom Ersteher gebotenen zu erzielen (vgl unten Rz 305).

b) Der Schutz vorrangiger Hypothekargläubiger

264 In Fortführung des Rangprinzips sollte gewährleistet sein, dass das Meistbot dazu hinreicht, um die dem betreibenden Gläubiger vorangehenden Rechte zu befriedigen (Deckungsprinzip).

Der komplizierte Schutzmechanismus der EO 1896 zur Wahrung dieses Prinzips, nach dem ein betroffener Hypothekargläubiger nach vorangehender vorläufiger Feststellung des Lastenstandes im Versteigerungstermin Widerspruch mangels Deckung der Vorhypothek erheben konnte, wenn das höchste Anbot nicht ausreichte, um seine Forderung voll zu berichtigen (§ 184 Abs 1 Z 8 EO alt), wurde durch die EO-Nov 2000 allerdings beseitigt. Die Praxis hatte keinen Bedarf danach ausgewiesen. Ob man deshalb von der Aufgabe des Deckungsprinzips sprechen kann (wie *Angst* in *Angst* §§ 164 bis 168 Rz 3), erscheint jedoch fraglich.

Grundsätzlich sind gem § 223 Abs 1 EO (idF der EO-Nov 2000) **alle** pfandrechtlich sichergestellten Forderungen einschließlich der Steuer- und Gebührenforderungen durch **Barzahlung** zu berichtigen (**Auszahlungsprinzip**). Der Gläubiger **kann** sich aber noch in der Verteilungstagsatzung mit der Übernahme der Schuld durch den Ersteher einverstanden erklären (**Übernahmeprinzip**; § 223 Abs 1 EO und § 170a Z 2 EO – vgl unten Rz 291, 324). Die EO-Nov 2000 hat damit das ursprüngliche System der EO 1896 umgekehrt.

2. Der Gang des Zwangsversteigerungsverfahrens

Das Zwangsversteigerungsverfahren lässt sich in vier große Abschnitte gliedern: 265

- Einleitung der Zwangsversteigerung
- Schätzung der Liegenschaft
- Versteigerung
- Meistbotsverteilung

Die EO gibt einen Standardverfahrensablauf vor, der nur ausnahmsweise – von Amts wegen oder auf Antrag der Parteien – Abänderungen zulässt. In der Regel sind daher von Seiten des betreibenden Gläubigers neben dem Exekutionsantrag keine weiteren Anträge erforderlich.

Die Einleitung der Zwangsversteigerung beginnt mit dem Antrag des betreibenden Gläubigers auf Bewilligung der Zwangsversteigerung. Der Bewilligungsbeschluss wird im Grundbuch angemerkt und den Parteien sowie den Wiederkaufsberechtigten zugestellt (§ 136 Abs 1 EO). Die Pfandgläubiger werden erst mit der Ladung zum Schätzungstermin verständigt (§ 141 Abs 3 EO). Dies bedeutet keine Einschränkung ihrer Rechte, sondern erspart – im Hinblick darauf, dass etwa ein Drittel der Verfahren noch vor dem Schätzungstermin eingestellt wird – unnötige Zustellungen und dient daher der Verfahrensvereinfachung.

Den wesentlichen Vorbereitungsakt für den Versteigerungstermin stellt die **Schätzung der Liegenschaft** samt Zubehör durch einen Sachverständigen dar (§ 141 EO). 266

Nach Ablauf der Einwendungsfrist gegen den Schätzwert bestimmt das Gericht mittels öffentlicher Bekanntmachung (**Versteigerungsedikt**) den Versteigerungstermin (§ 169 Abs 1 EO). Ausfertigungen des Edikts sind den Parteien und allen Buchberechtigten (inklusive der Vorkaufsberechtigten und – bei der Versteigerung eines Miteigentumsanteils, mit dem kein Wohnungseigentum verbunden ist – der Miteigentümer) **zuzustellen**. 267

Das Versteigerungsedikt wird – gemeinsam mit dem gesamten vom Sachverständigen übermittelten Schätzungsgutachten, wenn es nicht von außergewöhnlichem Umfang ist, sowie dessen Kurzfassung samt Lageplan, Bild und bei Gebäuden dem Grundriss – in die über Internet abrufbare **Ediktsdatei** aufgenommen (§ 170b iVm § 71 EO – vgl Rz 61 f und 289 ff).

Die Anmerkung im Grundbuch entfällt jetzt, da den Informationsbedürfnissen mit der Bekanntmachung in der Ediktsdatei ausreichend Rechnung getragen wird.

Der **Versteigerungstermin** ist ein öffentlicher Termin unter Leitung des Richters. Wird kein Widerspruch erhoben oder ein erhobener Widerspruch abgewiesen, erteilt der Richter den **Zuschlag**, was im Grundbuch anzumerken ist. Wird einem Widerspruch stattgegeben, ist der Zuschlag zu versagen, was zur Einstellung der Versteigerung führen kann.

268 Ab Zuschlagserteilung und solange die versteigerte Liegenschaft dem Ersteher noch nicht übergeben ist, kann er selbst (sofern er mit dem Erlag des Meistbots nicht säumig ist), der betreibende Gläubiger und jeder Hypothekargläubiger den Antrag auf Anordnung einer **einstweiligen Verwaltung** der versteigerten Liegenschaft stellen (§ 158 EO). Nach Rechtskraft des Zuschlagsbeschlusses und nach vollständiger Bezahlung des Meistbots kann der Ersteher die **Einverleibung** seines Eigentumsrechts im Grundbuch beantragen. Wenn das Meistbot vom Ersteher nicht rechtzeitig und ordnungsgemäß berichtigt wird, findet auf Antrag oder von Amts wegen die **Wiederversteigerung** der Liegenschaft auf Kosten und Gefahr des säumigen Erstehers statt (§ 154 Abs 1 EO).

269 Spätestens nach vollständiger Berichtigung des Meistbots hat das Gericht gem § 209 EO von Amts wegen zur Verhandlung über dessen Verteilung eine Tagsatzung anzuberaumen (**Meistbotsverteilungstagsatzung**). Zu laden sind die Parteien und alle Personen, für die auf der Liegenschaft dingliche Rechte und Lasten bestehen. Die Gläubiger sind gleichzeitig aufzufordern, spätestens 14 Tage vor der Tagsatzung ihre Ansprüche anzumelden (§ 210 Abs 1 EO). Verspätet angemeldete Forderungen sind jedoch trotzdem zu berücksichtigen. In der Tagsatzung ist über Bestand, Rang und Höhe der angemeldeten und urkundlich nachgewiesenen Ansprüche zu verhandeln. Gegen die Berücksichtigung angemeldeter oder aus dem Grundbuch oder den Gerichtsakten zu entnehmender Ansprüche, gegen die Rangordnung und gegen die Höhe der Forderung kann jeder Berechtigte **Widerspruch** erheben (§ 213 EO), dessen Anspruch beim Ausfall des bestrittenen Rechts aus dem Versteigerungserlös zum Zuge kommen könnte. Wenn die Entscheidung über einen solchen Widerspruch von der Ermittlung und Feststellung streitiger Tatumstände abhängt, wird der Widersprechende auf den Rechtsweg verwiesen (§ 231 EO). Sonst ist über den Widerspruch im Verteilungsbeschluss zu entscheiden. Nach der Rechtskraft dieses Beschlusses wird das Meistbot verteilt.

Teils schon vor Erledigung der Meistbotsverteilung, teils erst nach Rechtskraft des Verteilungsbeschlusses werden auf Antrag des Erstehers die als Folge des Zuschlags notwendigen bücherlichen Einverleibungen und Löschungen vorgenommen.

3. Die Einleitung der Zwangsversteigerung

Der betreibende Gläubiger hat seinem Antrag auf Bewilligung der Zwangsversteigerung beizulegen: 270

- ein **Interessentenverzeichnis**, das die Namen und Anschriften jener Personen enthält, denen an der Liegenschaft oder dem Superädifikat dingliche Rechte zustehen oder zu deren Gunsten Bestand-, Wiederkaufs- oder Vorkaufsrechte eingetragen sind;

  Ist das Verzeichnis dem Antrag nicht angeschlossen, kann das Gericht dem Gläubiger binnen einer bestimmten Frist die **Verbesserung** auftragen (§ 133 Abs 2 EO); kommt der Gläubiger diesem Auftrag nicht nach, so kann das Gericht gem § 200 Z 3 EO unter vorheriger Androhung dieser Sanktion das Verfahren einstellen.
- den **Exekutionstitel,** sofern nicht schon vorher eine zwangsweise Pfandrechtsbegründung nach § 87 EO oder die Anmerkung der Vollstreckbarkeit eines vertraglichen Pfandrechts nach § 89 EO erfolgt ist (§ 135 EO).

Gemäß § 135 EO ist Voraussetzung für die Bewilligung der Exekution im Rang dieses Pfandrechts, dass der betreibende Gläubiger diese beantragt und die Identität der Forderung nachweist. Dieser Nachweis kann nur durch Urkunden erfolgen (Beweisaufnahmeverbot der § 3 Abs 2 und § 55 Abs 2 EO), das sind der Exekutionstitel, die Klage oder die Pfandbestellungsurkunde (der Exekutionstitel allein genügt bei der Hypothekarklage, die nach § 60 GBG angemerkt ist) oder wenn aus den Entscheidungsgründen klar wird, dass die betriebenen Forderungen pfandrechtlich sichergestellt sind.

Den aktuellen **Grundbuchsstand** hat das Gericht gem § 55a EO **von Amts wegen zu erheben**; die Beilage einer Grundbuchsabschrift ist somit entbehrlich. Bei unverbücherten Liegenschaften und Superädifikaten ist in die Liegenschafts- und Bauwerksdatei Einsicht zu nehmen.

Das Exekutionsgericht hat zu prüfen, ob der Exekutionsbewilligung ein **bücherliches Hindernis** entgegensteht. So wird nach stRsp (vgl SZ 49/151) die Zwangsversteigerung einer Liegenschaft, die mit einem bücherlich eingetragenen (rechtsgeschäftlichen) Veräußerungs- und Belastungsverbot belastet ist, nicht bewilligt. Auch eine mit einer fideikommissarischen Substitution belastete Liegenschaft kann nicht zugunsten eines Gläubigers des Vorerben versteigert werden (vgl SZ 49/103).

Wird die Exekution bewilligt, veranlasst das Exekutionsgericht von Amts wegen die **Anmerkung der Einleitung des Versteigerungsverfahrens** im Lastenblatt des Grundbuchs (§ 137 Abs 1 EO). Im Rang dieser Anmerkung erwirbt der betreibende Gläubiger das **exekutive Befriedi-** 271

gungsrecht aus dem Versteigerungserlös (positive Wirkung) und geht dadurch allen Personen vor, die erst nach dem Zeitpunkt der Anmerkung bücherliche Rechte an der Liegenschaft erwerben oder selbst die Versteigerung erwirken (§ 138 Abs 1 EO).

Bei **Superädifikaten** bedarf es mangels Grundbuchseintragung eines **eigenen Pfändungsaktes**; die Pfändung erfolgt durch **pfandweise Beschreibung** im Protokoll des Gerichtsvollziehers nach den Regeln der §§ 90 ff EO. Die Versteigerungsbewilligung wird dann auf diesem Protokoll angemerkt; nach diesem Zeitpunkt bestimmt sich der Rang des Befriedigungsrechts des betreibenden Gläubigers (§ 138 Abs 1 Satz 3 EO).

Die **Verstrickungswirkung** als negative Seite der Anmerkung zeigt sich darin, dass mit dieser Anmerkung die **Rechtshandlungen des Verpflichteten**, die die in Exekution gezogene Liegenschaft oder das Superädifikat sowie deren Zubehör (vgl zum Zeitpunkt der Erfassung des Zubehörs *Angst* in *Angst* § 138 Rz 7) betreffen und die nicht zur ordentlichen Verwaltung gehören (wie insbesondere der Abschluss von Mietverträgen), **den Gläubigern und dem Ersteher gegenüber unwirksam** sind (§ 138 Abs 2 EO). Damit wird Missbräuchen des Verpflichteten, die zur Minderung der Verkaufschancen bzw zur Verhinderung der Versteigerung führen könnten, vorgebeugt.

Nach der Anmerkung der Einleitung des Versteigerungsverfahrens kann während dessen Dauer zugunsten weiterer vollstreckbarer Forderungen ein anderes besonderes Versteigerungsverfahren hinsichtlich derselben Liegenschaft nicht mehr eingeleitet werden (Grundsatz der **Einheit des Verwertungsverfahrens**). Alle weiteren betreibenden Gläubiger können dem eingeleiteten Versteigerungsverfahren nur beitreten und müssen es in jener Lage annehmen, in der es sich zur Zeit ihres Beitrittes befindet (§ 139 EO). Von einem Beitritt sind der betreibende Gläubiger und der Verpflichtete zu verständigen (§ 139 Abs 4 EO).

Der **Exekutionsbewilligungsbeschluss** ist den Parteien und den Wiederkaufsberechtigten **zuzustellen** (§ 136 Abs 1 EO), bei Anwendbarkeit eines Landesgrundverkehrsgesetzes auch der zuständigen Grundverkehrsbehörde. Dem Wiederkaufsberechtigten ist bei der Verständigung mitzuteilen, dass er sein Recht bei sonstigem Ausschluss innerhalb eines Monats nach Zustellung der Verständigung auszuüben hat (§ 136 Abs 2 EO). Die Ausübung des Wiederkaufsrechts hindert den Fortgang der Versteigerung nicht, da der Wiederkäufer als Neuerwerber gem § 138 EO zu behandeln ist (vgl Näheres bei *Engelhart*, NZ 1987, 273). Damit die Versteigerung der Liegenschaft eines namensgleichen Doppelgängers des Verpflichteten verhindert wird, ist die Exekutionsbewilligung (ohne Zustellnachweis) auch an die **im Grundbuch angegebene Adresse** zuzustellen, wenn diese Adresse von der Adresse des Verpflichteten im Exekutionsantrag abweicht (§ 136 Abs 1 EO; Erlass JMZ 12.210/7-I.5/1989, JABl 1989/17).

Dem betreibenden Gläubiger ist zugleich mit der Zustellung der Exekutionsbewilligung der **Erlag eines Kostenvorschusses** für die Schätzung – sofern diese notwendig ist (§ 142 EO) – binnen einer mindestens vierwöchigen Frist aufzutragen (§ 136 Abs 2 EO).

4. Die Schätzung der Liegenschaft

Zur Ermittlung des richtigen Werts der Liegenschaft hat das Gericht 272
nach der Exekutionsbewilligung die Schätzung der zu versteigernden Liegenschaft sowie die Schätzung und Beschreibung des auf der Liegenschaft befindlichen Zubehörs anzuordnen (§ 140 Abs 1 und 3 EO). Die Beischaffung der für die Schätzung benötigten Unterlagen anderer Behörden obliegt seit der EO-Nov 2008 dem Sachverständigen (§ 140 Abs 2 EO); den Verpflichteten trifft eine umfassende Mitwirkungspflicht (ErlRV 295 BlgNR 23.GP 17).

Die Schätzung kann gem § 142 EO unterbleiben, wenn die Liegenschaft innerhalb der vergangenen zwei Jahre bereits aus Anlass eines (beliebigen) anderen gerichtlichen Verfahrens geschätzt wurde und keine wesentlichen Änderungen ihrer Beschaffenheit eingetreten sind. Dann sind dem Verfahren die Ergebnisse der früheren Beschreibung und Schätzung zugrundezulegen. Gegen einen eine neuerliche Liegenschaftsschätzung wegen eines vorhandenen Sachverständigengutachtens ablehnenden Beschluss ist ein Rekurs unzulässig, wobei sich der Rechtsmittelausschluss nach § 239 Abs 1 Z 3 EO auf die Frage der wesentlichen Veränderung einer Liegenschaft beschränkt (3 Ob 110/06g = EvBl 2006/169 = ZIK 2007/120).

Der Schätzwert bildet die Grundlage für das Vadium, das geringste Gebot, das Überbot sowie für die Bewertung von Dienstbarkeiten und Reallasten.

Das Schätzungsverfahren richtet sich nach den Vorschriften der §§ 140 bis 145 EO sowie nach dem Liegenschaftsbewertungsgesetz (LBG, BGBl 1992/150).

a) Das Schätzungsverfahren

Die Schätzung soll nicht vor Ablauf von drei Wochen seit der Ver- 273
steigerungsbewilligung vorgenommen werden (§ 140 Abs 1 EO); ihre hohen Kosten könnten die Versteigerung verhindern. Zur Befundaufnahme und Beschreibung der Liegenschaft (Lage, Größe, Kulturgattung, Bauzustand usw) durch den Sachverständigen ist ein Schätzungstermin anzuordnen. Zu laden sind die Parteien sowie alle Personen, für die nach Kenntnis des Gerichts auf der Liegenschaft dingliche Rechte und Lasten begründet sind (§ 141 Abs 3 EO). Da diese Personen bis zu diesem Zeitpunkt von der Bewilligung der Zwangsversteigerung noch nicht verständigt wurden,

hat dies nun zugleich mit der Ladung zum Schätzungstermin zu erfolgen. Durch die EO-Nov 2008 wurde klargestellt, dass verschlossene Haus- und Wohnungstüren auch dann geöffnet werden dürfen, wenn die Liegenschaft von einem Dritten bewohnt wird und die Türen zu dem **dem Dritten bekanntgegebenen** Zeitpunkt der Schätzung verschlossen sind (§ 141 Abs 3a EO).

Wenn dies das entsprechende Landesgrundverkehrsgesetz vorsieht, ist auch die Grundverkehrskommission zu benachrichtigen.

274 Die Schätzung ist von einem beeideten **Sachverständigen** iS des SVDolmG (Schätzmeister) durchzuführen (bei verschiedenen Kulturgattungen ist die Beiziehung mehrerer bzw besonderer Sachverständiger möglich; § 141 Abs 2 EO).

Die Sachverständigenbestellung und die Bestimmung der Zahl der Sachverständigen ist **nicht** anfechtbar (§ 239 Abs 1 Z 2 EO).

Zu ermitteln ist sowohl der Wert der Liegenschaft **mit** den dinglichen und obligatorischen Lasten als auch der Wert **ohne** diese Belastungen. Überdies sind auf der Liegenschaft lastende Dienstbarkeiten, Ausgedinge, andere Reallasten, eingetragene Bestandrechte sowie das Baurecht für sich allein zu schätzen und die diesen Lasten entsprechenden Kapitalerträge zu ermitteln. Bei Lasten, die von Rechts wegen auf den Ersteher übergehen, ist nur der Wert zu ermitteln, den die Liegenschaft bei Aufrechterhaltung der Last hat (§ 143 EO). Abgabenbescheide, denen dingliche Wirkung zukommt, sind bei der Schätzung ebenfalls zu berücksichtigen (§ 143 Abs 1 EO).

Hat das Gericht in der Annahme, dass dadurch ein höherer Erlös iS des § 146 Abs 1 Z 1 und 3 EO erzielt werden könne, die grundstücksweise Versteigerung eines Grundbuchskörpers bewilligt, so hat der Sachverständige eine „zweifache Schätzung" vorzunehmen, dh den Wert jedes einzelnen Grundstücks für sich allein sowie den Wert des gesamten Grundbuchskörpers (§ 143 Abs 4 EO) festzustellen.

275 Das **Gutachten** des Sachverständigen hat nach § 9 Abs 1 LBG zu enthalten:

- den Zweck des Gutachtens, den Bewertungsstichtag, den Tag der Besichtigung der Sache und die dabei anwesenden Personen sowie die verwendeten Unterlagen;
- den **Befund** mit einer Beschreibung der Sache nach ihrem Wertbestimmungsmerkmal und ihren sonstigen, für die Bewertung bedeutsamen Eigenschaften tatsächlicher oder rechtlicher Art;
- die **Bewertung** unter Angabe des angewendeten Wertermittlungsverfahrens, die Gründe für deren Auswahl oder der allenfalls angewendeten Verfahrensverbindung.

Nach § 141 Abs 4 EO hat der Sachverständige in das Gutachten auch einen Lageplan und bei Gebäuden einen Grundriss sowie zumindest ein Bild aufzunehmen (vgl Rz 267).

Der Sachverständige haftet gem § 1299 ABGB dem Ersteher und allen Beteiligten für Vermögensnachteile, die durch die pflichtwidrige Führung seines Amtes verursacht wurden (§ 141 Abs 5 EO).

Das Gericht hat den Parteien und allen Beteiligten mit dinglichen Rechten den Schätzwert bekanntzugeben. Diese können daraufhin binnen einer richterlichen Frist Einwendungen geltend machen (§ 144 Abs 1 EO). **276**

Ist auf der Liegenschaft eine Dienstbarkeit begründet, die der leitungsgebundenen Energieversorgung dient, so kann der aus der Dienstbarkeit Berechtigte binnen 14 Tagen ab Zustellung des Schätzgutachtens unwiderruflich erklären, dass er die Übernahme der Dienstbarkeit ohne Anrechnung auf das Meistbot wünscht und bereit ist, den vom Sachverständigen ermittelten Wert der Dienstbarkeit zu zahlen (§ 144 Abs 2 EO).

Nach Ablauf der Einwendungsfrist hat das Gericht notwendige **Ergänzungen**, Richtigstellungen und Verbesserungen des Schätzungsgutachtens **von Amts wegen** zu veranlassen (§ 145 EO). Werden Gegenstände des Zubehörs im Rahmen einer Exekution gepfändet, so hat das für die Zwangsversteigerung zuständige Exekutionsgericht von Amts wegen oder auf Antrag mit Beschluss die Zubehöreigenschaft festzustellen. Mit Eintritt der Rechtskraft dieses Beschlusses erlischt das Pfandrecht an jenen beweglichen körperlichen Sachen, die Zubehör sind (§ 146a Abs 1 EO). Zu den Konsequenzen dieser durch die EO-Nov 2008 eingeführten Regelung vgl *Angst* in *Angst* § 146a Rz 2 ff.

Die von der EO 1896 vorgesehene Rekursmöglichkeit gegen den Beschluss über den Schätzwert wurde von der EO-Nov 2000 beseitigt. Nach den EB soll die Sachverständigenhaftung des § 1299 ABGB (vgl oben Rz 275) dafür einen Ersatz bieten.

b) Die Wertermittlungsgrundsätze

Das Liegenschaftsbewertungsgesetz gilt für die Ermittlung des Wertes von Liegenschaften, Liegenschaftsteilen und Überbauten iS des § 435 ABGB sowie von damit verbundenen Rechten und darauf ruhenden Lasten und ist in allen gerichtlichen Verfahren sowie in Verwaltungsverfahren mit sukzessiver Gerichtszuständigkeit (zB bei der Festsetzung von Enteignungsentschädigungen) anzuwenden. **277**

Grundsätzlich ist die Sache nach ihrem **Verkehrswert** zu bewerten, nämlich nach dem Preis, der bei einer Veräußerung der Sache üblicherweise im redlichen Geschäftsverkehr für sie erzielt werden kann (§ 2 LBG).

Bei der Bewertung ist ein dem jeweiligen Stand der Wissenschaft entsprechendes Wertermittlungsverfahren anzuwenden, dessen Auswahl dem Gericht obliegt; dieses kann es dem pflichtgemäßen Ermessen des beigezogenen Sachverständigen überlassen (§ 7 Abs 1 LBG). Wenn es zur vollständigen Wertermittlung notwendig ist, können auch mehrere Wertermittlungsverfahren kombiniert werden.

Das LBG regelt „insbesondere" drei **Wertermittlungsverfahren**:

278 • das **Vergleichswertverfahren** (§ 4 LBG),

Dabei wird der Wert der Sache durch **Vergleich mit tatsächlich erzielten Kaufpreisen** vergleichbarer Sachen ermittelt. Zum Vergleich sind Kaufpreise heranzuziehen, die im redlichen Geschäftsverkehr in zeitlicher Nähe zum Bewertungsstichtag in vergleichbaren Gebieten erzielt wurden.

279 • das **Ertragswertverfahren** (§ 5 LBG),

Hier ist der Wert der Sache durch **Kapitalisierung des Reinertrages** zum angemessenen Zinssatz und entsprechend der zu erwartenden Nutzungsdauer der Sache zu ermitteln. Auszugehen ist von jenen Erträgen, die aus der Bewirtschaftung der Sache tatsächlich erzielt werden (Rohertrag). Durch Abzug des tatsächlichen Aufwandes für Betrieb, Instandhaltung und Verwaltung der Sache (Bewirtschaftungsaufwand) unter Abschreibung vom Rohertrag errechnet sich der Reinertrag.

280 • das **Sachwertverfahren** (§ 6 LBG).

Der Sachwert wird durch **Zusammenzählung des Bodenwertes, des Bauwertes und des Wertes sonstiger Bestandteile** sowie des Zubehörs der Sache ermittelt. Der Bodenwert ist idR als Vergleichswert durch Heranziehung von Kaufpreisen vergleichbarer unbebauter und unbestockter Liegenschaften zu ermitteln. Der Bauwert ist die Summe der Werte der Gebäude und der technischen Außenanlagen; bei seiner Ermittlung ist idR vom Herstellungswert auszugehen und von diesem die technische und wirtschaftliche Wertminderung abzuziehen.

281 Sofern sich geeignete Vergleichspreise eruieren lassen, kommt stets dem **Vergleichswertverfahren** Vorrang zu. Der Sachverständige darf es aber jedenfalls nicht bloß beim Ergebnis des angewendeten Wertermittlungsverfahrens bewenden lassen, sondern hat danach den Wert „unter Berücksichtigung der Verhältnisse im redlichen Verkehr" zu ermitteln (§ 7 LBG). Das bedeutet, dass er also vor allem die **aktuellen Marktverhältnisse** miteinzubeziehen und seine Bewertung danach einzurichten hat.

5. Die Versteigerung

a) Die Versteigerungsbedingungen 282

Die Versteigerungsbedingungen sind die Voraussetzungen, unter denen die Versteigerung durchgeführt werden und der Ersteher die Liegenschaft erwerben kann. Seit der EO-Nov 2000 werden sie nicht mehr im Gesetz aufgezählt, sondern ergeben sich aus den Anordnungen der §§ 147 ff EO.

Wenn dadurch ein höherer Erlös zu erzielen sein wird, kann das Gericht gem § 146 EO die gesetzlichen Versteigerungsbedingungen auf Antrag oder in taxativ aufgezählten Fällen auch von Amts wegen durch Beschluss abändern (vgl dazu oben Rz 274). Vor der Beschlussfassung durch das Gericht müssen die Parteien sowie die dinglich Berechtigten einvernommen werden, eine Verhandlung findet jedoch nicht statt. Der Beschluss kann mit Rekurs angefochten werden. 283

Ist der Antrag verspätet erfolgt und deswegen zurückgewiesen worden, kann er als Anregung gewertet und zum Anlass für ein amtswegiges Vorgehen genommen werden. Wird diese Anregung nicht aufgegriffen bzw erachtet das Gericht die Voraussetzungen für eine amtswegige Abänderung der Versteigerungsbedingungen als nicht gegeben, bleibt es bei den gesetzlichen Versteigerungsbedingungen, ohne dass darüber eine gesonderte Beschlussfassung zu erfolgen hat (3 Ob 20/08z = RIS-Justiz RS0123421).

Vor rechtskräftiger Entscheidung bzw vor Bewilligung der (abgeänderten) Versteigerungsbedingungen darf die Versteigerung nicht vorgenommen werden (§ 169 Abs 3 EO).

So müssen die Grundstücke eines Grundbuchskörpers nicht grundsätzlich gemeinsam bzw mehrere Eigentumswohnungen nicht grundsätzlich getrennt versteigert werden. Auch können mehrere ein wirtschaftliches Ganzes bildende Grundbuchskörper gemeinsam versteigert werden (vgl dazu näher § 146 Abs 1 EO). Grundlage für solche Änderungen ist das Schätzungsgutachten (vgl § 143 EO).

Das **Vadium** ist eine **Sicherheitsleistung** für die vollständige Erfüllung der dem Ersteher nach den Versteigerungsbedingungen obliegenden Verpflichtungen (vgl §§ 147 ff EO). Es haftet als gesetzliches Pfand für alle sich gegen ihn aus der Versteigerung ergebenden Ansprüche (§ 149 Abs 2 EO), vor allem für den **Ausfall am Meistbot**, der sich bei einer Wiederversteigerung ergibt (§ 155 Abs 1 EO). Die Sicherheitsleistung ist vom Meistbietenden **nach Abgabe des höchsten Gebots** zu erlegen (§ 148 Abs 1 EO). Sie beträgt gem § 147 Abs 1 EO **10 % des Schätzwerts.** Dem Meistbietenden ist auf seinen Antrag der Erlag der Sicherheitsleistung zu erlassen, sofern für ihn an der versteigerten Liegenschaft 284

VADIUM

ein Pfandrecht begründet ist und die Sicherheitsleistung in diesem Deckung findet (§ 148 Abs 2a EO). Im Gegensatz zur Rechtslage vor der EO-Nov 2008 beschränkt sich die Verpflichtung zum Erlag des Vadiums nunmehr **ausschließlich auf den Meistbietenden** (vgl dazu *Angst* in *Angst* § 148 Rz 4).

Insoweit dem **Ersteher** die Sicherheitsleistung erlassen wurde, ist ihm sogleich nach Schluss der Versteigerung die Veräußerung, Belastung oder Verpfändung der bücherlich sichergestellten Forderung zu untersagen und dieses Verbot von Amts wegen im Grundbuch bei der betreffenden Forderung anzumerken. Eintragungen, die gegen ihn nach dieser Anmerkung erwirkt werden, können die Verwendung der Forderung zur Befriedigung aller aus der Versteigerung gegen den Ersteher sich ergebenden Ansprüche nicht hindern (§ 148 Abs 3 EO).

Personen, die sich für den Bund oder ein Land bzw – wenn sie darüber eine Bestätigung vorlegen – für eine unter Bundes- oder Landesverwaltung stehende Anstalt an der Versteigerung beteiligen, haben keine Sicherheitsleistung zu erlegen (§ 147 Abs 2 EO).

285 Für die Art der Sicherheitsleistung gilt § 147 Abs 1 EO. Als Sicherheitsleistung kommen daher nur **Sparurkunden** in Betracht, über die das Gericht auch verfügen darf. Danach ist insbesondere der Erlag von Bargeld unzulässig. Wird das Vadium trotzdem (teilweise) in Bargeld erlegt, so wäre nach dem OGH die Versteigerung von dem dem Meistbot vorangehenden Gebot ausgehend weiterzuführen. Die gesetzwidrige Annahme von Bargeld und der nachfolgende Zuschlag an den Erleger berechtigen aber nicht zum Widerspruch gegen den Zuschlag (3 Ob 211/03f = EvBl 2004/85 = NZ 2005/52 = MietSlg 55.804 = JBl 2004, 529 = AnwBl 2004/7951 = RZ 2004/18).

286 **Dienstbarkeiten** (vgl zum Meinungsstand zur Frage der ersessenen offenkundigen Dienstbarkeiten ausführlich *Angst* in *Angst* § 150 Rz 10 ff), Ausgedinge und andere Reallasten, **die dem betreibenden Gläubiger im Rang vorgehen**, muss der Ersteher – wenn das Gericht nicht mit Zustimmung des Berechtigten etwas anderes feststellt (§ 146 Abs 1 Z 4 EO) – **ohne Anrechnung auf das Meistbot** übernehmen (vgl die Nachweise bei *Angst* in *Angst* § 150 Rz 4). Dem betreibenden Gläubiger nachfolgende Lasten müssen nur insofern übernommen werden, als sie nach der ihnen zukommenden Rangordnung in der Verteilungsmasse Deckung finden (§ 150 Abs 1 EO).

Dienstbarkeiten, die der leitungsgebundenen Energieversorgung dienen, sind jedoch auch dann ohne Anrechnung auf das Meistbot zu übernehmen, wenn der aus der Dienstbarkeit Berechtigte unwiderruflich erklärt hat, den vom Sachverständigen ermittelten Wert der Dienstbarkeit zu zahlen (§ 150 Abs 1a EO).

Die Zwangsversteigerung eines ideellen Liegenschaftsanteiles, auf dem ein Wohnrecht lastet, führt nicht zur Aufhebung der Dienstbarkeit, wenn das Wohnrecht an der gesamten Liegenschaft fortbestehen kann und vom Ersteher ohne Anrechnung auf das Meistbot übernommen werden muss oder anteilig im Meistbot Deckung findet (3 Ob 95/07b = Zak 2007/661 = wobl 2008/81). Öffentlich-rechtliche Reallasten (Patronatslasten, Notwegedienstbarkeiten) gehen stets *ipso iure* auf den Ersteher über.

Die praktische Auswirkung der Übernahme dieser Lasten besteht in der **Minderung des Verkehrswerts** der Liegenschaft; Schätzwert, geringstes Gebot und Meistbot werden dadurch gedrückt.

Im Fall einer nur relativ wirksamen, also ohne Zustimmung des Zwischenberechtigten vereinbarten Vorrangseinräumung nach § 30 Abs 3 GBG ist das vortretende Recht bei der Meistbotsverteilung an seiner ursprünglichen Stelle zu berücksichtigen, wenn es sich bei dem zurücktretenden Recht um ein seiner Natur nach von diesem verschiedenes handelt (§ 150a EO [eingefügt durch die EO-Nov 2000, entspricht § 47 Abs 3 der 3. TN zum ABGB]). Damit wird der Vorrangseinräumung zum Schutz des Zwischenberechtigten die dingliche Wirkung versagt (vgl dazu Näheres bei *Angst* in *Angst* § 150a Rz 1 ff).

Das **geringste Gebot** ist der **halbe Schätzwert** (§ 151 Abs 1 EO); **287**
mit Zustimmung des betreibenden Gläubigers kann auf Antrag auch ein **höherer Betrag** festgestellt werden (§ 146 Abs 1 Z 5 EO).

Die mit den Vorschriften des ABGB über die sog Mündelsicherheit (vgl §§ 230, 230c) korrespondierende Unterscheidung zwischen Häusern (bei denen das geringste Gebot auch nach der EO 1898 den halben Schätzwert betrug) und Landgütern und Grundstücken (bei denen dafür zwei Drittel des Schätzwerts vorgesehen waren) wurde durch die EO-Nov 2000 aufgegeben.

Wird das geringste Gebot nicht erreicht, darf die Versteigerung **nicht** stattfinden, das Verfahren steht still. Der Antrag auf eine neuerliche Versteigerung muss binnen **zwei Jahren** (§ 151 Abs 3 EO) eingebracht werden. Eine Sperrfrist besteht (seit der EO-Nov 2000) nicht (mehr). Stellt der betreibende Gläubiger innerhalb dieser Frist keinen Antrag auf neuerliche Versteigerung, so ist das Verfahren einzustellen (vgl oben Rz 263).

Die **Berichtigung des Meistbots** hat gem § 152 EO **binnen zwei** **288**
Monaten ab Rechtskraft der Zuschlagserteilung zu erfolgen.

Der Betrag, welcher für die Übernahme einer Dienstbarkeit, die der leitungsgebundenen Energieversorgung dient, zu leisten ist, ist binnen zwei Monaten ab Rechtskraft der Zuschlagserteilung bei Gericht zu erlegen, dem Meistbot zuzuschlagen und mit diesem zu verteilen. Mangels des fristgerechten Erlages ist der Betrag beschlussmäßig festzustellen, mit 4% zu verzinsen und nach Rechtskraft des Beschlusses im Wege der Zwangsvollstreckung einzutreiben. Diese kann vom betreibenden Gläubiger sowie von jeder der übrigen auf das Meistbot gewiesenen Personen beim Exekutionsgericht beantragt und zugunsten der Verteilungsmasse durchgeführt werden (§ 152a EO).

Innerhalb dieser Frist steht es dem Ersteher frei, den Betrag als Ganzes oder in Raten zu erlegen. Entscheidend ist, dass der gesamte Betrag am Ende der Zweimonatsfrist bei Gericht erliegt. Von dem zu erlegenden Betrag sind die vom Ersteher zu übernehmenden Hypothekarforderungen, zu übernehmende Reallasten und das bereits erlegte Vadium abzuziehen. Das tatsächlich zu erlegende Meistbot ist vom Ersteher vom Tag des Zuschlags bis zum Erlag **mit 4 % zu verzinsen**.

b) Das Versteigerungsedikt

289 Nach Ablauf der Einwendungsfrist gegen den Schätzwert bestimmt das Exekutionsgericht mittels öffentlicher Bekanntmachung (Versteigerungsedikt) den Versteigerungstermin (§ 169 Abs 1, § 170b EO). Dieser ist auf ein bis zwei Monate hinaus (zwischen Verlautbarung und Termin) anzuberaumen; zwischen der Bewilligung der Versteigerung und dem Termin muss ein Zeitraum von mindestens drei Monaten liegen (§ 169 Abs 2 EO).

Bis 31.12.2001 war das Versteigerungsedikt zwingend an der Gerichtstafel anzuschlagen, im amtlichen Teil der jeweiligen Landeszeitung einzuschalten und in der Gemeinde, in der sich die zu versteigernde Liegenschaft befindet, in ortsüblicher Weise zu verlautbaren. Seit 1.1.2002 erfolgt die Bekanntmachung durch **Aufnahme in die Ediktsdatei** (§ 170b EO – vgl Rz 61 f, 267 und 290). Gem § 71 Abs 2 EO kann das Gericht überdies von Amts wegen oder auf Antrag verfügen, dass das Edikt auch in Zeitungen veröffentlicht wird oder sonst bekanntgemacht wird, wenn dadurch offenkundig mehr Kaufinteressenten angesprochen werden. Unter dieser Bedingung kommt daher auch weiterhin der Anschlag an der Gerichtstafel in Betracht (so auch *Angst* in *Angst* Rz 1 zu § 170b EO; aM *Mohr*, Die neue Zwangsversteigerung 31). Außerdem können die Parteien und sonstige Beteiligte nach § 71 Abs 2 EO verlangen, dass mit der vom Gericht angeordneten Bekanntmachung auf ihre Kosten weitere entgeltliche Bekanntmachungen verbunden werden.

290 Das Edikt **muss** (sonst Widerspruch gegen die Erteilung des Zuschlags nach § 184 Abs 1 Z 2 EO) gem § 170 EO enthalten:

- die deutliche Bezeichnung der Liegenschaft (Adresse, Einlagezahl und Katastralgemeinde) unter Angabe ihrer Größe samt kurzer Beschreibung des mitzuversteigernden Zubehörs (§ 170 Z 1, 2 und 4 EO); zusätzlich können die Benützungsart und sonstige wesentliche Umstände aufgenommen werden (§ 170 Z 5 EO);

- den Schätzwert (§ 170 Z 3 EO);
- Zeit und Ort der Versteigerung; die Höhe des Vadiums und des geringsten Gebots (§ 170 Z 6 EO);
- die Mitteilung, dass die Liegenschaft betreffende Urkunden, die Schätzungsprotokolle usw beim Exekutionsgericht eingesehen werden können, (kostenpflichtige) Ablichtungen des Schätzgutachtens erhältlich sind und dieses oder ausnahmsweise nur seine Kurzfassung aus der Ediktsdatei zu ersehen ist (§ 170 Z 7 EO – vgl Rz 61 f, 267 und 289);
- die Bezeichnung von Lasten, die der Ersteher ohne Anrechnung auf das Meistbot übernehmen muss (§ 170 Z 8 EO, vgl näher *Angst* in *Angst* § 170 Rz 9);
- Erklärungen zum Fortbestand leitungsgebundener Dienstbarkeiten gem § 144 Abs 2 (§ 170 Z 8a EO);
- Änderungen der gesetzlichen Versteigerungsbedingungen nach § 146 EO (§ 170 Z 9 EO);
- eine Aussage darüber, ob der Verpflichtete bis spätestens vierzehn Tage nach Bekanntgabe des Schätzwertes dem Exekutionsgericht mitgeteilt hat, dass er auf die Steuerbefreiung gem § 6 Abs 1 Z 9 lit a UStG 1994 verzichtet (§ 170 Z 10 EO).

In das Versteigerungsedikt sind überdies folgende **Aufforderungen** 291
aufzunehmen:

- die **Aufforderung, Rechte an der Liegenschaft**, die die Versteigerung unzulässig machen würden, spätestens im Versteigerungstermin vor Beginn der Versteigerung **anzumelden**, widrigenfalls sie zum Nachteil eines **gutgläubigen Erstehers** in Ansehung der Liegenschaft selbst nicht mehr geltend gemacht werden können (§ 170a Z 1 EO).

  Es handelt sich dabei um Rechte, die einen **Exszindierungsanspruch** gewähren (zB durch Ersitzung erworbenes oder rechtlich vermutetes Eigentum). Die Anmeldung verhindert nur den **gutgläubigen** Eigentumserwerb des Erstehers, erspart dem Berechtigten aber nicht die Exszindierungsklage (und den Aufschiebungsantrag, um die Versteigerung zu verhindern).
- die **Aufforderung an die nicht betreibenden Hypothekargläubiger** (mit Ausnahme von Gläubigern bedingter Forderungen), bekanntzugeben, ob sie mit der Übernahme der Schuld durch den Ersteher und der Befreiung des bisherigen Schuldners einverstanden sind (§ 170a Z 2 EO). In letzterem Fall kommt es (entgegen der Grundregel des § 1406 Abs 2 ABGB) zu einer **privativen** Schuldübernahme.

Grundsätzlich sind alle Forderungen durch **Barzahlung** zu berichtigen (§ 223 Abs 1 EO). Bei der Berichtigung von pfandrechtlich sichergestellten Forderungen durch Übernahme sind lediglich die bis zum Tage der Erteilung des Zuschlags rückständigen Zinsen sowie die sonstigen Nebengebühren (§§ 216 und 217 EO) durch Barzahlung aus der Verteilungsmasse zu berichtigen.

- die **Aufforderung an die zur Eintreibung öffentlicher Abgaben berufenen Behörden,** bezüglich ihrer pfandrechtlich sichergestellten Steuern usw wie alle anderen Pfandgläubiger eine Erklärung gem § 170a Z 2 EO abzugeben sowie ihre nicht pfandrechtlich sichergestellten rückständigen Forderungen spätestens im Versteigerungstermin bekanntzugeben, widrigenfalls diese Ansprüche erst nach voller Befriedigung des betreibenden Gläubigers aus der Verteilungsmasse berücksichtigt werden (§ 170a Z 3 EO).
- die **Aufforderung an alle an einem Superädifikat dinglich Berechtigten**, ihre Rechte und Ansprüche innerhalb einer bestimmten Frist bei Gericht anzumelden, widrigenfalls diese im Verfahren nur soweit berücksichtigt werden, als sie sich aus den Exekutionsakten ergeben (§ 170a Z 4 EO).

292 Das **Versteigerungsedikt** ist den Parteien, allen Buchberechtigten, dem Vorkaufsberechtigten (vgl §§ 171 und 172 EO) sowie allenfalls der jeweiligen Landesgrundverkehrsbehörde **zuzustellen**. Die Nichtverständigung solcher Personen bildet einen Widerspruchsgrund gegen die Erteilung des Zuschlages nach § 184 Abs 1 Z 3 EO.

In der Zeit zwischen der Bekanntmachung und der Vornahme der Versteigerung hat der Verpflichtete Kauflustigen die **Besichtigung der Liegenschaft** und ihres Zubehörs zu gestatten. Das Gericht hat auf Antrag des betreibenden Gläubigers oder eines Bietinteressenten Besichtigungszeiten festzusetzen (§ 176 EO). Der durch die EO-Nov 2008 dem § 176 hinzugefügte Abs 3 ordnet nunmehr an, dass verschlossene Haus- und Wohnungstüren auch dann geöffnet werden dürfen, wenn die Liegenschaft von einem Dritten bewohnt wird und die Türen zum Zeitpunkt der Besichtigung, der dem Dritten bekanntgegeben wurde, verschlossen sind (§ 176 Abs 3 EO).

c) Der Versteigerungstermin

293 Der Versteigerungstermin ist eine öffentliche Tagsatzung unter Leitung des Richters; sie findet idR bei Gericht statt, auf Antrag auch auf der Liegenschaft selbst (§ 177 Abs 1 und 3 EO).

Der Versteigerungstermin ist in **drei Abschnitte** gegliedert:

- die Vorbereitung der Versteigerung;
- die Versteigerung;
- die Verhandlung und Entscheidung über die Erteilung des Zuschlags.

Die Versteigerung hat zu dem anberaumten Termin zu beginnen; es gibt (seit der EO-Nov 2000) **keine Zuwartefristen** (mehr). Vor der Aufforderung zum Bieten hat der Richter die Höhe der öffentlichen Abgaben, deren Barzahlung verlangt wird, die von den Gläubigern in Bezug auf die Übernahme der Schuld durch den Ersteher abgegebenen Erklärungen, die Abweichungen von den gesetzlichen Versteigerungsbedingungen sowie die Bestimmungen der §§ 148 (über den Erlag des Vadiums) und 177 Abs 4 EO bekanntzugeben. **294**

§ 177 Abs 4 EO (eingefügt durch die EO-Nov 2000, vordem in HofKD JGS 1838/277 zu finden) erklärt Vereinbarungen, wonach jemand verspricht, bei einer Versteigerung als Mitbieter nicht zu erscheinen oder nur bis zu einem bestimmten Preis oder sonst nur nach einem gegebenen Maßstab oder gar nicht mitzubieten, für ungültig. Die für die Erfüllung dieses Versprechens zugesicherten Beträge, Geschenke oder anderen Vorteile können nicht eingeklagt werden. Was dafür wirklich gezahlt oder übergeben worden ist, kann zurückgefordert werden.

Überdies sind alle das Versteigerungsverfahren betreffenden Urkunden, insbesondere der Katasterauszug, das Schätzungsgutachten und die zum Nachweis der geschehenen Bekanntmachungen und Zustellung dienenden Urkunden, zur Einsicht aufzulegen (§ 177 Abs 2 EO).

Hierauf wird zum Bieten aufgefordert (§ 179 Abs 1 EO).

Zum Bieten berechtigt ist grundsätzlich **jeder Verpflichtungsfähige**; Vertretung ist möglich. Bei Rechtsanwälten oder Notaren genügt die Berufung auf die erteilte Vollmacht (§ 180 Abs 2 EO). Ausgeschlossen vom Bieten sowohl im eigenen als auch im fremden Namen ist der Verpflichtete, der den Termin leitende Richter, der Schriftführer und der (in der Praxis kaum übliche) Ausrufer (§ 180 Abs 1 EO). **295**

Der Richter kann Versteigerungsstufen vorgeben, die höchstens 3 % des Schätzwerts betragen dürfen (§ 179 Abs 2 EO). Jeder Bieter bleibt so lange an sein Angebot gebunden, bis ein höheres Angebot abgegeben wird (§ 180 Abs 5 EO). Die Versteigerung ist so lange fortzusetzen, als höhere Angebote abgegeben werden; sie ist zu schließen, wenn ungeachtet einer zweimaligen Aufforderung kein höheres Anbot abgegeben wird und der Meistbietende das Vadium – grundsätzlich vollständig (eine geringfügige Unterschreitung verhindert den Zuschlag an den Meistbietenden nicht, vgl 3 Ob 175/06s = EvBl 2007/41 = Zak 2007/131) – erlegt hat. Sodann hat der Richter das letzte Anbot (Meistbot) noch einmal vernehmlich bekanntzumachen und daraufhin den Schluss der Versteigerung zu verkünden (§ 181 EO).

296 Mit dem Schluss der Versteigerung ist der Versteigerungstermin **keineswegs beendet**; „vergebens erwartet der Laie den sofortigen Zuschlag“ (*Holzhammer* 207). Der Richter hat jetzt vielmehr die Anwesenden über die **Gründe** zu belehren, **aus welchen gegen die Erteilung des Zuschlags Widerspruch erhoben werden kann**, und sie sodann zu befragen, ob, und aus welchen Gründen, sie Widerspruch erheben. Ein Widerspruch gegen die Erteilung des Zuschlags kann nur im Versteigerungstermin erhoben werden, **bevor der Zuschlag tatsächlich erteilt wird** (§ 182 Abs 1 EO).

Wird kein Widerspruch erhoben oder einem erhobenen Widerspruch nicht stattgegeben, wird der **Zuschlag mittels Beschluss erteilt**. Der Beschluss ist zu verkünden und überdies den Parteien und dem Meistbietenden innerhalb von acht Tagen nach dem Versteigerungstermin in schriftlicher Ausfertigung zuzustellen. Bei Superädifikaten ist auch der Eigentümer der Liegenschaft, auf der sich das Superädifikat befindet, zu verständigen. Innerhalb derselben Frist ist die Erteilung des Zuschlags öffentlich bekanntzumachen (§ 183 Abs 3 EO).

Bei Anwendbarkeit eines Grundverkehrsgesetzes ist der **Zuschlag unter Vorbehalt** zu erteilen und erst bei Vorliegen der vom jeweiligen Grundverkehrsgesetz festgelegten Voraussetzungen für rechtswirksam zu erklären (§ 183 Abs 1 EO; vgl dazu näher *Angst* in *Angst* § 183 Rz 5 ff). Zur Frage des Eigentumsüberganges vgl bei Rz 308 f.

297 Legitimiert zur **Erhebung des Widerspruchs** sind alle Personen, die vom Versteigerungstermin zu verständigen waren und in der Versteigerungstagsatzung anwesend sind, die öffentlichen Organe, welche zur Vorschreibung und Eintreibung der von der Liegenschaft zu entrichtenden Steuern, Zuschläge und sonstigen öffentlichen Abgaben berufen sind, sowie alle Bieter (§ 182 Abs 1 EO). Der Widerspruchswerber muss darüber hinaus **materiell beschwert** sein (§ 182 Abs 2 EO); der Widerspruchsgrund muss den Widersprechenden in seiner Rechtssphäre benachteiligen. Andernfalls kann ein Widerspruch bloß als Anregung zur Wahrnehmung eines von Amts wegen wahrzunehmenden Widerspruchsgrundes durch das Exekutionsgericht gelten.

298 § 184 Abs 1 EO bringt eine taxativ gemeinte Aufzählung der **Widerspruchsgründe**, die im Wesentlichen Verletzungen der Vorschriften für das Versteigerungsverfahren (hervorzuheben ist die Z 3, wenn nicht alle vom Versteigerungstermin zu verständigenden Personen verständigt wurden) sowie die mangelnde Verpflichtungsfähigkeit des Meistbietenden bzw eine mangelhaft ausgewiesene Vertretung umfassen.

Das Fehlen des Nachweises der Vertretungsbefugnis oder der Bevollmächtigung kann – vor der Entscheidung über den Zuschlag – durch nachträgliche Beibringung der erforderlichen Urkunden **geheilt** werden (§ 186 Abs 2 EO).

Die in § 186 Abs 2 EO ebenfalls vorgesehene Heilung des Mangels eines gesetzmäßigen Vadiums ist gegenstandslos geworden, weil dessen Erlag erst **nach** Abgabe des Meistbots erfolgt und Letzteres daher durch Fehlen eines Vadiums nicht mangelhaft sein kann (vgl auch *Angst* in *Angst* § 186 Rz 3).

Heilbar ist auch der Mangel der fehlerhaften oder fehlenden Verständigung einer Person, wenn diese (oder ein Vertreter) zur Versteigerung erscheint. Allerdings wird eine mangelhafte Zustellung grundsätzlich durch bloße Kenntnis von einem Termin nicht geheilt, sodass derjenige, dem das Versteigerungsedikt nicht wirksam zugestellt wurde und der bei der Versteigerung **nicht anwesend** war, gegen die Erteilung des Zuschlags binnen 14 Tagen Rekurs erheben kann (idS SZ 10/179 = ZBl 1928/281 [zust *Petschek*] und *Angst* in *Angst* § 186 Rz 2 – vgl zum Rekurs Näheres bei Rz 301 ff).

Da der Widerspruch **vor der Beschlussfassung** über den Zuschlag zu **299**
erfolgen hat, sind dem Tatsachenvorbringen des Widersprechenden keine Grenzen gesetzt; ein Neuerungsverbot kann es naturgemäß nicht geben. Über den Widerspruch wird mündlich verhandelt; die anderen Anwesenden können jetzt Tatsachen vorbringen, durch die der Widerspruch entkräftet werden soll.

Über den Widerspruch soll gleich **im Versteigerungstermin** entschieden werden (§ 185 Abs 1 EO). Wird dem Widerspruch stattgegeben, ergeht ein Beschluss, in dem der Zuschlag versagt wird; wird der Widerspruch vom Gericht als unzulässig oder unbegründet qualifiziert, ergeht, so wie in dem Fall, dass kein Widerspruch erhoben wird, der Beschluss, mit dem der Zuschlag erteilt wird. Die Versagung des Zuschlages ist, genauso wie seine Erteilung, im Grundbuch anzumerken (§ 186 Abs 3 EO).

Nach Versagung des Zuschlages kann die Versteigerung im selben **300**
Termin fortgesetzt werden (§ 185 Abs 2 EO), es kann zur Anberaumung einer neuerlichen Versteigerung kommen (§ 188 Abs 2 EO), oder das Versteigerungsverfahren kann eingestellt werden (§ 188 Abs 3 EO). Das Vadium ist auf Antrag des (vormaligen) Meistbietenden oder von Amts wegen zurückzugeben (§ 188 Abs 1 EO).

Ist eine neuerliche Versteigerung zulässig, so ist auf Antrag des betreibenden Gläubigers **oder von Amts wegen** nach Rechtskraft der Zuschlagsversagung eine neuerliche Versteigerung anzuberaumen (§ 188 Abs 2 EO). Kann die Versteigerung nicht erneuert werden, so ist das Verfahren einzustellen (§ 188 Abs 3 EO).

6. Der Rekurs gegen die Erteilung und gegen die Versagung des Zuschlags

a) Der Rekurs gegen die Erteilung des Zuschlages

301 Da dem Widerspruch die Funktion eines antizipierten Rechtsmittels zukommt (vgl oben Rz 186) und alle Einwände gegen die Erteilung des Zuschlags möglichst schon vor Beschlussfassung in Betracht gezogen werden sollen, kommt dem Rekurs gegen den Zuschlagsbeschluss nur untergeordnete Bedeutung zu. Die Möglichkeiten, den Zuschlagsbeschluss im Rechtsmittelweg zu bekämpfen, sind nicht nur wegen des Neuerungsverbots (vgl hiezu etwa 3 Ob 321/05k = ZIK 2007/121; 3 Ob 162/06d) gering, sondern auch wegen der beschränkten Rekurslegitimation und der beschränkten Rekursgründe.

302 **Rekurslegitimiert** sind nach der Grundregel des § 187 Abs 1 EO (nur) jene Personen, die im Versteigerungstermin anwesend und wegen einer Erhebung des Widerspruchs zu befragen waren. Wegen der Widerspruchsgründe des § 184 EO sind sie aber nur dann „befugt", Rekurs zu erheben, wenn sie wegen der beanstandeten Mängel **im Versteigerungstermin** auch tatsächlich **erfolglos Widerspruch** erhoben haben. Darüber hinaus können aber auch Personen Rekurs erheben, die gesetzwidrigerweise nicht vom Versteigerungstermin verständigt worden (und auch tatsächlich nicht anwesend) waren (vgl oben bei Rz 298). Für deren Rekurs besteht allerdings – um den Bestand der Zuschlagswirkungen nicht zu lange in Schwebe zu lassen – eine **absolute Rekursfrist von 14 Tagen nach dem Versteigerungstermin** (§ 184 Abs 1 Z 3, § 187 Abs 1 EO). Diese Rekursfrist beginnt mit der Verkündung des Zuschlagsbeschlusses in der Versteigerungstagsatzung zu laufen (es sei denn, der Zuschlagsbeschluss würde gem § 185 Abs 3 EO erst nach der Versteigerungstagsatzung erlassen).

Nicht vertretbar ist die Anwendung dieser absoluten Rekursfrist allerdings aus Gehörgründen im Fall der **Prozessunfähigkeit des Verpflichteten** (vgl *Rechberger*, Exekution 185 f; *Holzhammer* 20). Zumindest im Fall, dass dieser gar keinen gesetzlichen Vertreter besitzt, besteht nicht einmal eine theoretische Rechtsmittelmöglichkeit, was eindeutig einen Verstoß gegen Art 6 EMRK darstellt. Deshalb kann hier die Rekursfrist erst mit Kenntnis des gesetzlichen Vertreters vom Zuschlag zu laufen beginnen (aA unter Billigung der ggt jüngeren Rsp *Angst* in *Angst* Rz 1 ff zu § 189 EO, der bei der Interessenabwägung zwischen Verkehrsschutz und Schutzwürdigkeit Geschäftsunfähiger Ersterem den Vorrang einräumt). Analoges hat auch in dem – wohl weniger praktischen – Fall zu gelten, dass der Zuschlag einem prozessunfähigen oder nur scheinbar vertretenen Bieter erteilt wurde (vgl dazu *Rechberger*, Exekution 189 f; *Holzhammer* 212; ausführlich zum Meinungsstand *Angst* in *Angst* § 189 Rz 1 ff).

Neben den Widerspruchsgründen des § 184 EO kommen als **Rekursgründe** bloß noch Aktenwidrigkeit sowie der Umstand in Frage, dass der Zuschlag dem Ersteher nicht oder unter anderen Bedingungen zu erteilen gewesen wäre (§ 187 Abs 1 und 2 EO). **303**

Bestätigt das Rekursgericht den Beschluss über die Erteilung des Zuschlags, wird dieser rechtskräftig; eine Anfechtung mit Revisionsrekurs ist nach den allgemeinen Regeln der ZPO nicht möglich. Ändert das Rekursgericht den Beschluss ab und versagt den Zuschlag, kommt dagegen ein (Grundsatz-)Revisionsrekurs in Frage. Nach Rechtskraft der Versagung kann bei Vorliegen der sonstigen Voraussetzungen auf Antrag oder von Amts wegen eine neuerliche Versteigerung angeordnet werden (§ 188 Abs 2 EO).

b) Der Rekurs gegen die Versagung des Zuschlages

Jeder, der vom Versteigerungstermin zu verständigen war, sowie der **304**
Bieter kann dann Rekurs gegen die Versagung des Zuschlages erheben, wenn er nicht im Versteigerungstermin gegen die Erteilung des Zuschlages Widerspruch erhoben hat. Als Rekursgründe kommen Aktenwidrigkeit und unrichtige rechtliche Beurteilung (Nichtvorliegen eines Widerspruchsgrundes) in Frage (§ 187 Abs 3 EO). Willensmängel wie Irrtum können nicht mit Rekurs gegen den Zuschlag geltend gemacht werden; insbes kann sich der Rekurswerber nicht darauf berufen, das Flächenmaß der Liegenschaft sei (aufgrund eines Fehlers im Gutachten) unrichtig angegeben worden (3 Ob 89/87 = JBl 1988, 122 = ImmZ 1988, 225; RIS-Justiz RS0003269).

Davon ist jedoch der Fall zu unterscheiden, dass sich das Meistbot bei der gebotenen objektiven Auslegung tatsächlich nicht (oder nicht nur) auf die versteigerte Liegenschaft bezieht. Solche Umstände werden im materiellen Recht als – von den Willensmängeln zu unterscheidender – Dissens bezeichnet. Sie stellen einen Rekursgrund iSd § 187 Abs 1, 2. Satz EO dar und werden im Regelfall (auch) eine Aktenwidrigkeit begründen (3 Ob 252/05p = MietSlg 58.771 = JBl 2007, 256 = RZ 2006/26 = Zak 2006/375).

Das Rekursgericht kann die Versagung des Zuschlages bestätigen (kein Revisionsrekurs) oder dem Rekurs stattgeben und den Zuschlag erteilen (Grundsatz-Revisionsrekurs möglich) bzw den Beschluss wegen Verfahrensmängeln aufheben und an das Erstgericht zurückverweisen.

7. Überbot und Wiederversteigerung

Außer durch einen Rekurs kann der Zuschlag auch durch ein Überbot oder durch die Bewilligung der Wiederversteigerung unwirksam gemacht werden.

a) Das Überbot (§§ 195–199 EO)

305 Hinter der Zulassung des Überbots steht das Bestreben, im Interesse aller Beteiligten einen möglichst hohen Erlös für die Liegenschaft zu erzielen. Innerhalb von 14 Tagen nach öffentlicher Bekanntmachung der Zuschlagserteilung kann beim Exekutionsgericht ein – irreversibles – Überbot angebracht werden, wenn:

- das Meistbot drei Viertel des Schätzwertes der Liegenschaft samt Zubehör nicht erreicht hat (§ 195 Abs 1 EO);
- das Überbot das Meistbot **um mindestens ein Viertel** übersteigt, wobei der Überbieter anzubieten hat, ein Viertel des von ihm angebotenen Kaufpreises binnen 7 Tagen gerichtlich oder notariell als Sicherstellung zu erlegen (§ 195 Abs 2 und § 196 Abs 1 EO). Das Überbot wird wirksam, sobald die angebotene Sicherheit geleistet wird; dies ist dem Gericht nachzuweisen. Zur Hintanhaltung des in der Praxis immer wieder vorkommenden Missbrauches (ErlRV 295 BlgNR 23.GP 19) hat die EO-Nov 2008 für den Fall des Nichterlags durch den Überbieter angeordnet, dass über diesen eine **Ordnungsstrafe** bis zu 10.000 € zu verhängen ist (§ 196 Abs 1 EO idF EO-Nov 2008);
- der Überbieter nicht vom Bieten ausgeschlossen ist (§ 195 Abs 2 EO) und
- sich bereit erklärt, die für die frühere Versteigerung geltenden Versteigerungsbedingungen zu erfüllen (§ 195 Abs 2 EO).

Der Ersteher ist von dem höchsten Überbot, für das eine Sicherheit erlegt wurde, zu verständigen. Dieses kann er dadurch **entkräften**, dass er binnen drei Tagen nach der Mitteilung erklärt, sein Meistbot auf den Betrag des Überbotes **zu erhöhen** (§ 197 EO).

Zur Frage, wodurch die Frist für den Ersteher, das Überbot zu entkräften, ausgelöst wird erstmals 3 Ob 160/07m = EvBl 2008/76 = JBl 2008, 396 = Zak 2008/174).

Mit Rechtskraft der gerichtlichen Überbotsannahme verliert die Versteigerung ihre Wirksamkeit; das Gericht hat den Zuschlag von Amts wegen aufzuheben und dem Überbieter den Zuschlag zu erteilen (§ 199 Abs 1 EO).

b) Die Wiederversteigerung (§§ 154 f EO)

306 Wenn das Meistbot vom Ersteher nicht rechtzeitig und ordnungsgemäß berichtigt wird, findet auf Antrag oder von Amts wegen die Wiederversteigerung der Liegenschaft statt. Sie unterbleibt, wenn der säumige Ersteher vor Ablauf der Rekursfrist gegen die Bewilligung der Wiederversteigerung den noch offenen Betrag des Meistbots samt Zinsen bei Gericht erlegt (§ 154 EO).

Mit Rechtskraft der Anordnung der Wiederversteigerung verliert die erste Versteigerung ihre Wirksamkeit. Die Anmerkung des Zuschlags bleibt jedoch aufrecht, und die Verstrickungswirkung geht sogar weiter als zuvor: Das Eigentumsrecht des Verpflichteten ist auf ein *nudum ius* geschrumpft; er kann über die Liegenschaft in keiner Weise verfügen und hat keinerlei Anspruch auf ihre Nutzungen.

Für die Wiederversteigerung gelten die früheren Versteigerungsbedingungen; ein säumiger Ersteher ist vom Bieten zwar nicht ausgeschlossen, muss aber vor dem Beginn des Bietens eine Sicherheitsleistung in der Höhe des geringsten Gebots erlegen (§ 154 Abs 3 EO).

Der **säumige Ersteher** haftet für den Ausfall am Meistbot, der sich bei der Wiederversteigerung ergibt, für die Kosten der Wiederversteige- **307**
rung, die entgangenen Zinsen und für alle sonst durch seine Säumnis verursachten Schäden. Dafür sind das Vadium und der von ihm schon erlegte Betrag des Meistbots heranzuziehen; er haftet aber auch mit seinem übrigen Vermögen (§ 155 Abs 1 EO). Den Meistbotsausfall, die Kosten und die entgangenen Zinsen hat das Exekutionsgericht von Amts wegen mit vollstreckbarem Beschluss festzustellen. Der festgestellte Betrag ist mit 4 % zu verzinsen. Reichen die erlegten Beträge nicht aus, um diese Ansprüche zu berichtigen, kann der betreibende Gläubiger und jeder andere auf das Meistbot verwiesene Gläubiger die **Exekution zugunsten der Verteilungsmasse** beantragen (§ 155 Abs 2 EO). Nach hM (*Holzhammer* 235) wird in diesem Fall der Verteilungsmasse Parteistellung zuerkannt.

Bleibt die Wiederversteigerung erfolglos, so gilt die Differenz zwischen dem geringsten Gebot und dem Meistbot des säumigen Erstehers als Ausfall am Meistbot (§ 155 Abs 4 EO). Überschreitet das bei der Wiederversteigerung erzielte Meistbot jenes der ersten Versteigerung, so hat der säumige Ersteher auf diesen Unterschiedsbetrag keinen Anspruch (§ 155 Abs 3 EO).

8. Die Rechtswirkungen der Zuschlagserteilung

a) Eigentumsübergang

Der Zuschlag ist ein konstitutiver Hoheitsakt, der das Eigentum an der **308**
versteigerten Liegenschaft dem bisherigen Eigentümer nimmt und dem Ersteher gibt (vgl dazu Näheres bei Angst in Angst Rz 1 ff zu § 156 EO).

Als Ausnahme vom Intabulationsgrundsatz des § 431 ABGB geht das Eigentum im Fall der Zwangsversteigerung einer Liegenschaft nicht erst mit der bücherlichen Einverleibung des Erstehers auf diesen über, sondern bereits mit dem am Ende des Versteigerungstermins verkündeten Zuschlagsbeschluss; *titulus* und *modus* fallen in diesem Fall zusammen (vgl *Koziol/Welser* I^{13} 343). Für den Eigentumserwerb ist die Rechtskraft des Zuschlagsbeschlusses ebenso wenig maßgebend wie seine bücherliche Anmerkung. Letztere entfaltet jedoch Warnwirkung gegenüber Personen, die an der Liegenschaft bücherliche Rechte erwerben wollen.

Der Ersteher wird durch den Zuschlag selbst dann Eigentümer, wenn der Verpflichtete gar nicht Eigentümer der Liegenschaft war, wenn der betreibende Gläubiger keinen Exekutionstitel hatte oder wenn sonstige Angaben des Versteigerungsedikts unrichtig waren; doch setzt der Eigentumserwerb stets seinen **guten Glauben** voraus (§ 170a Z 1 EO – vgl unten Rz 361). Wusste der Ersteher zB, dass die Liegenschaft ganz oder zum Teil von einem Dritten ersessen oder dass der Verpflichtete etwa im Zug des Verlassenschaftsverfahrens irrtümlich als Eigentümer eingetragen worden war, erwirbt er kein Eigentum!

308a Bei **Versteigerung eines Superädifikats** tritt der Ersteher gem § 153a EO in das zwischen dem Liegenschaftseigentümer und dem Verpflichteten bestehende **Grundnutzungsverhältnis** (also idR einen Mietvertrag) ein. Der Eigentümer kann dieses Nutzungsverhältnis jedoch jedenfalls aus wichtigem Grund kündigen (vgl den Meinungsstand hiezu bei *Angst* in *Angst* § 153a Rz 4).

309 Der Zuschlagsbeschluss ist zwar wegen des damit verbundenen Eigentumsübergangs auf den Ersteher mit erhöhter Bestandskraft ausgestattet (vgl oben Rz 296 ff), doch kann der Ersteher sein Eigentumsrecht noch im Rahmen des Exekutionsverfahrens wieder verlieren. Der Eigentumserwerb steht unter **drei auflösenden Bedingungen**: Mit rechtskräftiger **Annahme des Überbots** (§ 199 Abs 1 EO), mit Rechtskraft der (nachträglichen) **Versagung des Zuschlags** (§ 188 Abs 1 EO) oder mit rechtskräftiger **Bewilligung der Wiederversteigerung** (§ 154 Abs 2 EO) verliert der Ersteher wieder sein Eigentumsrecht (vgl dazu *Angst* in *Angst* § 156 Rz 4).

309a Gem § 183 Abs 1 letzter Satz EO (im Hinblick auf Art 7 BaugruV, BGBl 1993/260) ist der **Zuschlag** dann, wenn die Eigentumsübertragung **landesgesetzlichen Grundverkehrsgesetzen** unterliegt, **unter Vorbehalt zu erteilen** und (erst) bei Vorliegen der von dem jeweiligen Grundverkehrsgesetz festgelegten Voraussetzung mit gesondertem Beschluss **für rechtswirksam zu erklären**. Der Beschluss über den Zuschlag ist erst dann auszufertigen und bekanntzumachen.

„Zuschlag unter Vorbehalt“ bedeutet, dass dieser im Fall seiner Genehmigungs-, Anzeige- oder Erklärungsbedürftigkeit erst mit der Genehmigung, der Nichtuntersagung oder der sonst vorgesehenen Erklärung der Landesgrundverkehrsbehörde rechtswirksam werden kann. Dem Meistbietenden muss in diesem Fall mit Beschluss aufgetragen werden, binnen angemessener Frist die Entscheidung der Behörde zu beantragen. Die Rechtswirksamerklärung des Zuschlags erfolgt dann, wenn sich aus dieser Entscheidung kein Hindernis für die Übertragung des Eigentums an den Meistbietenden ergibt oder eine derartige Entscheidung nicht **innerhalb von vier Monaten** ab Einlangen des Antrags bzw der Anzeige bei der Behörde ergeht. Sonderfälle stellen Wien und Niederösterreich dar, weil deren Grundverkehrsgesetze keine Art 7 BaugruV entsprechende Regelung enthalten (vgl zur Zuschlagserteilung nach den Grundverkehrsgesetzen im Übrigen *Angst* in *Angst* § 183 Rz 5 ff; zum niederösterreichischen Grundverkehrsgesetz ebenda Rz 19, zum Wiener Ausländergrunderwerbsgesetz ebenda Rz 20 ff).

b) Der Übergang der Gefahr, der Nutzungen und Lasten (§ 156 Abs 1 EO)

Mit dem Tag der Erteilung des Zuschlags trifft jeder Schaden, der auf 310
der Liegenschaft auftritt, den Ersteher; dies gilt auch dann, wenn die Eigentumsübertragung landesgesetzlichen Grundverkehrsgesetzen unterliegt (§ 156 Abs 1 EO). Er tritt auch in die Rechte und Pflichten aus einem Versicherungsverhältnis ein (§ 69 Abs 1 VersVG). Vom selben Tag an gebühren dem Ersteher alle Früchte und Einkünfte der Liegenschaft (so etwa die ab dem Zuschlagstag fällig werdenden Bestandzinse, vgl 2 Ob 142/07g = Zak 2008/512 = RdW 2008/605), die noch nicht abgesondert oder eingehoben sind (§ 156 Abs 1 EO). Überdies ist der Ersteher mit Erteilung des Zuschlags zur Kündigung eines von ihm übernommenen Bestandverhältnisses berechtigt, seine Legitimation setzt weder die Übergabe der Liegenschaft noch die Bestellung zum einstweiligen Verwalter voraus (3 Ob 14/08t = Zak 2008/513).

Für den Umfang des Eigentumserwerbs des Erstehers durch Zuschlag sind die Beschreibung und Schätzung des Exekutionsobjekts und das Versteigerungsedikt maßgeblich (3 Ob 183/07v = JusGuide 2008/02/5358 [OGH]).

Vom Zeitpunkt des Zuschlags an hat der Ersteher die mit dem Eigentum an der Liegenschaft verbundenen Lasten, vor allem Steuern und öffentliche Abgaben, aber auch etwa die mit baurechtlichem Bescheid vorgeschriebenen Instandhaltungsarbeiten, die als öffentlich-rechtliche Lasten auf der Liegenschaft haften (1 Ob 157/07f = Zak 2008/66 = NZ 2008/92), zu tragen sowie die in Anrechnung auf das Meistbot übernommenen Schuldbeträge zu verzinsen (§ 156 Abs 1 EO).

c) Die einstweilige Verwaltung der Liegenschaft (§§ 158–161 EO)

311 Solange die Liegenschaft dem Ersteher noch nicht übertragen ist, können der Ersteher (wenn er mit dem Erlag des Meistbots nicht säumig ist), der betreibende Gläubiger sowie jeder Hypothekargläubiger die Anordnung einer einstweiligen Verwaltung beantragen (§ 158 Abs 1 EO). Dadurch sollen für Ersteher und Gläubiger nachteilige Verwaltungs- und Bewirtschaftungsmaßnahmen des Verpflichteten verhindert werden.

Gem § 158 Abs 2 EO ist die einstweilige Verwaltung auch dann zulässig, wenn der Zuschlag noch von der Zustimmung einer Grundverkehrsbehörde abhängt.

Grundsätzlich wird der **Ersteher** bis zur Übergabe der Liegenschaft an ihn zum Verwalter ernannt (§ 159 Z 1 EO). Für die einstweilige Verwaltung gelten im Übrigen die Vorschriften über die Zwangsverwaltung.

d) Die Übergabe der Liegenschaft an den Ersteher (§ 156 Abs 2 EO)

312 Nach Erfüllung aller Versteigerungsbedingungen, insbesondere nach vollständiger Berichtigung des Meistbots, werden die Liegenschaft und das veräußerte Zubehör an den Ersteher übergeben und sein Eigentumsrecht bücherlich eingetragen (§ 156 Abs 2 EO). Regelmäßig steht zu diesem Zeitpunkt bereits fest, dass keine der auflösenden Bedingungen für den Eigentumserwerb des Erstehers eingetreten ist. Die Übergabe der Liegenschaft ist nach den Bestimmungen des § 349 EO zu vollziehen (§ 156 Abs 2 EO), kann also durch den Gerichtsvollzieher erzwungen werden. Den Exekutionstitel für ein solches Räumungsverfahren bildet der Zuschlagsbeschluss. Die Kosten einer zwangsweisen Räumung, die der Verpflichtete dem Ersteher zu ersetzen hat, sind durch Beschluss des Exekutionsgerichts festzusetzen.

9. Aufschiebung und Einstellung des Versteigerungsverfahrens

a) Aufschiebung wegen Zahlungsvereinbarung (§§ 45a, 200a EO)

313 Der seit der EO-Nov 2003 für alle Exekutionsarten geltende § 45a EO sieht vor, dass die Exekution auf Antrag oder mit Zustimmung des betreibenden Gläubigers ohne Auferlegung einer Sicherheitsleistung aufzuschieben ist, wenn zwischen den Parteien eine Zahlungsvereinbarung getroffen wurde. Ein derartiger Aufschub hat mindestens drei Monate zu dauern; wird nicht innerhalb von zwei Jahren die Fortsetzung des Verfahrens beantragt, so ist die Exekution einzustellen (§ 45a EO). Der bisher bei Zahlungsvereinbarungen im Rahmen der Liegenschaftsexekution an-

wendbare § 200a EO stellt nur mehr klar, dass eine Aufschiebung nach § 45a EO bis zum Beginn der Versteigerung möglich ist.

In § 200b EO wird die Aufschiebung der Exekution bei einer Naturkatastrophe vorgesehen, vgl dazu oben Rz 52.

b) Die besonderen Einstellungsgründe

314 Neben den allgemeinen Einstellungsgründen der §§ 35, 36, 37, 39, 40 EO gibt es bei der Zwangsversteigerung eine Reihe von besonderen Einstellungsgründen.

Schon erwähnt wurde die Einstellung im Fall, dass bei Nichterzielung eines das geringste Gebot erreichenden Meistbots der binnen zwei Jahren zu stellende Antrag auf einen weiteren Versteigerungstermin unterlassen wird (§ 151 Abs 3 iVm § 200 Z 3 EO – vgl oben Rz 263), sowie im Fall, dass keine neuerliche Versteigerung nach § 188 Abs 3 EO zulässig ist (vgl oben Rz 300). Zur Einstellung, wenn die Fortsetzung einer aufgeschobenen Versteigerung gem § 45a EO bzw § 200b EO unterlassen wird, vgl oben Rz 313 sowie Rz 52.

Bedeutsam sind vor allem die **drei** in **§ 200 EO** genannten besonderen Einstellungsgründe:

Die früher in § 200 Z 1 EO geregelte Möglichkeit des Übernahmsantrags vor dem Versteigerungstermin, bei dem der angebotene Preis den Schätzwert (bloß) mindestens ein Viertel übersteigen musste, wurde von der EO-Nov 2000 gestrichen, um die Chance zu wahren, bei der Versteigerung einen höheren Preis zu erzielen. Über einen Einstellungsantrag nach § 200 EO ist jetzt überdies in keinem Fall mehr eine mündliche Verhandlung anzuberaumen.

- ***Die Einlösung der vollstreckbaren Forderung (Z 2)***

315 Um die Versteigerung der Liegenschaft abzuwenden, gibt § 462 ABGB jedem **Hypothekargläubiger** das Recht, die vollstreckbare Forderung einzulösen (was außerhalb des Exekutionsverfahrens gem § 1423 ABGB nur mit Einverständnis des Schuldners möglich ist). § 200 Z 2 EO erweitert diesen Grundsatz auf den **betreibenden Gläubiger** (der nicht Hypothekargläubiger ist) im Hinblick auf die Forderungen aller übrigen betreibenden Gläubiger (§ 120 Abs 1 KO gewährt dasselbe Recht dem Masseverwalter; die hM gewährt es wegen der gleichen Interessenlage auch den Dienstbarkeits-, Reallast- und Bestandberechtigten). Der Einlösende muss gleichzeitig alle dem Verpflichteten zur Last fallenden Kosten ersetzen.

- ***Das Abstehen von der Fortsetzung der Exekution (Z 3)***

316 Der betreibende Gläubiger kann vor Beginn der Versteigerung von der Fortsetzung der Exekution abstehen, darf dann aber wegen derselben

vollstreckbaren Forderung vor Ablauf einer **halbjährigen Sperrfrist** seit der Einstellung eine neue Versteigerung nicht beantragen.

Dem Wortlaut des § 200 Z 3 EO folgend, entsprechen die Rechtsfolgen der Einstellung nach dieser Bestimmung jenen der Einstellung nach § 39 Abs 1 Z 6 EO. Das war schon bisher hM (*Holzhammer* 238; SZ 34/175; EvBl 1965/172), wurde aber durch die EO-Nov 2000 durch die Zitierung des § 39 Abs 1 Z 6 EO endgültig klargestellt. Ist der vollstreckbare Anspruch des betreibenden Gläubigers aufrecht, so kann dieser gem § 208 Abs 1 EO innerhalb von 14 Tagen nach Rechtskraft der Einstellung den Antrag auf Eintragung einer Zwangshypothek im Rang der Anmerkung der Bewilligung der Zwangsversteigerung stellen (vgl oben bei Rz 235).

- ***Das Zahlungsanerbieten des Verpflichteten (Z 4)***

317 Der Verpflichtete kann vor Beginn der Versteigerung allen betreibenden Gläubigern die volle Befriedigung ihrer vollstreckbaren Forderungen samt Nebengebühren und die Bezahlung der bis dahin aufgelaufenen Kosten des Verfahrens anbieten. Um mit seinem Einstellungsantrag erfolgreich zu sein, muss er die erforderlichen Geldbeträge dem Exekutionsrichter übergeben oder gerichtlich hinterlegen.

10. Die Meistbotsverteilung

318 Die Meistbotsverteilung ist der Befriedigungsabschnitt der Zwangsversteigerung; sie ist kein unabhängiges Verfahren, sondern gehört zum Exekutionsverfahren. Bis zur Befriedigung des betreibenden Gläubigers können daher allfällige Exekutionsklagen angebracht und die Exekution kann eingestellt oder aufgeschoben werden.

a) Der Gegenstand der Verhandlung

319 Frühestens nach Rechtskraft des Zuschlages und spätestens nach vollständiger Berichtigung des Meistbotes hat das Gericht von Amts wegen eine Tagsatzung zur Verhandlung über die Verteilung des Meistbots anzuberaumen, zu der die Parteien und alle Personen, für die nach der Aktenlage an der Liegenschaft oder an darauf haftenden Rechten dingliche Rechte und Lasten bestehen, zu laden sind. Dem Ersteher steht die Teilnahme an dieser Tagsatzung frei. Der Tagsatzungstermin ist mindestens vier Wochen im Vorhinein öffentlich bekanntzumachen (§ 209 Abs 4 EO; zur Ediktsdatei vgl oben Rz 61 f, 267, 289 f), da die Gläubiger ihre Forderungen **bis 14 Tage vor der Tagsatzung anzumelden** haben (§ 210 Abs 1 EO – vgl unten Rz 320). Dies gilt aber nicht für Ansprüche, die dem Grundbuch oder den Exekutionsakten entnommen werden können (vgl 3 Ob 228/07m = ecolex 2008/113).

Verhandlungsgegenstand ist die **Verteilungsmasse**. Wenn Einigkeit besteht, erfolgt die Verteilung nach Maßgabe dieses Einverständnisses (§ 214 Abs 2 EO); andernfalls hat das Gericht von Amts wegen festzustellen, mit welchem Betrag und auf welche Weise die Berechtigten zu befriedigen sind.

Die mit ihren Ansprüchen auf das Meistbot verwiesenen Personen sind mit der Ladung zur Verteilungstagsatzung aufzufordern, ihre Ansprüche am Kapital und allen Nebenforderungen **spätestens 14 Tage vor der Tagsatzung anzumelden** und die zum Nachweis ihrer Ansprüche dienenden Urkunden vorzulegen, widrigenfalls ihre Ansprüche bei der Verteilung nur insofern berücksichtigt würden, als sie sich aus dem Grundbuch als rechtsbeständig und zur Befriedigung geeignet ergeben (§ 210 Abs 1 EO). Bei Höchstbetragshypotheken muss der Betrag, mit dem Befriedigung beansprucht wird, angegeben werden, wobei zum Nachweis des zum Zeitpunkt der letzten vom Verpflichteten unwidersprochen gebliebenen Saldomitteilung offenen Betrages die Vorlage dieser Saldomitteilung ausreicht (§ 211 Abs 1 und 5 EO). 320

Auch jene Forderungen, die erst nach Ablauf der vierzehntägigen Frist, spätestens aber bei der Tagsatzung selbst angemeldet werden, sind zu berücksichtigen. Muss die Tagsatzung wegen der verspäteten Anmeldung erstreckt werden, sind die zusätzlichen Kosten der Beteiligten dem säumigen Gläubiger aufzuerlegen (§ 210 Abs 2 EO).

Bei der Meistbotsverteilungstagsatzung verhandeln die erschienenen Personen über die zu berücksichtigenden Ansprüche und über die Reihenfolge ihrer Befriedigung. Ansprüche, die selbst bei Ausfall vorausgehender bestrittener Ansprüche nicht zum Zug kommen würden, sind nicht einzubeziehen (§ 212 EO).

b) Der Widerspruch und seine Folgen

Alle in der Tagsatzung Erschienenen, deren Ansprüche beim Ausfall des bestrittenen Rechtes aus dem Versteigerungserlös zum Zug kommen könnten (Ausfallbeteiligte), können gegen den Bestand, den Rang oder die Höhe einer angemeldeten oder aus dem Grundbuch zu entnehmenden Forderung Widerspruch erheben. Der Verpflichtete kann nur gegen die Berücksichtigung solcher Ansprüche Widerspruch erheben, für die es keinen Exekutionstitel gibt (§ 213 Abs 1 EO). 321

So wie beim Widerspruch in der Versteigerungstagsatzung (vgl oben Rz 301) handelt es sich auch hier um einen **antizipierten Rechtsbehelf**, der dem am Ende der Meistbotsverteilungstagsatzung ergehenden Beschluss erhöhte Bestandskraft verleihen soll (vgl aber bei Rz 326). Über

Einwendungen gegen Ansprüche, die im Verteilungsbeschluss berücksichtigt werden könnten, soll schon vorweg verhandelt werden.

Der Richter hat zunächst die **Erzielung eines Einverständnisses** zu fördern und dann, wenn ein solches nicht zustande kommt, die durch den Widerspruch betroffenen anwesenden Personen zu vernehmen (§ 213 Abs 2 EO). Sind zur Erledigung des Widerspruchs **nur Rechtsfragen** zu lösen (es wird zB bestritten, dass für die angemeldete Forderung ein gesetzliches Pfandrecht besteht), ist darüber **sogleich** im Verteilungsbeschluss zu entscheiden (§ 231 Abs 1 EO).

322 Hängt die Entscheidung über den Widerspruch dagegen von der Ermittlung und Feststellung **streitiger Tatumstände** ab (zB wenn der Widersprechende behauptet, dass die bestrittene Forderung bereits getilgt sei, und sich darüber zwischen den Kontrahenten kein Einverständnis herbeiführen lässt), ist die Erledigung des Widerspruchs im Verteilungsbeschluss **auf den Rechtsweg zu verweisen**. Ansprüche, gegen die sich ein auf den Rechtsweg verwiesener Widerspruch richtet, sind im Verteilungsbeschluss vorläufig so zu behandeln, als ob sie hinsichtlich des geforderten Betrages und der behaupteten Rangordnung unbestritten wären (§ 231 Abs 1 EO). Durch die Verweisung auf den Rechtsweg soll jede Verzögerung durch die Klärung streitiger Tatsachen vermieden werden, damit der Versteigerungserlös den (übrigen) Berechtigten möglichst rasch zukommen kann.

Das Gericht darf auch dann nicht im Verteilungsbeschluss über einen Widerspruch entscheiden, wenn sich dieser gegen eine Forderung öffentlich-rechtlicher Natur richtet (§ 231 Abs 3 EO). In diesem Fall ist der Widersprechende auf den Verwaltungsweg zu verweisen, und zwar unabhängig davon, ob bloß eine Rechtsfrage oder eine Tatfrage strittig ist.

Durch die Verweisung auf den Rechts- (oder Verwaltungs-)Weg wird die Beschlussfassung über die Verteilung nicht hinausgeschoben, sondern die bestrittene Forderung erscheint im Verteilungsbeschluss **vorläufig als unbestritten** (§ 231 Abs 1 EO). Der Beschluss darf nur insofern nicht ausgeführt werden, als der auf die bestrittene Forderung entfallende Teil der Verteilungsmasse nicht ausgefolgt werden darf. Wird die Widerspruchsklage rechtzeitig eingebracht, bleibt der entsprechende Betrag bis zur rechtskräftigen Entscheidung über diese Klage in gerichtlicher Verwahrung (§ 236 Abs 3 EO).

Wer auf den Rechtsweg verwiesen wurde, muss **binnen einem Monat** nach Zustellung des Verteilungsbeschlusses (**Rechtfertigungsfrist**) nachweisen, dass er die notwendige Klage bereits eingebracht hat, widrigens der Verteilungsbeschluss auf Antrag eines durch den Widerspruch betroffenen Berechtigten ohne Rücksicht auf den Widerspruch ausgeführt wird

(§ 231 Abs 2 EO). Für die **Widerspruchsklage** (§§ 232 f EO) ist das Exekutionsgericht zuständig. Die Klägerrolle fällt immer dem widersprechenden Ausfallsbeteiligten zu, Beklagter ist der Gläubiger der bestrittenen Forderung. Die Klage ist eine (negative) prozessuale Feststellungsklage, mit der festgestellt werden soll, dass ein prozessualer Teilnahmeanspruch des Gläubigers der bestrittenen Forderung nicht bzw nicht zurecht im angemeldeten Rang oder in der angemeldeten Höhe besteht.

Das **Urteil** über die Widerspruchsklage ist für und gegen **sämtliche** 323
beteiligte Gläubiger und Berechtigte sowie für und gegen den Verpflichteten wirksam (§ 232 Abs 2 EO). Wird dem Widerspruch stattgegeben, hat es überdies grundsätzlich den **Verteilungsbeschluss von Amts wegen zu korrigieren**, indem es feststellt, welchem Gläubiger und in welchem Betrag der strittige Teil der Masse auszuzahlen ist (§ 233 Abs 1 EO); insofern ist das Urteil auch rechtsgestaltender Natur. Nur bei erheblichen Schwierigkeiten für eine Verteilung darf das Gericht im Urteil ein neues Verteilungsverfahren anordnen (§ 233 Abs 2 EO).

Wird die Widerspruchsklage nicht (rechtzeitig) erhoben, wird der Verteilungsbeschluss ohne Rücksicht auf den Widerspruch ausgeführt (§ 231 Abs 2 EO). Da darin jedoch nur über prozessuale Teilnahmeansprüche entschieden wird, wird das Recht des Widersprechenden, sein **besseres Recht** im Wege der Klage gegen Personen, die aufgrund des Verteilungsbeschlusses Befriedigung erlangt haben, geltend zu machen, nicht verwirkt (§ 231 Abs 4 EO). Diese Bereicherungsklage unterscheidet sich von der Widerspruchsklage dadurch, dass sie einen materiellen Anspruch geltend macht und ein Leistungsbegehren enthält.

11. Der Meistbotsverteilungsbeschluss

a) Inhalt und Wirkungen

Im Spruch des Verteilungsbeschlusses ist zunächst der Gesamtbetrag 324
der Verteilungsmasse auszuweisen (getrennt in allgemeine Masse und Zinsenmasse). Danach sind in der gesetzlichen Rangordnung die an die einzelnen Berechtigten auszuzahlenden oder für sie zu erlegenden Barbeträge, die vom Ersteher in Anrechnung auf das Meistbot übernommenen Lasten und Schulden samt Nebengebühren sowie die diesen Lasten und Schulden entsprechenden Deckungsbeträge auszuweisen (§ 229 Abs 1 EO).

Ferner ist anzugeben, wie die Zinsen fruchtbringend angelegter Beträge zu verwenden sind, wie mit freiwerdenden Beträgen zu verfahren ist, welche Sicherheit bei barer Berichtigung von auflösend bedingten Forderungen zu leisten ist, welche Ersatzansprüche bei Simultanhypotheken bestehen und welcher Betrag der Masse für den Verpflichteten übrig bleibt (§ 229 Abs 2 EO). Sofern nicht eine Verweisung auf den Rechtsweg oder den Verwaltungsweg erfolgt, ist letztlich im Verteilungsbeschluss über erhobene Widersprüche zu entscheiden.

325 Die Wirkung des Meistbotsverteilungsbeschlusses erschöpft sich nach eM in der **Feststellung der prozessualen Teilnahmeansprüche** am Verteilungsverfahren; über die materiell-rechtlichen Ansprüche an dem zu verteilenden Vermögen wird nicht entschieden, ihr Bestehen stellt bloß eine Vorfrage für den Verteilungsbeschluss dar. Jeder Beteiligte kann deshalb immer noch die **Klage aus dem besseren Recht** erheben und damit von einem anderen Gläubiger den diesem zugewiesenen Betrag herausverlangen.

Vor diesem Hintergrund ist der Streit darüber, inwieweit dem Verteilungsbeschluss (auch) materielle Rechtskraft zukomme (vgl dazu ausführlich *Angst* in *Angst* § 231 Rz 16 ff), wenig ergiebig. Die Unabänderlichkeit dieses Beschlusses ergibt sich jedenfalls schon aus §§ 425 Abs 2 ZPO und 78 EO, die Entfaltung einer Bindungswirkung außerhalb des Verteilungsverfahrens ist – wenn überhaupt – nur in bescheidenem Umfang denkbar.

b) Der Rekurs gegen den Verteilungsbeschluss

326 Die Erhebung eines Widerspruchs in der Meistbotsverteilungstagsatzung ist (seit der EO-Nov 2000) keine Rekursvoraussetzung (mehr). Dies soll das Verfahren beschleunigen, beinträchtigt allerdings den Charakter des Widerspruchs als antizipierter Rechtsbehelf (vgl dazu bei Rz 321). Die Rsp bejaht die Rekurslegitimation, wenn mit dem Meistbotsverteilungsbeschluss unmittelbar in die Rechtsposition des Erstehers eingegriffen wird (vgl 3 Ob 144/07h = ÖBA 2008, 523 = ÖBA 2008/1479 [*Koziol*]).

327 Wird dem Rekurs stattgegeben, muss das Rekursgericht entweder selbst aufgrund der Aktenlage über die Neuverteilung des vom Rekurs betroffenen Teils der Verteilungsmasse entscheiden oder die Sache an das Erstgericht zurückverweisen.

Ein Revisionsrekurs gegen einen von der zweiten Instanz bestätigten Meistbotsverteilungsbeschluss ist (seit der EO-Nov 2000) nicht (mehr) zulässig.

c) Die Ausführung des Verteilungsbeschlusses und die Schlussbereinigung

328 Soweit nicht ein Rechtsstreit entgegensteht, werden nach Rechtskraft des Verteilungsbeschlusses die den einzelnen Berechtigten zur Barzahlung überwiesenen Beträge von Amts wegen ausgefolgt; die von einem

Widerspruchsprozess betroffenen Beträge bleiben in gerichtlicher Verwahrung (§ 236 EO).

Wird einem Widerspruch gegen die Anrechnung einer pfandrechtlich sichergestellten Forderung auf das Meistbot im Verteilungsbeschluss oder in einem darüber ergangenen Urteil stattgegeben, so wird der Ersteher mit vollstreckbarem Beschluss aufgefordert, den Meistbotsrest samt Zinsen vom Tag der Zuschlagserteilung binnen 14 Tagen bei Gericht zu erlegen. Jede zur Verteilungstagsatzung geladene Person ist berechtigt, beim Exekutionsgericht den Antrag auf Exekution in das Vermögen des Erstehers zu stellen (§ 235 EO); auch hier kommt demnach der Verteilungsmasse Parteistellung zu. 329

Sofern der Ersteher die rechtzeitige und ordnungsgemäße Erfüllung aller Versteigerungsbedingungen nachweist, kann er schon vor Erledigung der Meistbotsverteilung die bücherliche Einverleibung seines Eigentumsrechtes, die Übertragung der damit verbundenen bücherlichen Rechte und die Löschung der bücherlichen Anmerkungen des Versteigerungsverfahrens beantragen (§ 237 Abs 1 EO). Die Einverleibung des Eigentumsrechts setzt das Vorliegen einer Unbedenklichkeitsbescheinigung nach § 160 Abs 1 BAO voraus.

Nach Rechtskraft des Verteilungsbeschlusses kann der Ersteher die Löschung der auf der versteigerten Liegenschaft eingetragenen, von ihm nicht übernommenen Lasten und Rechte beantragen (§ 237 Abs 3 EO). 330

Wird der Ersteher mit diesen Grundbuchsanträgen säumig, hat das Exekutionsgericht das (außerstreitige) Verfahren zur Herstellung der Grundbuchsordnung einzuleiten (vgl Näheres bei *Rechberger/Bittner* Rz 319).

d) Die Behandlung von Gläubigern unbekannten Aufenthalts

Da für Forderungen grundsätzlich Barzahlung vorgesehen ist, sofern der Gläubiger nicht ausdrücklich mit der Übernahme der Schuld durch den Ersteher einverstanden ist (§ 170a Z 2 und § 223 Abs 1 EO), muss für Gläubiger unbekannten Aufenthalts Vorsorge getroffen werden: Der Ersteher kann die Forderung mangels Zustimmung des Gläubigers nicht übernehmen. § 230 EO sieht für diesen Fall daher die Bestellung eines Abwesenheitskurators iSd § 276 ABGB durch das Exekutionsgericht vor. Gibt dieser nicht binnen fünf Jahren ab Rechtskraft des Meistbotsverteilungsbeschlusses den Gläubiger oder dessen Rechtsnachfolger bekannt, so ist der Betrag in einer Nachtragsverteilung an die Gläubiger zu verteilen. Meldet sich der Gläubiger nach Ablauf der fünf Jahre, so steht ihm trotz Rechtskraft des Verteilungsbeschlusses gegen die in der Nachtragsverteilung zum Zug gekommenen Gläubiger ein Verwendungsanspruch zu (vgl JB 220; EvBl 1966/445). 331

12. Die Verteilungsgrundsätze

a) Die Verteilungsmasse (§ 215 EO)

332 Die Verteilungsmasse ist ein Sondervermögen, aus dem die auf das Meistbot verwiesenen Berechtigten zu befriedigen sind. Die allgemeine Verteilungsmasse besteht aus dem Meistbot (sowie den allenfalls zur Erhöhung des Meistbots gegebenen Beträgen) oder dem Überbot und den Zinsen hievon, den Erträgnissen einer einstweiligen Verwaltung, dem Vadium, den Meistbotsraten eines säumigen Erstehers, den vom Ersteher geleisteten sonstigen Ersätzen samt Zinsen sowie den vom Ersteher geleisteten Rückerstattungen aller sonstigen in die Verteilungsmasse fließenden Beträge.

b) Allgemeine Verteilungsgrundsätze

333 In erster Linie erfolgt die Verteilung nach dem Einverständnis der Beteiligten. Fehlt ein solches, ist nach den Grundsätzen der §§ 216 und 217 EO vorzugehen. Dort nennt das Gesetz die Ansprüche, die bei der Meistbotsverteilung zu berücksichtigen sind, sowie die Rangordnung, in der sie zum Zug kommen. Diese Rangordnung wird erst dann bedeutsam, wenn die Verteilungsmasse nicht ausreicht, um alle Ansprüche zu befriedigen. Wird in diesem Fall nämlich eine Kategorie von Forderungen erreicht, für deren volle Befriedigung die restliche Verteilungsmasse nicht mehr ausreicht, sind diese den gleichen Rang genießenden Ansprüche (sofern nicht innerhalb derselben Kategorie wiederum eine Rangordnung aufgestellt ist) nach dem Verhältnis der Gesamtbeträge der einzelnen Ansprüche (= quotenmäßig) zu berichtigen (§ 218 Abs 1 EO).

334 Diese **Rangordnung** ergibt folgende **sechs Klassen** von Forderungen (§ 216 Abs 1 EO):

- die **Kosten** (§ 120 Abs 2 Z 4 EO) **der Verwaltung der Liegenschaft** zugunsten der Verteilungsmasse (Z 1);
- die **aus den letzten drei Jahren** vor der Zuschlagserteilung rückständigen, von der Liegenschaft zu entrichtenden **Steuern, Gebühren und sonstigen öffentlichen Abgaben** samt Verzugszinsen, die (sofern sie rechtzeitig angemeldet worden sind [vgl § 170a Z 3 EO]) ein gesetzliches Pfand- oder Vorzugsrecht genießen (Z 2);
- die **aus den letzten fünf Jahren** vor der Zuschlagserteilung rückständigen Forderungen gem § 27 WEG 2002, wobei die Ansprüche mehrerer Miteigentümer untereinander den gleichen Rang haben (Z 3);

Die EO-Nov 2000 hat die vordem in Z 3 genannten Lohnforderungen land- und forstwirtschaftlicher Arbeiter eliminiert.

- die **Hypothekarforderungen** (einschließlich der Steuer- und Gebührenforderungen), die nicht pfandrechtlich sichergestellte Forderung des betreibenden Gläubigers, die Ansprüche aus Dienstbarkeiten, Ausgedingen und anderen Reallasten und Entschädigungsansprüche für einverleibte Bestandrechte und vom Ersteher nicht zu übernehmende Rechte und Lasten nach ihrem bücherlichen Rang (Z 4);

Die gerichtlich bestimmten Prozess- und Exekutionskosten, die durch die Geltendmachung der Ansprüche nach § 216 Abs 1 Z 2 bis 4 EO entstanden sind, sowie die nicht länger als drei Jahre vor dem Zuschlagstag rückständigen Zinsen, Renten, Unterhaltsgelder und sonstigen wiederkehrenden Leistungen genießen die **gleiche Priorität** mit dem Kapital oder Bezugsrecht. Bei Unzulänglichkeit der Verteilungsmasse sind diese Nebengebühren vor dem Kapital zu berichtigen (§ 216 Abs 2 EO).

- die sog „Nachzügler" (§ 217 Abs 1 EO), das sind die **länger als drei Jahre** rückständigen, von der Liegenschaft zu entrichtenden **öffentlichen Abgaben**, für die ein gesetzliches Pfandrecht besteht, sowie nach diesen die länger als drei Jahre rückständigen **Zinsen, Renten, Unterhaltsgelder** oder sonstigen wiederkehrenden Leistungen;
- die ***hyperocha***: Ein allfälliger Rest ist dem Verpflichteten zuzuweisen (§ 217 Abs 2 EO).

c) Sonderbestimmungen

Sonderbestimmungen enthält das Gesetz für die Berichtigung von: **335**

- pfandrechtlich sichergestellten Forderungen auf Renten und wiederkehrende Leistungen (§ 219 EO),
- pfandrechtlich sichergestellten bedingten Forderungen (§§ 220 f EO),
- pfandrechtlich sichergestellten betagten Forderungen (§ 223 Abs 3 und 4 EO),
- Simultanhypotheken (§ 222 EO),
- Höchstbetragshypotheken (§ 224 EO) sowie
- Dienstbarkeiten, Reallasten und einverleibten Ausgedingen (§§ 225 bis 227 EO).

VII. DIE EXEKUTION IN DAS BEWEGLICHE VERMÖGEN

A. Allgemeines

336 Der zweite Titel des zweiten Abschnittes des ersten Teiles der EO regelt die (Geld-)Exekution auf das bewegliche Vermögen des Verpflichteten. Das Gesetz kennt dabei die Exekution

- auf **körperliche Sachen** (**Fahrnisexekution** – §§ 249 bis 289 EO),
- auf **Geldforderungen** (**Forderungsexekution** – §§ 290 bis 324 EO),
- auf **Ansprüche auf Herausgabe und Leistung körperlicher Sachen** (**Anspruchsexekution** – §§ 325 bis 329 EO) sowie
- auf **andere Vermögensrechte** (§§ 330 bis 345 EO).

Fahrnis- und Forderungsexekution sind die bei weitem häufigsten Exekutionsarten; im Jahr 2007 gab es rund 930.787 Fahrnisexekutionen und rund 760.200 Forderungsexekutionen. Dabei ist freilich darauf hinzuweisen, dass die Forderungsexekution – insbesondere in Form der Gehaltsexekution – die praktisch weitaus ertragreichere Form der Zwangsvollstreckung darstellt.

Auch in der Mobiliarexekution unterscheidet man zwischen der **Pfändung** und der **Verwertung** des Exekutionsobjektes. Nach § 256 EO erwirbt der betreibende Gläubiger durch die Pfändung für seine vollstreckbare Forderung ein Pfandrecht (**Pfändungspfandrecht**). Die Rechtsnatur des Pfändungspfandrechtes ist heftig umstritten: In verschiedenen Schattierungen stehen sich die vor allem in der älteren Lehre vertretene privatrechtliche, die öffentlich-rechtliche (vgl *Holzhammer* 244 f; *Rechberger/Simotta* Rz 575) und die gemischte Theorie (vgl JBl 1967, 618 ff; *Heller/Berger/Stix* II 1632 f, 1705 f) gegenüber. Nicht nur diese Theorien selbst, sondern auch ihr Erklärungswert ist umstritten, zumal auch im Exekutionsrecht die Lösung von Rechtsfragen im Wege der teleologischen Auslegung der EO zunehmend Bedeutung vor der Ableitung von Rechtsfolgen aus zu diesem Zwecke aufgestellten „Prinzipien" gewinnt (vgl zum Theorienstreit und den – vermeintlichen oder tatsächlichen – Konsequenzen der einzelnen Theorien aus deutscher Sicht ausführlich *Baur/Stürner*, Zwangsvollstreckungs- und Konkursrecht I[12] Rz 27.6 ff).

337 Von besonderer Bedeutung ist bei der Exekution auf das bewegliche Vermögen die **Verstrickung**, nämlich der (öffentlich-rechtliche) exekutive Beschlag der Exekutionsobjekte, mit welchem dem Verpflichteten die Verfügungsgewalt über diese entzogen und dem Staat zum Zweck der Be-

friedigung des betreibenden Gläubigers übertragen wird (vgl auch § 271 StGB [Verstrickungsbruch], wonach die Zerstörung, Beschädigung, Verunstaltung, Unbrauchbarmachung oder Entziehung einer gepfändeten Sache strafbar ist).

B. Die Fahrnisexekution

Literatur: *Rosenfeld*, Beitrag zur Frage der Exekutionsführung auf Superädifikate, GH 1899, 14; *Conrad*, Die Pfändungsbeschränkungen zum Schutze des schwachen Schuldners (1906); *Müller*, Die Prinzipien der Regelung der Exekution auf Wertpapiere zur Hereinbringung von Geldforderungen, GrünhutsZ 1911, 107, 111, 121; *Klang*, Eigentumsvorbehalt, Zugehör und Hypothek, JBl 1936, 421; *Krehan*, Erlöschen des Pfandrechts nach § 256 (2) EO, NZ 1936, 127; *Tschihan*, Die Stellung des Beitrittsgläubigers im Freihandverkaufsverfahren nach § 280 Abs 2 EO, ÖJZ 1952, 653; *ders*, Das Mindestanbot beim exekutiven Verkauf von Gold- und Silbersachen, ÖJZ 1954, 9; *ders*, Der freihändige Verkauf zum Marktpreis nach § 268 EO, ÖJZ 1954, 223; *Schießer-Reifegg*, Probleme des „anderweitigen" Verkaufs von Pfandgegenständen, ÖJZ 1955, 609; *Stix*, Die Zwangsverwaltung wirtschaftlicher Unternehmungen in der Praxis, ÖJZ 1955, 274; *Knapp*, Das umstrittene Freihandverkaufsverfahren nach § 280 Abs 2 EO, ÖJZ 1955, 439; *Tschihan*, Der exekutive Verkauf aus freier Hand, ÖJZ 1956, 245; dazu *Ludwig*, Stellungnahme zu vorstehenden Ausführungen, ÖJZ 1956, 262; *Scheiderbauer*, Zur Frage der Einstellung des Verkaufsverfahrens (§ 280 Abs 2 EO), RZ 1960, 17; *ders*, Wann erlischt das Fahrnispfandrecht (§ 256 Abs 2 EO)? RZ 1961, 17; *Kopke*, Exekutiver Verkauf von Kraftfahrzeugen gemäß § 268 EO, ÖJZ 1969, 386; *Hörburger*, Klage nach § 37 EO oder Antrag auf Einstellung nach § 252 (§ 39 Abs 1 Z 2) EO bei abgesonderter Fahrnisexekution auf Liegenschaftszubehör, JBl 1970, 104; *Mähr*, Ausscheidung von Fahrnissen mangels Zubehörseigenschaft im Zwangsversteigerungsverfahren, RZ 1970, 23; *Angst*, Die rechtliche Behandlung von Überbauten, ÖJZ 1972, 119; *Feil*, Pfändung, Verwahrung und Verkauf beweglicher Sachen (Fahrnisexekution) (1980); *Stölzle*, Zur Einstellung des Verkaufsverfahrens gemäß §§ 279a und 280 Abs 2 EO, AnwBl 1980, 6; *Konecny*, Die Aufschiebung der Fahrnisverwertung bei Forderungsexekution gemäß § 264a EO, RZ 1984, 218; *Burgstaller*, Das Pfandrecht in der Exekution (1988); *Hoyer*, Ein Beitrag zum Recht der Superädifikate, in FS Ostheim (1990) 95; *Wisleitner*, Die Akteneinsicht des Verpflichteten bei der Fahrnisexekution vor Beginn des Vollzugs, RZ 1991, 273; *Holzner*, Rechtsfragen der Mithaftung von Liegenschaftszubehör, JBl 1992, 753; *Simotta*, Einige Probleme des Datenschutzes im Zivilverfahrensrecht, ÖJZ 1993, 793 und 838; *Eder*, Der vollstreckungsrechtliche Erwerbs- und Berufsschutz bei OHG, KG und EEG, ecolex 1993, 585; *ders*, Der Schuldnerschutz in der gerichtlichen Exekution (1994); *Albrecht*, Die Exekutionsordnungs-Novelle 1995 (1995); *Klicka/Albrecht*, Fahrnisexekution nach der EO-Novelle 1995, ecolex 1995, 791; *Prem*, Neues im Exekutionsverfahren. Die Exekutionsordnungs-Novelle 1995, AnwBl 1995, 697; *Schumacher*, Zwangsvollstreckung auf Wertpapiere (1995); *Mohr*, Fahrnisexekution nach der EO-Novelle 1995, ÖJZ 1996, 81; *ders*, Fahrnisexekution (1996); *Eder*, Pfändungsschutz und Austauschpfändung nach der EO-Novelle 1995, ZIK 1996, 52; *Kloiber*, Auffindungs- und Zugriffsverfahren, ZIK 1996, 80; *Oberhammer*, Fahrnisverwertung nach der EO-Novelle 1995: Grundsätzliche Neuerungen im Verwertungsverfahren, ZIK 1996, 84; *ders*, Die Fahrnisverwertung nach der EO-Novelle 1995:

Das Verkaufsverfahren von der Bestimmung des Versteigerungstermines bis zur Ausfolgung des Erlöses, ZIK 1996, 121; *Konecny*, Die Exekutionsordnung nach 100 Jahren, in *Mayr* (Hg), 100 Jahre österreichische Zivilprozeßgesetze (1998) 95; *Kepplinger/Duursma*, Möglichkeit zur Widmung einer Zahlung bei Einschreiten des Exekutors? ÖJZ 2000, 885; *Knechtel*, Mobiliarsicherungspfandrechte und Mobiliarpfandregister in ausgewählten europäischen Staaten, NZ 2002, 16; *Mohr*, Die Verwertung von ins Mobiliarpfandregister eingetragenen Vermögenswerten, NZ 2002, 12; *ders*, EO-Novelle 2003, ecolex 2003, 502; *Jakusch*, Die EO-Novelle 2003, ÖJZ 2004/14, 201; *Rechberger*, Exekutionsverfahren Superädifikate, in *Kletečka/Rechberger/Zitta* (Hg), Bauten auf fremdem Grund[2] (2004); *Schneider*, Wesentliche Neuerungen der EO-Novelle 2003, ZIK 2004/46, 48; *Sima*, Die EO-Novelle 2005, ZIK 2005/122, 126; *Anderl*, Die EO-Novelle macht es möglich – bald Zwangsversteigerungen bei eBay & Co? Zak 2008, 126; *Frauenberger-Pfeiler*, Die EO-Novelle 2008, JAP 2007/2008, 235; *Mohr*, Die Internetversteigerung und sonstige Änderungen bei der Fahrnisexekution – Neuerungen durch die EO-Novelle 2008, ecolex 2008, 117; *Sloboda*, Die EO-Novelle 2008 im Überblick, Zak 2008, 123.

Petschek/Hämmerle/Ludwig 163 ff; *Heller/Berger/Stix* II 1630 ff; *Rechberger/Simotta* Rz 579 ff; *Holzhammer* 251 ff; *Mini* in *Burgstaller/Deixler-Hübner* zu §§ 249 ff EO; *Mohr* in *Angst* zu §§ 249 ff EO; *Neumayr* 196 ff.

1. Das Exekutionsobjekt

338 Exekutionsobjekt in der Fahrnisexekution sind **bewegliche körperliche Sachen** (§ 249 Abs 1 EO). Gem § 293 ABGB sind dies Sachen, die „ohne Verletzung ihrer Substanz von einer Stelle zur anderen versetzt werden können". Liegenschaftszugehör (§§ 294 bis 297a ABGB) darf aber nur mit der Liegenschaft selbst in Exekution gezogen werden (§ 252 Abs 1 EO).

Auch eine Reihe von Wertpapieren fallen in den Anwendungsbereich der Fahrnisexekution, so insbesondere bestimmte Inhaberpapiere (also etwa Aktien); andere Wertpapiere – etwa Orderpapiere (vgl § 296 EO) – werden wie Fahrnis gepfändet, ihre Verwertung erfolgt jedoch nach den Vorschriften über die Forderungsexekution (vgl unten Rz 373, 380 ff). Zur Exekution auf Sparurkunden (Sparbücher) vgl unten Rz 373.

Seit der EO-Nov 2000 sind Superädifikate gem § 134 EO nach den Bestimmungen über die Liegenschaftsexekution zu behandeln (vgl oben Rz 308a).

339 Der Gedanke des **Schuldnerschutzes** (vgl oben Rz 51 ff) gebietet es freilich, dem Verpflichteten solche Fahrnisse zu belassen, die er zur Deckung seiner notwendigen Lebensbedürfnisse oder zur Berufsausübung braucht. Dies gilt auch für Vermögensgegenstände, zu denen für gewöhnlich eine besondere affektive Bindung besteht. Gem § 250 Abs 1 EO sind folgende Sachen (bzw Tiere) **unpfändbar**:

- die dem persönlichen Gebrauch oder dem Haushalt dienenden Gegenstände, soweit sie einer bescheidenen Lebensführung des Verpflichteten und der mit ihm im gemeinsamen Haushalt lebenden Familienmitglieder entsprechen oder wenn ohne weiteres ersichtlich ist, dass durch deren Verwertung nur ein Erlös erzielt werden würde, der zum Wert außer allem Verhältnis steht (Z 1);

- bei Personen, die aus persönlichen Leistungen ihren Erwerb ziehen, sowie bei Kleingewerbetreibenden und Kleinlandwirten die zur Berufsausübung bzw persönlichen Fortsetzung der Erwerbstätigkeit erforderlichen Gegenstände sowie nach Wahl des Verpflichteten bis zum Wert von 750 € die zur Aufarbeitung bestimmten Rohmaterialien (Z 2);
- die für den Verpflichteten und die mit ihm im gemeinsamen Haushalt lebenden Familienmitglieder auf vier Wochen erforderlichen Nahrungsmittel und Heizstoffe (Z 3);
- nicht zur Veräußerung bestimmte Haustiere, zu denen eine gefühlsmäßige Bindung besteht, bis zum Wert von 750 € sowie eine Milchkuh oder nach Wahl des Verpflichteten zwei Schweine, Ziegen oder Schafe, wenn diese Tiere für die Ernährung des Verpflichteten oder der mit ihm im gemeinsamen Haushalt lebenden Familienmitglieder erforderlich sind, ferner die Futter- und Streuvorräte auf vier Wochen (Z 4);
- bei Personen, deren Geldbezug durch Gesetz unpfändbar oder beschränkt pfändbar ist, der Teil des vorgefundenen Bargelds, der dem unpfändbaren, auf die Zeit von der Vornahme der Pfändung bis zum nächsten Zahlungstermin des Bezugs entfallenden Einkommen entspricht (Z 5);
- die zur Vorbereitung eines Berufs erforderlichen Gegenstände sowie die Lernbehelfe, die zum Gebrauch des Verpflichteten und seiner im gemeinsamen Haushalt mit ihm lebenden Familienmitglieder in der Schule bestimmt sind (Z 6);
- die zum Betrieb einer Apotheke unentbehrlichen Geräte, Gefäße und Warenvorräte, unbeschadet der Zulässigkeit der Zwangsverwaltung dieses Betriebs (Z 7);
- Hilfsmittel zum Ausgleich einer körperlichen, geistigen oder psychischen Behinderung oder einer Sinnesbehinderung und Hilfsmittel zur Pflege des Verpflichteten oder der mit ihm im gemeinsamen Haushalt lebenden Familienmitglieder sowie Therapeutika und Hilfsgeräte, die im Rahmen einer medizinischen Therapie benötigt werden (Z 8);
- Familienbilder mit Ausnahme der Rahmen, Briefe und anderer Schriften sowie der Ehering des Verpflichteten (Z 9).

Dabei kann sich freilich das Problem ergeben, dass es sich gerade bei diesen unpfändbaren Gegenständen um Sachen von großem Wert handelt (etwa, wenn die Möbel des Verpflichteten wertvolle Antiquitäten sind); in **340** solchen Fällen wäre die Unpfändbarkeit nicht sachgerecht. Der Gerichtsvollzieher kann daher nach den Regeln über die **Austauschpfändung** unpfändbare Sachen vorläufig pfänden, wenn der Austausch durch ein Ersatzobjekt nach Lage der Verhältnisse angemessen ist, insbesondere der Verwertungserlös den Wert des Ersatzstückes, das dem geschützten Verwendungszweck genügt, erheblich übersteigt (§ 251a Abs 1 EO). Der betreibende Gläubiger ist von dieser vorläufigen Pfändung unverzüglich zu verständigen (§ 251a Abs 2 EO). Erklärt sich der betreibende Gläubiger nicht binnen 14 Tagen ab Zustellung dieser Verständigung (wenn er aber bei der Pfändung anwesend ist, gleich bei dieser) bereit, dem Verpflichteten ein entsprechendes Ersatzstück oder den zur Ersatzbeschaffung erforderlichen Betrag zur Verfügung zu stellen, oder übergibt er zu dem vom Gerichtsvollzieher festgelegten Termin dem Verpflichteten nicht das Ersatzstück oder den zur Ersatzbeschaffung erforderlichen Betrag, so erlischt das Pfändungspfandrecht an den vorläufig gepfändeten unpfändbaren Sachen (§ 251a Abs 3 EO).

Aus religiösen Gründen sind gem § 251 EO ferner Gegenstände, die zur Ausübung des Gottesdienstes einer gesetzlich anerkannten Kirche oder Religionsgemeinschaft verwendet werden, sowie Kreuzpartikel und Reliquien (mit Ausnahme der Fassung) unpfändbar.

Wird auf unpfändbare Sachen Exekution geführt, so ist die Exekution von Amts wegen **einzustellen** (§ 39 Abs 1 Z 2 EO) bzw hinsichtlich dieser Sachen **einzuschränken** (§ 41 Abs 1 EO).

2. Bewilligung und Vollzugsauftrag

341 In seinem Exekutionsantrag hat der betreibende Gläubiger den Ort anzugeben, an dem sich die zu pfändenden Fahrnisse befinden (§ 54 Abs 1 Z 3 EO). Der Antrag auf Bewilligung des Verkaufes ist mit dem Antrag auf Bewilligung der Pfändung zu verbinden (§ 264 Abs 2 EO). Das Gericht bewilligt die Exekution **durch Pfändung und Verkauf** der dort befindlichen beweglichen Sachen (der betreibende Gläubiger muss mithin keinen gesonderten Verkaufsantrag stellen) und erteilt dem Gerichtsvollzieher einen Vollzugsauftrag. Der Gerichtsvollzieher hat diesen an dem im Antrag auf Exekutionsbewilligung genannten Ort zu vollziehen, außer es ist ihm bekannt, dass die Vollzugshandlung dort nicht durchgeführt werden kann (§ 25b EO – vgl unten Rz 350). Wann der Vollzug stattzufinden hat, bestimmt der Gerichtsvollzieher (§ 30 EO – dazu Rz 58 und 350). Im Rahmen des Auffindungs- und Zugriffsverfahrens räumt die EO dem Gerichtsvollzieher freilich weitgehende Flexibilität ein (vgl dazu schon oben Rz 23 ff sowie unten Rz 343 ff); die Bestimmung der Verwertungsart obliegt allein dem Gerichtsvollzieher. Seit der EO-Nov 2003 um-

fasst der Vollzugsauftrag auch den Auftrag zur Aufnahme eines Vermögensverzeichnisses (§ 249 Abs 2 EO).

Der Bewilligungsbeschluss ist dem Verpflichteten **erst bei Vornahme der Pfändung** zuzustellen, wodurch ein Überraschungseffekt erzielt werden soll. Das gilt jedoch nicht im vereinfachten Bewilligungsverfahren (vgl dazu Rz 110 ff); hier dürfen Vollzugshandlungen frühestens 14 Tage nach Zustellung des Bewilligungsbeschlusses an den Verpflichteten vorgenommen werden (§ 249 Abs 3 EO; vgl zur Ausnahmeregelung des § 54b Abs 1 Z 5 EO oben Rz 112). Auch hier besteht aber noch ein gewisser Überraschungseffekt, da der Verpflichtete nicht erfährt, wann die Pfändung stattfindet; umgekehrt ist der Überraschungseffekt auch ohne Zustellung des Bewilligungsbeschlusses nur ein bedingter, da der säumige Titelschuldner ohnedies mit der Zwangsvollstreckung rechnen muss. 342

3. Die Pfändung

a) Allgemeines

Die Pfändung wird dadurch bewirkt, dass der Gerichtsvollzieher **in der Gewahrsame des Verpflichteten befindliche Fahrnisse im Pfändungsprotokoll verzeichnet und beschreibt** (§ 253 Abs 1 EO). Durch die Pfändung erwirbt der betreibende Gläubiger das **Pfändungspfandrecht** (§ 256 Abs 1 EO), das ihm das **Recht auf exekutive Befriedigung** aus den gepfändeten Sachen gibt. 343

b) Die Bedeutung der Gewahrsame

Gepfändet werden grundsätzlich Sachen, die in der Gewahrsame des Verpflichteten stehen. Gewahrsame ist die tatsächliche Herrschaftsgewalt über das Vollstreckungsobjekt. Auf besitzrechtliche Kriterien (dh insbesondere auf den animus possidendi, aber auch darauf, ob der Schuldner redlich, rechtmäßig oder echt besitzt) ist dabei ebenso wenig abzustellen wie auf das Eigentum an den zu pfändenden Vermögensgegenständen. Damit entlastet das Vollstreckungsrecht den Gerichtsvollzieher von der Prüfung oft schwieriger Rechtsfragen, wie sie im Zuge des Vollzuges nicht (leicht) geprüft werden können. Die Pfändung ist sohin ex ante betrachtet rechtmäßig, wenn der Gerichtsvollzieher Sachen pfändet, die in der faktischen Sachherrschaft des Schuldners stehen. Den Umstand, dass die Sachen nicht im Eigentum des Verpflichteten stehen, muss der dritte Eigentümer dagegen mit Exszindierungsklage (§ 37 EO – vgl Rz 221 ff) geltend machen; wird dieser Klage stattgegeben, so ergibt sich – ex post betrachtet – mithin, dass die aus der Sicht des Gerichtsvollziehers zu- 344 nächst pflichtgemäß vorgenommene Pfändung rechtswidrig war („abgeirrte Exekution").

Der Inhaber von Wohn- oder Geschäftsräumlichkeiten hat grundsätzlich Alleingewahrsame an den dort befindlichen Sachen; dies gilt auch dann, wenn die Gewahrsame in Vertretung des Gewahrsamsinhabers von anderen Personen (zB seinen Arbeitnehmern) ausgeübt wird. Für die Pfändung reicht es aber auch aus, wenn dem Verpflichteten bloß **Mitgewahrsame** zukommt. Dies ist etwa grundsätzlich bei Ehegatten anzunehmen; doch befinden sich Sachen, die die Ehefrau versperrt hält oder die zu ihrer Bekleidung, zum Schmuck oder sonst zum Gebrauch bloß ihrer Person bestimmt sind, in ihrer Alleingewahrsame (vgl früher Punkt 66 Abs 8 DBV); dies gilt auch für andere Personen, die im gemeinsamen Haushalt wohnen (vgl früher Punkt 66 Abs 9 DBV).

345 Ebenso können Sachen gepfändet werden, die in der **Gewahrsame des betreibenden Gläubigers** stehen (§ 262 EO); steht dem Gläubiger dabei an bestimmten Sachen ein Pfand- oder Zurückbehaltungsrecht für die betriebene Forderung zu, so kann der Verpflichtete – soweit die Forderung dadurch gedeckt ist – beantragen, dass die Pfändung auf diese Sachen beschränkt wird (§ 263 EO).

346 Befindet sich die zu pfändende Sache **bei einem Dritten** (also etwa bei einem Mieter, Verwahrer, Leihnehmer, Prekaristen oder Faustpfandgläubiger), so gilt Folgendes: Der Gerichtsvollzieher hat den Dritten zu fragen, ob er zur Herausgabe bereit ist; ist dies der Fall, so kann die Sache gepfändet werden (§ 262 EO). Ist der Dritte nicht zur Herausgabe bereit, so muss sich der betreibende Gläubiger den Herausgabeanspruch des Verpflichteten gegen den Dritten überweisen lassen (§§ 325 ff EO) und kann dann diesen Anspruch gegen den Dritten mit Drittschuldnerklage geltend machen. Wird die Sache beim Dritten ohne dessen Zustimmung gepfändet, so steht diesem die Vollzugsbeschwerde nach § 68 EO zu; hat er ein Aussonderungsrecht bezüglich der Sache, so kann er zudem Exszindierungsklage erheben.

c) Gläubigermehrheit

347 Greifen **mehrere Gläubiger** auf dieselbe Sache, so sind diese nach dem Rang ihres Pfändungspfandrechtes zu befriedigen (**Prioritätsprinzip**). Der Rang der Gläubiger bestimmt sich nach dem Zeitpunkt der Pfändung. Dabei sind freilich auch gesetzliche und rechtsgeschäftlich begründete Pfandrechte an den Sachen zu berücksichtigen. Erfolgt die Pfändung gleichzeitig zugunsten mehrerer Gläubiger, so stehen die hiedurch begründeten Pfändungspfandrechte einander im Rang gleich (§ 256 Abs 3 EO); in diesem Fall kommt es gegebenenfalls zu einer quotenmäßigen

Befriedigung der gleichrangigen Gläubiger. Zu beachten ist dabei, dass bezüglich einer gepfändeten Sache immer nur ein Verwertungsverfahren durchgeführt wird, dem später hinzukommende betreibende Gläubiger beitreten können (§ 267 EO – Grundsatz der **Einheit des Verwertungsverfahrens**). Ist eine Sache bereits zugunsten eines Gläubigers gepfändet, so erfolgt die Pfändung zugunsten anderer Betreibender durch Anmerkung auf dem vorhandenen Pfändungsprotokoll (§ 257 EO – **Nachpfändung**). Sollen zugunsten desselben Gläubigers weitere Sachen gepfändet werden, so sind diese in einem Anhang zum Pfändungsprotokoll zu verzeichnen und zu beschreiben (§ 563 Abs 3 Geo – **Anschlusspfändung**).

Dritte, die sich nicht im Besitz der Sache befinden (und daher der 348
Pfändung nicht ohnedies nach § 262 EO widersprechen können – vgl Rz 346) und die ein Recht auf vorzugsweise Befriedigung aus der Pfandsache behaupten, können, wenn der betreibende Gläubiger dieses Recht bestreitet, gegen diesen mit **Pfandvorrechtsklage** vorgehen (§ 258 EO). Bestreitet auch der Verpflichtete die Existenz dieses Rechtes, so können Betreibender und Verpflichteter als Streitgenossen geklagt werden (§ 258 Abs 1 Satz 4 EO). Zur Zuständigkeit für diese Klage vgl Rz 18.

Die Pfandvorrechtsklage richtet sich auf **Feststellung** des vorrangigen Rechtes des Dritten; sie kann ab Beginn des Vollzuges bis zur Ausfolgung des Erlöses erhoben werden (nach erfolgter Verwertung, aber vor erfolgter Verteilung erstreckt sich das Recht des Dritten nach dem Surrogationsprinzip auf den erzielten Erlös); nach Verteilung des Erlöses bleibt der Dritte auf bereicherungsrechtliche Ansprüche (§ 1041 ABGB) gegen die zu Unrecht vorrangig Befriedigten verwiesen.

Das Pfändungspfandrecht **erlischt** nach zwei Jahren, wenn das Ver- 349
kaufsverfahren nicht gehörig fortgesetzt wird (§ 256 Abs 2 EO). Dies ist etwa dann der Fall, wenn das Verwertungsverfahren eingestellt wurde, weil der betreibende Gläubiger vor Beginn des Verkaufes von der Fortsetzung der Exekution abgestanden ist (§ 200 Z 3 iVm § 282 EO) und innerhalb der Zweijahresfrist kein Fortsetzungsantrag gestellt wurde.

d) Durchführung der Pfändung

Zur **Vornahme der Pfändung** hat der Gerichtsvollzieher den in der 350
Exekutionsbewilligung genannten Ort aufzusuchen, außer es ist ihm bekannt, dass die Vollzugshandlung dort nicht durchgeführt werden kann (§ 25b Abs 1 EO). Sind dem Vollstreckungsorgan andere Orte, wo die Exekution erfolgreich durchgeführt werden kann, bekannt oder können solche durch zumutbare Erhebungen von ihm in Erfahrung gebracht wer-

den, so hat der Gerichtsvollzieher diese von Amts wegen aufzusuchen (§ 25b Abs 2 EO). Bei der Festlegung der Vollzugszeit hat der Gerichtsvollzieher insbesondere darauf Bedacht zu nehmen, wann der Verpflichtete am wahrscheinlichsten anzutreffen ist (§ 252a EO – zur Zeit von Vollzugshandlungen vgl schon oben Rz 58). Kann beim Vollzugsversuch der Vollzugsort nicht betreten werden und ist nicht auszuschließen, dass sich der Verpflichtete oder etwaige Exekutionsobjekte dort befinden, so sind zwei weitere Versuche durchzuführen (§ 252b EO).

351 Wird der Verpflichtete bei einem Vollstreckungsversuch nicht angetroffen, so kann der Gerichtsvollzieher diesen auffordern, sich bei ihm zu melden, wenn der Zweck der Exekution dadurch nicht vereitelt wird (§ 25c EO). Verschlossene Haus- oder Wohnungstüren dürfen geöffnet werden, wenn diese bei einem Vollzugsversuch, der bei Unternehmen zur Geschäftszeit, sonst an Samstagen, Sonntagen und gesetzlichen Feiertagen sowie von 22 bis 6 Uhr durchgeführt wurde, versperrt waren oder wahrscheinlich über vier Monate versperrt sein werden oder bei der dem Verpflichteten bekannt gegebenen Vollzugszeit versperrt sind oder die am Vollzugsort anwesende Person nicht öffnet und der betreibende Gläubiger nicht auf eine Öffnung verzichtet hat (§ 26a Abs 1 EO; zu den Befugnissen des Gerichtsvollziehers, körperliche Gewalt ausüben zu lassen, vgl oben Rz 25; zur Möglichkeit einer „Intervention" des betreibenden Gläubigers beim Vollzug vgl oben Rz 50).

352 Auch wenn es im Rahmen des ersten erfolgreichen Vollzugsversuches zu Pfändungen gekommen ist, hat der Gerichtsvollzieher **weitere Vollzüge** durchzuführen, solange sie erfolgversprechend sind, insbesondere wenn die Zahlung auch nur eines Teiles der betriebenen Forderung zu erwarten ist (§ 252c EO; zur Inkassofunktion des Gerichtsvollziehers vgl oben Rz 25).

Waren Vollzugsversuche erfolglos, ist die Exekution durch Zahlung des Verpflichteten oder Abschluss des Verkaufsverfahrens beendigt oder verlangt das Gericht danach, so hat der Vollstrecker dem Gericht und dem betreibenden Gläubiger darüber zu berichten (§ 252d Abs 1 EO). Jedenfalls hat er spätestens vier Monate nach Erhalt des Vollzugsauftrages an ihn über den Stand des Verfahrens zu berichten. Wurde dem betreibenden Gläubiger innerhalb dieser Frist der Vollzug der Pfändung mitgeteilt und dem Gericht das Pfändungsprotokoll vorgelegt, so verlängert sich die Berichtsfrist auf sechs Monate. Nach Ablauf von vier bzw sechs Monaten ist monatlich zu berichten (§ 252d Abs 2 EO). Zur Berichtspflicht des Gerichtsvollziehers siehe auch § 25d EO, vgl oben Rz 27.

353 Ist das **Auffindungs- und Zugriffsverfahren** abgeschlossen worden, ohne dass es zu einer Beendigung der Exekution wegen Befriedigung des

Gläubigers gekommen ist, darf ein **neuerlicher Antrag** auf Vollzug vor Ablauf von **sechs Monaten** nur dann gestellt werden, wenn glaubhaft gemacht wird, dass beim Verpflichteten zwischenzeitig pfändbare Gegenstände vorhanden sind, oder der Gläubiger einen neuen Vollzugsort bekannt gibt (§ 252e EO). Diese Sperrfrist gilt aber auch verfahrensübergreifend: Ein Antrag auf Exekutionsbewilligung oder auf neuerlichen Vollzug, der sich gegen einen Verpflichteten richtet, bei dem in einem anderen Exekutionsverfahren innerhalb der letzten sechs Monate ein Vollzug nicht durchgeführt werden konnte, weil keine pfändbaren Gegenstände vorgefunden wurden, ist zu bewilligen, jedoch erst sechs Monate nach dem letzten erfolglosen Vollzugsversuch zu vollziehen, wenn nicht ein früherer Vollzugsversuch erfolgversprechend ist (§ 252f EO).

e) Vermögensverzeichnis

Ist der Vollzug der Exekution erfolglos geblieben, weil beim Ver- **354**
pflichteten keine, offensichtlich zu wenig oder von dritten Personen in Anspruch genommene Sachen, die in Exekution gezogen werden konnten, vorgefunden wurden, so hat der Verpflichtete ein **Vermögensverzeichnis** abzugeben (§ 47 EO). Das Vermögensverzeichnis wird elektronisch erfasst, wobei elektronische Formulare vom Rechtspfleger oder Gerichtsvollzieher direkt am Bildschirm nach den Angaben der verpflichteten Partei ausgefüllt werden. Dabei hat der Verpflichtete umfassend über seine Vermögensverhältnisse Aufschluss zu geben. Der Verpflichtete ist über die Straffolgen eines falschen Vermögensverzeichnisses zu belehren und es ist ihm Einsicht in das aufgenommene Protokoll zu gewähren. Dies sowie die Richtigkeit und Vollständigkeit seiner Angaben hat er mit seiner Unterschrift zu bestätigen (§ 47 Abs 2 EO). Der Vollzugsauftrag an den Gerichtsvollzieher umfasst immer auch den Auftrag zur Aufnahme eines Vermögensverzeichnisses (§ 249 Abs 2 EO). Verweigert der Verpflichtete ungerechtfertigterweise die Abgabe des Vermögensverzeichnisses, so hat der Gerichtsvollzieher den Verpflichteten zwangsweise vorzuführen (§ 48 Abs 1 EO). Ein ausdrücklicher gerichtlicher Auftrag zur Vorführung ist seit der EO-Nov 2003 nicht erforderlich. Verweigert der Verpflichtete auch vor Gericht die Abgabe des Vermögensverzeichnisses, so hat dieses über ihn Beugehaft zu verhängen; diese endet mit der Abgabe des Vermögensverzeichnisses, spätestens aber nach sechs Monaten (§ 48 Abs 2 EO).

Wurde ein Vermögensverzeichnis abgelegt oder die Haft erfolglos vollzogen, so kann die neuerliche Abgabe eines Vermögensverzeichnisses vor Ablauf **eines Jahres** nur dann verlangt werden, wenn der betreibende Gläubiger glaubhaft macht, dass der Verpflichtete mittlerweile Vermögen erworben hat (§ 49 Abs 1 EO). Wer ein falsches Vermögensverzeichnis abgibt und dadurch die Befriedigung des betreibenden Gläubigers gefährdet, ist mit Freiheitsstrafe bis zu sechs Monaten oder mit Geldstrafe bis zu 360 Tagessätzen zu bestrafen (§ 292a StGB).

f) Verwahrung

355 Auf Antrag des betreibenden Gläubigers können die gepfändeten Sachen vom Gerichtsvollzieher auch in Verwahrung genommen werden; ein solcher Antrag kann schon mit dem Antrag auf Bewilligung der Pfändung verbunden werden. Freilich hat der Gläubiger einen Vorschuss für die Kosten des Transports und der Verwahrung der Sachen zu leisten. Gegenstände, die sich zum gerichtlichen Erlag eignen, können auch von Amts wegen verwahrt werden (§ 259 EO).

Vorgefundenes **Geld** hat der Gerichtsvollzieher jedenfalls in Verwahrung zu nehmen. Findet die Vollstreckung nur zugunsten eines Gläubigers statt, so hat der Gerichtsvollzieher das Geld dem Betreibenden nach Maßgabe des zu vollstreckenden Anspruches gegen Quittung abzuliefern (§ 261 Abs 1 EO); führen mehrere Gläubiger Zwangsvollstreckung, so hat die Verteilung des Geldes nach den Bestimmungen über die Verteilung des Verkaufserlöses (vgl unten Rz 367) zu erfolgen (§ 261 Abs 4 EO).

Zur Aufschiebung der Exekution im Falle einer Zahlungsvereinbarung vgl § 45a EO und dazu Rz 152.

4. Die Verwertung

356 Die Verwertung der gepfändeten Fahrnisse erfolgt durch **Verkauf**; eines eigenen Antrages bedarf es hiezu nicht, der Verkauf wird vielmehr schon in der Exekutionsbewilligung bewilligt (§ 264 Abs 2 EO). Als Verwertungsarten kommen die **öffentliche Versteigerung** und der **Freihandverkauf** in Betracht. Der Gerichtsvollzieher bestimmt die Art der Verwertung; der Freihandverkauf erfolgt bei Sachen, die einen Börsenpreis haben (§ 268 EO) und bei anderen Sachen, hinsichtlich derer auch kein Übernahmsantrag nach § 271 EO vorliegt, auf Antrag des betreibenden Gläubigers oder des Verpflichteten dann, wenn dies allen Beteiligten offenbar zum Vorteil gereicht (§ 271a EO). Im letztgenannten Fall muss der Antrag auf Freihandverkauf spätestens 14 Tage vor dem Versteigerungstermin gestellt werden und darf nur bewilligt werden, wenn der Antragsteller Sicherheit leistet und der namhaft gemachte Käufer zusichert, den Kaufpreis zu bezahlen. Sobald die Sicherheit erlegt wird, ist der Versteigerungstermin abzusetzen. Zum Freihandverkauf, wenn eine Versteigerung gescheitert ist, vgl unten Rz 364.

Die EO sah ursprünglich als Normalfall die **Versteigerung an Ort und Stelle**, dh in den Wohn- oder Geschäftsräumlichkeiten des Verpflichteten vor. Bedeutsamer sind heute die Versteigerung in der (gerichtlichen) **Auktionshalle** und im **Versteigerungshaus**, seit der EO-Novelle 2008 ist die Versteigerung im **Internet** möglich; auf diese Weise kann nämlich einerseits ein höherer Verwertungserlös erzielt und andererseits die mit der Versteigerung an Ort und Stelle häufig verbundene Peinlichkeit für den Verpflichteten vermieden werden. Auktionshallen sind in einer Reihe von größeren Städten eingerichtet (die geführten Auktionshallen werden jeweils in der Ediktsdatei bekannt gemacht; vgl § 23 EO); Versteigerungshäuser sind (private) Unternehmen, die zur Versteigerung beweglicher Sachen befugt sind (vgl § 158 GewO); für die Internetversteigerung kommt insb die Plattform www.edikte.org des Tiroler Auktionshauses Köck in Betracht; bei den bekannten Onlineauktionshäusern (zB eBay) ist zu bezweifeln, ob deren Versteigerungsbedingungen den exekutionsrechtlichen Erfordernissen gerecht werden (vgl *Mohr* in *Angst* Rz 1a zu § 274 EO). 357

Befinden sich die gepfändeten Gegenstände an einem Ort, an dem keine Auktionshalle bzw kein Versteigerungshaus eingerichtet sind, so können die Sachen dorthin überstellt werden. Der Gerichtsvollzieher bestimmt den Versteigerungsort; dabei ist zu berücksichtigen, wo voraussichtlich – bei Berücksichtigung der Versteigerungskosten – der höchste Erlös zu erzielen sein wird (§ 274 EO). Die Versteigerung an Ort und Stelle und in der Auktionshalle findet durch ein Vollstreckungsorgan statt, im Versteigerungshaus durch einen Bediensteten desselben; der Gerichtsvollzieher ist in letzterem Fall bei der Versteigerung nicht anwesend; die Versteigerung im Internet wird durch einen Versteigerer oder durch das Vollstreckungsorgan durchgeführt (§ 276 Abs 1 EO). Der Freihandverkauf von Sachen, die einen Börsenpreis haben, kann durch Vermittlung eines Handelsmaklers erfolgen; Wertpapiere können auch durch ein Kreditinstitut verkauft werden (§ 268 EO).

Vor der Verwertung sind die gepfändeten Gegenstände durch einen Sachverständigen, Wohnungseinrichtungsstücke und sonstige Gegenstände minderen und allgemein bekannten Wertes durch den Gerichtsvollzieher zu **schätzen** (§ 275 EO, vgl § 277a Abs 1 Z 1 EO). Aufgrund dieser Schätzung wird das geringste Gebot bestimmt: dieses ist der halbe Schätzwert, bei Gold- und Silbersachen aber zumindest deren Metallwert (§ 277 Abs 1 EO). 358

Der **Versteigerungstermin** wird entweder von dem mit der Durchführung der Versteigerung betrauten Versteigerer, vom Leiter der Auktionshalle oder vom sonst mit dem Vollzug der Versteigerung betrauten Gerichtsvollzieher bestimmt (§ 272 EO); er ist durch Edikt bekannt zu machen (§ 272a EO). Zwischen Pfändung und Versteigerung muss mindestens eine dreiwöchige Frist liegen; die Frist kann ausnahmsweise kürzer sein, wenn die Sachen verderblich sind, durch eine spätere Versteige- 359 rung einem beträchtlichen Wertverlust ausgesetzt wären oder ihre Aufbewahrung unverhältnismäßige Kosten verursachen würde (§ 273 Abs 1 EO).

Die zu versteigernden Sachen sind so zeitgerecht an den Versteigerungsort zu überstellen, dass sie zur **Besichtigung** ausgestellt werden können; bei der Versteigerung im Internet muss keine Besichtigung ermöglicht werden (§ 274c EO); werden die zu überstellenden Sachen beim Verpflichteten nicht vorgefunden, so hat dieser dem Vollstreckungsorgan Aufschluss über ihren Verbleib zu geben, wobei die Vorschriften über das Vermögensverzeichnis anzuwenden sind (vgl zu den weiteren Rechtsfolgen in diesem Fall *Oberhammer*, ZIK 1996, 123 f). Kann dadurch nicht festgestellt werden, wo sich die Sachen befinden, oder ist der Verpflichtete unter Mitnahme der Sachen verzogen, so hat der Gerichtsvollzieher durch zumutbare Ermittlungen den Aufenthalt in Erfahrung zu bringen. Gelingt dies nicht, ist die Exekution erst fortzusetzen, sobald der Gläubiger bekannt gibt, wo sich die Gegenstände befinden (§ 279a EO).

360 Erklärt sich jemand spätestens vierzehn Tage vor dem Versteigerungstermin unter gleichzeitiger Leistung einer Sicherheit bereit, die gepfändeten Sachen im Ganzen oder zumindest größere Partien derselben zu einem Preis zu übernehmen, der den Schätzwert um mindestens ein Viertel übersteigt, und daneben noch sämtliche bisher angefallene, dem Verpflichteten zur Last fallende Exekutionskosten zu tragen (**Übernahmsantrag**), so kann das Gericht diesem Antrag nach Einvernehmung des Verpflichteten stattgeben, wenn der betreibende Gläubiger und diejenigen Personen, die ein Pfandrecht an diesen Gegenständen haben, deren Forderungen aber durch den Übernahmspreis nicht unzweifelhaft vollständig gedeckt werden, dem zustimmen (§ 271 Abs 1 EO).

361 Auf die **Versteigerung** finden gem § 278 Abs 1 und § 279 Abs 2 EO die Bestimmungen über die Zwangsversteigerung von Liegenschaften sinngemäß Anwendung (§§ 179, 180 Abs 1, 3 und 5, § 181 Abs 1 und 3, § 194 Abs 1 Z 1 und 2 EO – vgl oben Rz 261 ff), es ist jedoch kein Vadium zu erlegen (§ 276 Abs 4 EO). Die Pfandstücke sind einzeln oder partienweise unter Angabe des Schätzwertes auszurufen (zum geringsten Gebot Rz 287). Der Zuschlag an den Meistbietenden erfolgt, wenn ungeachtet einer zweimaligen, an die Bieter gerichteten Aufforderung kein höheres Gebot mehr abgegeben wird. Nach hA erwirbt der Ersteher **mit dem Zuschlag** Eigentum, es bedarf also keiner Übergabe mehr (vgl SZ 26/281). Dabei soll es sich um einen originären Eigentumserwerb handeln (vgl *Holzhammer* 278).

Freilich bestimmt § 367 ABGB, dass es in der öffentlichen Versteigerung (nur) dann zu einem gutgläubigen – originären – Eigentumserwerb kommt, wenn der Ersteher im guten Glauben an das Eigentum seines Vormannes (also des Verpflichteten) war. Gem § 269 EO ist die Bestimmung des § 367 ABGB auch beim Freihandverkauf durch einen Handelsmakler, ein Kreditinstitut, ein Versteigerungshaus oder durch ein Vollstreckungsorgan anzuwenden. Der Ersteher in der gerichtlichen Zwangsversteigerung hat wegen eines Mangels der veräußerten Sache keinen Anspruch auf Gewährleistung (§ 278 Abs 3 EO).

Dem Meistbietenden kann bei wertvollen Gegenständen iS von § 274 Abs 2 EO, die im Versteigerungshaus oder in der Auktionshalle verkauft werden, eine **Zahlungsfrist** von acht Tagen eingeräumt werden. Sonstige Gegenstände werden nur gegen **Barzahlung** verkauft (§ 278 Abs 2 EO). Die Gegenstände sind dem Meistbietenden erst nach Barzahlung zu übergeben. Er hat sie spätestens am folgenden Tag zu übernehmen und wegzubringen. Hat der Ersteher oder Käufer die Sachen nicht binnen drei Monaten weggebracht, so sind sie auf Beschluss des Gerichts, bei dem die Auktionshalle eingerichtet ist, zu verwerten. Mit dem dabei erzielten Erlös sind die Gerichtskosten und der Lagerzins zu decken. Ein Mehrerlös ist gerichtlich zu erlegen (§ 278 Abs 3 EO). Entrichtet der Meistbietende den Kaufpreis nicht zeitgerecht (nach Aufforderung unverzüglich, sonst bis zum Schluss der Versteigerung), so ist die Sache neuerlich anzubieten. Bei dieser neuerlichen Versteigerung ist er nicht zum Anbot zugelassen. Er haftet für einen etwaigen Ausfall, ohne einen Mehrerlös für sich beanspruchen zu können (§ 278 Abs 4 EO). **362**

Für die **Versteigerung im Internet** gelten die **Sonderbestimmungen** der § 277a ff EO. Voraussetzungen sind, dass die gepfändeten Gegenstände geschätzt wurden und sich in Verwahrung oder Verkaufsverwahrung befinden oder sonst die Übergabe an den Ersteher gewährleistet ist (vgl Rz 355). Von mehreren zu versteigernden Gegenständen sind vorerst nur jene, die zur Befriedigung der vollstreckbaren Forderungen ausreichen, zu versteigern; § 279 Abs 1 EO ist nicht anzuwenden (vgl Rz 366). Solange kein Gebot abgegeben wurde, kann der Gegenstand um einen Preis, der den Schätzwert um ein Viertel übersteigt, erworben werden (§ 277b EO). Der Zuschlag ist demjenigen zu erteilen, der nach Ablauf der Versteigerungsfrist das höchste Gebot abgegeben hat. Der Ersteher hat keinen Anspruch auf Gewährleistung (§ 278a EO). Der Ersteher hat das Meistbot und die Versandkosten binnen 14 Tagen zu zahlen bzw den Gegenstand gegen Bezahlung binnen 14 Tagen abzuholen (§ 281a EO), ansonsten ist der Gegenstand neuerlich zu versteigern. Es gelten § 278 Abs 4 Sätze 2 und 3 (dazu Rz 362). **362a**

Gegen den Zuschlag kann (nur) die **Vollzugsbeschwerde nach § 68 EO** (vgl oben Rz 189 ff) erhoben werden; zu einer Aufhebung des Zuschlages kann es dabei jedoch nur kommen, wenn die Versteigerung so mangelhaft und formlos erfolgt ist, dass auch für den Käufer erkennbar **363**

sein musste, dass eine ordnungsgemäße Versteigerung nicht stattgefunden hat (vgl SZ 58/2 = EvBl 1985/103 = RPflSlgE 1986/147; JBl 1987, 796).

364 Gegenstände, für die bei der Versteigerung das **geringste Gebot nicht erzielt** wurde, kann die Auktionshalle oder das Versteigerungshaus von Amts wegen binnen einem Monat (bei wertvollen Gegenständen iS von § 274 Abs 2 EO binnen drei Monaten) nach dem Versteigerungstermin ohne Verständigung der Parteien aus freier Hand verkaufen. Die Bestimmungen über das geringste Gebot sind jedoch auch bei diesem Freihandverkauf anzuwenden (§ 280 Abs 1 EO). Ein neuer Versteigerungstermin ist nur auf Antrag des Gläubigers festzulegen. Wird auch beim zweiten Versteigerungstermin das geringste Gebot nicht erzielt, ist von Amts wegen ein weiterer Versteigerungstermin festzulegen (§ 280 Abs 2 EO).

Meldet sich freilich noch im Versteigerungstermin eine Person, die ein Interesse am Erwerb eines solchen Gegenstandes hat, so ist diese Sache nochmals – im selben Termin – anzubieten (§ 280 Abs 3 EO). Zur Ausfolgung und Verwertung unverkaufter Gegenstände vgl § 281 EO.

365 Der Verkauf ist (vorbehaltlich der Anwendung der §§ 14, 27 Abs 1 und § 41 Abs 2 EO) **aufzuschieben**, wenn zur Hereinbringung derselben Forderung Forderungsexekution geführt wird und deren Erlös voraussichtlich ausreichen wird, die vollstreckbare Forderung im Laufe eines Jahres zu tilgen (§ 264a EO).

Im Falle des § 252c EO kann das Vollstreckungsorgan für den Zeitraum von erfolgversprechenden Vollzügen – insbesondere wenn (Teil-) Zahlungen zu erwarten sind – längstens für vier Monate mit der Anordnung des Verkaufes der Pfandgegenstände **innehalten** (§ 264b EO).

In Ansehung des **Abstehens von der Exekution** sowie der **Einstellung des Verkaufsverfahrens** sind die § 200 Z 3 und 4 und § 206 EO sinngemäß anzuwenden (vgl oben Rz 316 f).

Der Gesetzgeber denkt hier insbesondere daran, dass zwischen betreibendem Gläubiger und Verpflichtetem eine Ratenzahlungsvereinbarung getroffen wird, in deren Folge das Verkaufsverfahren zunächst eingestellt wird; kommt der Verpflichtete mit seinen Zahlungen in Verzug, so kann der betreibende Gläubiger – frühestens nach Ablauf eines halben Jahres – einen Fortsetzungsantrag stellen.

366 Die Versteigerung wird **geschlossen**, sobald der erzielte Erlös zur Befriedigung der Forderungen aller Exekution führenden Gläubiger (samt Nebengebühren und Exekutionskosten) hinreicht (§ 279 Abs 1 EO).

5. Die Verteilung des Erlöses

Zur **Verteilungsmasse** zählen der Erlös des Verkaufs, verfallene Si- 367
cherheiten gem § 271a (Freihandverkauf bei Sachen, die keinen Börsenpreis haben – vgl Rz 356) und § 271 Abs 1 EO (Übernahmsantrag – vgl Rz 360), der vom säumigen Meistbietenden gem § 278 Abs 4 EO zu leistende Schadenersatz sowie etwaige Zinsen des Erlöses, wenn dieser bis zur Verteilung fruchtbringend angelegt wurde (§ 283 Abs 1, § 285 Abs 2 EO).

Die Verteilung erfolgt entweder durch schlichte Zuweisung oder durch ein förmliches Verteilungsverfahren (zur Zuweisung von Geld, das bei der Pfändung abgenommen wurde, vgl oben Rz 355). Die **Zuweisung** erfolgt dann, wenn der Verkauf nur zugunsten eines betreibenden Gläubigers erfolgt ist und auch anderen Personen kein Pfandrecht an den verwerteten Sachen zusteht (§ 283 EO).

In allen anderen Fällen ist durch das Exekutionsgericht eine **Verteilungstagsatzung** anzuberaumen. Die Gläubiger sind mit der Ladung zu dieser Tagsatzung aufzufordern, ihre Ansprüche (samt Kosten und Nebengebühren) vor oder spätestens bei der Tagsatzung anzumelden, wobei allerdings die Ansprüche jener Gläubiger, die den Verkauf betrieben haben, auch von Amts wegen zu berücksichtigen sind (vgl § 285 Abs 3 EO).

Auf die Verteilung sind die §§ 212 bis 214, 219 bis 221, 223 Abs 3, 368
§§ 229, 231 bis 234 und 236 EO (vgl oben Rz 318 ff) sinngemäß anzuwenden (§ 286 Abs 1 EO). Dabei gilt folgende **Rangordnung** (§ 286 Abs 2 bis 4 EO): Zuerst ist die vom Verkaufserlös abhängige Vergütung des Gerichtsvollziehers zu berücksichtigen; danach Schätzungs-, Überstellungs- und Versteigerungskosten; dann Zölle, Verbrauchs- und andere öffentliche Abgaben und Vermögensstrafen; dann die Forderungen von gesetzlichen oder vertraglichen Pfandgläubigern und Pfändungspfandgläubigern nach ihrem Rang; zuletzt länger als drei Jahre rückständige Zinsen. Kosten und Nebengebühren haben dabei den gleichen Rang wie das Kapital. Verbleibt nach der Verteilung noch eine *hyperocha*, so ist diese dem Verpflichteten auszufolgen.

Nach § 287 EO sind im **Verteilungsbeschluss** die für den Erlös bezugsberechtigten Personen und die ihnen auszufolgenden Beträge anzugeben. Diese Beträge sind nach Rechtskraft dieses Beschlusses – der mit Rekurs angefochten werden kann – den bezugsberechtigten Personen auszufolgen. Ausnahmsweise kann die Ausfolgungsanordnung auch gesondert getroffen werden, insbesondere, wenn hinsichtlich einzelner Posten noch die Erledigung auf dem Rechtsweg abgewartet werden muss.

C. Die Forderungsexekution

Literatur: *Graff*, Exekution auf die Einzahlungsverpflichtung des früheren GmbH-Gesellschafters bei nicht voll eingezahlter Stammeinlage, GesRZ 1979, 29; *Riefel*, Drittschuldneräußerungen von Kreditunternehmen im Hinblick auf das Bankgeheimnis, QuHGZ 1981, H1, 163; *Berger*, Vermischte exekutionsrechtliche Fragen, ÖJZ 1982, 431; *Schauer*, Das Optionsrecht als Mittel der Kreditbesicherung, ÖZW 1984, 75; *Konecny*, Die Gehaltsexekution bei unbekanntem Arbeitgeber gemäß § 294a EO, ÖJZ 1985, 325 und 353; *Koziol*, Zur Reichweite gesetzlicher Abtretungs- und Verpfändungsverbote, RdW 1986, 262; *Mohr*, Welche Bestimmungen schützen den Drittschuldner bei Gehaltsexekution? RdW 1986, 179; *Pursch*, Die Lohnpfändung nach § 294a EO neu, ÖRPfl 1986, H 2, 23; *Schneider*, Neun Monate ADV-Mahnverfahren; ADV-Drittschuldneranfrage ab 1.9.1986, AnwBl 1986, 561; Neuerungen im Lohnpfändungsrecht, RdW 1986, 46; *Bosina/Schneider*, Das neue Mahnverfahren und die ADV-Drittschuldneranfrage (1987); *Hanusch*, Forderungspfändung bei unbekanntem Aufenthalt des Drittschuldners, RdW 1987, 44; *Souhrada*, Sozialversicherungsauskünfte im Exekutionsverfahren, SozSi 1987, 124; *ders*, Erfahrungen mit den Justizauskünften, SozSi 1987, 460; *Stifter*, Die Lohnpfändung gem. § 294a EO in der Praxis, ÖRPfl 1987, H 2, 23; *Mohr*, Anfrage an den Hauptverband bei Gehaltsexekution, RdW 1988, 91; *Souhrada*, Exekutionsauskünfte 1988. Erfahrungen mit § 31 Abs 3 Z 15 ASVG und § 294a EO, SozSi 1988, 354; *Stifter*, Neuerliche Anfrage im Verfahren gem. § 294a EO – unter welchen Voraussetzungen die Judikatur eine solche zuläßt, ÖRPfl 1988, H 2, 23; *ders*, Sind Rechtspfleger für einen Erlag nach § 307 EO nicht zuständig? ÖRPfl 1989, H 2, 27; *ders*, Reform der Lohnpfändung, Exekutionsordnungs-Novelle 1990, ÖRPfl 1989, H 2, 24; *Burgstaller*, Zur Reform des Lohnpfändungsrechts, DRdA 1989, 143; *Mitrovic*, Probleme und Möglichkeiten der gerichtlichen Unterhaltseinbringung, ÖA 1989, 154; *Andexlinger*, Konkurrenz von Entgeltverpfändung und Entgeltexekution, RdW 1990, 23; *Bruzek*, Anfragen an den Hauptverband der Sozialversicherungsträger, AnwBl 1990, 350; *Riedinger*, Zwischenverfahren nach § 292k EO im Rahmen der Neuordnung der Lohnpfändung, ÖRPfl 1990, H 2, 28; *Souhrada*, Exekutionsauskünfte 1989. Erfahrungen mit § 31 Abs 3 Z 15 ASVG und § 294a EO, SozSi 1990, 25; *Trautmann*, Exekutionsrechtliche Probleme bei unterbrochenen Dienst- und Arbeitsverhältnissen, ÖRPfl 1990, H 1, 30; *Hagen*, Zur Reform der Lohnpfändung, DRdA 1991, 329; *Konecny*, Exekution auf abgetretene oder verpfändete Forderungen, ecolex 1991, 840; *Mohr*, Neuordnung des Lohnpfändungsrechts. Überblick über die Regierungsvorlage der EO-Nov 1991, RdW 1991, 207; *ders*, Die Exekutionsordnungs-Novelle 1991. Ein kurzer Gesamtüberblick, ecolex 1991, 833; *ders*, Die neue Lohnpfändung, EO-Novelle 1991 (1991); *Reich-Rohrwig*, Pfändung ausstehender Stammeinlagen nach dem Firmenbuchgesetz, ecolex 1991, 248; *Schumacher*, Pfändung fortlaufender Einkünfte, ÖJZ 1991, 692; *ders*, Zwangsvollstreckung auf Bestandzinsforderungen, wobl 1991, 201; *Stifter*, Gesamtreform der EO. Schwerpunkte – Tendenzen – Zielsetzungen, ÖRPfl 1991, H 1, 35; *Sulzbacher*, Stellung des Drittschuldners nach der EO-Novelle 1991. Kostenersatz und Haftung, ecolex 1991, 837; *Wilhelm*, Reform der Lohnpfändung, ecolex 1991, 301; *Burgstaller*, Neue Vorschriften zur Forderungsexekution, JAP 1991/92, 252; *Csebrenyak*, Neuordnung des Lohnpfändungsrechts, DRdA 1992, 69; *Dellisch*, Zur EO-Novelle 1991, AnwBl 1992, 89; *Mayr*, Die Exekutionsordnungs-Novelle 1991 (1992); *Feil*, Abgetretene und verpfändete Forderungen im Exekutionsverfahren (1993); *Lefford*, Bekanntgabe des bisher nicht bekanntgewordenen Drittschuldners durch den betreibenden Gläubiger im Exekutionsverfahren nach § 294a EO, RZ 1993, 242; *Lehner*, Pfändbarkeit bzw. unpfändbarer Freibetrag bei Auszahlung von Bruchteilen eines Monats, ÖRPfl 1993, H 2, 40; *Simotta*, Einige Probleme des Datenschutzes im Zivilverfahrensrecht, ÖJZ 1993, 793 und 838; *Eder*, Der Schuldnerschutz in der gerichtlichen Exekution (1994); *Reckenzaun*, Die Durchsetzung von Unterhaltsansprüchen gegen den Gemeinschuldner, ÖJZ 1994, 113; *Albrecht*, Die Exekutionsordnungs-Novelle 1995 (1995); *Fink/Schmidt*, Handbuch zur Lohnpfändung. Der Arbeitgeber als Drittschuldner[2] (1995); *Jabornegg*, Aktuelle Fragen des Bankgeheimnisses, ÖBA 1997, 663; *Fenyves*, Absolute Wirkung der Zahlungssperre aufgrund der Vinkulierung einer Versicherungsforderung? ÖBA 1998, 337; *Holzner*, Weiterhin: Drittwirksamkeit vertraglicher „Abtretungsverbote", JBl 1998, 495; *Konecny*, Die Exekutionsordnung nach 100 Jahren, in *Mayr* (Hg), 100 Jahre österreichische Zivilprozeßgesetze (1998) 95; *Riedler*, Zahlungssperre der Bank bei Pfändung der Forderung eines Oder-Konten-Inhabers? ÖBA 1998, 509; *Apathy/Eicher*, Das verpfändete Arbeitseinkommen, DRdA 1999, 399; *Dorner*, Die Lohn- und Gehaltspfändung mit Tabellen für Tages-, Wochen- und Monatsverdienste und Existenzminimumverordnung 1999 (ExminV 1999) (1999); *Knoll*, Pfändung, Verpfändung und Abtretung von Unterhaltsvorschüssen, RZ 1999, 234; *G. Kodek*, Einfluß von Abtretung und Verpfändung von Gehaltsansprüchen auf die Gehaltsexekution, ÖRPfl 1999, H 2, 133; *Souhrada*, Auskünfte aus Sozialversicherungsdaten, SozSi 1999, 163; *ders*, Auskünfte an Gerichte: Die on-line-Sozialversicherungsanfrage, SozSi 1999, 803; *Resch*, Lohnpfändung und Karenzierung des Arbeitsvertrages, ecolex 2000, 185; *Spenling*, Kontenschutz nach § 292i EO für Abfertigungen und seine Auswirkungen im Konkurs, ÖJZ 2000, 17; *Zechner*, Forderungsexekution (2000); *Mohr*, Die Pfändbarkeit der Abfertigung ab 2002, ecolex 2001, 925; *Müller*, Wirkung des Wechsels vom Arbeitsvertrag zum freien Dienstvertrag auf die Gehaltsexekution, ZIK 2001/75, 43; *Reischauer*, Hinterlegung zu Gunsten mehrerer (potentieller) Gläubiger bzw Forderungspfandgläubiger (§§ 1425 und 455 ABGB [§§ 1395 f ABGB und § 119 Z 3 GBG], §§ 300a und 307 EO), JBl 2001, 541 und 614; *Feuchtinger*, Neues in der Lohnpfändung, ecolex 2002, 108; *Hausar*, Betriebsvereinbarungen mit ehemaligen Arbeitnehmern, ASoK 2002, 3; *Fink/Schmidt/Kurzböck*, Handbuch zur Lohnpfändung[3] (2002); *Fritscher*, Die Gehaltsexekution in der Praxis (2002); *Nunner-Krautgasser*, Forderungsexekution: Angabe der Forderungshöhe und Pfändungspfand, ecolex 2002, 344; *Liebhart*, Verschleiertes Entgelt nach § 292e EO, DRdA 2003, 124; *Wehrberger*, Forderungspfändung, Fristbeginn und Sachhaftung bei § 27 WEG 2002, ecolex 2003, 225; *Schneider*, Exekution und Abfertigung neu, ZIK 2004/237, 190; *Mohr*, Änderungen bei der Lohnpfändung durch die EONov 2005, ecolex 2005, 520; *Sima*, Die EO-Novelle 2005, ZIK 2005/122, 126.

Petschek/Hämmerle/Ludwig 175 ff; *Heller/Berger/Stix* III 1929 ff; *Rechberger/Simotta* Rz 650 ff; *Holzhammer* 292 ff; *Resch* in *Burgstaller/Deixler-Hübner* zu §§ 290 ff EO; *Burgstaller/Höllwerth* in *Burgstaller/Deixler-Hübner* zu §§ 308 ff EO; *Holzner* in *Burgstaller/Deixler-Hübner* zu §§ 320 ff EO; *Oberhammer* in *Angst* zu §§ 290 ff EO; *Neumayr* 207 ff.

1. Das Exekutionsobjekt

Exekutionsobjekt in der Forderungsexekution sind **Geldforderungen des Verpflichteten**; diese können sich gegen Dritte oder auch gegen den betreibenden Gläubiger selbst richten (in letzterem Fall erfolgt die Pfän- 369 dung durch Zweitverbot; vgl unten Rz 375). In Forderungen, die nicht auf die Zahlung von Geld gerichtet sind, wird nach den Regeln der Anspruchsexekution (vgl unten Rz 412 ff) Exekution geführt.

370 **Künftige Forderungen** können grundsätzlich nicht in Exekution gezogen werden; dies gilt jedoch nicht für **aufschiebend bedingte Forderungen** und künftige Forderungen, die aus einem bereits **bestehenden Dauerschuldverhältnis** erwachsen. Dies ist insbesondere im wichtigsten Fall der Forderungsexekution, der Gehaltsexekution bedeutsam: Das Pfandrecht, welches durch die Pfändung einer Gehaltsforderung oder einer anderen in fortlaufenden Bezügen bestehenden Forderung erworben wird, erstreckt sich auch auf die nach der Pfändung fällig werdenden Bezüge. (Ebenso erstreckt sich das an einer verzinslichen Forderung erwirkte Pfandrecht auch auf die nach der Pfändung fällig werdenden Zinsen.)

371 Wird ein Arbeitsverhältnis oder ein anderes Rechtsverhältnis, das einer in fortlaufenden Bezügen bestehenden Forderung zugrunde liegt, nicht mehr als ein Jahr **unterbrochen**, so erstreckt sich die Wirksamkeit des Pfandrechtes auch auf die gegen denselben Drittschuldner nach der Unterbrechung entstehenden und fällig werdenden Forderungen. Es gilt auch als Unterbrechung, wenn der Anspruch neuerlich geltend zu machen ist (§ 299 Abs 1 EO). Durch die Pfändung eines Diensteinkommens wird insbesondere auch dasjenige Einkommen getroffen, welches der Verpflichtete infolge einer **Erhöhung seiner Bezüge**, infolge Übertragung eines neuen Amtes, Versetzung in ein anderes Amt oder infolge Versetzung in den Ruhestand erhält. Diese Bestimmung findet jedoch auf den Fall der Änderung des Dienstherrn keine Anwendung. **Sinkt** das Diensteinkommen unter den unpfändbaren Betrag (vgl unten Rz 396), übersteigt es aber wieder diesen Betrag, so erstreckt sich die Wirksamkeit des Pfandrechtes auch auf die erhöhten Bezüge (§ 299 Abs 2 EO). Dementsprechend kann ein Pfandrecht auch dann begründet werden, wenn eine Gehaltsforderung oder eine andere in fortlaufenden Bezügen bestehende Forderung zwar nicht zum Zeitpunkt der Zustellung des Zahlungsverbotes, aber später den unpfändbaren Betrag übersteigt (§ 299 Abs 3 EO).

Hat aufgrund gesetzlicher Bestimmungen oder vertraglicher Vereinbarung der Arbeitnehmer Anspruch auf einen Teil des Entgeltes nicht gegen den Arbeitgeber, sondern gegen einen Dritten, dann erstrecken sich die Wirkungen des dem Arbeitgeber zugestellten Zahlungsverbotes auch auf den Anspruch gegen den Dritten (§ 299a Abs 1 EO).

372 Das an einer Forderung erworbene Pfändungspfandrecht erstreckt sich auch auf für diese Forderung begründete Pfandrechte an beweglichen und unbeweglichen Sachen; der betreibende Gläubiger erwirbt dabei also ein **Afterpfandrecht**.

Auch in bereits (vertraglich) **verpfändete** Forderungen kann Exekution geführt werden (§ 300a Abs 2 EO); das gerichtliche Pfandrecht erfasst jedoch eine Forderung so weit nicht, als diese vor seiner Begründung **übertragen** (zediert) wurde (§ 300a Abs 1 EO).

Das Gesetz unterscheidet zwischen 373

- **„Papierforderungen"**
  ds Forderungen aus indossablen Papieren und andere Forderungen, deren Geltendmachung an den Besitz eines über die Forderung gerichteten Papiers gebunden ist,
- **„Buchforderungen"**
  ds Forderungen, die grundbücherlich sichergestellt sind, und
- **sonstigen Geldforderungen**
  auch „gewöhnliche", „gemeine" Geldforderungen oder „Geldforderungen ieS" genannt.

Für die Pfändung und/oder Verwertung von Papier- und Buchforderungen gelten Sonderbestimmungen (vgl dazu *Holzhammer* 293, 316 ff). Im praktisch wichtigen Fall der Exekution auf **Forderungen aus Sparurkunden** (Sparbüchern) hat der Gerichtsvollzieher die Forderung aus der (gem § 296 EO nach den Vorschriften über die Fahrnisexekution abgenommenen) Sparurkunde einzuziehen; dabei kommen ihm die Befugnisse eines Kurators nach § 315 EO zu. Der Gerichtsvollzieher kann diese Forderung jedoch nicht gerichtlich geltend machen. Scheitert die Einziehung also, so ist die Forderung dem betreibenden Gläubiger zu überweisen, der dann eine Drittschuldnerklage gegen die Bank oder Sparkasse erhebt (§ 319a EO).

Der betreibende Gläubiger muss in seinem Exekutionsantrag den 374
Drittschuldner (also jene Person, gegenüber der der Verpflichtete eine Forderung hat) und den **Rechtsgrund** der Forderung angeben (vgl *Holzhammer* 294). Dabei kann sich das Problem ergeben, dass der betreibende Gläubiger zwar weiß bzw vermutet, dass der Verpflichtete von einer dritten Person fortlaufende Bezüge iS des § 290a EO erhält, aber nicht feststellen kann, gegenüber welchem Drittschuldner (insbesondere gegenüber welchem Arbeitgeber) diese Forderungen bestehen. § 294a EO enthält daher Bestimmungen über die Einleitung der Exekution auf Einkommen iS von § 290a EO bei **unbekanntem Drittschuldner**: In solchen Fällen braucht der Drittschuldner nicht im Exekutionsantrag bezeichnet zu werden: der betreibende Gläubiger muss nur das Geburtsdatum des Verpflich-

teten angeben (§ 294a Abs 1 Z 1 EO), das er gem § 294a Abs 3 EO bei der Meldebehörde erfragen kann. Das Gericht hat daraufhin die Exekution zu bewilligen und dann den Hauptverband der österreichischen Sozialversicherungsträger um Bekanntgabe zu ersuchen, ob der Verpflichtete in einer Rechtsbeziehung steht, aus der ihm Forderungen iS von § 290a EO zustehen. Diese Anfrage und ihre Beantwortung kann im Wege der automationsunterstützten Datenverarbeitung erfolgen (§ 294a Abs 4 EO). Gibt der genannte Hauptverband einen Drittschuldner bekannt, so hat das Exekutionsgericht die Pfändung der gegen diesen bestehenden Forderungen gem § 294 EO zu bewirken (§ 294a Abs 1 Z 3 EO); vermag der Hauptverband keinen Drittschuldner anzugeben, so kann ein Verfahren zur Vorlage eines Vermögensverzeichnisses eingeleitet werden (§ 47 Abs 2 Z 2 EO – vgl dazu Rz 354).

Nach Bewilligung einer Fahrnisexekution darf der betreibende Gläubiger eine Forderungsexekution bei unbekanntem Drittschuldner nach § 294a EO jedoch erst dann beantragen, wenn seit der Bewilligung **ein Jahr** vergangen ist oder er glaubhaft macht, erst nach seinem Antrag auf Fahrnisexekution erfahren zu haben, dass der Verpflichtete Forderungen iS von § 290a EO besitze (§ 14 Abs 3 EO).

2. Die Pfändung

375 Die Pfändung erfolgt in der Forderungsexekution durch das sog **Doppelverbot**, die Verwertung grundsätzlich durch Überweisung (vgl unten Rz 382 ff).

Im Zuge dieses Doppelverbotes wird dem Drittschuldner verboten, an den Verpflichteten zu leisten (**Zahlungsverbot**), und dem Verpflichteten jede Verfügung über die Forderung sowie über für diese bestellte Sicherheiten, insbesondere die Einziehung der Forderung, verboten (**Verfügungsverbot** – § 294 Abs 1 EO). Die Pfändung ist jedoch mit der Zustellung des Zahlungsverbotes an den Drittschuldner als bewirkt anzusehen. Der Zeitpunkt der Zustellung des Verfügungsverbotes an den Verpflichteten ist für den Rang des Pfändungspfandrechtes irrelevant. Ist der betreibende Gläubiger gleichzeitig Schuldner der gepfändeten Forderung, so bezeichnet man das an ihn ergangene Zahlungsverbot als **Zweitverbot**. Der Drittschuldner kann das Zahlungsverbot mit Rekurs anfechten oder dem Exekutionsgericht anzeigen, dass die Exekutionsführung nach den darüber bestehenden Vorschriften unzulässig sei (§ 294 Abs 4 EO).

Wird das Zahlungsverbot einem Konzernunternehmen zugestellt, das nicht Schuldner der im Exekutionsantrag genannten Forderung ist, und ist Schuldner dieser Forderung ein anderes Unternehmen im selben Konzern, so ist der Empfänger des Zahlungsverbots berechtigt, dieses und den Auftrag zur Drittschuldnererklärung auf

Gefahr des betreibenden Gläubigers an das andere Konzernunternehmen weiterzuleiten. Er hat den betreibenden Gläubiger von der Weiterleitung zu verständigen (§ 294 Abs 3 EO).

Die **Pfändung** der Forderung hat folgende **Wirkungen**: **376**

- Der **Rang des Pfändungspfandrechtes** des betreibenden Gläubigers richtet sich nach dem Zeitpunkt der Pfändung; das Einziehungsrecht bezüglich der Forderung erlangt der betreibende Gläubiger jedoch erst durch die Überweisung der Forderung.
- Das Verfügungsverbot hat die Folge, dass der Verpflichtete keine Handlungen mehr setzen darf, die eine **Gefährdung der Rechte** des betreibenden Gläubigers zur Folge haben könnten; Verfügungen, die zu einer erhöhten Sicherstellung für die Forderung führen (etwa die Bestellung eines Pfandrechtes für die gepfändete Forderung), sind jedoch noch möglich.
- Der **Drittschuldner darf nicht mehr an den Verpflichteten leisten**; eine dennoch erfolgte Zahlung wirkt nicht schuldbefreiend.

Wurde die Forderungsexekution im vereinfachten Bewilligungsverfahren (vgl Rz 110 ff) bewilligt, so darf an den betreibenden Gläubiger erst vier Wochen nach Zustellung des Zahlungsverbotes an den Drittschuldner geleistet oder der Betrag hinterlegt werden. Dies ist dem Drittschuldner bekannt zu geben. Der Drittschuldner kann mit der Leistung oder Hinterlegung bis zum nächsten Auszahlungstermin zuwarten, nicht jedoch länger als acht Wochen (§ 303a EO). **377**

Besondere Probleme bereitet die **grenzüberschreitende Pfändung von Forderungen**: Der OGH hat zwar ausgesprochen, dass die Zustellung des Zahlungsverbots an einen Drittschuldner im Ausland zulässig ist (SZ 69/286 = JBl 1998, 382), doch ist zweifelhaft, ob diese Zustellung im Ausland auch tatsächlich durchgeführt wird und/oder ob das dadurch aus österreichischer Sicht begründete Pfändungspfandrecht an der Forderung dort anerkannt wird (was etwa dann relevant wird, wenn der Betreibende die gepfändete und überwiesene Forderung dort insb mit Drittschuldnerklage geltend machen will). Da die Rsp die Zustellung des Zahlungsverbots in das Ausland nicht als grenzüberschreitenden Hoheitsakt ansieht, müssten umgekehrt auch die Zustellung entsprechender ausländischer Verbote im Inland zulässig und die dadurch begründeten Pfandrechte wirksam sein. Der Drittschuldner kann durch solche ausländischen Pfändungsakte in eine schwierige Situation kommen, weil er uU nur schwer feststellen kann, an wen er nun schuldbefreiend leisten kann (vgl zu all dem *Oberhammer* in *Angst* Rz 4 ff zu § 294). Ansätze zu einer Regelung **377a** auf europäischer Ebene betreffen nur Teilbereiche (vgl den Vorschlag für eine europäische Unterhaltsverordnung vom 15.12.2005, KOM [2005] 649 endg.). Die bestehenden Regelungsprobleme sind beträchtlich und angesichts der wachsenden Zahl insbesondere grenzüberschreitender Bankgeschäfte, Lohn- und Rentenbezüge von erheblicher Praxisrelevanz.

3. Die Drittschuldneräußerung

378 Bestand, Umfang und Einbringlichkeit der gepfändeten Forderung können zweifelhaft sein; § 301 EO sieht daher eine **Erklärung des Drittschuldners** vor, die über alle Tatsachen, die in diesem Zusammenhang von Interesse sind, Aufschluss geben soll. Sofern der betreibende Gläubiger nichts anderes beantragt, hat das Gericht dem Drittschuldner gleichzeitig mit dem Zahlungsverbot aufzutragen, sich binnen vier Wochen über folgende Punkte zu erklären:

- ob und inwieweit er die gepfändete Forderung als begründet anerkennt und Zahlung zu leisten bereit ist (Z 1);
- ob und von welchen Gegenleistungen seine Zahlungspflicht abhängig ist (Z 2);
- ob und welche Ansprüche andere Personen auf die gepfändete Forderung erheben, insbesondere ob die Forderung abgetreten worden ist (Z 3);
- ob und wegen welcher Ansprüche zugunsten anderer Gläubiger an der Forderung ein Pfandrecht besteht (Z 4);
- die vom Verpflichteten bekannt gegebenen Unterhaltspflichten (Z 5).

379 Der Drittschuldner hat seine Erklärung dem Exekutionsgericht, eine Abschrift davon auch dem betreibenden Gläubiger zu übersenden (§ 301 Abs 2 EO). Hat der Drittschuldner seine Pflicht zur Abgabe einer Drittschuldnererklärung schuldhaft nicht, vorsätzlich oder grob fahrlässig unrichtig oder unvollständig erfüllt, so ist ihm trotz Obsiegens im Drittschuldnerprozess der **Ersatz der Kosten** des Verfahrens aufzuerlegen; überdies haftet er dem betreibenden Gläubiger für den Schaden, der diesem durch eine solche Pflichtverletzung entsteht (§ 301 Abs 3 EO).

Diese Folgen sind dem Drittschuldner bei Zustellung des Auftrages bekannt zu geben (§ 301 Abs 3 EO). Für die Pfändung von wiederkehrenden Forderungen gilt § 301 Abs 4 EO. Der Drittschuldner hat einen Anspruch auf Ersatz der Kosten, die durch die Erklärung entstanden sind (vgl im Einzelnen § 302 EO). Der Auftrag zur Drittschuldnererklärung ist unanfechtbar (§ 345 Abs 1 Z 2 EO); die Abgabe der Erklärung kann nicht im Prozessweg erzwungen werden, da es sich dabei um eine öffentlich-rechtliche Pflicht handelt (EvBl 1991/115 = ecolex 1991, 414 = RdW 1991, 269 = wbl 1991, 263).

Ist die Sach- oder Rechtslage unklar, so hat der Drittschuldner die Möglichkeit, die Forderung samt Nebengebühren beim Exekutionsgericht zu **hinterlegen** (§ 307 Abs 1 EO). Dies ist insbesondere von Bedeutung, wenn strittig ist, ob und an wen die Forderung zediert wurde; ein dritter Zessionar, der Anspruch auf die Forderung erhebt, kann diesen Anspruch dann im Verteilungsverfahren geltend machen (§ 307 Abs 2 EO).

4. Die Verwertung

a) Allgemeines

Zur Verwertung „sonstiger" Geldforderungen bieten sich drei Mög- 380
lichkeiten an: Der betreibende Gläubiger kann zunächst zwischen der **Überweisung zur Einziehung** (§§ 308 ff EO) und der **Überweisung an Zahlungs statt** (§ 316 EO) wählen; unter bestimmten Voraussetzungen kommt auch eine andere Verwertungsart in Frage (§§ 317 ff EO).

Mit der **Überweisung an Zahlungs statt** geht die Forderung auf den betreibenden Gläubiger über, dieser erlangt die Stellung eines Zessionars und gilt nach dem Umfang der übergegangenen Forderung als befriedigt; damit geht also das Risiko der Einbringlichkeit des Bestandes der Forderung auf den betreibenden Gläubiger über. Da er mit der Überweisung an Zahlungs statt als befriedigt anzusehen ist, ist damit die Forderungsexekution beendigt. Stellt sich nachträglich heraus, dass die Forderung nicht (vollständig) bestanden hat oder uneinbringlich war, kann der betreibende Gläubiger freilich gegenüber dem Verpflichteten Gewährleistungsansprüche iS der §§ 1397 ff ABGB geltend machen. Diese Form der Überweisung ist mithin für den betreibenden Gläubiger umständlicher und risikoreicher, weshalb in der Praxis **regelmäßig die Überweisung zur Einziehung** gewählt wird.

Auf Antrag eines Gläubigers kann auch eine **andere Art der Verwertung** ange- 381
ordnet werden, wenn die Einziehung der Forderung, weil sie von einer im Wege der Exekutionsführung nach § 309 EO nicht zu beschaffenden Gegenleistung (des Verpflichteten) abhängt, mit Schwierigkeiten verbunden ist (§ 317 Abs 1 Z 1 EO), weil die gepfändete Forderung von einer Kündigung des Drittschuldners oder des Verpflichteten mit einer mehr als halbjährigen Kündigungsfrist abhängt oder erst nach einem halben Jahr ab Pfändung fällig wird (§ 317 Abs 1 Z 2 EO) oder weil nach der Überweisung zur Einziehung der Versuch der Einziehung aus anderen Gründen als der Zahlungsunfähigkeit des Drittschuldners, rechtskräftig gerichtlicher Aberkennung der Forderung oder wegen Verzichtleistung des Einziehungsgläubigers gescheitert ist oder sich erst nach der Überweisung herausstellt, dass ein Grund iS von § 317 Abs 1 Z 1 oder 2 EO vorliegt (§ 317 Abs 1 Z 3 EO). Als Verwertungsarten kommen gem §§ 318 und 319 EO die **öffentliche Versteigerung**, der **Freihandverkauf** und die **Zwangsverwaltung** in Betracht.

b) Die Überweisung zur Einziehung

382 Die Überweisung zur Einziehung ermächtigt den betreibenden Gläubiger, vom Drittschuldner die **Entrichtung** des im Überweisungsbeschluss bezeichneten Betrages nach Maßgabe des Rechtsbestandes der gepfändeten Forderung und des Eintrittes ihrer Fälligkeit **zu begehren**, den Eintritt der Fälligkeit durch Einmahnung oder Kündigung herbeizuführen, alle zur Erhaltung und Ausübung des Forderungsrechtes notwendigen Präsentationen, Protesterhebungen, Notifikationen und sonstigen Handlungen vorzunehmen, Zahlung zur Befriedigung seines Anspruches und in Anrechnung auf denselben in Empfang zu nehmen, die nicht rechtzeitig und ordnungsgemäß bezahlte Forderung gegen den Drittschuldner in Vertretung des Verpflichteten einzuklagen und das für die überwiesene Forderung begründete Pfandrecht geltend zu machen.

Der Überweisungsbeschluss ermächtigt den betreibenden Gläubiger jedoch **nicht**, auf Rechnung des Verpflichteten über die zur Einziehung überwiesene Forderung Vergleiche zu schließen, dem Drittschuldner seine Schuld zu erlassen oder die Entscheidung über den Rechtsbestand der Forderung einem Schiedsgericht zu übertragen (§ 308 Abs 1 EO).

383 Der Drittschuldner kann dem Überweisungsgläubiger **Einwendungen**, die aus seinem Rechtsverhältnis zu diesem entspringen, nicht entgegenhalten (§ 308 Abs 2 EO). Hat der Verpflichtete die Forderung **nach der Pfändung abgetreten**, so ist dies auf die durch die Überweisung begründeten Befugnisse des betreibenden Gläubigers und insbesondere auf dessen Recht, die Leistung des Forderungsgegenstandes zu begehren, ohne Einfluss (§ 308 Abs 3 EO). Der Überweisungsgläubiger kann demnach also nicht auf die überwiesene Forderung selbst, aber sehr wohl auf die durch die Überweisung erworbenen Rechte verzichten. In diesem Fall ist das Verwertungsverfahren einzustellen, der vollstreckbare Anspruch und das entstandene Pfändungspfandrecht bleiben jedoch bestehen (§ 311 Abs 1 EO). Der betreibende Gläubiger hat in diesem Fall jedoch die durch die Einklagung der überwiesenen Forderung entstandenen Kosten zu tragen (§ 311 Abs 3 EO).

384 Ist die Verpflichtung des Drittschuldners von einer **Gegenleistung** des Verpflichteten abhängig, so hat der Verpflichtete den zu leistenden Vermögensgegenstand auf Antrag des Überweisungsgläubigers an den Drittschuldner herauszugeben (§ 309 Abs 1 EO); weigert sich der Verpflichtete dies zu tun, so kann der Überweisungsgläubiger die Herausgabe dieser Sache im Wege der Zwangsvollstreckung nach §§ 346 bis 348 EO erzwingen lassen, wenn er diese Verpflichtung durch ein gegen den Verpflichteten ergangenes Urteil oder durch entsprechende Urkunden dartun kann (§ 309 Abs 2 EO).

Der weitere Fortgang des Verfahrens hängt davon ab, ob der Dritt- **385**
schuldner freiwillig zahlt oder ob er die Zahlung verweigert. Der **Zahlung des Drittschuldners** kommt doppelte Wirkung zu: Einerseits wird nach Maßgabe der Zahlung die Forderung des betreibenden Gläubigers gegen den Verpflichteten getilgt (§ 312 Abs 1 EO); andererseits führt seine Zahlung auch zum Erlöschen seiner Verbindlichkeit im Verhältnis zum Verpflichteten (§ 313 Abs 1 EO). Verweigert der Drittschuldner dagegen die Zahlung, so muss der Überweisungsgläubiger eine Drittschuldnerklage gegen diesen anstrengen.

Für die **Drittschuldnerklage** ist das Gericht zuständig, das auch oh- **386**
ne Überweisung der Forderung für den Prozess zwischen Verpflichtetem und Drittschuldner zuständig gewesen wäre. Der betreibende Gläubiger hat dem Verpflichteten, wenn dessen Wohnort bekannt und im Inland befindlich ist, gerichtlich den Streit zu verkünden (§ 310 Abs 1 EO). Der Verpflichtete erhält damit die Möglichkeit zur Nebenintervention im Drittschuldnerprozess. Ebenso hat jeder Gläubiger, für welchen die eingeklagte Forderung gleichfalls gepfändet ist, die Möglichkeit, dem Rechtsstreit auf seine Kosten als Nebenintervenient beizutreten. Die **Entscheidung**, die in diesem Rechtsstreit über die Drittschuldnerklage ergangen ist, wirkt **für und gegen sämtliche Gläubiger**, zu deren Gunsten die Pfändung der Forderung erfolgt ist (§ 310 Abs 2 EO). Die Rechtskraft dieser Entscheidung erstreckt sich auch auf den Verpflichteten.

Die Verzögerung der Betreibung der zur Einziehung überwiesenen Forderung und die Unterlassung der Streitverkündigung machen den Überweisungsgläubiger für alle dem Verpflichteten und den übrigen auf dieselbe Forderung Exekution führenden Gläubigern dadurch verursachten Schäden haftbar (§ 310 Abs 3 EO). Verzögert der Überweisungsgläubiger die gerichtliche Betreibung der gepfändeten Forderung, so kann überdies jeder andere auf dieselbe Forderung Exekution führende Gläubiger den Antrag stellen, dass die Überweisung der Forderung an den säumigen Gläubiger aufgehoben und zur Einziehung der gepfändeten Forderung vom Exekutionsgericht ein Kurator bestellt wird (§ 310 Abs 4 EO). Unter bestimmten Voraussetzungen besteht zudem nach § 308a EO die Möglichkeit, dass der Verpflichtete die Forderung selbst (als Prozessstandschafter des betreibenden Gläubigers) gerichtlich geltend macht (vgl zu dieser überaus komplizierten Bestimmung eingehend *Oberhammer* in *Angst* Rz 1 ff zu § 308a EO).

Zur theoretischen Einordnung der **Stellung des Überweisungsgläu-** **387**
bigers im Drittschuldnerprozess hat sich im Laufe der Jahre ein buntscheckiger Meinungsstand entwickelt: So wird vertreten, dieser sei **gesetzlicher Vertreter des Verpflichteten** (was wohl im Ergebnis auch gemeint wird, wenn gesagt wird, ihm komme die Stellung eines **„Inkassomandatars“** zu) oder dessen **Prozessstandschafter** oder gar **gesetzlicher Vertreter eines aus der gepfändeten und überwiesenen Forde-**

rung bestehenden Sondervermögens (vgl zu diesem Meinungsstand eingehend *Oberhammer* in *Angst* Rz 1 zu § 308 EO). Zwanglos lässt sich seine Stellung deuten, wenn man (mit der hL in Deutschland – vgl etwa *Brehm* in *Stein/Jonas*[22] Rz 25 zu § 835 ZPO) annimmt, der betreibende Gläubiger mache hier die ihm durch die Überweisung übertragene materiellrechtliche Einziehungsbefugnis im eigenen Namen geltend (so *Oberhammer* in *Angst* Rz 3 zu § 308 EO).

Normalerweise erlangt der Überweisungsgläubiger durch die – freiwillig oder aufgrund des Unterliegens im Drittschuldnerprozess erfolgte – Zahlung des Drittschuldners Befriedigung; hat der Drittschuldner die Forderung jedoch gerichtlich erlegt oder ist die Forderung von einem Einziehungskurator betrieben worden (vgl unten Rz 389), so bedarf es noch der **Verteilung des Einziehungserlöses**; hiefür sind die für die Verteilung des Verkaufserlöses in der Fahrnisexekution geltenden Bestimmungen (§§ 285–287 EO) sinngemäß anzuwenden (vgl dazu oben Rz 367). Dabei sind nicht nur die betreibenden Gläubiger, sondern auch Zessionare und Gläubiger, denen ein (vertragliches) Pfandrecht an der Forderung zusteht, zu berücksichtigen.

c) Exekutionsführung durch mehrere Gläubiger

388 Führen **mehrere Gläubiger** auf dieselbe Forderung Exekution, so ist zu unterscheiden, ob es sich um eine teilbare oder unteilbare Forderung handelt. Zivilrechtlich betrachtet sind zwar Geldforderungen immer teilbar, die „Unteilbarkeit" der Forderung iS von § 304 Abs 1 EO liegt jedoch dann vor, wenn die Forderung so beschaffen ist, dass sie nicht in Teilbeträgen übertragen oder geltend gemacht werden kann; dies ist etwa dann der Fall, wenn die Geltendmachung der Forderung von der Innehabung einer bestimmten Schuldurkunde abhängig ist. **Teilbare Forderungen** können demnach in Teilbeträgen verschiedenen betreibenden Gläubigern bis zur Höhe ihres vollstreckbaren Anspruches überwiesen werden (§ 303 Abs 1 EO); die Reihenfolge der Überweisung ändert jedoch nichts an dem Rang der Gläubiger, der durch den Zeitpunkt des Erwerbs ihres Pfändungspfandrechtes bestimmt bleibt. **Unteilbare Forderungen** sind jenem Gläubiger zu überweisen, der für die Ausfolgung des Überschusses über jenen Betrag, der ihm nach seinem Rang zusteht, Sicherheit leistet (§ 304 Abs 1 aE EO). Leistet keiner der Überweisungsgläubiger die geforderte Sicherheit, so kann auf Antrag ein **Kurator** zur Einziehung bestellt werden (§ 314 Abs 1 EO).

389 Außer im Fall, dass bei einer gepfändeten unteilbaren Forderung keiner von mehreren Gläubigern eine Sicherheit leistet (§ 314 Abs 1 EO), sieht die EO in einer Reihe von Fällen die **Einziehung durch einen Kurator** dann vor, wenn eine Teilüberweisung aufzuheben ist und der Überweisungsgläubiger sich weigert, gem § 306 Abs 1 EO für die Rückstellung von Urkunden, die die ganze Forderung betreffen, Sicherheit zu leisten (§ 314 Abs 1 EO), wenn eine Forderung nach Teilbeträgen verschiedenen Gläubigern überwiesen wird und diese sich nicht über die Bestellung eines gemeinsamen Bevollmächtigten einigen können (§ 314 Abs 2 EO), wenn der Überweisungsgläubiger die Eintreibung der überwiesenen Forderung verzögert (§ 310 Abs 4 EO) oder wenn die gepfändete, aber noch nicht überwiesene Forderung eingeklagt werden muss, um eine Verjährung oder die Entstehung sonstiger Nachteile zu verhindern (§ 297 Abs 3 EO). Der Einziehungskurator erlangt die Stellung eines Überweisungsgläubigers (§ 315 Abs 1 EO). Die an den Einziehungskurator bezahlten Beträge sind gerichtlich zu erlegen (§ 315 Abs 2 EO).

5. Pfändungsschutz in der Forderungsexekution

a) Allgemeines

Die Notwendigkeit des **Schuldnerschutzes** durch Pfändungsbe- 390
schränkungen liegt in der Forderungsexekution auf der Hand: Richtet sich die Exekution auf Forderungen, die die Existenzgrundlage des Schuldners darstellen (etwa Gehaltsforderungen), so würde eine schrankenlose Verwertung dieser Forderungen in der Zwangsvollstreckung dem Schuldner seine Existenzgrundlage völlig entziehen. Die EO sieht daher detaillierte, ziemlich kompliziert geratene Vorschriften über den Pfändungsschutz vor.

Diese Pfändungsbeschränkungen sind **zwingendes Recht** und daher von Amts wegen zu berücksichtigen. Ist die Forderung der Pfändung entzogen, so mangelt es an der Exekutionsvoraussetzung der Vollstreckungsunterworfenheit (siehe oben Rz 165); die Zwangsvollstreckung ist mithin von Amts wegen auf die pfändbaren Beträge einzuschränken. Ein rechtsgeschäftlicher Verzicht auf die Pfändungsbeschränkungen ist wirkungslos (§ 293 Abs 1 und 2 EO). Auch eine Aufrechnung des Drittschuldners gegen den unpfändbaren Teil der Forderung ist nicht möglich, außer dies dient zur Einbringung eines Vorschusses, einer im rechtlichen Zusammenhang stehenden Gegenforderung oder einer Schadenersatzforderung, wenn der zugrunde liegende Schaden vorsätzlich zugefügt wurde (§ 293 Abs 3 EO). Schein- oder Umgehungsgeschäfte, mit denen der Forderung die Eigenschaft einer Forderung anderer Art beigelegt wird, um sie ganz oder teilweise der Exekution zu entziehen, sind umgekehrt jedoch ebenfalls wirkungslos (§ 293 Abs 4 EO).

Das Exekutionsgericht hat auf Antrag die Beschlüsse, die den un- 391
pfändbaren Freibetrag festlegen, zu ändern, wenn sich die für die Berechnung des unpfändbaren Freibetrages maßgebenden Verhältnisse geändert haben oder diese Verhältnisse dem Gericht bei Beschlussfassung nicht vollständig bekannt waren (§ 292c EO).

392 Ist **die Höhe des unpfändbaren Freibetrages strittig**, so kann das Exekutionsgericht auf Antrag entscheiden, ob bei der Berechnung des unpfändbaren Freibetrages Unterhaltspflichten zu berücksichtigen sind oder ob und inwieweit ein Bezug oder ein Bezugsteil pfändbar ist (§ 292k Abs 1 Z 1 und 2 EO; in diesen beiden Fällen kann die Entscheidung in freier Überzeugung iS von § 273 ZPO gefällt werden).

Des Weiteren kann das Exekutionsgericht auf Antrag darüber entscheiden, ob an einer Gehaltsforderung oder einer anderen in fortlaufenden Bezügen bestehenden Forderung, deren Pfändung durch das Gericht bewilligt wurde, tatsächlich ein Pfandrecht begründet wurde (§ 292k Abs 1 Z 3 EO). Antragsberechtigt sind in diesen Fällen der betreibende Gläubiger, der Verpflichtete, der Drittschuldner (dieser hat in diesem Fall nicht das Recht, den Betrag der Forderung gerichtlich zu hinterlegen), jeder Dritte, dem der Verpflichtete einen gesetzlichen Unterhalt zu gewähren hat, sowie ein betreibender Gläubiger sonstiger Forderungen (vgl im Einzelnen § 292k Abs 3 EO).

b) Unpfändbare Forderungen

393 **Absolut unpfändbar** sind folgende Forderungen (§ 290 Abs 1 EO):

- Aufwandsentschädigungen, soweit sie den in Ausübung der Berufstätigkeit tatsächlich erwachsenden Mehraufwand abgelten, insbesondere für auswärtige Arbeiten, für Arbeitsmaterial und Arbeitsgerät, das vom Arbeitnehmer selbst beigestellt wird, sowie für Kauf und Reinigen typischer Arbeitsbekleidung (Z 1);
- gesetzliche Beihilfen und Zulagen, die zur Abdeckung des Mehraufwandes wegen körperlicher oder geistiger Behinderung, Hilflosigkeit oder Pflegebedürftigkeit zu gewähren sind, wie zB das Pflegegeld (Z 2);
- Beihilfen des Arbeitsmarktservices, soweit sie nicht unter § 290a Abs 1 Z 8 EO (das sind Beihilfen des Arbeitsmarktservices, die zur Deckung des Lebensunterhaltes gewährt werden, wie insbesondere das Arbeitslosengeld) fallen, sowie einem Versehrten gewährte berufliche Maßnahmen der Rehabilitation, die die Fortsetzung der Erwerbstätigkeit ermöglichen (Z 3);
- Ersatz der Kosten, die der Arbeitnehmer für seine Vertretung aufwenden muss (Z 4);
- Beiträge für Bestattungskosten (Z 5);
- Rückersätze und Kostenvergütungen für Sachleistungsansprüche sowie Kostenersätze aus der gesetzlichen Sozialversicherung und Entschädigung für aufgewendete Heilungskosten (Z 6);
- Leistungen aus dem Unterstützungsfonds und besondere Unterstützungen nach den Sozialversicherungsgesetzen (Z 7);
- gesetzliche Beihilfen zur Zahlung des Mietzinses oder zur Deckung des sonstigen Wohnungsaufwandes (Z 8);
- gesetzliche Familienbeihilfe einschließlich Mehrkinderzuschlag und Schulfahrtbeihilfe sowie die nach den jeweils geltenden einkommenssteuerrechtlichen Bestimmungen zur Abgeltung gesetzlicher Unterhaltsverpflichtungen gegenüber Kindern auszuzahlenden Absetzbeträge (Z 9);
- gesetzliche Leistungen, die aus Anlass der Geburt des Kindes zu gewähren sind, soweit sie nicht unter § 290a Abs 1 Z 6 (dies ist insbesondere das Wochengeld aus der

Krankenversicherung und nach dem BetriebshilfeG sowie die Sonderunterstützung nach dem Mutterschutzgesetz) fallen, insbesondere das Kinderbetreuungsgeld, das Karenzurlaubsgeld, die Karenzurlaubshilfe, die Teilzeitbeihilfe, die Sondernotstandshilfe und das Sonderkarenzurlaubsgeld sowie die Geburtenbeihilfe und die Sonderzahlung zur Geburtenbeihilfe (Z 10);

- Beihilfen und Stipendien, die Schülern und Studenten gewährt werden (Z 11);
- Leistungen aus dem KriegsopferversorgungsG und dem OpferfürsorgeG (Z 14);
- Leistungen der Tuberkulosehilfe, soweit es sich nicht um regelmäßige Geldbeihilfen handelt (Z 15);
- Ansprüche auf die Arbeitsvergütung nach dem StrafvollzugsG und daraus herrührende Beträge während der Haft, soweit sie nicht unter § 291d EO (beschränkt pfändbare einmalige Leistungen – vgl unten Rz 403) fallen (Z 16).

Die Unpfändbarkeit gilt jedoch **nicht**, wenn die Exekution gerade wegen einer Forderung geführt wird, zu deren Begleichung die Leistung widmungsgemäß bestimmt ist, wenn also etwa der Anspruch auf Mietzinsbeihilfe vom Vermieter zur Hereinbringung von Mietforderungen gepfändet werden soll (§ 290 Abs 2 EO). **394**

Renten und Beihilfen können jedoch ausnahmsweise dann gepfändet werden, wenn Exekution wegen Unterhaltsansprüchen nach § 291b Abs 1 Z 1 EO geführt wird (§ 290 Abs 3 EO). Man spricht hier von „**relativ unpfändbaren Forderungen**“.

c) Beschränkt pfändbare Forderungen

Beschränkt pfändbare Forderungen können **zum Teil gepfändet** werden; dabei muss dem Verpflichteten jedoch ein **Existenzminimum verbleiben**. Folgende Forderungen sind beschränkt pfändbar (§ 290a EO): **395**

- Einkünfte aus einem privat- oder öffentlich-rechtlichen Arbeitsverhältnis, einem Lehr- oder sonstigen Ausbildungsverhältnis und die gesetzlichen Leistungen an Präsenz- oder Ausbildungs- oder Zivildienstleistende (Z 1);
- sonstige wiederkehrende Vergütungen für Arbeitsleistungen aller Art, die die Erwerbstätigkeit des Verpflichteten vollständig oder zu einem wesentlichen Teil in Anspruch nehmen (Z 2);
- Bezüge, die ein Arbeitnehmer zum Ausgleich für Wettbewerbsbeschränkungen für die Zeit nach Beendigung seines Arbeitsverhältnisses beanspruchen kann (Z 3);
- Ruhe-, Versorgungs- und andere Bezüge für frühere Arbeitsleistungen, wie zB die Pensionen aus der gesetzlichen Sozialversicherung einschließlich der Ausgleichszulagen und die gesetzlichen Leistungen an Kleinrentner (Z 4);
- gesetzliche Leistungen und satzungsmäßige Mehrleistungen, die aus Anlass einer Beeinträchtigung der Arbeits- oder Erwerbsfähigkeit zu gewähren sind und Entgeltersatzfunktion haben, insbesondere solche der Sozialversicherung (etwa Versehrtenrente, Versehrtengeld, Übergangsrente, Übergangsgeld, Familien- und Taggeld, Krankengeld – Z 5);

- Leistungen der gesetzlichen Sozialversicherung aus dem Versicherungsfall der Mutterschaft, insbesondere das Wochengeld aus der Krankenversicherung und nach dem BetriebshilfeG sowie die Sonderunterstützung nach dem MutterschutzG (Z 6);
- Leistungen, die für die Dauer der Arbeitslosigkeit zu gewähren sind, wie das Arbeitslosengeld, die Notstandshilfe, die Überbrückungshilfe und die erweiterte Überbrückungshilfe nach dem ÜberbrückungshilfeG, das Weiterbildungsgeld sowie die Sonderunterstützung nach dem SonderunterstützungsG (Z 7);
- Beihilfen des Arbeitsmarktservices, die zur Deckung des Lebensunterhaltes gewährt werden (etwa das Arbeitslosengeld – Z 8);
- wiederkehrende Leistungen aus Versicherungsverträgen, wenn diese Verträge zur Versorgung des Versicherungsnehmers oder seiner unterhaltsberechtigten Angehörigen eingegangen sind (Z 9);
- gesetzliche Unterhaltsleistungen (Z 10);
- wiederkehrende Leistungen, die aufgrund eines Ausgedingevertrages oder eines Unterhaltszwecken dienenden Leibrentenvertrages zu gewähren sind (Z 11);
- Leistungen wegen Minderung der Erwerbsfähigkeit, für Verdienstentgang, zur Sicherung des Lebensunterhaltes und an die Hinterbliebenen für entgangenen Unterhalt, die wegen Tötung, Körperverletzung, Gesundheitsschädigung oder Krankheit zu gewähren sind, insbesondere Schadenersatzrenten (Z 12).

Auch vom 13. und 14. Monatsbezug hat dem Verpflichteten der unpfändbare Freibetrag zu verbleiben (§ 290b EO).

396 Der **unpfändbare Freibetrag (Existenzminimum)** ist die Summe folgender Beträge:

- allgemeiner Grundbetrag (vgl Rz 397) bzw erhöhter allgemeiner Grundbetrag (vgl Rz 398),
- Unterhaltsgrundbetrag (vgl Rz 399),
- allgemeiner Steigerungsbetrag (vgl Rz 400) und
- Unterhaltssteigerungsbetrag (vgl Rz 401).

Bei der Berechnung des Existenzminimums kommen verschiedene Gesichtspunkte zum Tragen: Zum einen ist ein (absolutes) **Existenzminimum** zu gewähren. Zum anderen sind der **bisherige Lebensstandard** sowie **Unterhaltspflichten** des Verpflichteten zu berücksichtigen; dies geschieht jedoch nur innerhalb eines (absoluten) **Höchstbetrags**. Im Einzelnen ist daher zunächst vom allgemeinen Grundbetrag auszugehen, der dem Ausgleichszulagenrichtsatz für alleinstehende Personen gem § 293 Abs 1 lit a ASVG entspricht (vgl dazu die „Informationsbroschüre für Arbeitgeber als Drittschuldner – Hinweise, Beispiele und Existenzminimum-Tabellen“ unter www.justiz.gv.at/_cms_upload/_docs/exminbroschuere2008.pdf). Der erhöhte allgemeine Grundbetrag und der Unterhaltsgrundbetrag erhöhen diesen Betrag. Der allgemeine Steigerungsbetrag und der Unterhaltssteigerungsbetrag nehmen Bezug auf das Einkommen des Verpflichteten (dabei ist allerdings nicht vom Gesamt-[Brutto-]Einkommen, sondern von der Berechnungsgrundlage nach § 291 EO auszugehen) und erhöhen den unpfändbaren Freibetrag, sofern die Berechnungsgrundlage nach § 291 EO den sich aus dem allgemeinen Grundbetrag bzw dem allgemeinen erhöhten Grundbetrag und dem Unterhaltsgrundbetrag ergebenden Betrag übersteigt. Der Teil der Berechnungsgrundlage, der das Vierfache des Ausgleichszulagenrichtsatzes übersteigt, ist jedenfalls zur Gänze pfändbar (unten Rz 402).

Der **allgemeine Grundbetrag** (er hat dem Verpflichteten gem § 291a **397**
Abs 1 EO „zur Gänze zu verbleiben“) entspricht dem Ausgleichszulagenrichtsatz für alleinstehende Personen gem § 293 Abs 1 lit a ASVG und beträgt 2008 747 € monatlich (bzw 174 € wöchentlich oder 24 € täglich – § 291a Abs 1 EO).

Der (um ein Sechstel) **erhöhte allgemeine Grundbetrag** gem § 291a **398**
Abs 2 Z 1 EO dient dem Ausgleich der Tatsache, dass der Verpflichtete keine Sonderzahlungen iS von § 290b EO (13. und 14. Monatsbezug) erhält (dies stellt zweifellos eine gleichheitswidrige Schlechterstellung der Bezieher von 13 Monatsgehältern dar, vgl *Oberhammer* in *Angst* Rz 1 zu § 290b EO). Er beträgt im Jahr 2008 871 € monatlich (bzw 203 € wöchentlich oder 29 € täglich).

Gewährt der Verpflichtete gesetzlichen Unterhalt, so gebührt ihm gem **399**
§ 291a Abs 2 Z 2 EO zusätzlich ein **Unterhaltsgrundbetrag**; dieser beträgt für jede Person, der Unterhalt gewährt wird, 20 % des allgemeinen Grundbetrags, 2008 also 149 € monatlich (bzw 34 € wöchentlich oder 4 € täglich), höchstens jedoch für fünf Personen, derzeit also 745 € monatlich (bzw 170 € wöchentlich oder 20 € täglich). Das Exekutionsgericht hat jedoch auf Antrag auszusprechen, dass eine Unterhaltspflicht nicht zu berücksichtigen ist, wenn deren Höhe den hiefür gewährten unpfändbaren Grund- und Steigerungsbetrag (vgl zu Letzterem Rz 401) nicht erreicht (§ 292b Z 2 EO).

Ein **allgemeiner Steigerungsbetrag** steht dem Verpflichteten dann **400**
zu, wenn die Berechnungsgrundlage gem § 291 EO die Summe aus dem allgemeinen Grundbetrag bzw dem allgemeinen erhöhten Grundbetrag und dem Unterhaltsgrundbetrag übersteigt; in diesem Fall verbleiben dem Verpflichteten zusätzlich 30 % dieses Mehrbetrages (§ 291a Abs 3 Z 1 EO).

Zudem steht dem Verpflichteten von diesem Mehrbetrag für jede Per- **401**
son, der er gesetzlichen Unterhalt gewährt, zusätzlich ein **Unterhaltssteigerungsbetrag** von 10 % zu, höchstens jedoch für fünf Personen (§ 291a Abs 3 Z 2 EO).

402 **Jedenfalls zur Gänze pfändbar** sind jedoch Beträge, die im Jahr 2008 2.980 € monatlich (bzw 695 € wöchentlich oder 99 € täglich) überschreiten (Höchstberechnungsgrundlage, § 291a Abs 3 letzter Satz EO, abgerundet gem § 291a Abs 5 iVm § 291 Abs 2 EO).

Dabei gilt eine **Bagatellgrenze**: Beträgt der nach der beschriebenen Rechnungsmethode ermittelte pfändbare Betrag nicht mehr als 10 € monatlich (bzw 2,5 € wöchentlich oder 0,5 € täglich), so ist er pfändungsfrei (§ 292j Abs 5 EO).

403 **Mehrere beschränkt pfändbare Geldforderungen** sowie beschränkt pfändbare Geldforderungen und Ansprüche auf Sachleistungen sind zusammenzurechnen; richten sie sich gegen denselben Drittschuldner, so sind sie von diesem zusammenzurechnen (§ 292 Abs 1 EO), richten sie sich gegen mehrere Drittschuldner, so hat das Gericht die Zusammenrechnung auf Antrag anzuordnen (§ 292 Abs 2 EO). Die unpfändbaren Grundbeträge sind bei Geldforderungen gegen mehrere Drittschuldner in erster Linie für jene Forderung zu gewähren, die wesentliche Grundlage der Lebenserhaltung des Verpflichteten darstellt (§ 292 Abs 3 EO). Werden beschränkt pfändbare Geldforderungen und Ansprüche auf **Sachleistungen** zusammengerechnet, so vermindert sich der unpfändbare Freibetrag der Gesamtforderung um den Wert der dem Verpflichteten verbleibenden Sachleistungen. Von der Geldforderung muss dem Verpflichteten jedoch der halbe allgemeine Grundbetrag verbleiben (im Jahr 2008 mindestens 373 € monatlich bzw 87 € wöchentlich oder 12 € täglich – § 292 Abs 4 EO). **Gesetzlicher Naturalunterhalt** ist so zu werten, als ob Unterhaltentgelt zu leisten wäre (§ 292 Abs 5 EO). Bei **einmaligen Leistungen**, die dem Verpflichteten **bei Beendigung eines Arbeitsverhältnisses** gebühren (zu diesen zählt nach § 291d EO nicht die Kündigungsentschädigung), hat dem Verpflichteten der unpfändbare Freibetrag nach § 291a EO zu verbleiben, wobei der erhöhte allgemeine Grundbetrag nach § 291a Abs 2 Z 1 EO maßgebend ist. Die Höchstberechnungsgrundlage nach § 291a Abs 3 EO vervielfacht sich mit der Anzahl der Monate, für die die Leistung zusteht. Bei Abfertigungen nach dem Betrieblichen Mitarbeiter- und Selbständigenvorsorgegesetz erhöht sich die Höchstberechnungsgrundlage ab dem vierten Jahr pro Jahr um ein Drittel (§ 291d Abs 1 EO).

Bei einmaligen Leistungen, die ohne einen Anspruch auf wiederkehrende Leistungen gewährt werden oder kraft Gesetzes an die Stelle von wiederkehrenden Leistungen treten (etwa Abfindung für eine Hinterbliebenenpension, für eine Witwer- oder Witwenpension, für eine Witwer- oder Witwenrente, die Gesamtvergütung für eine vorläufige Versehrtenrente, das Versehrtengeld aus der Unfallversicherung oder dem Übergangsbetrag), hat dem Verpflichteten jenes Vielfache des unpfändbaren Freibetrages zu verbleiben, das der Anzahl der Monate, für welche diese einmalige Leistung gewährt wird, entspricht; mindestens hat ihm jedoch der unpfändbare Freibetrag für einen Monat zu verbleiben (§ 291d Abs 2 EO).

Das beschriebene Pfändungsschutzsystem stellt grundsätzlich auf Verpflichtete mit (monatlich) wiederkehrenden Einkünften ab; es bedarf daher einer Sonderbestimmung für Personen, insbesondere Selbständige, die **einmalige Vergütungen für persönlich geleistete Arbeiten** erhalten. Von diesen hat das Exekutionsgericht dem Verpflichteten auf seinen Antrag so viel zu belassen, wie er während eines angemessenen Zeitraumes für seinen notwendigen Unterhalt sowie den Unterhalt der Personen, denen er gesetzlichen Unterhalt gewährt, bedarf. Dabei sind die wirtschaftlichen Verhältnisse des Verpflichteten, insbesondere seine sonstigen Verdienstmöglichkeiten, frei zu würdigen (§ 291e Abs 1 EO). Es darf ihm jedoch nicht mehr belassen werden, als ihm nach freier Überzeugung (vgl § 273 ZPO) verbleiben würde, wenn er beschränkt pfändbare Einkünfte iS von § 290a EO in der Höhe der Vergütungen hätte (§ 291e Abs 1 Satz 3 EO). **404**

d) Erhöhung des unpfändbaren Freibetrages

Um **Härten zu vermeiden**, kann das Exekutionsgericht auf Antrag den **unpfändbaren Freibetrag angemessen erhöhen**. Dies ist nur zulässig, wenn nicht die Gefahr besteht, dass der betreibende Gläubiger dadurch schwer geschädigt werden könnte. Zu berücksichtigen sind dabei wesentliche Mehrauslagen des Verpflichteten, insbesondere wegen Hilflosigkeit, Gebrechlichkeit oder Krankheit des Verpflichteten oder seiner unterhaltsberechtigten Familienangehörigen; unvermeidbare Wohnungskosten, die im Verhältnis zu dem Betrag, der dem Verpflichteten zur Lebensführung verbleibt, unangemessen hoch sind; besondere Aufwendungen des Verpflichteten, die in sachlichem Zusammenhang mit seiner Berufsausübung stehen; ein Notstand des Verpflichteten infolge eines Unglücks- oder eines Todesfalles oder besonders umfangreiche gesetzliche Unterhaltspflichten des Verpflichteten (§ 292a EO). **405**

e) Kontenschutz

Auch das **Guthaben des Verpflichteten auf seinem Konto** (nicht aber sein Überziehungsrahmen) verkörpert eine Forderung, die gepfändet werden kann. Wird dem Verpflichteten zunächst nach Abzug der pfändbaren Beträge der unpfändbare Teilbetrag auf sein Konto überwiesen, könnte es dort nochmals zu einer Pfändung des ihm verbleibenden Existenzminimums kommen. Dieser Gefahr beugen die Bestimmungen über den Kontenschutz vor: Werden beschränkt pfändbare Geldforderungen auf das Konto des Verpflichteten überwiesen, so ist die Pfändung dieses Guthabens auf Antrag des Verpflichteten vom Exekutionsgericht insoweit aufzuheben, als das Guthaben dem in der Pfändung nicht unterworfenen Teil der Einkünfte für die Zeit von der Pfändung bis zum nächsten Zahlungs- **406** termin entspricht (§ 292i Abs 1 EO; vgl zur Vorgangsweise im Einzelnen § 292i Abs 2 und 3 EO).

f) Lohnschiebung und verschleiertes Entgelt

407 Erbringt der Verpflichtete für den Drittschuldner Arbeitsleistungen und hat sich der Drittschuldner dafür verpflichtet, **als Entgelt einem Dritten wiederkehrende Leistungen zu erbringen**, so erstrecken sich die Wirkungen des Pfandrechtes auch auf den Anspruch des Dritten, der ihm gegen den Drittschuldner zusteht; der Anspruch des Dritten wird also so behandelt, als ob er dem Verpflichteten selbst zustehen würde (§ 292d EO). Dadurch soll verhindert werden, dass durch eine „**Lohnschiebung**“ (etwa die Auszahlung des Arbeitseinkommens des Verpflichteten an einen „Strohmann“) dem betreibenden Gläubiger sein Haftungsfonds entzogen wird. Die Exekutionsbewilligung ist in diesen Fällen auch dem dritten Berechtigten zuzustellen (§ 292d aE EO).

408 Daneben kann sich das Problem ergeben, dass der Verpflichtete vom Arbeitgeber für seine Arbeitsleistungen kein oder nur ein **geringfügiges Entgelt** erhält, um so den Haftungsfonds des betreibenden Gläubigers zu verkürzen (**„verschleiertes Entgelt“**; zu denken ist etwa an Fälle, in denen der Verpflichtete Arbeitsleistungen in einem Unternehmen von Angehörigen erbringt). Nach § 292e Abs 1 EO gilt im Verhältnis des betreibenden Gläubigers zum Drittschuldner ein **angemessenes Entgelt als geschuldet**, wenn der Verpflichtete dem Drittschuldner in einem ständigen Verhältnis Arbeitsleistungen erbringt, die nach Art und Umfang üblicherweise vergütet werden, er aber keine oder eine unverhältnismäßige geringe Gegenleistung erhält.

409 Zudem hat das Exekutionsgericht die Möglichkeit, auf Antrag den unpfändbaren Freibetrag herabzusetzen, wenn der Verpflichtete **im Rahmen eines Arbeitsverhältnisses Leistungen von Dritten** erhält, die nicht von § 290a Abs 2 EO erfasst werden; zu denken ist hier insbesondere an Trinkgelder (§ 292b Z 3 EO).

g) Die Forderungsexekution zur Hereinbringung von Unterhaltsleistungen

410 Von besonderer praktischer Relevanz sind die Bestimmungen über die Forderungsexekution (insbesondere Gehaltsexekution) zur Hereinbringung von Unterhaltsansprüchen. Vorweg ist dabei darauf hinzuweisen, dass § 406 ZPO für wiederkehrende Leistungen mit Unterhaltscharakter („Alimente“) eine Ausnahme von dem Grundsatz macht, dass die

Verurteilung zu einer Leistung erst zulässig ist, wenn die Fälligkeit zur Zeit der Urteilsschöpfung bereits eingetreten ist. Bei Alimenten kann der Unterhaltspflichtige also auch zu **Leistungen verurteilt werden, die erst nach Erlassung des Urteiles fällig werden**. Dem Unterhaltsgläubiger wird damit erspart, etwa bei monatlich wiederkehrenden Unterhaltsleistungen jedes Mal wieder einen Titel erwerben zu müssen.

Gem § 7 Abs 2 EO kann vor Eintritt der Fälligkeit einer Forderung die Exekution für diese nicht bewilligt werden (vgl dazu oben Rz 76). Auch davon gilt für gem § 291b EO privilegierte Unterhaltsansprüche (vgl dazu unten Rz 411) eine Ausnahme: In diesen Fällen ist eine Exekution wegen künftig fällig werdender Forderungen möglich (**„Vorratspfändung"** nach § 291c EO). Da bei Gehaltsforderungen auch **künftige Forderungen aus einem bereits bestehenden Arbeitsverhältnis** gepfändet werden können (vgl dazu oben Rz 370 f), kann der Unterhaltsberechtigte damit im Ergebnis aus einem Exekutionstitel (§ 406 ZPO) mit einer Exekutionsbewilligung (§ 291c Abs 1 EO) auf die laufend fällig werdenden Gehaltsforderungen des Verpflichteten (§ 299 Abs 1 EO) Exekution führen. Die Vorratspfändung ist jedoch auf Antrag des Verpflichteten einzustellen, wenn er alle fälligen Forderungen gezahlt hat und dazu bescheinigt, dass er künftig seinen Zahlungspflichten nachkommen wird; dies ist insbesondere dann anzunehmen, wenn er die Forderungen für die kommenden zwei Monate entweder schon gezahlt hat oder zugunsten des Gläubigers gerichtlich hinterlegt hat (§ 291c Abs 2 EO). Bei einer neuerlichen Bewilligung der Exekution hat das Gericht jedoch auf Antrag des betreibenden Gläubigers auszusprechen, dass das Pfandrecht den ursprünglich begründeten Pfandrang erhält (§ 291c Abs 3 EO).

Bei einer Exekution wegen eines gesetzlichen Unterhaltsanspruches, **411**
eines gesetzlichen Unterhaltsanspruches, der auf Dritte übergegangen ist, eines Anspruches auf Ersatz von Aufwendungen, die der Verpflichtete aufgrund einer gesetzlichen Unterhaltspflicht selbst hätte machen müssen (§ 1042 ABGB), und wegen Prozess- und Exekutionskosten und anderer Nebengebühren (Zinsen), die durch die Durchsetzung solcher Ansprüche entstanden sind, sind dem Verpflichteten **nur 75 % des nach § 291a EO unpfändbaren Freibetrages zu belassen**. Für jene Personen, die Exekution wegen einer solchen Forderung führen, ist dem Verpflichteten **weder ein Unterhaltsgrundbetrag noch ein Unterhaltssteigerungsbetrag** zu gewähren (§ 291b Abs 1 und 2 EO). Damit kann es zu einer unterschiedlichen Berechnung des Existenzminimums für Unterhaltsgläubiger und sonstige Gläubiger, die Exekution führen, kommen.

Aber auch dieses reduzierte Existenzminimum nach § 291b Abs 1 EO kann **auf Antrag angemessen herabgesetzt werden**, wenn laufende gesetzliche Unterhaltsforderungen durch die Exekution nicht zur Gänze hereingebracht werden können (§ 292b Z 1 EO). Dabei muss dem Verpflichteten jedoch ein Betrag verbleiben, der zur Erhaltung seiner körperlichen und geistigen Persönlichkeit und seiner Erwerbsfähigkeit notwendig ist.

D. Die Anspruchsexekution

Literatur: *Felber*, Die Pfändung des Anspruches auf Herausgabe von Transportgütern (der Eisenbahnen), ZIE 1957, 92; *Schauer*, Das Optionsrecht als Mittel der Kreditsicherung, ÖZW 1984, 75; *Schumacher*, Zwangsvollstreckung auf Wertpapiere (1995) 96 ff.

Petschek/Hämmerle/Ludwig 202 f; *Heller/Berger/Stix* III 2280 ff; *Rechberger/Simotta* Rz 755 ff; *Holzhammer* 354 ff; *Frauenberger* in *Burgstaller/Deixler-Hübner* zu §§ 325 ff EO; *Oberhammer* in *Angst* zu §§ 325 ff EO; *Neumayr* 218 f.

1. Das Exekutionsobjekt

412 Exekutionsobjekt bei der „Anspruchsexekution" (§§ 325 ff EO) sind – obligatorische und dingliche – **Ansprüche des Verpflichteten auf Herausgabe** (beweglicher oder unbeweglicher) **körperlicher Sachen**. Befindet sich eine Sache des Verpflichteten bei einem Dritten, der freiwillig zur Herausgabe dieser Sache an den Gerichtsvollzieher bereit ist, so kann diese beim Dritten nach den Regeln über die Fahrnisexekution gepfändet werden (vgl oben Rz 346). Ist er nicht zur Herausgabe bereit, so muss der betreibende Gläubiger nach den Vorschriften über die Anspruchsexekution den **Herausgabeanspruch des Verpflichteten gegen den Inhaber der Sache pfänden und sich überweisen lassen**; er kann diesen dann mittels **Drittschuldnerklage** geltend machen.

413 Eine Gehaltsforderung oder eine andere in fortlaufenden Bezügen bestehende beschränkt pfändbare Forderung, die im rechtlichen Zusammenhang mit wiederkehrenden Ansprüchen auf Herausgabe und Leistung körperlicher Sachen steht, kann nur im Zusammenhang mit der (Geld-) Forderung selbst in Exekution gezogen werden (§ 325 Abs 3 EO); nach den Sozialversicherungsgesetzen gewährte Sachleistungen sind unpfändbar (§ 325 Abs 4 EO).

2. Die Pfändung

414 Ebenso wie in der Forderungsexekution erfolgt die Pfändung in der Anspruchsexekution durch **Doppelverbot** (§ 325 Abs 1 EO – vgl dazu oben Rz 375). Das durch die Zustellung des Leistungsverbots an den Drittschuldner erworbene Pfandrecht am Herausgabeanspruch verwandelt

sich nach dem Surrogationsprinzip durch Ausfolgen der Sache an den betreibenden Gläubiger in ein Pfändungspfandrecht an der Sache selbst.

3. Die Verwertung

Die Verwertung des Herausgabeanspruches erfolgt durch **Überweisung zur Einziehung**; dabei sind die §§ 300 ff EO sinngemäß anzuwenden (§ 325 Abs 2 EO – vgl zu diesen Bestimmungen oben Rz 382 ff). Eine Überweisung an Zahlungs statt ist dagegen unzulässig (§ 326 EO). 415

Bei **beweglichen Sachen** hat der Drittschuldner diese an den Gerichtsvollzieher herauszugeben (§ 327 Abs 1 Satz 1 EO); tut er dies nicht freiwillig, so muss der betreibende Gläubiger Drittschuldnerklage erheben. Die Verwertung der herausgegebenen Sachen findet dann nach den Bestimmungen über den Verkauf gepfändeter Fahrnisse statt (§ 327 Abs 2 EO – vgl zu diesen Bestimmungen Rz 356 ff). Auch auf die Verteilung bzw Zuweisung des Verkaufserlöses sind die Vorschriften des Fahrnisexekutionsrechtes (§§ 283 bis 287 EO – vgl dazu Rz 367 f) anzuwenden (§ 327 Abs 4 EO). Bei unklarer Sach- und Rechtslage – insbesondere wenn mehrere Personen die Sache in Anspruch nehmen – hat der Drittschuldner ebenso wie in der Forderungsexekution das Recht, die Sache gerichtlich zu erlegen; eignet sich die Sache nicht zum Erlag, so kann der Drittschuldner die Bestellung eines Verwahrers oder Verwalters beantragen (§ 329 iVm § 307 EO). 416

Bei **unbeweglichen Sachen** hat der Drittschuldner diese einem auf Antrag des Überweisungsgläubigers vom Gericht zu bestellenden Verwalter zu übergeben (§ 328 Abs 1 EO). Der betreibende Gläubiger hat dann die Möglichkeit, auf die dem Verwalter übergebene unbewegliche Sache Exekution durch Zwangsverwaltung oder Zwangsversteigerung (vgl dazu Rz 244 ff, 261 ff) zu führen (§ 328 Abs 2 EO). Der Antrag auf Zwangsverwaltung oder Zwangsversteigerung muss binnen eines Monats ab Übergabe der Sache an den Verwalter gestellt werden; andernfalls ist die Exekution von Amts wegen einzustellen (§ 328 Abs 3 EO). 417

E. Die Exekution auf sonstige Vermögensrechte

Literatur: *Kollroß*, Die Exekution auf Vermögensrechte und Unternehmungen (1935); *Schiemer*, Die Pfändung des Patentrechtes und des Rechtes aus der Anmeldung eines Patents, ÖJZ 1949, 266; *Stix*, Die Exekution auf Anteilsrechte an Personengesellschaften, ÖJZ 1952, 375; *ders*, Die Zwangsverwaltung wirtschaftlicher Unternehmungen in der Praxis, ÖJZ 1955, 274; *Schuler*, Die Pfändung von GmbH-Anteilen und die miterfaßten Ersatzansprüche, NJW 1960, 1432; *Bauerreiß*, Kann neben der

Exekution auf ein wirtschaftliches Unternehmen auch Exekution durch Zwangsverwaltung geführt werden? RZ 1962, 145; *P. Bydlinski*, Eigentumsvorbehalt und Rücktrittsrecht, RdW 1984, 99; *Schauer*, Das Optionsrecht als Mittel der Kreditsicherung, ÖZW 1984, 75; *Feil*, Exekution auf andere Vermögensrechte (1986); *Hoyer*, Ein Beitrag zum Recht der Superädifikate, in FS Ostheim (1990) 95; *Madl*, Pfandrecht an Marken, ecolex 1991, 329; *Eder*, Der Schuldnerschutz in der gerichtlichen Exekution (1994); *Schumacher*, Zwangsvollstreckung auf Wertpapiere (1995); *ders*, Wertpapiere als Exekutionsobjekte, ecolex 1995, 470; *ders*, Veräußerung gepfändeter GmbH-Geschäftsanteile, RdW 1996, 351; *Oberhammer*, Vermögensrechte nach dem Wohnungsgemeinnützigkeitsgesetz als Exekutionsobjekte in der Zwangsvollstreckung gegen den Bestandnehmer, wobl 1997, 249; *Angst*, Das Unternehmen als Zubehör der Pfandliegenschaft, ÖBA 1998, 82; *Oberhammer*, Das Mietrecht als Gegenstand der Zwangsvollstreckung, wobl 1999, 376; *Burgstaller*, Pfändung von Internet Domains – (k)ein Problem! Replik auf *Thiele*, ecolex 2001, 38 und 197; *ders*, Internet-Domain – eine pfändbare Sache? RdW 2001/293, 258; *Jakusch*, Exekution auf Gewerberechte unter Berücksichtigung der letzten Gewerberechtsnovelle und des § 341 EO, ÖRPfl 2001, H 1, 17; *ders*, Exekution auf Internet-Domains. Eine Erwiderung zu RdW 2001/425, 390, RdW 2001/600, 580; *Kilches*, Exekution auf Internet-Domains, RdW 2001/425, 390; *Oberhammer*, Unternehmen, Gesamtsache, Unternehmenszubehör – und Pfändung, in FS Krejci (2001) 257; *Oberkofler*, (Ver-)Pfändung von Internet-Domains – Neue Entwicklungen im Domain-Recht, MR 2001, 185; *Thiele*, Pfändung von Internet Domains, ecolex 2001, 38; *Hochedlinger/Hasch*, „Exekutionssichere" Gestaltung von Stiftungserklärungen, RdW 2002/190, 194; *Mohr*, Die Verwertung von ins Mobiliarpfandregister eingetragenen Vermögenswerten, NZ 2002, 12; *Wünsch*, Zur Kündigung der Personenhandelsgesellschaft durch einen Privatgläubiger der Gesellschaft, GesRZ 2002, 56; *Rechberger*, Exekutionsverfahren Superädifikate, in *Kletečka/Rechberger/Zitta* (Hg), Bauten auf fremdem Grund[2] (2004); *G. Kodek*, Die Genossenschaftswohnung in Exekution und Konkurs. Zur Reichweite des § 42 Abs 4 MRG, wobl 2005, 33; *Bollenberger*, Zugriff auf Stiftungsvermögen durch Gläubiger des Stifters, ecolex 2006, 641; *Hager-Rosenkranz*, Beschränkungen der Übertragung von GmbH-Geschäftsanteilen in Exekution und Insolvenz, wbl 2006, 253; *Hochedlinger*, OGH: Stifterrechte sind pfändbar! RdW 2006, 484; *Geroldinger*, Die unentbehrliche Genossenschaftswohnung im Exekutionsverfahren, Zak 2007, 347; *G. Kodek*, Die Genossenschaftswohnung in der Exekution, wobl 2008, 89.

Petschek/Hämmerle/Ludwig 203 ff; *Heller/Berger/Stix* III 2325 ff; *Rechberger/Simotta* Rz 765 ff; *Holzhammer* 358 ff; *Frauenberger* in *Burgstaller/Deixler-Hübner* zu §§ 330 ff EO; *Oberhammer* in *Angst* zu §§ 330 ff EO; *Neumayr* 219 ff.

1. Das Exekutionsobjekt

418 Die §§ 331 ff EO haben die Exekution auf Vermögensrechte zum Gegenstand, die **nicht zu den Forderungen gehören** (§ 331 Abs 1 EO). Solche Rechte sind etwa Konzessionen und Gewerbeberechtigungen, Anteilsrechte an ungeteiltem Vermögen (Miteigentumsanteile), Anteile an Gesellschaften, Fruchtgenuss- und Gebrauchsrechte, Miet- und Pachtrechte, Immaterialgüterrechte oder Anwartschaftsrechte. Die §§ 341 ff EO enthalten zudem Sondervorschriften über die Exekution in Unternehmen.

Die genannten Vermögensrechte müssen **rechtlich selbständig** und **so beschaffen sein, dass sie einem Dritten übertragen oder zur Ausübung überlassen werden können** (SZ 53/174 = EvBl 1981/113); als Faustregel gilt: Exekutionsobjekt kann jedes Vermögensrecht sein, das einer Verwertung zugänglich ist. So sind etwa urheberrechtliche Verwertungsrechte gem § 25 Abs 1 UrhG der Exekution wegen Geldforderungen entzogen, als Exekutionsobjekt kommen jedoch etwaige Honoraransprüche oder Werknutzungsrechte in Betracht; Letztere können jedoch nur mit Zustimmung des Urhebers übertragen werden (§ 27 Abs 2 UrhG); desgleichen sind Unternehmen der Exekution entzogen, die ihre Eigenart aus der Person des Unternehmers beziehen, sodass sie ohne ihn ihren Wert verlieren; hiezu zählen etwa freiberufliche Unternehmen, handwerkliche oder an einen besonderen Befähigungsnachweis gebundene konzessionierte Kleingewerbe, wenn der Inhaber diese allein oder mit höchstens vier Mitarbeitern ausübt (§ 341 Abs 1 EO). 419

Mietrechte und **genossenschaftliche Nutzungsrechte an Wohnungen** sind der Exekution insofern entzogen, als sie dem Mieter oder mit ihm im gemeinsamen Haushalt lebenden Familienangehörigen zur Befriedigung eines dringenden Wohnbedürfnisses unentbehrlich sind (§ 42 Abs 4 MRG). Der Bestandgeber hat kein Rekursrecht gegen die Pfändung des Bestandrechtes, er kann jedoch die Existenz eines Kündigungsgrundes (insbesondere das Verbot der Weitergabe des Bestandgegenstandes) im Zuge der Verwertung einwenden (EvBl 1973/220 = MietSlg 25.133 = RZ 1973/170). Die Exekution in das **Wohnungseigentum** richtet sich nach den Vorschriften über die Zwangsvollstreckung in das unbewegliche Vermögen; zur Exekution ins gemeinsame Wohnungseigentum von Partnern vgl § 13 Abs 3 WEG 2002. 420

Zu den exekutionsrechtlichen Besonderheiten, die sich beim Zugriff auf die unterschiedlichen Vermögensrechte ergeben, vgl im Einzelnen *Holzhammer* 358 ff und *Rechberger/Simotta* Rz 770 ff; eingehend *Oberhammer* in *Angst* zu §§ 331 ff EO; *Jakusch* in *Angst* zu § 341 EO. 421

2. Die Pfändung

Die Pfändung bei der Exekution auf sonstige Vermögensrechte kann – entsprechend der unterschiedlichen rechtlichen Behandlung der Exekutionsobjekte – auf verschiedene Weise erfolgen: 422

- Bei **verbücherten Vermögensrechten** erfolgt die Pfändung durch Einverleibung eines Pfandrechtes im Grundbuch; ist bereits ein Pfandrecht für die vollstreckbare Forderung einverleibt, so ist die Vollstreckbarkeit anzumerken (§ 331 Abs 1 Satz 1 EO). Der Pfandrang richtet sich nach dem Einlangen des gerichtlichen Ersuchens beim Grundbuchsgericht.

- Bei **Patentrechten** erfolgt die Pfändung durch Eintragung im Patentregister (§ 43 PatG); der Pfandrang richtet sich nach dem Einlangen des gerichtlichen Ersuchens beim Patentamt.
- Ist ein **Drittschuldner vorhanden**, so ist ein Verfügungs- und Leistungsverbot zu erlassen (§ 331 Abs 1 Satz 2 EO – vgl zum Doppelverbot oben Rz 375). Der Pfandrang richtet sich dann – abweichend von den allgemeinen Grundsätzen! – nach dem Zeitpunkt, zu dem die Zustellung beider Verbote bewirkt wurde. Die Rsp ist insofern freilich sehr kasuistisch und dabei widersprüchlich: So sind etwa GmbH-Anteile durch Doppelverbot (an Gesellschafter und Gesellschaft) zu pfänden (vgl etwa SZ 57/30), während die hM den Bestandgeber bei einer Exekution in Mietrechte (verfehlt) nicht als Drittschuldner ansieht (vgl dazu *Oberhammer,* wobl 1999, 376 ff und *Oberhammer* in *Angst* Rz 39 zu § 331 EO).
- **In allen übrigen Fällen** wird ein Verfügungsverbot gegenüber dem Verpflichteten erlassen (§ 331 Abs 1 Satz 1 EO); der Pfandrang richtet sich dann nach der Zustellung dieses Verbotes.

3. Die Verwertung

423 Die **Art der Verwertung** richtet sich nach den **Möglichkeiten, die das jeweilige Exekutionsobjekt bietet**; das Exekutionsgericht hat die Verwertungsart auf Antrag des betreibenden Gläubigers – ohne Bindung an den Antrag (LGZ Wien RPflSlgE 1982/107) – nach Einvernehmung des Verpflichteten und aller Gläubiger, zugunsten derer eine Pfändung erfolgt ist, zu bestimmen (§ 331 Abs 2 EO). Das Gesetz kennt eine Reihe von Verwertungsarten; es handelt sich dabei jedoch keineswegs um einen abschließenden Katalog. Möglich ist demnach etwa die **Überweisung zur Einziehung** (§ 333 EO), die **Zwangsverwaltung** (§ 334 EO), die **Zwangsverpachtung** (§ 340 EO) oder der **Verkauf in öffentlicher Versteigerung** (§ 332 EO); Letztere ist jedoch nur dann zulässig, wenn eine andere Verwertungsart überhaupt nicht oder nur mit unverhältnismäßig hohem Kostenaufwand möglich ist (§ 332 Abs 1 EO). Die **Verteilung des Verwertungserlöses** richtet sich nach der jeweiligen Verwertungsart; zu einem förmlichen Verteilungsverfahren kommt es dann nicht, wenn die Pfändung nur zugunsten eines Gläubigers erfolgt ist.

VIII. DIE NATURALEXEKUTION

A. Allgemeines

Während die bisher dargestellten Exekutionsarten der Betreibung von Geldforderungen des Gläubigers dienten, hat die Naturalexekution die Erzwingung anderer Leistungen zum Gegenstand. Daher sind diese Exekutionsarten auch nicht durch die für die Geldexekution typische Zweiaktigkeit von Pfändung und Verwertung geprägt. Zu den zu erzwingenden Leistungen zählen die **Herausgabe und Leistung von beweglichen Sachen** (§§ 346 ff EO), die **Überlassung und Räumung von unbeweglichen Sachen** (§ 349 EO), die **Einräumung und Aufhebung bücherlicher Rechte** (§ 350 EO), die **Aufhebung einer Gemeinschaft**, die **Grenzberichtigung** sowie die **Versteigerung einer gemeinschaftlichen Liegenschaft** (§§ 351 ff EO), die **Erwirkung von vertretbaren** (§ 353 EO) und **unvertretbaren Handlungen** (§ 354 EO) sowie von **Duldungen und Unterlassungen** (§§ 355 ff EO). In der **direkten** Naturalexekution wird die geschuldete Handlung durch Ausübung unmittelbaren Zwanges durchgesetzt, in der **indirekten** Exekution durch die Verhängung von Beugestrafen; die indirekte Exekution nach §§ 354 ff EO findet zur Erzwingung von unvertretbaren Handlungen, Duldungen und Unterlassungen statt. **424**

§ 367 EO enthält zuletzt eine Sonderbestimmung für den Fall, dass der Verpflichtete die **Abgabe einer Willenserklärung** schuldet: Wird der Verpflichtete zur Abgabe einer solchen Erklärung verurteilt, so gilt die Erklärung als abgegeben, sobald das diesbezügliche Urteil in Rechtskraft erwachsen ist oder ein anderer Exekutionstitel gleichen Inhalts zum Antrag auf Exekutionsbewilligung berechtigt. Hängt die Verpflichtung zur Abgabe der Willenserklärung von einer Gegenleistung ab, so tritt diese Wirkung erst mit Bewirkung der Gegenleistung durch den betreibenden Gläubiger ein. Zu einem Exekutionsverfahren kommt es in diesem Fall also nicht. **425**

Fiktion

Gem § 368 Abs 1 EO wird durch die Bestimmungen des Abschnittes über die Naturalexekution der Anspruch des betreibenden Gläubigers auf Leistung des **Interesses wegen Nichterfüllung** der dem Verpflichteten obliegenden Verbindlichkeit oder auf Ersatz des dadurch verursachten Schadens nicht berührt. Dadurch wird dem betreibenden Gläubiger jedoch keineswegs ein eigener zivilrechtlicher Anspruch eingeräumt; das Gesetz weist hier lediglich darauf hin, dass die dem Gläubiger aufgrund der Nichterfüllung zustehenden zivilrechtlichen Ansprüche durch eine etwai- **426** ge Exekutionsführung unberührt bleiben (SZ 43/113 = EvBl 1970/334 = RPflSlgE 1970/190; EvBl 1977/231 = NZ 1979, 174; JBl 1983, 604). Für diese **Interessenklage** schafft § 368 Abs 2 EO für den Fall, dass der betreibende Gläubiger versucht hat, seinen Anspruch exekutiv zu verwirklichen, einen zusätzlichen Wahlgerichtsstand beim Exekutionsgericht.

B. Die Exekution zur Erwirkung der Herausgabe oder Leistung von beweglichen Sachen

Literatur: *Petschek/Hämmerle/Ludwig* 212 ff; *Heller/Berger/Stix* III 2470 ff; *Rechberger/Simotta* Rz 792 ff; *Holzhammer* 373 ff; *Höllwerth* in *Burgstaller/Deixler-Hübner* zu §§ 346 ff EO; *Klicka* in *Angst* zu §§ 346 ff EO; *Neumayr* 225 f.

427 Hat der betreibende Gläubiger einen obligatorischen oder dinglichen **Anspruch auf Herausgabe einer beweglichen Sache**, so wird diese dem Verpflichteten vom Gerichtsvollzieher unter Anwendung von direktem Zwang abgenommen und dem betreibenden Gläubiger übergeben. Der Vollzugsauftrag an den Gerichtsvollzieher erfasst auch die Aufnahme eines Vermögensverzeichnisses nach § 346a EO (§ 346 Abs 1 EO). Wenn die Sachen, wegen deren Herausgabe oder Leistung Exekution geführt wird, beim Verpflichteten nicht vorgefunden werden, hat er vor Gericht oder vor dem Vollstreckungsorgan anzugeben, wo sich diese Sachen befinden, oder dass er sie nicht besitze und auch nicht wisse, wo sie sich befinden (§ 346a Abs 1 EO). Der Verpflichtete kann nach einer Vermögensangabe nach § 346a Abs 1 EO auf Antrag desselben betreibenden Gläubigers und wegen desselben Anspruchs zur nochmaligen Vermögensangabe vor Gericht nur dann verhalten werden, wenn der betreibende Gläubiger glaubhaft macht, dass sich seither die Sachlage in Bezug auf die Innehabung der Sachen oder das Wissen des Verpflichteten geändert hat (§ 346a Abs 2 EO). Die Bestimmungen über das Vermögensverzeichnis nach §§ 47 EO sind entsprechend anzuwenden (vgl § 364a Abs 3 EO). Zu den Vorschriften über das Vermögensverzeichnis im Einzelnen oben Rz 354.

Dabei ist in Abgrenzung zum Recht der Fahrnisexekution auf einige Selbstverständlichkeiten hinzuweisen: Die Bestimmungen über den Pfändungsschutz in der Fahrnisexekution finden hier **keine** Anwendung; schuldet der Verpflichtete die Herausgabe einer Sache, die gem § 250 EO unpfändbar ist, so kann die Herausgabe dieser Sache natürlich durchgesetzt werden. Auch wäre es ein Irrtum anzunehmen, es käme hier zu einer „Pfändung" der herauszugebenden beweglichen Sachen. Dies ist deshalb nicht der Fall, weil es dem betreibenden Gläubiger hier nicht um den Erwerb eines exekutiven Befriedigungsrechtes an der Sache zur Befriedigung seiner Geldforderung, sondern vielmehr eben um die Übergabe des geschuldeten Gegenstandes geht (es handelt sich ja um keine Geldexekution, sondern um eine Naturalexekution).

Befinden sich die Sachen in der **Gewahrsame des Verpflichteten** 428 (vgl zum Begriff der Gewahrsame oben Rz 344 ff), so werden diese also dem Verpflichteten abgenommen und dem betreibenden Gläubiger übergeben (§ 346 Abs 1 EO); schuldet der Verpflichtete zudem in Bezug auf die herauszugebende Sache weitere vertretbare oder unvertretbare Handlungen (Verpackung, Bearbeitung, Versicherung udgl), so kann – nach dem Vollzug der Exekution zur Herausgabe der Sache – bezüglich dieser Leistungen auch Exekution nach §§ 353, 354 EO geführt werden. Muss die zu übergebende Sache erst hergestellt werden, so handelt es sich dabei um eine vertretbare oder unvertretbare Handlung, die nach §§ 353 oder 354 EO zu erzwingen ist.

Befindet sich die herauszugebende Sache in der **Gewahrsame eines** 429 **Dritten**, so hängt die Vorgangsweise davon ab, ob der Dritte zu ihrer Herausgabe bereit ist. Ist er zur Herausgabe bereit, so hat er die Sache dem Gerichtsvollzieher zu übergeben, der sie wiederum dem betreibenden Gläubiger übergibt (§ 347 Abs 1 EO). Verweigert der Dritte die Herausgabe der Sache, so muss sich der betreibende Gläubiger den Herausgabeanspruch des Verpflichteten überweisen lassen und diesen gegebenenfalls mit Drittschuldnerklage durchsetzen; auf diese Überweisung finden die Vorschriften über die Überweisung zur Einziehung in der Forderungsexekution (vgl dazu oben Rz 380 ff) sinngemäß Anwendung (§ 347 Abs 2 EO). Aus dem Titel, den der betreibende Gläubiger durch die Drittschuldnerklage erwirbt, kann er wiederum Exekution nach § 346 EO gegen den Dritten führen.

§ 349

C. Die Überlassung oder Räumung von unbeweglichen Sachen

Literatur: *Ruttar*, Die zwangsweise Räumung, ImmZ 1952, 116; *Schmid*, Zur Mitwirkung der Gemeinde an der Delogierung, ÖJZ 1953, 647; *ders*, Zur Mitwirkung der Exekutive an der Delogierung, ÖJZ 1954, 133; *Herz*, Die Einlagerung bei Räumungsexekution, JBl 1956, 44; *Czech*, Die Räumungsexekution, ImmZ 1957, 137; *Angst*, Exekutionsrechtliche Bestimmungen in der Zivilverfahrens-Novelle 1983, RZ 1983, 13; *Kininger*, Die „Übergabe" der geräumten Liegenschaft an den betreibenden Gläubiger, BeitrZPR III (1989) 243; *Sprung/Mayr*, Die Befristung bestandrechtlicher Exekutionstitel (§ 575 ZPO), wobl 1990, 4; *Oberhammer,* Das Auftragsverfahren in Bestandsstreitigkeiten (1992) 126 ff; *ders*, Einstellung der Räumungsexekution infolge eines Wiedereinsetzungsantrages des Verpflichteten und § 75 EO, wobl 1993, 129;

ders, „Änderung der Abgabestelle“ durch Delogierung und Hinterlegung ohne vorausgehenden Zustellversuch, wobl 1994, 18; *Reckenzaun*, Räumungsexekution – Änderungen im Ausgleich nach dem IRÄG 1997, immolex 1997, 277; *Oberhammer*, Aufschiebung der Räumungsexekution und Fortsetzung beendigter Bestandverhältnisse im gerichtlichen Ausgleich – zum neuen § 12a AO, ZIK 1998, 1; *Thiele*, Ansprüche bei Einlagerung, Verwertung, Herausgabe und Beseitigung von geräumten Fahrnissen, immolex 1999, 205; *Mini*, Die Räumungsexekution (2007).

Petschek/Hämmerle/Ludwig 214; *Heller/Berger/Stix* III 2482 ff; *Rechberger/Simotta* Rz 800 ff; *Holzhammer* 376 ff; *Höllwerth* in *Burgstaller/Deixler-Hübner* zu § 349 EO; *Klicka* in *Angst* zu § 349 EO; *Neumayr* 226 ff.

430 Ist eine **Liegenschaft** oder ein Teil derselben (ein Gegenstand des Bergwerkseigentums oder ein Schiff) **zu überlassen oder zu räumen**, so hat das Vollstreckungsorgan die zu diesem Zweck erforderliche Entfernung von Personen und beweglichen Sachen vorzunehmen und den betreibenden Gläubiger in den Besitz des zu übergebenden Gegenstandes zu setzen. Ist bei Liegenschaften auch deren **Zubehör** zu übergeben, so finden die §§ 346 und 348 EO sinngemäß Anwendung.

Die Räumung wird nur dann vollzogen, wenn der betreibende Gläubiger die zur Öffnung der Räumlichkeiten und zur Wegschaffung der zu entfernenden beweglichen Sachen erforderlichen **Arbeitskräfte und Beförderungsmittel** bereitstellt (§ 349 Abs 1 EO). Ist neben der Überlassung einer Liegenschaft auch die **Übertragung des Eigentums** an dieser geschuldet, so ist daneben auch Zwangsvollstreckung nach § 350 EO (vgl dazu unten Rz 433) zu führen.

431 Befindet sich die unbewegliche Sache in der **Gewahrsame Dritter**, die ihre Rechte lediglich vom Verpflichteten ableiten, so sind auch diese iS von § 349 EO zu entfernen (§ 349 Abs 1 EO iVm § 568 ZPO); anders als in der Zwangsvollstreckung zur Erwirkung der Herausgabe beweglicher Sachen bedarf es hier also keines eigenen Exekutionstitels gegen den Dritten. Auch wenn ein solcher Dritter zu entfernen ist, richtet sich die Zwangsvollstreckung jedoch jedenfalls gegen den Titelschuldner als Verpflichteten. Behauptet der Dritte dabei, dass ihm gegenüber dem betreibenden Gläubiger ein die Zwangsvollstreckung hinderndes Recht zusteht, so muss er dies mit Exszindierungsklage gem § 37 EO geltend machen; mit dem Vollzug der Räumung ist die Zwangsvollstreckung jedoch beendigt, sodass die Exszindierungsklage nicht mehr möglich ist – der dadurch geschädigte Dritte kann also im Zwangsvollstreckungsverfahren keine Rückgängigmachung der Räumung durchsetzen.

Zur Verlängerung der Räumungsfrist im Urteil und zur Aufschiebung der Delogierung gem §§ 34 und 35 MRG vgl oben Rz 52; zum Räumungsschutz des Scheinuntermieters nach § 34a MRG vgl oben Rz 155. Bei bestandverfahrensrechtlichen

Exekutionstiteln muss der betreibende Gläubiger die Zwangsvollstreckung innerhalb von sechs Monaten ab dem ersten Zeitpunkt, zu dem ein solcher Antrag möglich wäre, beantragen; andernfalls tritt der Exekutionstitel außer Kraft (§ 575 Abs 3 ZPO).

Die **wegzuschaffenden beweglichen Sachen des Verpflichteten** 432
sind durch den Gerichtsvollzieher dem Verpflichteten oder im Falle seiner Abwesenheit seinem Bevollmächtigten oder einer zu seiner Familie gehörigen oder in dieser beschäftigten erwachsenen Person zu übergeben. In Ermangelung einer zur Übernahme befugten Person sind die Sachen auf Kosten des Verpflichteten durch den Gerichtsvollzieher anderweitig in Verwahrung zu bringen und die dem Gericht bekannten Personen, für welche die Sachen gepfändet sind oder welche sonst Anspruch darauf erheben können, hievon zu verständigen. Wenn der Verpflichtete die Rückforderung der Sachen verzögert oder mit der Berichtigung der Verwahrungskosten säumig ist und auch von niemandem Rechte an den Sachen geltend gemacht werden, sind die Sachen auf Verfügung des Exekutionsgerichts nach vorgängiger Androhung für Rechnung des Verpflichteten zu **verkaufen**. Diese Androhung darf frühestens mit der Festsetzung des Räumungstermines vorgenommen werden. Die gerichtliche Verfügung kann vom Gerichtsvollzieher und von jedem Beteiligten veranlasst werden (§ 349 Abs 2 EO). Der nach Deckung der Verwahrungs- und Veräußerungskosten übrig bleibende Verkaufserlös ist für den Verpflichteten gerichtlich zu hinterlegen (§ 349 Abs 3 EO).

D. Die Einräumung oder Aufhebung bücherlicher Rechte

Literatur: *Petschek/Hämmerle/Ludwig* 215; *Heller/Berger/Stix* III 2511 ff; *Rechberger/Simotta* Rz 804 f; *Holzhammer* 382; *Höllwerth* in *Burgstaller/Deixler-Hübner* zu § 350 EO; *Klicka* in *Angst* zu § 350 EO; *Neumayr* 228 f.

Schuldet der Verpflichtete die **Einräumung, Übertragung, Be-** 433
schränkung oder Aufhebung eines bücherlichen Rechtes, so kann der betreibende Gläubiger die Zwangsvollstreckung durch die Vornahme der bezüglichen bücherlichen Eintragung beantragen (§ 350 Abs 1 EO). Die ansonsten für die Eintragung im Grundbuch notwendigen Erklärungen des Verpflichteten werden durch den Ausspruch des Bewilligungsgerichts ersetzt (§ 350 Abs 5 EO).

Freilich stellt der Exekutionstitel selbst eine öffentliche Urkunde gem § 33 GBG dar, die Abgabe der Aufsandungserklärung gilt zudem gem § 367 EO (vgl dazu oben Rz 147, 425) mit Rechtskraft des Titels als abgegeben. Daher hat der betreibende Gläubiger die Möglichkeit, neben der Erwirkung der Grundbuchseintragung im Wege der Zwangsvollstreckung nach § 350 EO aufgrund der Titelurkunde schlicht im (außerstreitigen)

Grundbuchsverfahren die entsprechenden Eintragungen zu beantragen; in diesem Fall hat er freilich die Eintragungskosten selbst zu tragen, während diese bei Anwendung von § 350 EO zu den Exekutionskosten zählen, die den Verpflichteten treffen.

E. Die Teilung eines gemeinsamen Vermögens

Literatur: *Angst*, Exekutionsrechtliche Bestimmungen in der Zivilverfahrens-Novelle 1983, RZ 1983, 130 (131); *Holzner*, Ausschluss der Zivilteilung durch § 364 ABGB? JBl 2004, 477; *Rechberger*, Exekutionsverfahren Superädifikate, in *Kletečka/Rechberger/Zitta* (Hg), Bauten auf fremdem Grund[2] (2004).

Petschek/Hämmerle/Ludwig 215 ff; *Heller/Berger/Stix* III 2521 ff; *Rechberger/Simotta* Rz 806 ff; *Holzhammer* 383 ff; *Höllwerth* in *Burgstaller/Deixler-Hübner* zu §§ 351 ff EO; *Klicka* in *Angst* zu §§ 351 ff EO; *Neumayr* 229 f.

434 Die Teilung eines gemeinsamen Vermögens (etwa eine Liegenschaft, an der Miteigentum besteht) kann durch **Natural- oder Zivilteilung** erfolgen. Bei der Naturalteilung kommt es zur körperlichen Aufteilung der Vermögensgegenstände, bei der Zivilteilung (wenn die Naturalteilung unmöglich oder untunlich ist – vgl § 843 ABGB) zur Versteigerung und entsprechenden Verteilung des Versteigerungserlöses unter den Berechtigten. Das Teilungsurteil wird als sog **unvollkommenes Rechtsgestaltungsurteil** gesehen, das zwar die Aufhebung der Gemeinschaft bewirkt, jedoch noch weitere Schritte zur vollständigen Erreichung des Rechtsschutzzieles „Teilung" notwendig macht, nämlich die Zwangsvollstreckung, in der die Natural- oder die Zivilteilung vollzogen wird. Das Teilungsurteil ist ein sog **iudicium duplex**, dh nicht nur der Teilungskläger, sondern auch alle Teilungsbeklagten können die Zwangsvollstreckung beantragen (RPflSlgE 1984/77 = MietSlg 35.877). Alle Miteigentümer sind verpflichtete Parteien.

435 Ist das Teilungsurteil auf **Naturalteilung** gerichtet, so muss es nicht unbedingt einen Teilungsvorschlag enthalten (MietSlg 38.046); enthält es einen Ausspruch über die Art der Teilung, so hat die Exekutionsbewilligung dem freilich zu entsprechen. Andernfalls ist über die Art der Naturalteilung erst im Exekutionsverfahren zu entscheiden (EvBl 1960/352): Das Exekutionsgericht hat in diesem Fall vor Erlassung des Teilungsbeschlusses die Beteiligten in mündlicher Verhandlung zu hören. Die Teilung ist so vorzunehmen, dass jede Partei so viel erhält, wie dies ihrem Anteil entspricht; darüber hinaus ist dem Exekutionsgericht bei Vornahme der Teilung weitgehendes Ermessen eingeräumt; kann das Exekutionsgericht bei der Teilung den Anteilen der Parteien nicht genau entsprechen, so ist auch (in geringem Umfang) ein Wertausgleich möglich (SZ 36/49).

Daraufhin hat das Gericht bei der Teilung von Liegenschaften die Vermarkung der neuen Grenzen durch einen Ingenieurkonsulenten vornehmen zu lassen (vgl § 845 ABGB).

Für die **Zivilteilung** einer gemeinschaftlichen Liegenschaft gelten gem § 352 EO die Bestimmungen über die **Zwangsversteigerung von Liegenschaften** mit folgenden Abweichungen: 436

- Die dem betreibenden Gläubiger oder dem Verpflichteten im Verfahren eingeräumten Rechte und auferlegten Pflichten treffen alle Miteigentümer (Z 1);
- die Vorlage eines Interessentenverzeichnisses ist nicht erforderlich (Z 2);
- die Exekutionsbewilligung ist dem Verkaufsberechtigten zuzustellen; er ist zum Versteigerungstermin zu laden (Z 3);
- dinglich Berechtigte sind nicht zu laden; Beschlüsse sind ihnen nicht zuzustellen (Z 4);
- die Einstellung nach § 39 Abs 1 Z 6 EO bedarf auch der Zustimmung des Verpflichteten (Z 5);
- hinsichtlich der Kosten ist § 74 EO nicht anzuwenden (Z 6 iVm § 351 Abs 3 EO).

Abweichende Versteigerungsbedingungen können sowohl vom betreibenden Gläubiger (gemeinsam mit dem Exekutionsantrag) als auch vom Verpflichteten (innerhalb von 14 Tagen nach Zustellung der Exekutionsbewilligung) vorgelegt werden. Zur Tagsatzung hierüber sind alle Miteigentümer zu laden. Die Versteigerungsbedingungen sind vom Gericht zu genehmigen, wenn alle Miteigentümer einverstanden sind und sie keine unerlaubten oder ungültigen Bestimmungen enthalten (§ 352a Abs 1 EO). Das **geringste Gebot** ist grundsätzlich der **Schätzwert**; die Versteigerungsbedingungen können weniger, jedenfalls aber nicht weniger als drei Viertel des Schätzwerts vorsehen (§ 352a Abs 3 EO). Findet eine Schätzung nicht statt, weil sich die Miteigentümer vor dem Schätzungstermin auf einen Ausrufspreis geeinigt haben, tritt an die Stelle des Schätzwerts der Ausrufspreis.

Für die Anberaumung des Versteigerungstermins gelten keine Fristen (§ 352b Z 1 EO). In der Versteigerung ist der Verpflichtete vom Bieten nicht ausgeschlossen. Das Meistbot ist nach dem Einvernehmen der Parteien aufzuteilen; wenn dies nicht zustande kommt, durch Urteil des Gerichts nach mündlicher Verhandlung (§ 352c EO).

Da es bei der Zivilteilung einer Liegenschaft nicht um das Hereinbringen von Forderungen geht, bleiben die dinglichen Rechte Dritter unberührt. Die Lasten sind vom Ersteher auch dann **ohne Anrechnung auf das Meistbot** zu übernehmen, wenn sie durch dieses nicht gedeckt sind (§ 352a Abs 2 EO).

§ 74 EO ist im Teilungsverfahren nicht anzuwenden; die entstandenen Barauslagen sind auf die Parteien im Verhältnis ihrer Miteigentumsanteile aufzuteilen; Barauslagen, die eine Partei in einem darüber hinausgehenden Ausmaß vorläufig bestritten hat, sind ihr, soweit sie zur Rechtsverwirklichung notwendig waren, auf ihr Verlangen zu erstatten (§ 351 Abs 3 und § 352 Z 6 EO).

Während § 351 EO die Realteilung sowohl von beweglichen als auch unbeweglichen Sachen zum Gegenstand hat, handelt § 352 EO nur von der „Versteigerung einer gemeinschaftlichen Liegenschaft". Die Zivilteilung beweglicher Sachen ist nicht gesetzlich geregelt. Es sind daher die Bestimmungen über die Fahrnisexekution heranzuziehen. Für Superädifikate gelten die §§ 352 ff sinngemäß.

F. Die Exekution zur Erwirkung von vertretbaren Handlungen

Literatur: *Petschek/Hämmerle/Ludwig* 217 ff; *Heller/Berger/Stix* III 2550 ff; *Rechberger/Simotta* Rz 821 ff; *Holzhammer* 386 ff; *Höllwerth* in *Burgstaller/Deixler-Hübner* zu § 353 EO; *Klicka* in *Angst* zu § 353 EO; *Neumayr* 232 ff.

437 Vertretbare Handlungen iS von § 353 EO sind **positive Handlungen, die nicht in einer Geldzahlung oder in der Herausgabe der Leistung von Sachen an den betreibenden Gläubiger bestehen** und die **ohne Beeinträchtigung ihres wirtschaftlichen Wertes von einem Dritten ausgeführt werden können** (JBl 1986, 257 = MietSlg 36.895). Solche Handlungen werden dadurch erzwungen, dass das Bewilligungsgericht den betreibenden Gläubiger auf Antrag ermächtigt, die Handlung auf Kosten des Verpflichteten vornehmen zu lassen (§ 353 Abs 1 EO).

438 Die Auswahl der Person, die die **Ersatzvornahme** durchzuführen hat, obliegt nach der jüngeren Rsp dem Gericht (vgl JBl 1986, 257; krit *Rechberger/Simotta* Rz 823; *Holzhammer* 388, *Klicka* in *Angst* Rz 11 zu § 353 EO). Das Gericht kann freilich auch den betreibenden Gläubiger selbst zur Ersatzvornahme ermächtigen (SZ 27/200 = JBl 1955, 309). Der Verpflichtete hat jedoch vor Beginn der Ersatzvornahme noch die Möglichkeit, die geschuldete Leistung selbst zu erbringen (SZ 46/1 = EvBl 1973/117). Zugleich mit der Ersatzvornahme beantragt der betreibende Gläubiger, dem Verpflichteten die Vorauszahlung jener Kosten aufzutragen, welche durch die Vornahme der Handlung entstehen werden; zur Hereinbringung dieser Kosten kann dann **Geldexekution** geführt werden (§ 353 Abs 2 EO). Leistet der Verpflichtete gegen die Ersatzvornahme Widerstand, so kann der betreibende Gläubiger beantragen, dass ihm zum

Zweck der Beseitigung des Widerstandes und zum Schutz der auszuführenden Arbeit ein Vollstreckungsorgan beigegeben wird (§ 357 EO *per analogiam*). Hat der Verpflichtete durch sein Verhalten eine Veränderung herbeigeführt, so hat das Exekutionsgericht den betreibenden Gläubiger auf Antrag zu ermächtigen, den früheren Zustand auf Gefahr und Kosten des Verpflichteten wieder herstellen zu lassen (§ 356 Abs 1 EO *per analogiam*).

G. Die Exekution zur Erwirkung von unvertretbaren Handlungen

Literatur: *Winfried*, Zur Anwendbarkeit des § 367 EO, JBl 1951, 128; *Müller*, Die Verurteilung eines Mündels zur Leistung (insbes zur Abgabe einer Willenserklärung) und das Erfordernis der vormundschaftsgerichtlichen Genehmigung, FamRZ 1956, 44; *Edlbacher*, Die Abnahme eines Kindes mit Zwang, ÖA 1978, 125; *Nowotny*, Durchsetzung von Syndikatsverträgen? RdW 1989, 299; *Oberhammer*, Verfassungsgesetzliche Schranken der Haft in zivilgerichtlichen Erkenntnis-, Exekutions- und Insolvenzverfahren, ÖJZ 1994, 265; *Rassi*, Verfahrensrechtliche Fragen der Bucheinsicht, ÖJZ 1997, 891; *Swoboda*, „Abtausch" von Beugestrafen – Der Frust des OGH über den frustrierten Beugezweck, MR 1999, 178; *Burgstaller*, Beugestrafen zur Durchsetzung von Zivilurteilen, ÖJZ 2000, 134; *Schumacher*, Zur Exekution von Rechnungslegungsansprüchen, RdW 2007, 259.

Petschek/Hämmerle/Ludwig 218 ff; *Heller/Berger/Stix* III 2560 ff; *Rechberger/Simotta* Rz 826 ff; *Holzhammer* 389 ff; *Höllwerth* in *Burgstaller/Deixler-Hübner* zu § 354 EO; *Klicka* in *Angst* zu § 354 EO; *Neumayr* 234 ff.

Unvertretbare Handlungen iS von § 354 EO sind **positive Handlungen, die durch einen Dritten nicht vorgenommen werden können und deren Vornahme zugleich ausschließlich vom Willen des Verpflichteten abhängt** (§ 354 Abs 1 EO). Hängt die Vornahme der Handlung auch vom Willen eines Dritten ab und vermag der betreibende Gläubiger nicht auch gegen diesen einen Exekutionstitel zu erwirken, so scheidet die Erzwingung der Handlung gem § 354 EO aus; der betreibende Gläubiger bleibt auf seine zivilrechtlichen Ansprüche wegen der Nichterfüllung verwiesen. 439

Strittig ist, ob nach § 354 EO auch Handlungen erzwungen werden können, die eine schöpferische Tätigkeit von individueller Beschaffenheit darstellen; in der Tat stellt der Umstand, ob etwa ein Künstler zum Zeitpunkt der Zwangsvollstreckung dazu in der Lage ist, die geschuldete kreative Leistung zu erbringen, einen inneren Tatbestand dar, dessen Vorliegen nicht leicht feststellbar ist. Es ist mithin fraglich, ob solche Handlungen zu diesem Zeitpunkt möglich sind, weil sie iS von § 354 EO vom Willen des Verpflichteten abhängen müssen; dem Verpflichteten subjektiv un- 440 mögliche Handlungen sind keineswegs gem § 354 EO erzwingbar. Die in Österreich hM stellt aber auch in solchen Fällen lediglich darauf ab, ob die Leistung tatsächlich unmöglich geworden ist (vgl *Heller/Berger/Stix* III 2563 f; *Holzhammer* 391; *Rechberger/Simotta* Rz 828, *Klicka* in *Angst* Rz 3 zu § 354 EO). Unzulässig ist die Zwangsvollstreckung nach § 354 EO insbesondere zur Durchsetzung von Verpflichtungen, die das Privatleben des Verpflichteten betreffen, wie etwa die (Wieder-)Aufnahme der ehelichen Gemeinschaft (SZ 44/181), die Durchsetzung von Besuchsrechten (EFSlg 42.407) udgl; umgekehrt kann aber die Verpflichtung, das Zusammentreffen eines Kindes mit einer bestimmten Person zu vermeiden, sehr wohl nach § 354 EO erzwungen werden (EFSlg 25.501 = RPflSlgE 1974/124). Die Abnahme und Übergabe eines Kindes kann nicht nach § 354 EO erfolgen, sondern wird in § 110 AußStrG gesondert geregelt.

Nach § 354 EO vollstreckbar sind etwa Ansprüche auf Rechnungslegung und Bucheinsicht (EvBl 1979/140), auf Abgabe eines Anbots (SZ 38/128), auf Verlassen der Ehewohnung durch den Verpflichteten (SZ 24/198 = EFSlg 3667 = EvBl 1951/424) oder die Rückgängigmachung eines Rechtsgeschäftes (LGZ Wien MietSlg 24.642).

441 Die Exekution erfolgt in diesen Fällen dadurch, dass der Verpflichtete auf Antrag vom Exekutionsgericht **durch Geldstrafen oder durch Haft** bis zur Gesamtdauer von sechs Monaten zur Vornahme der Handlung angehalten wird (§ 354 Abs 1 EO). Die einzelne Geldstrafe darf 100.000 € nicht übersteigen (§ 359 Abs 1 EO); eine einzelne Haftstrafe darf höchstens zwei Monate betragen (§ 361 EO). Dic Exekution hat mit der **Androhung** der für den Fall der Säumnis zu verhängenden Strafe zu beginnen; als **erste Strafe darf nur eine Geldstrafe** angedroht werden. Nach fruchtlosem Ablauf der in dieser Verfügung für die Vornahme der Handlung gewährten Frist ist das angedrohte Zwangsmittel auf Antrag des betreibenden Gläubigers zu vollziehen und zugleich unter Bestimmung einer neuerlichen Frist für die geschuldete Leistung **ein stets schärferes Zwangsmittel** anzudrohen. Der **Vollzug** dieser Zwangsmittel erfolgt jedoch jeweils nur auf **Antrag des betreibenden Gläubigers** (§ 354 Abs 2 EO).

Anders als die nach § 355 EO in der Zwangsvollstreckung zur Erwirkung von Duldungen und Unterlassungen zu verhängenden Beugestrafen liegt der Schwerpunkt der Funktion der Beugestrafen nach § 354 EO nicht auf der repressiven Ahndung eines Verstoßes gegen ein Verbot, sondern vielmehr auf der **präventiven Willensbeugung**. Dies wird insbesondere bei der Haft deutlich, die sofort aufzuheben ist, sobald der Verpflichtete seiner Leistungspflicht entspricht.

H. Die Exekution zur Erwirkung von Duldungen und Unterlassungen

Literatur: *Pfersmann*, Einstweilige Verfügungen und Strafandrohung bei Exekution auf Duldungen oder Unterlassungen, ÖJZ 1961, 654; *Herz*, Exekutionsprobleme im Rahmen des Nachbarrechts, ÖJZ 1967, 653; *Jelinek*, Zwangsvollstreckung zur Erwirkung von Unterlassungen (1974); *Berger*, Der Rechtsschutz des Wohnungseigentümers nach § 22 Abs 4 WEG 1973, ÖJZ 1977, 172; *ders*, Die Exekutionsnovelle 1980, RZ 1980, 185; *Deimbacher*, Wie weit darf ein Unterlassungsbegehren gefaßt sein? ÖBl 1980, 36; *Lindacher*, Gesamthandschuld, Gesamthändlerschuld und akzessorische Gesellschafterindividualschuld, GesRZ 1981, 61; *Hüttinger/Preslmayr*, Die Exekution zur Erwirkung von Unterlassungen gem § 355 EO bei mehrmaligem Zuwiderhandeln, ÖJZ 1984, 293; *Rechberger*, Wer soll „sitzen"? Zur Problematik der Haftverhängung gegen eine juristische Person bei der Unterlassungsexekution, ÖBl 1988, 57; *Graff*, „Mafiaprint" oder Klagebegehren und Rechtsschutzinteresse im Wettbewerbsprozeß, ecolex 1990, 293; *H. Schmidt*, Unterlassung, Beseitigung und ...? RdW 1990, 2; *Oberhammer*, Unterlassungsanspruch und Unterlassungsexekution. Zum Verhältnis von § 18 UWG zu § 355 EO, MR 1992, 99; *Rechberger*, Strafhäufung oder Strafanrechnung? Zur Frage der Zulässigkeit von Parallelexekutionen aus Unterlassungstiteln gegen Gesellschaft, Gesellschafter und Geschäftsführer, ÖBl 1992, 256; *Swoboda*, Änderungen in der Rechtsprechung und Exekutionstitel, RdW 1992, 3; *ders*, Die Unterlassungsexekution als wettbewerbliches Damoklesschwert? ÖJZ 1992, 573; *Oberhammer*, Gläubigermehrheit in der Unterlassungsexekution. Zugleich ein Beitrag zur Funktion der Beugestrafen nach § 355 EO, JBl 1993, 356; *ders*, OGH erkennt repressiven Charakter der Beugestrafen gem § 355 EO an, RdW 1994, 10; *ders*, Verfassungsgesetzliche Schranken der Haft in zivilgerichtlichen Erkenntnis-, Exekutions- und Insolvenzverfahren, ÖJZ 1994, 265; *Swoboda*, Wer zahlt die Zeche? Eine Replik auf Oberhammer „Gläubigermehrheit in der Unterlassungsexekution", JBl 1994, 198; *ders*, Nur keine Beschwer – oder doch etwas mehr? ÖJZ 1994, 308; *ders*, Unterlassungsexekution und § 394 EO, ecolex 1995, 419; *Oberhammer*, Kostenfolgen der Einstellung der Unterlassungsexekution wegen Gläubigermehrheit, RdW 1995, 289; *Hirsch*, Ist der Unterlassungsanspruch wirklich verschuldensunabhängig? JBl 1998, 541; *Burgstaller*, Beugestrafen zur Durchsetzung von Zivilurteilen, ÖJZ 2000, 134; *Frauenberger*, Die Unterlassungsexekution nach der EO-Nov 2000, MR 2000, 254; *Klicka*, Zum Umfang der Unterlassungsexekution nach § 355 EO – Aktuelle Abgrenzungsfragen zwischen Handlungs- und Unterlassungsexekution bei Beseitigungsansprüchen, wbl 2003, 260; *Rechberger*, Unterlassungsexekution gegen eine verbotene Buchveröffentlichung, MR 2003, 88; *Klicka*, Aktuelle Probleme der Unterlassungsexekution, Vorschläge zur Neugestaltung des Verfahrens, MR 2005, 484; *Frauenberger*, Die Unterlassungsexekution nach der EO-Novelle 2008, MR 2007, 444.

Petschek/Hämmerle/Ludwig 219 f; *Heller/Berger/Stix* III 2576 ff; *Rechberger/Simotta* Rz 839 ff; *Holzhammer* 391 ff; *Höllwerth* in *Burgstaller/Deixler-Hübner* zu §§ 355 ff EO; *Klicka* in *Angst* zu §§ 355 ff EO; *Neumayr* 236 ff.

Die Exekution zur Erwirkung der Unterlassung einer Handlung oder zur Duldung der Vornahme einer Handlung erfolgt dadurch, dass **wegen eines jeden Zuwiderhandelns** gegen die im Exekutionstitel festgestellte Verpflichtung **nach Eintritt der Vollstreckbarkeit** dieses Exekutions- 442 titels auf Antrag des betreibenden Gläubigers **Beugestrafen verhängt werden**. Der betreibende Gläubiger hat den Antrag auf Bewilligung der Exekution und jeden Strafantrag auch dem Verpflichteten zu übersenden, dem durch die rechtzeitige Verständigung vom Exekutionsverfahren Gelegenheit gegeben werden soll, das titelwidrige Verhalten rasch abzustellen (§ 358 Abs 1 EO). Mit der Bewilligung der Exekution kann zunächst nur eine **Geldstrafe** verhängt werden, wegen eines jeden weiteren Zuwiderhandelns hat das Exekutionsgericht auf Antrag eine **weitere Geldstrafe oder eine Haftstrafe** zu verhängen.

Die Geldstrafe darf 100.000 € nicht übersteigen (§ 359 Abs 1 EO); die Haft darf je Antrag zwei Monate (§ 361 EO), insgesamt jedoch ein Jahr (§ 355 Abs 1 EO) nicht übersteigen. Die Strafen sind nach Art und Schwere des jeweiligen Zuwiderhandelns unter Bedachtnahme auf die wirtschaftliche Leistungsfähigkeit des Verpflichteten und das Ausmaß seiner Beteiligung an der Zuwiderhandlung auszumessen. In einem Beschluss, mit dem eine Geldstrafe oder ein Haft verhängt wird, sind auch die Gründe anzuführen, die für die Festsetzung der Höhe der Strafe maßgeblich sind (§ 355 Abs 1 EO).

443 Da auch in der Exekution nach § 355 ff EO **Unmögliches nicht erzwungen werden kann** („*ultra posse nemo tenetur*“), ist Voraussetzung für die Verhängung der Strafen, dass den Verpflichteten ein Verschulden an der Zuwiderhandlung trifft (SZ 54/115 = ÖBl 1981, 164 = RPflSlgE 1982/63).

444 Auch in der Exekution zur Erwirkung von Duldungen und Unterlassungen geht es nicht um die „Bestrafung“ des Verpflichteten, sondern vielmehr um eine Erzwingung des titelgemäßen Verhaltens. Die Willensbeugung erfolgt hier dadurch, dass der Verpflichtete weiß, dass bei jedem Zuwiderhandeln eine Bestrafung erfolgen kann. Die Bestrafung selbst stellt dann – anders als bei der Zwangsvollstreckung nach § 354 EO – eine Ahndung des geschehenen Verstoßes dar, die notwendig auch dann zu erfolgen hat, wenn die zu erzwingende Verpflichtung zwar noch zum Zeitpunkt der Begehung des Verstoßes, aber nicht mehr zum Zeitpunkt der Bestrafung bestanden hat – andernfalls wäre die Strafdrohung ein „zahnloses“ Beugemittel. Die in der Exekution nach § 355 EO zu verhängenden Strafen stellen daher **repressive Rechtsfolgen mit Beugezweck** dar (ecolex 1993, 686 = ÖBl 1993, 116).

445 Der betreibende Gläubiger hat in seinem **Exekutionsantrag** sowie in jedem weiteren **Strafantrag konkret und schlüssig zu behaupten, dass ein Zuwiderhandeln geschehen ist** (JBl 1982, 605 [zust *Mayr*] = ÖBl 1982, 51), und eine **Bestrafung zu beantragen**; die Auswahl und Bemessung der einzelnen Strafen obliegt jedoch dem Exekutionsgericht (SZ

54/115 = ÖBl 1981, 164 = RPflSlgE 1982/63). Will der Verpflichtete einwenden, er habe den behaupteten Verstoß nicht begangen bzw es treffe ihn kein Verschulden an der geschehenen Zuwiderhandlung, so kann er dies mit **Impugnationsklage** geltend machen (ÖBl 1991, 280 = wbl 1991, 365), weil das Vorliegen einer Zuwiderhandlung sowie das Verschulden des Verpflichteten daran Voraussetzungen für die Vollstreckbarkeit des Duldungs- bzw Unterlassungsanspruches darstellen. Gegen die Höhe der Strafe kann der Verpflichtete, falls er nicht vor der Beschlussfassung einvernommen wurde (eine Einvernahme hat nur bei Gefahr im Verzug zu unterbleiben, vgl Rz 40), Widerspruch erheben (§ 358 Abs 2 EO).

In vielen Fällen kann sich das Problem ergeben, dass das **Verhalten** **446**
des Verpflichteten nicht genau mit dem im Titel – mehr oder weniger abstrakt – **umschriebenen verbotenen Verhalten übereinstimmt**; in solchen Fällen kann auch aufgrund von ähnlichen Handlungen eine Strafe verhängt werden, wobei das Exekutionsgericht auf die Umstände des Einzelfalles abzustellen hat; dabei sind insbesondere die Natur des Verstoßes, das bisherige Verhalten des Verpflichteten und die Interessen der Parteien abzuwägen (vgl ÖBl 1991, 108). Ein zu allgemein gefasster Exekutionstitel – etwa jener, jegliche Verletzungen des Urheberrechtes des Klägers zu unterlassen – stellt jedoch keine geeignete Exekutionsgrundlage dar (EvBl 1952/361).

Unter Umständen kann die Verpflichtung zur Duldung oder Unterlas- **447**
sung auch eine **positive Handlungspflicht des Verpflichteten** (Verhinderung; organisatorische Vorkehrungen) **beinhalten**, wenn die Verstöße etwa von Dritten gesetzt werden, die mit seinem Wissen von ihm Rechte ableiten (SZ 55/59 = MietSlg 34.856), oder die als Hilfspersonen (JBl 1965, 205), Vertreter (SZ 55/59 = MietSlg 34.856) oder Beauftragte (vgl RPflSlgE 1973/33) des Verpflichteten tätig sind (vgl auch § 18 UWG). Kommt der Verpflichtete hier seiner Aufklärungs- oder Hinderungspflicht gegenüber diesen Personen nicht nach, so können gegen ihn Strafen nach § 355 EO verhängt werden.

Wurde durch das Verhalten des Verpflichteten **eine dem Recht des** **448**
betreibenden Gläubigers widerstreitende Veränderung herbeigeführt, so hat das Exekutionsgericht den betreibenden Gläubiger auf Antrag zu ermächtigen, den **früheren Zustand auf Gefahr und Kosten des Verpflichteten wiederherstellen zu lassen** (§ 356 Abs 1 EO). Leistet der Verpflichtete gegen die Vornahme einer Handlung, die er nach dieser Bestimmung zu dulden hat, Widerstand, so ist dem betreibenden Gläubiger auf Antrag zum Zweck der Beseitigung des Widerstandes und zum Schutz der auszuführenden Arbeit ein Vollstreckungsorgan beizugeben (§ 357).

IX. DIE EXEKUTION ZUR SICHERSTELLUNG

Literatur: *Winfried*, Kann aufgrund eines Unterhaltsvergleiches Exekution zur Sicherstellung geführt werden? JBl 1954, 548; *Wukowitz*, Der Unterhaltsvergleich im Exekutionsverfahren zur Sicherstellung, JBl 1954, 444; *Pichler*, Abgabensicherstellung durch Pfandrechtsvormerkung, JBl 1963, 462; *Berger*, Die verfahrensrechtlichen Bestimmungen des Konsumentenschutzgesetzes, RZ 1981, 1; *Mitrovic*, Die Unterhaltsexekution, ÖA 1987, 119; *ders*, Probleme und Möglichkeiten der gerichtlichen Unterhaltseinbringung, ÖA 1989, 154; *Konecny*, Gerichtliche Sicherungsmaßnahmen gegen exekutionsvereitelnde oder exekutionserschwerende Bestandverträge, wobl 1991, 145; *Schimik*, Die Exekution zur Sicherstellung (1994); *Feichtinger*, Der Schadenersatzanspruch nach § 394 EO und bei Exekution zur Sicherstellung (1995); *Zechner*, Sicherungsexekution und Einstweilige Verfügung (2000).

Petschek/Hämmerle/Ludwig 6 f, 11 f, 43, 89; *Heller/Berger/Stix* III 2635 ff; *Rechberger/Simotta* Rz 851 ff; *Holzhammer* 409 ff; *Sailer* in *Burgstaller/Deixler-Hübner* zu §§ 370 ff EO; *Klicka* in *Angst* zu §§ 370 ff EO; *Neumayr* 240 ff.

A. Grundsätzliches

449 Nach § 370 EO kann zur Sicherung von Geldforderungen aufgrund von „einstweilen noch nicht vollziehbaren" inländischen Urteilen, Zahlungsaufträgen und Außerstreitbeschlüssen **schon vor Eintritt ihrer Rechtskraft** die Vornahme von Exekutionshandlungen bewilligt werden. Voraussetzung für die Einleitung der Sicherstellungsexekution ist daher bloß, dass der Titel wirksam iS des § 416 Abs 1 und 3 ZPO geworden ist. Keine Sicherstellungsexekution gibt es demnach bei Beschlüssen des streitigen Verfahrens (wozu auch die Zahlungsbefehle gehören), Schiedssprüchen und ausländischen Entscheidungen.

Ein Interesse des siegreichen Klägers an Vollstreckungshandlungen, noch bevor der von ihm erwirkte Exekutionstitel rechtskräftig (und endgültig) vollstreckbar geworden ist, wird **bei Geldtiteln** (wozu die Prozesskostenforderung auch dann zählt, wenn der Hauptanspruch nicht auf eine Geldforderung gerichtet ist; vgl SZ 56/160) vom Gesetz für den Fall anerkannt, dass ohne die Sicherstellungsexekution **die Hereinbringung der Geldforderung „vereitelt oder erheblich erschwert werden würde"** (§ 370 EO). Die Notwendigkeit der Vollstreckung im Ausland wird dem gleichgesetzt, wenn es sich um einen Staat handelt, in welchem nicht das europäische Zivilprozessrecht (EuGVVO, LGVÜ) gilt.

450 Die Exekution zur Sicherstellung ist eine Exekution, deren Vollzugsverfahren idR nicht über den Pfändungsabschnitt hinauskommt; es handelt sich um „ein auf halbem Weg angehaltenes Vollstreckungsverfahren" (*Holzhammer* 409). Zu der bei der Geldexekution zur Befriedigung not-

wendigen Verwertung der gepfändeten Exekutionsobjekte kommt es nur ausnahmsweise (vgl unten Rz 464), die Befriedigung des betreibenden Gläubigers ist von vornherein ausgeschlossen. Dieses System unterscheidet sich damit grundlegend von dem der vorläufigen Vollstreckbarkeit der dtZPO, bei dem es grundsätzlich zur Befriedigung des Gläubigers kommt; bei Aufhebung des vorläufig vollstreckbaren Urteiles im Rechtsmittelverfahren muss dieser dem Schuldner aber Schadenersatz leisten.

Das **exekutive Befriedigungsrecht**, das der betreibende Gläubiger bei der Exekution zur Sicherstellung erwirbt, ist ein **bedingtes**, weil (regelmäßig die Verwertung der gepfändeten Sache und) die tatsächliche Befriedigung erst dann möglich ist, wenn der Exekutionstitel rechtskräftig und/oder vollstreckbar geworden ist. Damit ist die aufschiebende Bedingung für die Befriedigung weggefallen und das Vollzugsverfahren nimmt (auf Antrag des betreibenden Gläubigers) seinen Fortgang.

Sicherstellungsfunktion kommt daneben auch dem Innehalten gem § 84a Abs 2 EO zu – vgl dazu oben Rz 139.

B. Die für die Sicherstellungsexekution geeigneten Exekutionstitel

1. Die unbedingt wirksamen Exekutionstitel (§ 371 EO)

Wird einer der in § 371 EO **taxativ** aufgezählten Exekutionstitel vorgelegt, **hat** das Exekutionsgericht (kein Ermessen!) die beantragte Sicherstellungsexekution zu bewilligen, ohne dass der betreibende Gläubiger eine Gefahrenbescheinigung iS des § 370 EO erbringen müsste. Es handelt sich um folgende Titel: 451

- **Anerkenntnisurteile erster Instanz, gegen die Berufung erhoben wurde;** 452

Das Gesetz geht hier von der Erfahrungstatsache aus, dass Berufungen gegen Anerkenntnisurteile kaum ernsthaft begründet werden können, sondern eher in Verschleppungsabsicht erhoben zu werden pflegen.

- **Versäumungsurteile, gegen die Widerspruch erhoben wurde;** 453

Nach § 373 EO ist die Sicherstellungsexekution in diesem Fall auch dann zu bewilligen, wenn das Versäumungsurteil zwar infolge des Widerspruches aufgehoben, aber die Geldforderung dem Gläubiger noch nicht aberkannt oder deren Erlöschen noch nicht festgestellt worden ist. Damit soll verhindert werden, dass der keiner Begründung bedürfende Rechtsbehelf des Widerspruches (vgl dazu *Rechberger/Simotta*, ZPR Rz 678) bloß in Verschleppungsabsicht erhoben wird.

454 • **in zweiter Instanz bestätigte Urteile**, wenn gegen das Urteil des Berufungsgerichtes ordentliche Revision erhoben wurde;

Dem liegt die (von der Erfahrung nicht voll bestätigte) Annahme zugrunde, eine Revision gegen ein bestätigendes Berufungsurteil sei kaum chancenreich.

• **Urteile zweiter Instanz**, wenn wider diese ein Antrag verbunden mit einer ordentlichen Revision nach § 508 Abs 1 ZPO gestellt wurde;

455 • **Zahlungsaufträge, insbes Wechselzahlungsaufträge;**

Die Möglichkeit der Sicherstellungsexekution ist hier nicht davon abhängig, dass der Gegner Einwendungen gegen den Zahlungsauftrag erhebt. Der Zahlungsauftrag wird vom Gesetz für so bestandskräftig angesehen, dass dem betreibenden Gläubiger nicht zugemutet werden soll, vor der Exekutionsführung die 14-tägige Einwendungsfrist abzuwarten (was vor allem für den Wechselzahlungsauftrag gilt).

456 • **rechtskräftige Zahlungsbefehle**, wenn der Beklagte die **Wiedereinsetzung** in den vorigen Stand zur Erhebung des Einspruches beantragt hat;

Wurde aufgrund des Zahlungsbefehles bereits die Exekution zur Befriedigung bewilligt, muss der Verpflichtete einen Aufschiebungsantrag nach § 42 Abs 1 Z 2 EO stellen. Wird dem Wiedereinsetzungsantrag rechtskräftig stattgegeben, hat auf Antrag der Vollzug der bewilligten Exekutionshandlungen zu unterbleiben und bereits vollzogene Exekutionshandlungen sind aufzuheben (§ 376 Abs 1 EO). Mit der Erhebung des Einspruches tritt der Zahlungsbefehl außer Kraft, sodass in diesem Fall die Exekution ohnedies mangels Titels von Amts wegen einzustellen wäre.

457 • strafgerichtliche Entscheidungen über privatrechtliche Ansprüche, wenn die Wiederaufnahme des Strafverfahrens bewilligt wurde;

458 • Sicherstellungsaufträge der Abgabenbehörden (§§ 232 f BAO) und der Sozialversicherungsträger (§ 66 ASVG, § 39 GSVG, § 38 BSVG).

2. Die Exekutionstitel, bei denen die Gefahrenbescheinigung durch eine Sicherheitsleistung ersetzt werden kann (§ 371a EO)

459 Aufgrund von **Endurteilen erster oder zweiter Instanz**, wider die **Berufung** oder **Revision** erhoben wurde, kann die Exekution zur Sicherstellung entweder bei Bescheinigung einer **Gefahr** für die Einbringung der Geldforderung iS des § 370 EO **oder** dann bewilligt werden, wenn der betreibende Gläubiger eine **Sicherheit** für den dem Verpflichteten durch die Exekutionshandlungen drohenden Schaden leistet; der betreibende Gläubiger hat hier ein **Wahlrecht**.

Die Sicherheit ist vom Gericht nach freiem Ermessen zu bestimmen; es kommt dabei auf die dem Verpflichteten allenfalls gem § 376 Abs 2 EO zu ersetzenden Kosten und den zu ersetzenden Schaden (vgl unten

Rz 471) an, ferner auf die voraussichtliche Dauer des Verfahrens. Vor dem Nachweis des gerichtlichen Erlages der Sicherheit darf der Exekutionsvollzug nicht begonnen werden (§ 371a letzter Satz EO).

3. Die Exekutionstitel, bei denen jedenfalls eine Gefahrenbescheinigung notwendig ist

Aufgrund der vielfältigen Ausnahmen der §§ 371 und 371a EO blei- 460
ben von den in § 370 EO genannten Exekutionstiteln nur die **Beschlüsse des Außerstreitverfahrens** übrig: Will der Gläubiger aufgrund eines derartigen, noch nicht vollstreckbaren (vgl § 43 Abs 1 AußStrG) Beschlusses Sicherstellungsexekution führen, muss er **jedenfalls bescheinigen**, dass ohne diese Exekution die Einbringung der Geldforderung gefährdet wäre. Das neue AußStrG sieht freilich in § 44 eine vorläufige Zuerkennung der Vollstreckbarkeit an noch nicht rechtskräftige Beschlüsse vor, welche letztlich ebenfalls eine Gefährdung der Gläubigerinteressen voraussetzt (erforderlich ist die Vermeidung „erheblicher Nachteile für eine Partei oder die Allgemeinheit"). UE hat der Gläubiger hier die Wahl zwischen § 370 EO und § 44 AußStrG.

Dabei genügt jede **objektive** Gefährdung; es kommt nicht darauf an, dass der Verpflichtete selbst irgendein Verhalten gesetzt hat, das die Einbringung der Geldforderung gefährdet. In der Praxis wird eine Gefährdung etwa dann anerkannt, wenn wegen der Häufigkeit der Exekutionen die Konkurseröffnung droht, zahlreiche Exekutionen zu einer Verschlechterung der Vermögenslage des Verpflichteten führen, ohne anhängige Exekutionsverfahren Hypotheken einverleibt werden oder der Verpflichtete größere Beträge von seinem Konto abgehoben hat.

4. Exekutionstitel für Unterhaltsansprüche und Geldrenten (§ 372 EO)

Zur Sicherung noch nicht fälliger Unterhaltsansprüche und Geldren- 461
ten wegen Tötung, Verletzung des Körpers oder der Gesundheit kann **zugleich** mit der Exekution zur Hereinbringung fälliger Beträge Exekution zur **Sicherung der innerhalb eines Jahres fällig werdenden Beträge** begehrt werden. Voraussetzung für diese Sicherstellungsexekution ist demnach, dass der Schuldner mit der Zahlung von Unterhalts- bzw Rentenbeträgen in **Rückstand** geraten ist; ein selbständiger Antrag auf Sicherstellungsexekution ist unzulässig.

Diese Sicherstellungsexekution stellt einen **Sonderfall** dar: Sie kann 462
aufgrund eines jeden Exekutionstitels (also auch aufgrund von Prozess-

vergleichen, vollstreckbaren Notariatsakten und Schiedssprüchen) geführt werden und setzt weder Gefahrenbescheinigung noch Sicherheitsleistung voraus. Der Exekutionstitel muss hier – da ja gleichzeitig Befriedigungsexekution geführt wird – ausnahmsweise **bereits vollstreckbar** (wenn auch nicht unbedingt rechtskräftig) sein.

Soweit zugunsten von Unterhaltsansprüchen und qualifizierten Geldrenten die Vorratspfändung wiederkehrender Geldforderungen (also vor allem des Arbeitseinkommens) gem § 291c Abs 1 EO (vgl oben Rz 410) möglich ist, kommt die Sicherstellungsexekution nach § 372 EO nicht infrage. Eine Häufung einer solchen Sicherstellungsexekution (auf andere Vermögensobjekte als das Arbeitseinkommen des Verpflichteten) mit einer Vorratspfändung ist aber möglich.

C. Die Exekutionsmittel der Sicherstellungsexekution

463 § 374 Abs 1 EO zählt die Exekutionsmittel der Exekution zur Sicherstellung **taxativ** auf:

- **die Pfändung von Gegenständen des beweglichen Vermögens;**

  Nach hM (vgl nur *Holzhammer* 417) kann der betreibende Gläubiger auch die Sicherungsverwahrung beantragen; bei drohender Verderbnis oder Wertminderung ist auch der Notverkauf gem § 266 EO zulässig.

- **die bücherliche Vormerkung des Pfandrechtes** auf Liegenschaften oder daran haftenden Rechten gem § 38 lit b GBG;

- **die Zwangsverwaltung;**

  Nach hM (vgl nur *Holzhammer* 417; RPflSlgE 1979/133) kommt die Zwangsverwaltung nicht nur hinsichtlich von Liegenschaften, sondern aller Rechte in Frage, bei denen sie zur Hereinbringung bewilligt werden könnte. Der betreibende Gläubiger muss bescheinigen, dass die bloße Pfändung zur Sicherung nicht ausreicht.

- **die Pfändung von Forderungen.**

  Wenn mit der Verzögerung der Geltendmachung der Forderung eine Gefährdung ihrer Einbringlichkeit oder der Verlust von Regressrechten gegen dritte Personen verbunden wäre, kann dem betreibenden Gläubiger auch die Überweisung der gepfändeten Forderung zur Einziehung bewilligt werden (§ 374 Abs 1 EO).

464 Immer dann, wenn eine Verwertung der gepfändeten Exekutionsobjekte zulässig ist (Notverkauf beweglicher Sachen, Zwangsverwaltung, Überweisung einer Forderung zur Einziehung), sind die eingehenden Beträge so lange **in gerichtlicher Verwahrung** zu behalten, als nicht die Vollstreckbarkeit der Forderung eingetreten ist oder die Sicherstellungsexekution aufgehoben wird (§ 374 Abs 3 EO).

D. Das Verfahren bei der Sicherstellungsexekution

1. Das Exekutionsbewilligungsverfahren

Zuständig für die Bewilligung der Sicherstellungsexekution ist grundsätzlich wahlweise das **Titelgericht** (das ist gem § 375 Abs 1 EO stets das Gericht erster Instanz) **oder** das **Exekutionsgericht** (immer bei nicht zivilgerichtlichen Titeln). Das vereinfachte Bewilligungsverfahren kommt nicht zur Anwendung (§ 375 Abs 2 EO). Wenn die Sicherstellungsexekution ohne Gefahrenbescheinigung oder Sicherheitsleistung bewilligt werden kann und keine Zwangsverwaltung beantragt wird, ist für die Bewilligung der Rechtspfleger zuständig (§ 17 Abs 2 Z 2 RpflG). **465**

Der Exekutionsantrag muss neben den allgemeinen Inhaltserfordernissen (vgl oben Rz 87) gegebenenfalls die Behauptung der Gefährdung samt Angabe der Bescheinigungsmittel enthalten. Wird der Antrag beim Exekutionsgericht gestellt, muss überdies eine Ausfertigung des Exekutionstitels sowie eine Amtsbestätigung über die Erhebung der Berufung, der Revision oder des Widerspruches oder über die Anbringung des Wiedereinsetzungsantrages angeschlossen sein (§ 375 Abs 1 EO). **466**

Der Exekutionsbewilligungsbeschluss hat neben dem allgemeinen Inhalt eines solchen Beschlusses (vgl oben Rz 104 f) den zu sichernden Betrag samt Nebengebühren, den Zeitraum, für dessen Dauer die Sicherung gewährt wird, und im Falle des § 371 EO die Sicherheit, die der betreibende Gläubiger zu erlegen hat, anzugeben (§ 375 Abs 2 EO).

2. Der Exekutionsvollzug

Das Vollzugsverfahren erschöpft sich im Wesentlichen im Pfändungsabschnitt (vgl oben Rz 463). **467**

3. Das Ende der Sicherstellungsexekution

Die Sicherstellungsexekution kann entweder **in eine Befriedigungsexekution übergeleitet** oder **aufgehoben** werden. **468**

Mit dem Eintritt der Vollstreckbarkeit des Exekutionstitels verwandelt sich das bedingte exekutive Befriedigungsrecht des betreibenden Gläubigers *ipso iure* in ein unbedingtes. Die Einleitung des Verwertungsverfahrens (bzw die Ausfolgung der bei Gericht erlegten Beträge) erfolgt jedoch nur auf Antrag des betreibenden Gläubigers, der dazu dem Exekutionsgericht eine vollstreckbare Ausfertigung des Exekutionstitels vorlegen muss.

469 Auf Antrag hat gem § 376 Abs 1 EO die Vollziehung der bewilligten Exekutionshandlungen zu unterbleiben und die bereits vollzogenen Exekutionshandlungen sind **aufzuheben**, wenn

- glaubhaft gemacht wird, dass die gesicherte **Geldforderung schon zur Zeit der Bewilligung** der Sicherstellungsexekution **berichtigt oder hinlänglich sichergestellt** war (Z 1);
- glaubhaft gemacht wird, dass die gesicherte **Geldforderung derzeit** (das Faktum ist also nach Bewilligung der Sicherstellungsexekution eingetreten) **berichtigt oder hinlänglich sichergestellt** ist (zB durch Erlag des Betrages der zu sichernden Forderung, eine Bankgarantie oder sonstige Garantieerklärung eines Kreditinstitutes); bei verzinslichen Forderungen müssen auch die Zinsen für die ganze Zeit der bewilligten Sicherung erlegt werden (Z 2);
- die gesicherte **Forderung** dem betreibenden Gläubiger **rechtskräftig aberkannt** oder deren Erlöschen rechtskräftig festgestellt wird (Z 3);
- dem **Wiedereinsetzungsantrag** zur Erhebung des Einspruches gegen einen Zahlungsbefehl rechtskräftig **stattgegeben** wurde (Z 4); *a minori ad maius* auch dann, wenn ein **Versäumungsurteil** aufgrund eines erfolgreichen Wiedereinsetzungsantrages **aufgehoben** wird (vgl *Rechberger*, JBl 1981, 179 [186]; *Holzhammer* 419).
- Ferner ist die Sicherstellungsexekution gem § 377 Abs 2 EO dann auf Antrag aufzuheben, wenn der **Zeitraum**, für dessen Dauer die Sicherung gewährt wurde, **abgelaufen** ist, ohne dass die Vollstreckbarkeit der sichergestellten Geldforderung eingetreten wäre.

Überdies gelten die Einstellungsgründe der §§ 39 und 40 EO, soweit sie mit den Sondervorschriften der Sicherungsexekution nicht in Widerspruch stehen.

470 Der Aufhebungsantrag ist vor Beginn des Exekutionsvollzuges beim Bewilligungsgericht, danach beim Exekutionsgericht zu stellen. Der Entscheidung hat stets eine Einvernehmung des betreibenden Gläubigers vorauszugehen (§ 377 Abs 3 EO). Diese Entscheidung ist idR ein Einstellungsbeschluss. Wenn der Verpflichtete bescheinigt, dass Exekutionshandlungen in einem weiteren Umfang bewilligt oder vollzogen wurden, als es zur vollständigen Sicherstellung der Forderung notwendig gewesen wäre, kann die Sicherstellungsexekution auch **eingeschränkt** werden (§ 377 Abs 1 EO). Bei nachträglicher Berichtigung oder Sicherstellung der Forderung (§ 376 Abs 1 Z 2 EO) kommt aber nur ein Aufhebungsbeschluss in Frage. Ab Vollstreckbarkeit des Exekutionstitels kann der betreibende Gläubiger in diesem Fall einen Antrag auf Ausfolgung des erlegten Betrages stellen (vgl *Rechberger/Simotta* Rz 867).

Q2 zusammenhang?

Eine Aufschiebung der Sicherstellungsexekution kommt **nicht** in Frage, weil sich diese idR in der Begründung eines bedingten Befriedigungsrechtes erschöpft, sodass ein Aufschiebungsinteresse zu verneinen ist (vgl *Holzhammer* 419; EvBl 1954/396). Zulässig ist nur die Aufschiebung einzelner Exekutionsakte (zB die Verwahrung gepfändeter beweglicher Sachen).

4. Die Kosten- und Schadenersatzpflicht des betreibenden Gläubigers

Nach § 376 Abs 2 EO hat der betreibende Gläubiger bei Aufhebung der Sicherstellungsexekution (ausgenommen den Fall der nachträglichen Sicherheitsleistung nach Z 2) alle durch die Bewilligung, den Vollzug oder die Wiederaufhebung der Exekutionshandlungen entstandenen **Kosten zu tragen** und den dem Verpflichteten verursachten **Schaden zu ersetzen**. **471**

Für die Kostenersatzpflicht gelten in diesem Fall die Regeln des § 75 EO: Der betreibende Gläubiger hat nicht nur selbst **keinen** Kostenersatzanspruch, sondern muss auch dem Verpflichteten dessen Kosten ersetzen (vgl oben Rz 69 ff). Die vom betreibenden Gläubiger allenfalls erlegte Sicherheit dient auch zur Abdeckung der Kostenersatzansprüche des Verpflichteten.

Der Schadenersatzanspruch nach § 376 Abs 2 EO umfasst (im Gegensatz zu jenem nach § 368 EO – vgl oben Rz 426) **nur den positiven Schaden**, nicht aber den entgangenen Gewinn. Er ist – sieht man vom Ausnahmefall der Sicherstellungsexekution aufgrund eines Versäumungsurteiles, gegen das Widerspruch erhoben wurde, ab (vgl oben Rz 453) – vom Verschulden des Schädigers unabhängig. Rechtswidrigkeit des Verhaltens des betreibenden Gläubigers ist in den Fällen des § 376 Abs 1 Z 1 und 3 EO jedoch gegeben, weil die prozessuale Befugnis zur Exekution zur Sicherstellung nichts an der Unerlaubtheit der Vollstreckung im materiellrechtlichen Sinn ändert, wenn der Vollstreckungserfolg der materiellen Rechtslage widerspricht.

Im Fall der Sicherstellungsexekution aufgrund eines durch Widerspruch bekämpften Versäumungsurteiles wird die Schadenersatzpflicht dann ausgeschlossen, wenn dem betreibenden Gläubiger bei der Einleitung und Fortsetzung der Exekution keine grobe Fahrlässigkeit zur Last fällt (§ 376 Abs 2 EO); welchen Sinn diese – durch die ZVN 1983 geschaffene – Differenzierung machen soll, ist freilich unergründlich.

Zur Abdeckung des dem Verpflichteten drohenden Schadens dient eine vom betreibenden Gläubiger allenfalls erlegte Sicherheit, weshalb sie in den Fällen des § 376 Abs 1 Z 1 bis 3 EO erst nach Ablauf von 14 Tagen seit Eintritt der Rechtskraft des Aufhebungsbeschlusses ausgefolgt werden darf (§ 377 Abs 4 EO).

E. Sicherstellungsexekution aufgrund ausländischer Titel?

471a Eine Exekution zur Sicherstellung aufgrund ausländischer Titel wurde – sofern eine solche nicht staatsvertraglich vorgesehen ist – traditionell abgelehnt (vgl *Klicka* in *Angst* Rz 5 zu § 370 EO). Im **Anwendungsbereich der EuGVVO** wird jedoch in folgenden Konstellationen eine Sicherstellungsexekution aufgrund eines anzuerkennenden ausländischen Titels diskutiert (vgl dazu *G. Kodek* in *Czernich/Tiefenthaler/Kodek* Art 38 Rz 22 f):

- Nach Art 47 Abs 1 EuGVVO können aufgrund einer anzuerkennenden ausländischen Entscheidung schon **vor** deren Vollstreckbarerklärung „einstweilige Maßnahmen einschließlich solcher, die auf eine Sicherung gerichtet sind“, in Anspruch genommen werden. Von dieser Bestimmung wird jedoch uE im österreichischen Recht nur die einstweilige Verfügung, nicht jedoch die Sicherstellungsexekution erfasst.
- Nach Art 47 Abs 2 EuGVVO gibt die (erstinstanzliche) Vollstreckbarerklärung die Befugnis, solche Maßnahmen zu erlassen. Diesem Gebot genügt § 84a Abs 2 EO (vgl oben Rz 139), weshalb hier kein Bedarf nach einer Zulassung der Sicherstellungsexekution *praeter legem* besteht.
- Zu erwägen ist allenfalls, die Sicherstellungsexekution analog als Vollstreckungsmittel für ausländische Entscheidungen vorzusehen, auf Grundlage derer im Herkunftsstaat im Ergebnis ähnliche provisorische Vollstreckungsmaßnahmen vorgesehen sind.

X. DIE EINSTWEILIGEN VERFÜGUNGEN

Literatur: *Rintelen*, Die einstweilige Verfügung (1905); *Ohmeyer*, Ist die einstweilige Verfügung nach Ablauf der Zeit, für die sie bewilligt wurde, aufzuheben? GZ 1926, 178; *Kralik*, Das Wesen der einstweiligen Verfügung, ÖJZ 1948, 342; *Stöckl*, Veräußerungsverbot und Anmerkung der Rangordnung für beabsichtigte Veräußerung, NZ 1950, 134; *Hagen*, Die Regelungsfunktion der einstweiligen Verfügung, JBl 1971, 337; *Pichler*, Umwürdigung der Beweise im Rekursverfahren? JBl 1975, 356; *Hügel*, Sperrung eines Anderkontos durch einstweilige Verfügung durch Sicherung von Ansprüchen gegen die Klienten des Kontoinhabers, JBl 1980, 646; *Burgstaller*, Einstweilige Verfügungen der Arbeitsgerichte nach EO und UWG, DRdA 1981, 286; *Pfersmann*, Zum (Kosten-)Ersatzanspruch gemäß § 394 EO nach Aufhebung einer ungerechtfertigten einstweiligen Verfügung, ÖJZ 1982, 638; *Sladek*, Eventualbegehren und einstweilige Verfügung, ÖJZ 1982, 482; *Angst*, Exekutionsrechtliche Bestimmungen in der Zivilverfahrens-Novelle 1983, RZ 1983, 130; *Fasching*, Die Änderungen des Verfahrens zur Erlassung einstweiliger Verfügungen durch die Zivilverfahrens-Novelle 1983, GesRZ 1984, 62; *Hofmann*, Einstweiliger Rechtsschutz im Familienrecht (§ 382 Z 8 EO), AnwBl 1984, 87; *Hodik*, Zur Auslegung des § 391 Abs 2 EO, ÖJZ 1984, 14; *Huber*, Endgültige Zuweisung bei einstweiligem Unterhalt, JBl 1984, 182; *Jahn*, Zwei wesentliche Änderungen durch die Patentrechts-Novelle 1984, GesRZ 1984, 98; *Knoll*, Kann der Unterhaltsanspruch gegen Großeltern durch einstweilige Verfügung nach § 382 Z 8 lit a EO gesichert werden? JBl 1985, 596; *Kininger*, Einstweilige Verfügungen zur Sicherung von Rechtsverhältnissen, BeitrZPR II (1985) 63; *Pfersmann*, Zu den Begriffen „Nebenforderungen" und „Kostenpflicht", besonders bei Anwendung exekutionsrechtlicher Bestimmungen, ÖJZ 1985, 205; *Konecny*, Übergreifende Ansprüche in Wettbewerbsverfahren, RdW 1986, 36; *Schumacher*, Sperre der Bankgarantie durch einstweilige Verfügung, RdW 1986, 329; *Adensamer*, Vorläufiger Unterhalt – Ein Beitrag zur Unterhaltssicherung, ÖA 1987, 63; *Kralik*, Die paraten Beweismittel, GesRZ 1987, 178; *Eypeltauer*, Unterhaltspflicht der Großeltern gegenüber volljährigen Enkelkindern trotz Leistungsfähigkeit der Eltern? ÖJZ 1988, 641; *Jahn*, Parate Beweismittel im Provisorialverfahren, ÖBl 1988, 33; *Moschner*, Minimale Chancen auf einstweilige Verfügung bei indirekten Garantien, IPRax 1988, 40; *Pimmer*, Berichte zum 12. Zivilrechtsseminar in Lindabrunn: Hinweise auf wichtige Judikatur zur einstweiligen Verfügung, WR 1988, H 21, 13; *Prunbauer*, Einstweilige Verfügung: Ersatzansprüche bei Nichterlag der Sicherheit, RdW 1988, 37; *Schober*, Vorläufiger Unterhalt für Minderjährige, ÖRPfl 1988, 18; *Konecny*, Zur Anwendung fremden Rechts bei der Anspruchsprüfung im Provisorialverfahren, ÖBA 1988, 1184; *ders*, Grundlagen der einstweiligen Verfügungen gegen den Mißbrauch von Bankgarantien, ÖBA 1989, 775; *ders*, Aktuelle Verfahrensfragen bei einstweiligen Verfügungen gegen den Mißbrauch von Bankgarantien, ÖBA 1989, 848; *Kininger*, Vollzug und Aufhebung der einstweiligen Verfügung – Ersatzansprüche des Verfügungsgegners, AnwBl 1989, 390; *ders*, Das Verfügungsverfahren, BeitrZPR III (1989) 215; *Mitrovic*, Probleme und Möglichkeiten der gerichtlichen Unterhaltseinbringung, ÖA 1989, 154; *Schuster-Bonnott*, Einstweilige Verfügung und vorbeugende Unterlassungsklage zur Sicherung von Unterlassungsansprüchen, GesRZ 1989, 11; *Hausmaninger*, Die einstweilige Verfügung im schiedsgerichtlichen Verfahren (1989); *ders*, Die Beeinträchtigung Dritter durch einstweilige Verfügungen, JBl 1990, 160; *Feil*, Einstweilige Verfügungen (EV)^2 (1990); *Prunbauer*, Beseitigung einer einstweiligen Verfügung. Oppositionsklage oder Aufhebungsantrag? ecolex 1990,

233; *Schmidt*, Erschwernis bei Auslandsvollstreckung von Auslandstiteln doch möglich? wbl 1990, 234; *Swoboda*, Zustellung von Beilagen im Provisorialverfahren, ÖJZ 1990, 176; *ders*, Wettbewerbsrechtlicher Unterlassungsvergleich und Äußerungskosten, RdW 1990, 335; *Kininger*, Einstweilige Verfügung zur Sicherung von Rechtsverhältnissen (1991); *Konecny*, Einstweilige Verfügungen zugunsten von Räumungsklagen, wobl 1991, 49; *ders*, Der Anwendungsbereich der einstweiligen Verfügung (1992); *Schoibl*, Der Auftrag zum Verlassen der Wohnung und die Bewilligung des abgesonderten Wohnsitzes, Maßnahmen des einstweiligen Rechtsschutzes im österreichischen Familienrecht nach § 382 Abs 1 lit b EO und der Antrag nach § 92 ABGB, in *Harrer/Zitta* (Hg), Familie und Recht (1992) 439; *Frauenberger*, Einstweiliger Rechtsschutz bei Besitzstörung (1993); *Konecny*, Neue Entwicklungen im einstweiligen Rechtsschutz, in FS Matscher (1993) 265; *Steininger*, Streitanmerkung und Wiederaufnahme, NZ 1993, 161; *Graff*, Wenn der Erstrichter der Frau glaubt ..., ecolex 1994, 237; *Konecny*, Einstweilige Verfügungen in Bestandstreitigkeiten, JBl 1994, 9; *Oberhammer*, Verfassungsgesetzliche Schranken der Haft in zivilgerichtlichen Erkenntnis-, Exekutions- und Insolvenzverfahren, ÖJZ 1994, 265; *ders*, Schadenersatz nach § 394 EO, ecolex 1994, 764; *Swoboda*, Unterlassungsexekution und § 394 EO, ecolex 1995, 419; *Hoyer*, Die Wirkungen des richterlichen Veräußerungs- und Belastungsverbotes (§ 382 Abs 1 Z 6, § 384 Abs 3 EO), NZ 1996, 97; *ders*, Rechtswirkungen eines richterlichen Veräußerungs- und Belastungsverbotes, ecolex 1996, 236; *Zeiler*, Europäisches Sicherungsverfahren, JBl 1996, 635; *ders*, Internationales Sicherungsverfahren (1996); *Konecny*, Zur Wirksamkeit einstweiliger Verfügungen nach Ablauf der Verfügungsfrist, ÖBA 1997, 987; *Mottl*, Alte und neue rechtliche Instrumente gegen Gewalt in der Familie, ÖJZ 1997, 542; *Klicka/Albrecht*, Einstweiliger Rechtsschutz zur Abwehr von Gewalt in der Familie, in *Floßmann* (Hg), Recht, Geschlecht und Gerechtigkeit (1997) 282; *Neuhauser*, Der gesetzliche Schutz vor Gewalt in der Familie und dessen Auswirkungen auf den Jugendwohlfahrtsträger, ÖA 1997, 45; *Giefing*, Die familien- und exekutionsrechtlichen Aspekte des ehelichen Wohnens (1998); *Seibt*, Einstweilige Verfügungen im Familienrecht, in *Deixler-Hübner/Schwarzinger* [Hrsg], Die rechtliche Stellung der Frau (1998) 31 ff; *Sykora*, Das Gesetz zum Schutz vor Gewalt in der Familie (BGBl 1996/759). Die Änderungen im Bereich der EO (§§ 382b – 382d), AnwBl 1998, 292; *Deixler-Hübner*, Das neue Eherecht (1999) 40 ff; *Gottwald*, Grenzüberschreitende Zustellung der Forderungspfändung und von einstweiligen Verfügungen, IPrax 1999, 395; *Oberhammer*, Befristete und kündbare Bankgarantien als prozessuales Sicherungsmittel? ÖBA 1999, 26; *Kucsko*, „Civil inaudita altera parte search – Hausdurchsuchung im Zivilprozess“, in FS Dittrich (2000) 801; *Zechner*, Sicherungsexekution und Einstweilige Verfügung (2000); *Battlogg*, Wertungswidersprüche und Judikaturdivergenzen im liegenschaftsbezogenen Provisorialverfahren, NZ 2001, 461; *Barth*, Kann ein Rückkehrverbot nach § 382 Abs 1 Z 2 gegen jemanden erlassen werden, dessen Aufenthalt unbekannt ist? AnwBl 2002, 83; *P. Burgstaller*, Domainübertragung auch im Provisorialverfahren? MR 2002, 49; *G. Kodek*, Die Besitzstörung (2002) 934 ff; *Herzig*, Die Aufhebung der EV gegen angemessene Sicherheit im Wettbewerbs- und Patentrecht, ÖBl 2003, 116; *Jelinek*, Die „Durchführung“ von Einstweiligen Unterlassungs-Verfügungen, in FS Beys (2003) 631; *Langer*, Außerstreitgesetz 2003 (2004) 33; *Mayrhofer*, Untaugliches Mittel gegen zahlungsunwillige Mieter, Haus & Grund 2003, H 10, 21; *Mohr*, EO-Novelle 2003, ecolex 2003, 502; *Mutz*, Untersagung der Stimmrechtsausübung eines GmbH-Gesellschafters. Vorbeugende Unterlassungsklagen und einstweiliger Rechtsschutz, RdW 2003/247, 301; *Jakusch*, Die EO-Novelle 2003, ÖJZ 2004, 201 (211f); *Stabent-*

heiner, Das Wohnrechtliche Außerstreitbegleitgesetz, wobl 2004, 1; *Wallisch*, Implizite Befristung und Durchsetzung von Syndikatsverträgen, ÖZW 2004, 55; *Zackl*, Einstweilige Verfügungen zur Sicherung von Syndikatsverträgen, JAP 2004/2005/13, 50; *Hopf/Kathrein*, Eherecht[2] (2005) 556 ff; *König*, Die verschuldensunabhängige Haftung für „ungerechtfertigten" einstweiligen Rechtsschutz (§ 394 EO), JBl 2005, 205; *Rauer*, Praktische Überlegungen zum einstweiligen Mietzins nach § 382f EO, wobl 2005, 41; *Reiter*, Die einstweiligen Verfügungen im Eheverfahren (2005); *Zackl*, Einstweilige Verfügungen und (Un-)Zulässigkeit unwiederbringlicher Eilmaßnahmen, ÖJZ 2005/2, 12; *Graf*, Die einstweiligen Verfügungen nach § 382g EO zum Schutz vor Eingriffen in die Privatsphäre („Stalking"), Zak 2006/521, 30; *Hager-Rosenkranz*, Das neue „Anti-Stalking-Gesetz" und seine Auswirkungen auf einstweilige Verfügungen, EF-Z 2006/65; *Kloiber*, Vorläufige oder sichernde Maßnahmen durch Schiedsgerichte, Zak 2006, 247; *Kühnberg*, Schutz vor Gewalt in der Familie, FamZ 2006, 169; *Maleczky*, Das Strafrechtsänderungsgesetz 2006, JAP 2006/2007/1; *ders*, Das neue Anti-Stalking-Gesetz, FamZ 2006, 27; *Thiele*, Die Nebenintervention im Provisorialverfahren, ÖJZ 2006/54; *Wolfrum/Dimmel*, Das „Anti-Stalking-Gesetz", ÖJZ 2006, 475; *Zackl*, Einstweiliger Rechtsschutz im Gesellschaftsrecht (2006); *Holzer*, Punkteabzug in der Fußball-Bundesliga und Anmeldung im Konkursverfahren – Zur einstweiligen Verfügung des LGZ Graz vom 28. 3. 2007, 28 Cg 23/07m, Zak 2007, 186; *Jurtela*, Häusliche Gewalt und Stalking: die Reaktionsmöglichkeiten des österreichischen und deutschen Rechtssystems (2007); *Keiler*, Verbraucherrechtliche Ansprüche im Europäischen Sekundärrecht und ihre Durchsetzbarkeit anhand eines Beispiels aus der Pauschalreise-RL, Zak 2007, 86; *König*, Einstweilige Verfügungen im Zivilverfahren[3] (2007); *Lindinger*, Prozessspiegel – Einstweiliger Mietzins, immolex 2007, 139; *Nunner-Krautgasser*, Die Haftungsklagen, Reine Vermögenshaftung und „Duldung" der Exekution, ÖJZ 2007/61; *Rassi*, Neuerungen im Exekutionsverfahren – Ein Überblick (Teil I), RZ 2007, 59; *Csoklich*, Zugriff auf Vermögen der Privatstiftung durch Gläubiger der Stifter und Begünstigten, ÖBA 2008, 416; *Klamert/Kraft*, Schadenersatzanspruch nach § 394 EO und Gemeinschaftsrecht – Anmerkungen zu OGH 17 Ob 28/07b, wbl 2008, 261; *Zackl*, Einstweilige Verfügung – Gefahr der Auslandsvollstreckung, Eine Stellungnahme zur Entscheidung des OGH vom 7. 11. 2007 zu 6 Ob 225/07t = Zak 2008/135, 78.

Petschek/Hämmerle/Ludwig 226 f, 130 ff; *Heller/Berger/Stix* III 2813 ff; *Rechberger/Simotta* Rz 871 ff; *Holzhammer* 421 ff; *E. Kodek* in *Angst* zu §§ 378 ff EO; *Neumayr* 250 ff.

A. Die einstweiligen Verfügungen im Allgemeinen

1. Zweck

Nach § 378 Abs 1 EO kann das Gericht auf Antrag sowohl **vor Einleitung eines Rechtsstreits** als auch **während desselben** und **während des Exekutionsverfahrens** zur Sicherung des Rechtes einer Partei einstweilige Verfügungen treffen. In Außerstreitverfahren, die von Amts wegen eingeleitet werden können, kann das Gericht einstweilige Verfügungen auch von Amts wegen erlassen, einschränken oder aufheben (§ 378a EO). Primär dienen solche Verfügungen der Absicherung der Rechte des 472

Gläubigers für ein künftiges Exekutionsverfahren; als Sicherungsverfügungen sollen sie durch Bewahrung des *status quo* verhüten, dass die künftige Befriedigung des Gläubigers durch ein Verhalten des Schuldners und/oder durch andere widrige Umstände vereitelt oder erheblich erschwert wird. Außerdem haben die einstweiligen Verfügungen (wie aus § 381 Z 1 EO hervorgeht) auch prozesssichernde Funktion.

Auch Ansprüche, die nach § 8 Abs 1 VerG zunächst vor eine vereinsinterne Schlichtungseinrichtung zu bringen sind und erst nach Beendigung des Schlichtungsverfahrens oder, wenn dieses Verfahren nicht früher beendet ist, spätestens nach Ablauf von sechs Monaten ab der Anrufung dieser Einrichtung bei Gericht klageweise geltend gemacht werden dürfen, können schon vorher durch gerichtliche EV gesichert werden (2 Ob 51/05x = GesRZ 2005, 198 = RdW 2005/623 = JBl 2005, 728 = ecolex 2005/286; 10 Ob 50/06k = EvBl 2007/13 = JBl 2007, 321 = RdW 2007/167).

473 Aus der Betonung der Sicherungsfunktion der einstweiligen Verfügungen wird verständlich, dass die Exekutionsordnung die Exekution zur Sicherstellung und die einstweiligen Verfügungen im zweiten Teil unter dem Titel „Sicherung" zusammenfasst. Tatsächlich sind die Gemeinsamkeiten eher bescheiden: Die Exekution zur Sicherstellung ist ein echtes Exekutionsverfahren aufgrund eines (wenn auch noch nicht zur Exekution zur Befriedigung geeigneten) Exekutionstitels, das auf halbem Weg stehenbleibt (vgl oben Rz 450). Das Verfügungsverfahren dagegen ist zunächst ein summarisches Erkenntnisverfahren (vgl unten Rz 474), an das sich ein Vollstreckungsverfahren anschließt, das idR mit einem echten Exekutionsverfahren wenig gemein hat. Vor allem erlangt der Antragsteller (im Gegensatz zur Exekution zur Sicherstellung, die ein bedingtes Befriedigungsrecht bringt) **kein exekutives Befriedigungsrecht**. Freilich kann der Effekt mancher besonderer einstweiliger Verfügungen weit über die bloße Sicherung des *status quo* hinausgehen (vgl unten Rz 495 ff).

Kann zur Sicherung eines Anspruches Exekution zur Sicherstellung geführt werden (was nur zugunsten von Geldforderungen möglich ist), kommt die Erlassung einer einstweiligen Verfügung **nicht** in Frage (vgl § 379 Abs 1 EO).

473a Auseinandergehalten werden müssen **Beweissicherung** und einstweilige Verfügung: Die Beweissicherung nach § 384 ZPO ist auf **vorsorgliche Durchführung** einer Beweis**aufnahme** gerichtet, während die **Sicherstellung** eines Beweis**mittels** (*in casu* handelte es sich um ein Drittverbot [§ 382 Abs 1 Z 7 EO], nämlich das Verbot, eine anlässlich eines Verkehrsunfalls abgenommene Blutprobe an den Gegner und Unfalllenker herauszugeben) – wenn überhaupt – nur mittels einstweiliger Verfügung angeordnet werden kann (2 Ob 247/07y = Zak 2008/ 246).

Eine einstweilige Verfügung zur Sicherung von Beweismitteln nach § 381 EO ist unter der Voraussetzung der Gefährdung der Anspruchsverfolgung nur dann in Betracht zu ziehen, wenn eine Beweissicherung nach §§ 384 ff ZPO nicht in Frage kommt, also bloß bei Beweismitteln, die vom Beweissicherungsverfahren selbst nicht erfasst werden können, wie zum Beispiel bei im Besitz des Gegners befindlichen Urkunden oder Augenscheinsgegenständen.

2. Das Verfahren zur Erlassung einer einstweiligen Verfügung

Das Verfahren zur Erlassung der einstweiligen Verfügung ist seinem 474
Wesen nach ein summarisches Erkenntnisverfahren, in dem der Exekutionstitel „einstweilige Verfügung" geschaffen wird, der dann die Grundlage für eine eigene Art eines Vollstreckungsverfahrens bildet, in dem die vom Gesetz als Sicherungsmittel bezeichneten Exekutionsmittel angewendet werden.

Da der Zweck der einstweiligen Verfügung idR nur dann erreicht werden kann, wenn die Verfügung möglichst schnell erlassen und durchgesetzt wird, ist das Erkenntnisverfahren ein **summarisches Eilverfahren**: Der materielle Anspruch der gefährdeten Partei und die Gefährdung seiner Durchsetzung brauchen bloß bescheinigt zu werden. Das Bestehen des materiellen Anspruches des Antragstellers ist dabei gar nicht die Hauptfrage dieses Erkenntnisverfahrens, sondern wird bloß als Vorfrage für das Bestehen des Sicherungsanspruches (der „Zulässigkeit" der einstweiligen Verfügung) geprüft. Schon daraus ergibt sich, dass die einstweilige Verfügung keinerlei Auswirkungen auf den Hauptprozess haben kann. Anschaulich bringt dies die in der Gerichtssprache eingebürgerte Bezeichnung „**Provisorialverfahren**" zum Ausdruck: Die einstweilige Verfügung ist genauso ein provisorischer Exekutionstitel, wie die Vollstreckungsmaßnahmen aufgrund dieses Titels nur vorläufige Wirkung haben.

Da es sich um ein Eilverfahren handelt (in Deutschland wird es „Ar- 475
restprozess" genannt), ist der Rechtsschutzstandard für den Gegner **herabgesetzt**: Tatsachen brauchen nicht bewiesen, sondern bloß bescheinigt zu werden; es gibt keine mündliche Verhandlung, sondern bloß eine Vernehmung der Parteien. Das Provisorialverfahren ist **grundsätzlich einseitig**. Insbes besteht kein Anspruch des Gegners, vor der Beschlussfassung über den Sicherungsantrag gehört zu werden. Daraus folgt sogar, dass das Gericht, wenn es über den Sicherungsantrag unter Verwendung eines weiteren, neues Sach- und Bescheinigungsvorbringen enthaltenden

Schriftsatzes des Antragstellers entscheidet, den Antragsgegner nicht zu diesem Nachtragsvorbringen hören muss. Allerdings steht ihm in diesem Falle das Recht zu, gegen die ohne seine (neuerliche) Vernehmung erlassene einstweilige Verfügung fristgerecht Widerspruch nach § 397 Abs 1 EO zu erheben. Das Provisorialverfahren fällt nach stRsp nicht unter Art 6 Abs 1 MRK (4 Ob 132/05y = MietSlg 57.826).

Um die dem Schuldner dadurch entstehenden Nachteile auszugleichen, kann das Gericht den Vollzug der einstweiligen Verfügung aber von einer **Sicherheitsleistung** abhängig machen, und der Gegner hat einen Schadenersatzanspruch, wenn sich die einstweilige Verfügung letztlich als unbegründet herausstellt. Zur Ausnahme der Leistungsverfügungen vgl unten Rz 497.

Der Beschluss „einstweilige Verfügung" hat idR **Doppelfunktion**: Er ist Exekutionstitel und Exekutionsbewilligung zugleich. Das „Vollstreckungsverfahren" kann deshalb sogleich von Amts wegen an die Erlassung der einstweiligen Verfügung anschließen.

Nach § 402 Abs 4 EO sind mangels abweichender Bestimmungen des Teiles über die einstweiligen Verfügungen die sonstigen Anordnungen der EO sinngemäß anzuwenden. Über § 78 EO werden damit auch die Vorschriften der ZPO übernommen.

475a In Fällen mit Auslandsbezug auftretende Verfahrensfragen im Verfügungsverfahren, etwa Zulässigkeit und Dringlichkeit einstweiliger Verfügungen, richten sich nach der *lex fori* (2 Ob 169/07b = ZfRV-LS 2008/10 = iFamZ 2008/20).

3. Die Parteien

476 Die EO nennt den Antragsteller im Verfügungsverfahren gefährdete Partei und den Antragsgegner Gegner der gefährdeten Partei. Die Parteirollen können im Verfügungsverfahren gegenüber jenen des Hauptprozesses vertauscht sein.

4. Die Arten einstweiliger Verfügungen

477 Einteilung und Terminologie des Gesetzes sind wenig aussagekräftig. Aus den Bestimmungen der §§ 379 bis 382a EO ist die Unterscheidung in drei Gruppen einstweiliger Verfügungen ableitbar:

- **Verfügungen zur Sicherung von Geldforderungen** (§ 379 EO)
  Sie sollen die künftige „Exekution wegen Geldforderungen" nach den §§ 87 bis 345 EO durch die Erhaltung des Vermögens sichern, aus dem sich der betreibende Gläubiger später befriedigen möchte.

- **Verfügungen zur Sicherung von anderen Individualansprüchen** (§ 381 Z 1 EO)

  Sie sollen vor allem die künftige „Exekution zur Erwirkung von Handlungen oder Unterlassungen“ nach den §§ 346 bis 369 EO durch die Bewahrung des Anspruchsgegenstandes sichern.

- **besondere Verfügungen zur Sicherung der sonstigen Rechtssphäre** (§ 381 Z 2 EO)

Die Funktion dieser Verfügungen geht weit über den Sicherungszweck der anderen einstweiligen Verfügungen hinaus: Nach dem Gesetzestext geht es um die „Verhütung drohender Gewalt“ und um die „Abwendung eines drohenden unwiederbringlichen Schadens“, also um die umfassende Sicherung einer streitigen Rechtssphäre. Die Verfügungen nach § 381 Z 2 EO haben deshalb vor allem **Regelungsfunktion**, zum Teil sogar **Leistungs- oder Befriedigungsfunktion**.

B. Die einstweiligen Verfügungen zur Sicherung von Geldforderungen (§ 379 EO)

1. Die Voraussetzungen

Voraussetzung für die Erlassung einer einstweiligen Verfügung zur Sicherung einer Geldforderung ist die Bescheinigung 478

- **eines Anspruches** (= einer Geldforderung) der gefährdeten Partei und
- einer **konkreten subjektiven Gefährdung** der Hereinbringung der Geldforderung (§ 379 Abs 2 Z 1 EO). Vgl hiezu 10 Ob 84/07m = Jus-Guide 2008/01/5337 (OGH).

Als **Beispiele** für diese subjektive Gefährdung nennt das Gesetz die Wahrscheinlichkeit, dass ohne die einstweilige Verfügung der Gegner der gefährdeten Partei durch Beschädigen, Zerstören, Verheimlichen oder Verbringen von Vermögensstücken, durch Veräußerung oder andere Verfügungen über Gegenstände seines Vermögens, insbesondere durch darüber mit dritten Personen getroffene Vereinbarungen, die Hereinbringung der Geldforderung **vereiteln oder erheblich erschweren** würde. Ein rein passives Verhalten, bloße Zahlungsunfähigkeit, Zahlungsschwierigkeiten, die bloße Absicht des Antragsgegners, sein Vermögen zu realisieren, oder der Umstand, dass der Antragsgegner ohne Einkommen ist, begründen noch keine subjektive Gefährdung (LGZ Wien 43 R 86/06z = EFSlg 115.344).

Dem wird die konkrete objektive Gefährdung durch die Notwendigkeit, das Urteil im Ausland zu vollstrecken, (seit der EO-Nov 1995 nur mehr) dann gleichgestellt, wenn es sich um einen Staat handelt, der nicht dem Europäischen Jurisdiktionsraum angehört (§ 379 Abs 2 Z 2 EO). Die bloß abstrakte Möglichkeit einer Auslandsexekution genügt für die Erlassung einer einstweiligen Verfügung nach § 379 Abs 2 Z 2 EO jedoch nicht (6 Ob 225/07t = EFSlg 118.299 = JBl 2008, 259 = Zak 2008/135; s auch *Zackl*, Zak 2008/112, 66).

Die **mangelnde Bescheinigung des Anspruches** (nicht der Gefährdung!) kann durch eine vom Gericht nach freiem Ermessen zu bestimmende **Sicherheitsleistung** ersetzt werden (§ 390 Abs 1 EO).

479 Die Verfügung zur Sicherung einer Geldforderung ist stets **anspruchsgebunden**: Gesichert werden soll (die Hereinbringung) **jene(r) Geldforderung**, um die es im laufenden oder künftigen Prozess geht.

Sowohl das Bestehen der Geldforderung als auch die Gefährdung sind **Sachentscheidungsvoraussetzungen** für die einstweilige Verfügung; mangels Bescheinigung ist der Antrag auf Erlassung der Verfügung **abzuweisen**.

Auch wenn der Antragsteller Anspruch und Gefährdung in genügender Art bescheinigt hat, kann das Gericht die Bewilligung der Verfügung nach Lage der Umstände von einer Sicherheitsleistung abhängig machen (§ 390 Abs 2 EO).

2. Die Sicherungsmittel

§ 379 Abs 3 EO zählt die Sicherungsmittel, die Verfügungen zur Sicherung von Geldforderungen anordnen können, **taxativ** auf (so ausdrücklich 3 Ob 43/04a = EFSlg 109.218 = NZ 2006/7):

480 • die **Verwahrung und Verwaltung von beweglichen körperlichen Sachen** des Gegners einschließlich der Hinterlegung von Geld (Z 1);

Naturgemäß hat dieses Sicherungsmittel die **weitestgehende Wirkung**: Die Verfügung schließt zwar die Exekutionsführung eines Dritten nicht aus, soweit es aber um den Zugriff auf die Sache selbst geht, scheitert diese Exekution genauso wie bei einer gepfändeten Sache an der Verwahrung. Detentor ist jetzt das Gericht, das zur Ausfolgung der betreffenden Gegenstände nicht gezwungen werden kann.

481 • das **Verbot der Veräußerung oder Verpfändung beweglicher körperlicher Sachen** des Gegners (Z 2);

Hier wird ausdrücklich angeordnet, dass eine **verbotswidrige Veräußerung oder Verpfändung** der betroffenen Sachen **ungültig** ist, sofern der Erwerber nicht gutgläubig (iS der §§ 367 f, 456 ABGB oder § 367 UGB) ist. Ein Eigentumserwerb oder Erwerb eines Vertragspfandrechtes durch einen Dritten ist demnach der gefährdeten Partei gegenüber unwirksam, wenn der Dritte das Verbot kannte oder kennen musste. Eine Exekution durch Dritte auf die Sache selbst wird aber durch das Verbot nicht verhindert.

- das **Drittverbot**, wenn der Gegner der gefährdeten Partei an eine dritte Person eine Geldforderung oder einen Anspruch auf Leistung oder Herausgabe von anderen Sachen zu stellen hat (Z 3). 482

Papierforderungen nach § 296 EO (vgl oben Rz 338, 373) unterliegen nicht dem Drittverbot, sondern werden wie körperliche Sachen verwahrt.

Vollzogen wird das Drittverbot dadurch, dass dem Gegner jede Verfügung über den Anspruch und insbesondere dessen Einziehung untersagt und an den Dritten der **Befehl** gerichtet wird, das dem Gegner Geschuldete **nicht zu zahlen** und die diesem gebührenden Sachen weder auszufolgen noch sonst in Ansehung ihrer etwas zu unternehmen, was die Exekutionsführung auf die Geldforderung oder auf die geschuldeten oder die herauszugebenden Sachen vereiteln oder erheblich erschweren könnte. Trotz der auffallenden Ähnlichkeit mit der Regelung des Doppelverbotes in § 294 Abs 1 EO (vgl oben Rz 375) erwirbt die gefährdete Partei dadurch aber **kein Pfandrecht**. Das Drittverbot schützt den Antragsteller daher weder gegen Exekutionen anderer Gläubiger, noch ist eine verbotswidrige Leistung des Dritten unwirksam. Freilich **haftet** der Drittschuldner der gefährdeten Partei für allen durch die Nichtbefolgung des Verbotes entstandenen Schaden (§ 385 Abs 2 und 3 EO). Er kann sich von dieser Haftung durch gerichtliche Hinterlegung von Geld oder sonstigen Sachen bzw durch Übergabe an einen auf seinen Antrag vom Gericht zu bestellenden Verwahrer oder Verwalter befreien.

- die Verwaltung von Liegenschaften des Gegners der gefährdeten Partei (Z 4); 482a
- das Verbot der Veräußerung und Belastung von Liegenschaften oder bücherlichen Rechten des Gegners der gefährdeten Partei (Z 5).

C. Die einstweiligen Verfügungen zur Sicherung von anderen Individualansprüchen (§ 381 Z 1 EO)

1. Die Natur der anderen Individualansprüche

Andere Individualansprüche sind Ansprüche, die nicht auf Zahlung, sondern **auf sonstige Leistung, Duldung oder Unterlassung** (das Unterlassungsgebot muss nicht auf den Kern der Verletzungshandlung beschränkt werden, sondern darf auch dieser ähnliche Fälle umfassen [4 Ob 483

178/06i = JusGuide 2007/02/4133]) gerichtet sind. Das sind in erster Linie alle Ansprüche, zu deren Durchsetzung bei Vorliegen eines vollstreckbaren Exekutionstitels eine Befriedigungsexekution nach den §§ 346 bis 369 EO geführt werden kann. Da es für solche Ansprüche **keine Exekution zur Sicherstellung** gibt, ist die Erlassung einer einstweiligen Verfügung auch dann noch möglich, wenn bereits ein (noch nicht vollstreckbarer) **Titel** vorliegt.

Darüberhinaus kommen Verfügungen nach § 381 Z 1 EO auch zur Sicherung nicht vollstreckbarer Ansprüche, wie etwa der Verpflichtung zu einer unvertretbaren Handlung, die nicht allein vom Willen des Verpflichteten abhängt (vgl oben Rz 439), in Frage und können auch zur Hintanhaltung von Beweisvereitelungen und Beweiserschwerungen im Erkenntnisverfahren – soweit nicht die Beweissicherung gem §§ 384 ff ZPO Abhilfe zu verschaffen vermag – erlassen werden.

Während die Sicherungsverfügungen nach § 379 EO nur zur Sicherung von (Geld-)Leistungsansprüchen dienen, können Verfügungen nach § 381 Z 1 EO grundsätzlich **auch zugunsten von Rechtsgestaltungs- und Feststellungsansprüchen** erlassen werden (vgl *Konecny* 138 ff). Größere praktische Bedeutung kommt vor allem der Sicherung von gesellschaftsrechtlichen Gestaltungsrechten und jener der Aufhebung anderer Rechtsgemeinschaften zu.

2. Die Voraussetzungen

484 So wie bei der Erlassung einer einstweiligen Verfügung wegen einer Geldforderung muss die gefährdete Partei auch hier **zwei Voraussetzungen** behaupten und bescheinigen, nämlich

- **den Anspruch** und
- **seine Gefährdung**.

Auch die Verfügung nach § 381 Z 1 EO ist **anspruchsgebunden**: Gesichert werden soll im Regelfall die exekutive Durchsetzung (= Verwirklichung), in den Sonderfällen die gerichtliche Geltendmachung (= Verfolgung) **jenes Anspruches**, um den es im laufenden oder künftigen Prozess geht.

485 Im Gegensatz zur Gefährdung beim Geldanspruch (§ 379 Abs 2 Z 1 EO) verlangt § 381 Z 1 EO bloß eine **konkrete objektive Gefährdung**, die nicht vom Verhalten des Schuldners abhängt. Es muss demnach zu besorgen sein, dass ohne die Verfügung die gerichtliche Verfolgung oder Verwirklichung des fraglichen Anspruches, insbesondere durch eine Veränderung des bestehenden Zustandes, vereitelt oder erheblich erschwert

werden würde (zB dadurch, dass der Gegner den Gegenstand, auf den der Antragsteller Anspruch erhebt, zum Verkauf anbietet, um aus dem Erlös seine Gläubiger zu befriedigen). Ein praktischer Unterschied ergibt sich daraus aber kaum, weil vor allem Exekutionsbeeinträchtigungen regelmäßig auf ein Verhalten des Gegners zurückzuführen sind. Allerdings kommt es nach § 381 Z 1 EO auf die Gefährdung der Einzelleistung (= des fraglichen Anspruches) an, während nach § 379 Abs 2 Z 1 EO die gesamte Vermögenslage des Gegners in Betracht zu ziehen ist.

Auch bei der Verfügung zur Sicherung von Individualansprüchen wird die Notwendigkeit, das Urteil im Ausland zu vollstrecken, als objektive Gefährdung anerkannt; eingeschränkt wird dies hinsichtlich derselben Staaten wie bei der Verfügung zur Sicherung von Geldforderungen (vgl oben Rz 478).

3. Die Sicherungsmittel

Die Aufzählung der Sicherungsmittel des § 382 EO ist zum Unterschied von jener des § 379 Abs 3 EO (vgl oben Rz 480) **nicht taxativ** und geht sowohl quantitativ als auch qualitativ weit über jene hinaus. Jedoch darf die gefährdete Partei auch hier nicht günstiger gestellt werden als durch eine Exekution aufgrund eines vollstreckbaren Titels über den Hauptanspruch. **486**

§ 382 EO nennt folgende **Sicherungsmittel**:

- die **gerichtliche Hinterlegung der beweglichen**, sich in der Gewahrsame des Gegners befindlichen **Sachen**, auf deren Herausgabe oder Leistung der gefährdete Anspruch gerichtet ist; oder, wenn sich die Sachen zum gerichtlichen Erlag nicht eignen sollten, die Verwahrung iS des § 259 EO durch eine dazu befugte Verwahrungsanstalt oder einen eigens bestellten Verwahrer (Z 1); **487**

- die **Verwaltung dieser beweglichen Sachen** oder jener unbeweglichen Sachen oder Rechte, auf die sich der gefährdete Anspruch bezieht (Z 2); **488**

Die Verwaltung erfolgt bei Liegenschaften unter Anwendung der Bestimmungen über die Zwangsverwaltung, sonst unter sinngemäßer Anwendung der §§ 333 bis 339 und §§ 341 bis 344 EO. Die Ertragsüberschüsse sind grundsätzlich dem Gegner auszufolgen (§ 383 EO).

- den **Retentionsarrest**: Die gefährdete Partei wird ermächtigt, in ihrer Gewahrsame befindliche Sachen des Gegners, auf die sich der gefährdete Anspruch bezieht, bis zur rechtskräftigen Entscheidung darüber zurückzubehalten (Z 3); **489**

Dadurch wird das Herausgabebegehren des Gegners abgewehrt oder eine Pfandbelastung dieser Gegenstände durch Bestellung eines Vertragspfandrechtes durch den Gegner oder durch eine exekutive Pfändung verhütet.

490 • das **Gebot** an den Gegner, **einzelne Handlungen vorzunehmen**, die zur Erhaltung des Anspruchsobjektes oder zur Erhaltung des gegenwärtigen Zustandes notwendig erscheinen (Z 4);

In Frage kommt zB das Gebot an den Gegner, Urkunden oder Geschäftsbücher herauszugeben. Zur Durchführung einer derartigen Verfügung sind die Vorschriften der §§ **353, 354 EO über die Erwirkung von Handlungen** entsprechend anzuwenden (§ 384 Abs 1 EO).

491 • das an den Gegner gerichtete **Verbot einzelner nachteiliger Handlungen** oder der Vornahme bestimmter oder aller Veränderungen an den Anspruchsobjekten (Z 5);

Zur Durchführung dieser Verfügungen sind die Vorschriften der §§ **355 bis 358 EO über die Erwirkung von Duldungen und Unterlassungen** entsprechend anzuwenden (§ 384 Abs 1 EO).

492 • das **Verbot der Veräußerung, Belastung oder Verpfändung von Liegenschaften** oder bücherlichen Rechten, auf die sich der gefährdete Anspruch bezieht (Z 6);

Die entsprechenden Anmerkungen im Grundbuch erfolgen von Amts wegen. Eintragungen aufgrund vom Gegner dem Verbot zuwider vorgenommener freiwilliger Verfügungen sind zwar zulässig, werden der gefährdeten Partei gegenüber aber nur für den Fall wirksam, dass der von ihr auf die Liegenschaft oder das bücherliche Recht erhobene Anspruch rechtskräftig abgewiesen wird (§ 384 Abs 3 EO).

493 • das **Drittverbot**: Wenn der Gegner an eine dritte Person einen Anspruch auf Leistung oder Herausgabe von Sachen zu stellen hat, auf die sich der gefährdete Anspruch bezieht, kann ein Doppelverbot erlassen werden (Z 7);

Auch hier kann sich der Dritte durch gerichtlichen Erlag oder Übergabe der Sache an einen dafür vom Gericht bestellten Verwahrer oder Verwalter von der Haftung für den Schaden, der durch das Nichtbefolgen des gerichtlichen Verbotes entsteht, befreien (§ 385 Abs 2 EO).

494 • den **Personalarrest**: Die Haft nach § 386 EO ist ein subsidiäres Sicherungsmittel (sie darf nur zur Anwendung kommen, wenn eine andere Verfügung zur Erreichung des Sicherungszweckes nicht ausreicht), das selten angewendet wird. Die Anspruchsbescheinigung kann hier nicht durch eine Sicherheitsleistung ersetzt werden. Die Haft darf überdies nur dann verhängt werden, wenn der Gegner flüchtig oder der Flucht verdächtig ist und zudem die begründete Besorgnis besteht, dass die Flucht die Rechtsverwirklichung vereiteln (also nicht bloß erheblich erschweren) würde. Gegen die Verfassungsmäßigkeit der Haftverhängung auf Grundlage eines bloßen Bescheinigungsverfahrens bestehen freilich Bedenken (vgl *Oberhammer*, ÖJZ 1994, 265).

D. Die besonderen einstweiligen Verfügungen zur Sicherung der sonstigen Rechtssphäre (§ 381 Z 2 EO)

1. Zweck

Die in § 381 Z 2 EO genannten Voraussetzungen für die Erlassung besonderer einstweiliger Verfügungen und die in § 382 Abs 1 Z 8 EO genannten Sicherungsmittel zeigen nach hL, dass der Gesetzgeber auch eine **zweite Kategorie** von einstweiligen Verfügungen schaffen wollte, deren Zweck über jene der Sicherungsverfügungen der §§ 379 und 381 Z 1 EO entscheidend hinausgeht. Nach § 381 Z 2 EO können einstweilige Verfügungen nämlich auch dann getroffen werden, wenn sie „zur Verhütung drohender Gewalt oder zur Abwendung eines drohendenden Schadens nötig erscheinen". Aus diesen gesetzlichen Anhaltspunkten hat die Lehre eine Kategorie einstweiliger Verfügungen entwickelt, die dem „Schutz einer bestimmten, nicht einmal einen Anspruch erzeugenden Rechtssphäre" dienen (*Petschek/Hämmerle/Ludwig* 222); sie werden als **Regelungs- und Leistungsverfügungen** den reinen Sicherungsverfügungen gegenübergestellt (vgl *Hagen*, JBl 1971, 337). 495

In diese Kategorie fällt etwa auch, wie der OGH in 9 Ob A 121/06v = JBl 2008, 56 = infas 2007, A 45 = ecolex 2007/175 = ecolex 2007/175 = ASoK 2007, 199 = ZAS 2008/12 = RdA 2007/49 erkannte, der Anspruch von hochqualifizierten Fußballspielern, bei denen die Nichtbeschäftigung nicht nur zum Verlust ihres „Marktwerts", sondern vor allem zu einem Qualitätsverlust und zur Minderung des fußballerischen Niveaus führen muss. Ihnen ist ein Recht auf Beschäftigung zuzubilligen, das allerdings nicht automatisch jenes auf Einsatz in, jedenfalls aber das Recht auf Teilnahme am Training der Kampfmannschaft nach sich ziehen muss.

Den Prototyp der Verfügung zum Schutz des gegenwärtigen Zustandes der Rechtssphäre gegen drohende Gewalt oder einen drohenden unwiederbringlichen Schaden stellt die **Regelungsverfügung** dar, die durch rechtsgestaltende Maßnahmen oder Unterlassungsaufträge einen einstweiligen Friedenszustand herbeiführen soll, bis die Rechtslage im Hauptverfahren geklärt ist. Mit Hilfe einer solchen Verfügung können eine Fülle von (Dauer-)Rechtsverhältnissen provisorisch geregelt bzw gesichert werden: das Eigentum oder Dienstbarkeiten, sonstige absolute Rechte wie 496

Namens-, Urheber-, Patent- oder Wettbewerbsrechte, Miet- oder Gesellschaftsverhältnisse oder auch Ehe- und Kindschaftsverhältnisse. Die Existenz solcher Verfügungen ist freilich insofern nicht unumstritten, als auch für sie die Meinung vertreten wird (insbesondere von *Konecny* 7 ff), der Inhalt der Verfügung sei – so wie bei den normalen Sicherungsverfügungen (vgl oben Rz 483 ff) – an jenen des zu sichernden Hauptanspruchs gebunden, und Gegenstand des Ausspruchs im Provisorialverfahren könne nicht mehr und nichts anderes sein, als die gefährdete Partei bei klageweiser Durchsetzung des Hauptanspruchs im Zivilprozess erreichen könnte. Das würde aus den Regelungsverfügungen aber ein eher zahnloses Instrumentarium machen. In der Rsp wird zwar stets die „Anspruchsbindung" auch dieser Verfügungen betont (vgl etwa wobl 1994, 160; ÖBA 1995/481), Übereinstimmung mit der überwiegenden Lehre dürfte aber insofern bestehen, als jedenfalls durch die Wahl der Sicherungsmittel auch über die potentiellen Wirkungen einer Entscheidung über den Hauptanspruch hinausgegangen werden kann.

497 Die **Leistungsverfügung** soll eine Rechtssphäre dadurch sichern, dass ein Leistungsanspruch **vorläufig befriedigt** wird. Ob solche Verfügungen über die vom Gesetz geregelten Sonderfälle (§ 382 Abs 1 Z 8 lit a, § 382f EO) hinaus möglich sind, ist strittig. Aus dem Grundverständnis des § 381 Z 2 EO lässt sich aber – unter den dort genannten Voraussetzungen – die vorläufige Befriedigung auch anderer Ansprüche auf Zahlung, auf Herausgabe oder Vornahme einer Handlung rechtfertigen (vgl *Holzhammer* 432, 434).

Die Rsp folgt der Lehre weitgehend; auch richterrechtlich wird eine eigene Art einer einstweiligen Verfügung anerkannt, die der gefährdeten Partei praktisch genauso viel gewähren kann wie das Urteil im Hauptprozess, die **„vorgreifende"** einstweilige Verfügung (vgl JBl 1985, 423; SZ 60/196 = JBl 1988, 112.) Grundsätzlich darf eine solche Verfügung aber nicht eine Sachlage schaffen, die nicht mehr rückgängig gemacht werden kann (vgl hiezu auch 4 Ob 213/05k = ÖBl 2006/45 = MR 2006, 14 [Verbot, eine bestimmte Firma zu führen]; 5 Ob 211/05y = immolex 2006/90 = EWr W/52/24 = wobl 2006/81 [*Call*] = MietSlg 58.784 = Zak 2006/364 [Haussanierung mittels einstweiliger Verfügung?]; 5 Ob 214/06s = EFSlg 115.345 = ecolex 2007/80; 4 Ob 234/07a = RdW 2008/418 [Offenlegung eines Jahresabschlusses]; ferner LGZ Wien 38 R 259/05b = MietSlg 57.831 [Abberufung der Hausverwaltung]; vgl jedoch *E. Kodek* in *Angst* § 378 Rz 7a); der **Provisorialcharakter** des Verfügungsverfahrens muss erhalten bleiben. Wird die Verfügung aufgehoben, muss daher grundsätzlich wieder der frühere Rechtszustand eintreten. Daher kann zB der Ausschluss eines Gesellschafters einer OG nicht im Wege der einstweiligen

Verfügung ausgesprochen werden, weil nach deren Aufhebung der Ausgeschlossene nicht ohne weiteres wieder Gesellschafter wird; möglich ist – bei entsprechender Gefahrenbescheinigung – nur die vorläufige Entziehung der Geschäftsführungs- und Vertretungsmacht (vgl ecolex 1991, 168). Nur **ausnahmsweise** – vor allem bei Duldungs- und Unterlassungsverpflichtungen – sind auch **nicht rückführbare Sicherungsmaßnahmen** zulässig, sofern sie notwendig sind, um die gefährdete Partei zu schützen und wenn sich die Nachteile für den Gegner durch Geldersatz ausgleichen lassen (vgl wbl 1989, 341).

2. Die Voraussetzungen

Auch zur Erlangung einer besonderen Verfügung nach § 381 Z 2 EO muss die gefährdete Partei zwei Voraussetzungen behaupten und bescheinigen:

- **das Bestehen eines bestrittenen oder sonst ungeklärten Rechtes oder Rechtsverhältnisses;** 498

  Nach hL kommt es nicht darauf an, ob aus dem ungeklärten Rechtsverhältnis schon ein Anspruch entstanden ist; es soll ja eine **provisorische Bereinigung** erfolgen, die **mögliche** Ansprüche der gefährdeten Partei zu sichern geeignet ist. Der Verzicht auf die strenge Anspruchsbindung, die bei den Sicherungsverfügungen vorgesehen ist (vgl oben Rz 484), ist hier deshalb gerechtfertigt, weil die Verfügungen nach § 381 Z 2 EO nur unter erschwerten Bedingungen erlassen werden dürfen.

  Soweit eine Verfügung nach § 381 Z 2 EO als Titel für eine Exekution zur Befriedigung verwendet werden kann (was nach der Rsp bei den Leistungsverfügungen nach § 382 Abs 1 Z 8 lit a EO sowie bei den Geboten und Verboten nach § 382 Abs 1 Z 4 und 5 EO der Fall ist – vgl unten Rz 501), ist die Prüfung des materiellen Anspruches der gefährdeten Partei in einem bloß summarischen Verfahren freilich problematisch. Zutreffend fordert *Holzhammer* (433) hier daher, dass in solchen Fällen eine **strengere Prüfung der materiellen Rechtslage** als sonst zu erfolgen habe; die bloße Bescheinigung des Anspruches sollte hier nicht genügen.

- **die Notwendigkeit der einstweiligen Verfügung zur Verhütung drohender Gewalt oder zur Abwendung eines drohenden unwiederbringlichen Schadens.** 499

  Unter **drohender Gewalt** ist nicht schon jedes rechtswidrige oder gegen § 19 ABGB verstoßende Verhalten des Anspruchsgegners zu verstehen, die Gewalt muss vielmehr in der Anwendung eines gegen den Anspruchsberechtigten gerichteten Zwanges oder in der Drohung mit einem solchen Zwang bestehen (vgl MietSlg 34.864, 35.880).

Ein **drohender unwiederbringlicher Schaden** ist dann anzunehmen, wenn ein Nachteil an Vermögen, Rechten oder Personen eingetreten ist, die Zurückversetzung in den vorigen Stand nicht möglich oder tunlich ist und außerdem Geldersatz entweder nicht geleistet werden kann oder diesem Schaden nicht völlig adäquat wäre (vgl JBl 1985, 423; MR 1987/63; 2 Ob 284/05m = ecolex 2007/399 = RdW 2008/106; 6 Ob 6/07m = RdW 2008/103 = RWZ 2007/96, 331 [*Wenger*] = ecolex 2008/18; LGZ Wien 41 R 290/04g = MietSlg 57.828 [Verlust von Kunden]). Demnach genügt die **objektive Gefährdung** der Rechtssphäre, doch ergibt sich aus den strengen Kriterien des Gesetzes die Voraussetzung einer besonderen Notwendigkeit zur Erlassung der Verfügung: Es darf **keine andere Möglichkeit** der Abhilfe bestehen. Überdies muss das Gericht die Nachteile für den Gegner und die Vorteile für die gefährdete Partei sorgfältig gegeneinander abwägen (vgl *Kininger*, BeitrZPR II 81 ff).

3. Die Sicherungsmittel

a) Allgemeines

500 In der Regelung der Sicherungsmittel für die besonderen Verfügungen nach § 381 Z 2 EO versandet das Gesetz. Sieht man von den durch die Novellengesetzgebung immer mehr erweiterten Sicherungsmitteln in Familienrechtssachen (§ 382 Abs 1 Z 8 und § 382a ff EO) ab (vgl unten Rz 501, 507 f), sind aus der Liste des § 382 EO nur die Z 4 und 5 verwendbar: **Gebote und Verbote an den Gegner der gefährdeten Partei**. Dazu kommt auch hier die Anordnung des § 384 Abs 1 EO, nach der die **Vorschriften der §§ 353 bis 358 EO** (vgl oben Rz 437 f, 439 ff, 445 ff) entsprechend Anwendung zu finden haben, wenn dem Gegner die Vornahme oder die Unterlassung bestimmter Handlungen und Veränderungen zur Pflicht gemacht wurde.

Zunächst kommt es auf den Antrag der gefährdeten Partei an, welches Sicherungsmittel vom Gericht festgesetzt wird. Nach der Rsp ist der Richter aber **nicht** an diesen Antrag gebunden und kann nach seinem (überprüfbaren) Ermessen die zur Erreichung des angestrebten Verfügungszweckes zweckdienlichsten Mittel auswählen.

Beispiel für ein Gebot: Wenn der Vermieter den Mieter am Zutritt zur Wohnung durch Anbringung eines Vorhängeschlosses hindert, kann der Mieter den Vermieter auf Entfernung des Vorhängeschlosses klagen und die einstweilige Verfügung beantragen, dass dem Vermieter geboten werde, das Vorhängeschloss vorläufig zu entfernen.

Beispiel für ein Verbot: Ist der Mieter bereits delogiert worden, kann er nach Bewilligung der Wiedereinsetzung in die Einwendungsfrist gegen die Aufkündigung die Erlassung des Verbotes an den Hauseigentümer erwirken, über die freie Wohnung zu verfügen. In beiden Fällen kommt es zu einer (vorläufigen) Befriedigung des Mieters iS einer Leistungsverfügung. Geht man von einer Anspruchsbindung der einstweiligen Verfügung aus, so bedürfte es im zweiten Beispielsfall zur Rechtfertigung der Verfügung zusätzlich einer Unterlassungsklage des Mieters.

b) Die Sicherungsmittel in Familienrechtssachen

- **Die Bestimmung des einstweiligen Unterhaltes** (§ 382 Abs 1 Z 8 lit a EO)

Einstweiliger Unterhalt kann für einen Ehegatten, einen geschiedenen Ehegatten oder ein Kind (Enkel etc – § 42 ABGB) bestimmt werden, und zwar jeweils im Zusammenhang mit einem Unterhaltsprozess; der einstweilige Unterhalt für einen Ehegatten oder für ein eheliches Kind auch im Zusammenhang mit einem Eheverfahren (zwischen seinen Eltern). **501**

„Im Zusammenhang" bedeutet, dass die Verfügung schon beantragt werden kann, bevor noch das Hauptverfahren anhängig ist. In diesem Fall hat das Gericht gem § 391 Abs 2 EO eine Rechtfertigungsfrist für die Einbringung der entsprechenden Klage bzw des entsprechenden Antrages zu setzen.

Die richterrechtliche Ausgestaltung dieser Verfügung sieht folgende Besonderheiten vor: Es handelt sich um eine **Leistungsverfügung**, durch die ein **Exekutionstitel** geschaffen wird (EFSlg 36.920, 41.912). Dieser Titel ist insofern provisorisch, als er nur für eine gewisse Zeit zur Anwendung kommt; die Beträge, die während der Dauer der einstweiligen Verfügung fällig werden, kommen dem Anspruchsberechtigten aber endgültig zu. Zu behaupten und zu bescheinigen hat der Antragsteller den Unterhaltsanspruch und die Unterhaltsverletzung (EFSlg 36.921; 115.366); der Bescheinigung einer Gefährdung bedarf es dagegen nicht (EFSlg 39.378, 52.375; 98.562 mwN). Voraussetzung für die Bewilligung des einstweiligen Unterhaltes ist ferner die Unterhaltsverletzung spätestens zum Zeitpunkt der Entscheidung über den Antrag (EFSlg 41.926, 46.813). Obwohl seit SZ 61/143 = JBl 1988, 586 (zust *Pichler*) = AnwBl 1989/3132 (zust *Heller*) Unterhalt auch für die Vergangenheit gefordert werden darf, kann die vorläufige Sicherung des Unterhaltsverhältnisses nur in laufen-den Zahlungen erfolgen (SZ 63/205 = EvBl 1991/38 = AnwBl 1991/3726; EFSlg 115.363). Ein Unterhaltsrückstand kann nur nach § 379 EO gesichert werden.

Ein uneheliches Kind kann die Bestimmung des einstweiligen Unterhaltes stets nur im Zusammenhang mit einem Unterhaltsverfahren und gegen seinen Vater überdies nur dann beantragen, wenn die Vaterschaft anerkannt oder festgestellt ist.

Zu beachten ist, dass einstweilige Verfügungen nach § 382 Abs 1 Z 8 EO nicht der Sicherung der Vermögensobjekte selbst, sondern der gerichtlichen Durchsetzung des Aufteilungsanspruches nach den §§ 81 ff EheG dienen (4 Ob 206/07h = EFSlg 118.320).

502 • **Schutz vor Gewalt in der Familie** (§§ 382b–382d EO)

Die Möglichkeit zur Erlassung von einstweiligen Verfügungen zum Schutz vor Gewalt in der Familie wurde durch das BG zum Schutz vor Gewalt in der Familie (BGBl 1996/759) beträchtlich erweitert:

503 Das Gericht hat einer Person, die einem nahen Angehörigen (vgl die Legaldefinition in § 382b Abs 3 EO) durch einen körperlichen Angriff, eine Drohung mit einem solchen oder ein die psychische Gesundheit erheblich beeinträchtigendes Verhalten das **weitere Zusammenleben** unzumutbar macht, auf Antrag des Angehörigen

- das **Verlassen** der Wohnung und deren unmittelbarer Umgebung **aufzutragen** und
- die **Rückkehr** in die Wohnung und deren unmittelbare Umgebung zu **verbieten** (§ 382b Abs 1 EO).

Die Ausübung von „Psychoterror" schlechthin rechtfertigt nicht die Erlassung einer einstweiligen Verfügung nach § 382b EO, sondern es kommt darauf an, dass dadurch die psychische Gesundheit des Antragstellers erheblich beeinträchtigt wird. Die mit einem Scheidungsverfahren üblicherweise verbundenen Auseinandersetzungen und die daraus allenfalls resultierenden nervlichen Belastungen sind jedenfalls noch keine erhebliche Beeinträchtigung der psychischen Gesundheit (6 Ob 16/07g = EvBl 2007/104 = JBl 2007, 666 = iFamZ 2007/104 [*Deixler-Hübner*] = EF-Z 2007/91 [*Höllwerth*] = Zak 2007/300). Maßgeblich sind Ausmaß, Häufigkeit und Intensität der bereits – auch schon länger zurückliegenden – angedrohten oder gar verwirklichten – Angriffe sowie, bei Drohungen, die Wahrscheinlichkeit der Ausführung (10 Ob 69/06d = EFSlg 115.484 = JusGuide 2007/07/4296).

Der Antragsteller muss an der Wohnung ein dringendes Wohnbedürfnis haben (vgl hiezu *E. Kodek* in *Angst* § 382b Rz 12). Der Auftrag zum Verlassen der Wohnung ist, wenn der Antragsteller nichts anderes beantragt, durch den Gerichtsvollzieher beim Vollzug zuzustellen (§ 382c Abs 2). Hat der Antragsgegner gegenüber Organen des öffentlichen Sicherheitsdienstes aus Anlass einer Wegweisung nach § 38a Abs 3 SPG eine Abgabestelle bekanntgegeben, so gilt diese als Abgabestelle für das gerichtliche Verfahren. Hat dies der Antragsgegner (trotz Hinweises auf die Rechtsfolgen) unterlassen, so können die Zustellungen im Provisorialverfahren durch Hinterlegung ohne vorausgehenden Zustellversuch (vgl §§ 8, 23 ZustellG) vorgenommen werden, bis dem Gericht eine Abgabestelle bekannt gegeben wird (§ 382c Abs 4 EO).

Eine solche einstweilige Verfügung ist sofort von Amts wegen oder auf Antrag zu **vollziehen**: Der Gerichtsvollzieher hat den Antragsgegner aus der Wohnung zu weisen und ihm alle Schlüssel zur Wohnung abzunehmen und bei Gericht zu erlegen. Er hat dem Antragsgegner jedoch Gelegenheit zur Mitnahme seiner persönlichen Wertsachen und Dokumente sowie jener Sachen zu gewähren, die seinem alleinigen persönlichen Gebrauch oder der Ausübung seines Berufes dienen. Ist der Antragsgegner beim Vollzug nicht anwesend, so hat ihm der Gerichtsvollzieher auf seinen Antrag binnen zweier Tage Gelegenheit zu geben, seine Sachen aus der Wohnung abzuholen. Auf dieses Recht ist der Antragsgegner vom Gerichtsvollzieher durch Hinterlassung einer Nachricht an der Wohnungstüre hinzuweisen (§ 382d Abs 2 und 3 EO).

Von der **Anhörung** des Antragsgegners vor Erlassung der einstweiligen Verfügung nach § 382b Abs 1 EO ist insbesondere dann abzusehen, wenn eine weitere Gefährdung durch den Antragsgegner unmittelbar droht; dem Antragsgegner steht jedoch das Recht zu, Widerspruch gem § 397 Abs 1 EO zu erheben (vgl nur LGZ Wien 45 R 251/05b = EFSlg 112.638; LG Linz 15 R 108/06t = EFSlg 115.566). Die Wahrscheinlichkeit einer weiteren, unmittelbar bevorstehenden Gefährdung kann sich vor allem aus einem Bericht der Sicherheitsbehörde ergeben. Wird jedoch der Antrag ohne unnötigen Aufschub nach einem polizeilichen Betretungsverbot (§ 38a Abs 7 SPG) gestellt, so ist dieser dem Antragsgegner unverzüglich zuzustellen (§ 382c Abs 1 EO).

Zu den polizeilichen Befugnissen in diesem Zusammenhang (Wegweisung und Rückkehrverbot bei Gewalt in Wohnungen) vgl insbesondere § 38a SPG.

Außerdem kann ein Ehegatte – gleichfalls ohne Zusammenhang mit einem Eheverfahren – **vorübergehend gesondert Wohnung nehmen**, wenn er dafür wichtige persönliche Gründe hat oder solange ihm ein Zusammenleben mit dem anderen Ehegatten, besonders wegen körperlicher Bedrohung, unzumutbar ist (§ 92 Abs 2 ABGB). Jeder der beiden Ehegatten kann in diesem Fall bei dem nach § 114a JN zuständigen Gericht im Außerstreitverfahren einen Antrag auf Feststellung einbringen, dass die gesonderte Wohnungsnahme (nicht) gerechtfertigt ist bzw war (§ 92 Abs 3 ABGB).

Macht der Antragsgegner seinem nahen Angehörigen in der ange- **504**
sprochenen Weise (vgl Rz 503) **das weitere Zusammentreffen** unzumutbar, so hat das Gericht auf Antrag des Angehörigen dem Antragsgegner

- den Aufenthalt an bestimmt bezeichneten Orten zu verbieten und
- aufzutragen, das Zusammentreffen sowie die Kontaktaufnahme mit dem Antragsteller zu vermeiden (sog „Bannmeile", § 382b Abs 2 EO).

Solche einstweiligen Verfügungen nach § 382b EO (Rz 503, 504) **505**
sind sofort von Amts wegen oder auf Antrag zu **vollziehen** (§ 382d Abs 1 EO). Eine wichtige Besonderheit liegt hier darin, dass das Gericht auch die **Sicherheitsbehörden** mit dem Vollzug beauftragen kann (§ 382d Abs 4 EO): Während ansonsten Unterlassungspflichten nur mit Strafen nach § 355 EO durchgesetzt werden können, besteht hier die Möglichkeit,

den § 382b EO entsprechenden Zustand durch **unmittelbare behördliche Befehls- und Zwangsgewalt** herzustellen.

Die Erlassung und den Vollzug der einstweiligen Verfügung kann auch der Jugendwohlfahrtsträger als Sachwalter des Minderjährigen beantragen, wenn der sonstige gesetzliche Vertreter einen erforderlichen Antrag nicht unverzüglich gestellt hat (§ 215 Abs 2 ABGB).

506 Eine einstweilige Verfügung nach § 382b Abs 1 und 2 EO kann unabhängig vom Fortbestehen der häuslichen Gemeinschaft der Parteien und auch ohne Zusammenhang mit einem Verfahren auf Scheidung, Aufhebung oder Nichtigerklärung der Ehe, einem Verfahren auf Aufteilung des ehelichen Gebrauchsvermögens und der ehelichen Ersparnisse (§§ 93 ff AußStrG) oder einem Verfahren zur Klärung der Benützungsberechtigung an der Wohnung erlassen werden. Solange ein solches Verfahren noch nicht anhängig ist, darf die Zeit, für die eine derartige Verfügung getroffen wird, insgesamt drei Monate nicht übersteigen. Wurde vor Einleitung eines Scheidungsverfahrens eine – mit drei Monaten befristete – EV erlassen, kann diese vor Ablauf der Frist und nach Einbringung der Scheidungsklage verlängert werden (6 Ob 11/98f = EvBl 1998/11 = SZ 71/13 = EFSlg 88.384 = JBl 1998, 662; vgl auch 3 Ob 1/08f = EvBl 2008/106 = EF-Z 2008/116, wo der OGH erstmals ausspricht, dass die Verlängerung einer EV nach § 382b EO bis zur rechtskräftigen Erledigung des Hauptverfahrens auch dann möglich ist, wenn die Klage nicht vom Sicherungswerber, sondern von seinem Gegner eingebracht wurde).

507 • **Die einstweilige Sicherung ehelichen Gebrauchsvermögens und ehelicher Ersparnisse** (§ 382 Abs 1 Z 8 lit c EO)

Im Zusammenhang mit einem Verfahren auf Aufteilung des Gebrauchsvermögens und der ehelichen Ersparnisse (vgl §§ 81 ff EheG) oder mit einem Eheverfahren kann sowohl die Benützung dieses Vermögens **einstweilen geregelt** als auch dessen **einstweilige Sicherung** angeordnet werden.

Eheliches Gebrauchsvermögen sind alle körperlichen Sachen, die während aufrechter ehelicher Lebensgemeinschaft dem Gebrauch beider Ehegatten gedient haben; hiezu gehören auch der Hausrat und die Ehewohnung (§ 81 Abs 2 EheG). **Eheliche Ersparnisse** sind Wertanlagen, die die Ehegatten während aufrechter ehelicher Lebensgemeinschaft angesammelt haben und die ihrer Art nach üblicherweise für eine Verwertung bestimmt sind (zB Bargeld, Wertpapiere, Kunstgegenstände; § 81 Abs 3 EheG).

Zu bescheinigen ist in jedem Fall der Aufteilungsanspruch. Da es sich im ersten Fall um eine besondere Regelungsverfügung und im zweiten Fall um die Sicherung eines künftigen (!) Leistungsanspruches gem § 381 Z 2 EO handelt, müssen dessen Voraussetzungen gegeben sein: Die **besondere Gefahr** für die Benützung besteht zB darin, dass der Gegner den Antragsteller von der Benützung des Hausrates oder der Ehewohnung ausgeschlossen hat; jene für den Leistungsanspruch zB dann, wenn die Veräußerung, Verschleppung oder Vernichtung der Objekte zu befürchten ist. Keine Gefahr ist jedoch gegeben beim Verkauf von Teilen der Aufteilungsmasse, sofern insgesamt noch genügend Vermögen vorhanden ist, um den Aufteilungsanspruch des Antragstellers zu decken (6 Ob 278/07m = EF-Z 2008/55).

Als **Sicherungsmaßnahmen** können zB die Verbücherung eines Veräußerungs- und Belastungsverbotes (vgl EFSlg 46.887 = MietSlg 36.912; EFSlg 49.590), die Hinterlegung eines Rangordnungsbeschlusses über die beabsichtigte Veräußerung und das Verbot der Verfügung über diesen sowie die bücherliche Anmerkung der erlassenen Verfügungsverbote hinsichtlich der Liegenschaft und des Rangordnungsbeschlusses (vgl EFSlg 32.310, 44.307) bewilligt werden.

- **Vorläufiger Unterhalt für Minderjährige** (§ 382a EO) 508

Neben der Möglichkeit, einstweiligen Unterhalt durch eine Verfügung nach § 382 Abs 1 Z 8 lit a EO zugesprochen zu erhalten, gibt § 382a EO (eingeführt durch das BG über den vorläufigen Unterhalt für Minderjährige, BGBl 1987/645) dem **minderjährigen Kind** eine weitere Handhabe zur Sicherung seines Unterhalts. Danach kann ein Minderjähriger die Gewährung vorläufigen Unterhalts durch einen Elternteil beantragen, in dessen Haushalt er **nicht** betreut wird (wenn er sich in Drittpflege befindet, von jedem Elternteil), wenn er gegen diesen Elternteil noch **keinen vollstreckbaren Unterhaltstitel** besitzt und wenn ein **Verfahren** zur Bemessung des Unterhalts des Minderjährigen gegen diesen Elternteil **anhängig** ist oder zugleich anhängig gemacht wird. Der vorläufige Unterhalt kann jedoch höchstens bis zum Grundbetrag der Familienbeihilfe bewilligt werden (LGZ Wien 45 R 326/05g = EFSlg 112.507).

Ein minderjähriges uneheliches Kind kann von seinem Vater überdies nur dann vorläufigen Unterhalt verlangen, wenn die Vaterschaft festgestellt ist. Von den Großeltern kann kein vorläufiger Unterhalt begehrt werden (§ 382a Abs 3 EO).

Zuständig ist das für das Unterhaltsverfahren zuständige Gericht. Das Vorbringen des Minderjährigen ist für bescheinigt zu halten, soweit sich aus den Pflegschaftsakten nichts anderes ergibt. Über den Antrag ist **ohne Anhörung des Elternteiles** unverzüglich zu entscheiden (§ 382a Abs 4 EO). Die Bewilligung kann nicht von einer Sicherheitsleistung abhängig gemacht werden (§ 390 Abs 4 EO). Ein Widerspruch gegen diese einstweilige Verfügung ist unzulässig (§ 397 Abs 1 EO), jedoch ist die Möglichkeit von Einschränkungs- und Aufhebungsanträgen erleichtert (vgl § 399a EO).

508a • **Sicherung des dringenden Wohnbedürfnisses eines Ehegatten** (§ 382e EO – bei Inkrafttreten des 2. Gewaltschutzgesetzes [vgl Rz 508d] inhaltlich unverändert als § 382h EO bezeichnet)

Gem § 382e EO steht einem Ehegatten zur Sicherung sowohl seines **Anspruches auf Befriedigung seines dringenden Wohnbedürfnisses** (§ 97 ABGB) als auch der ihm **infolge Verletzung dieses Anspruches zustehenden, nicht in Geld bestehenden Forderungen** eine einstweilige Verfügung zu. Sämtliche Sicherungsmittel nach § 382 Abs 1 Z 4 bis 7 EO werden ausdrücklich zugelassen (vgl *E. Kodek* in *Angst* § 382e Rz 1 bis 8).

Nach § 382e Abs 2 EO ist die **Bescheinigung konkreter Gefährdung** dann nicht erforderlich, wenn zwischen den Parteien ein Verfahren auf Scheidung, Aufhebung oder Nichtigerklärung der Ehe anhängig ist, da in diesem Fall die Gefährdung unterstellt werden kann.

Aufgrund der Gefahr, dass der Gegner der einstweiligen Verfügung nach Zustellung des Sicherungsantrages und der Aufforderung zur Äußerung den Zweck der einstweiligen Verfügung zu vereiteln versucht (zB indem er eine auf Vermögensverschiebung gerichtete Grundbuchshandlung setzt), hat die **Anhörung des Gegners** der gefährdeten Partei vor Zustellung des Antrages zu unterbleiben. Sie hat nur dann zu erfolgen, wenn die Zustellung des Sicherungsantrages an den Gegner zur Äußerung notwendig erscheint.

Da sich aus § 97 ABGB kein Anspruch auf Übertragung der Mietrechte ergibt, ist auch eine einstweilige Verfügung zur Sicherung dieses Anspruches nicht zulässig. Die einstweilige Verfügung nach § 382e EO ist weiters anspruchsgebunden, dh nur zur Sicherung des Hauptanspruches zulässig. Im Unterschied zu § 382 Abs 1 Z 8 und § 382b EO reicht daher der bloße Zusammenhang mit einem Verfahren auf Scheidung, Aufhebung oder Nichtigerklärung nicht aus. Die Wirkungsdauer der einstweiligen Verfügung reicht nur soweit, bis das Verfahren über den zu sichernden Hauptanspruch rechtskräftig beendet ist bzw nicht mehr geltend gemacht werden kann. Das Gericht kann eine kürzere Geltungsdauer festlegen.

c) *Einstweiliger Mietzins (§ 382f EO)*

508b § 382f EO gibt dem Vermieter die Möglichkeit, während eines von ihm angestrengten Kündigungs- und Räumungsverfahrens die gerichtliche Festsetzung eines einstweiligen Mietzinses in Form einer einstweiligen Verfügung zu beantragen. Auf dieser Grundlage kann der Vermieter dann schon während des laufenden Verfahrens Exekution zur Hereinbringung des festgesetzten Mietzinses führen. Damit soll verhindert werden, dass ein zahlungsunwilliger Mieter ein Kündigungs- oder Räumungsverfahren durch eine Mietzinsbestreitung verzögert und während dieses in die Länge gezogenen Verfahrens den Mietgegenstand ohne Zahlung eines Mietzinses nützt.

Voraussetzung ist, dass es sich dabei um einen dem Vollanwendungsbereich des MRG unterliegenden Hauptmietvertrag handelt, der Gegenstand eines Verfahrens über eine Kündigung nach § 30 Abs 2 Z 1 MRG oder über eine Räumungsklage wegen Mietzinsrückstandes gem § 1118 ABGB ist. Die Erlassung einer EV über die Auferlegung eines einstweiligen Mietzinses ist in zumindest analoger Anwendung des § 382f EO aber auch dann zulässig, wenn das Mietverhältnis zwar gemäß § 1 Abs 4 Z 1 MRG von der Anwendung des MRG teilweise ausgenommen ist, wegen seinerzeitiger Vorschreibung von Erhaltungs- und Verbesserungsbeiträgen gemäß § 45 Abs 5 MRG (alte Fassung) aber dennoch gesetzliche Mietzinsbildungsvorschriften zu beachten sind und der Mieter die Möglichkeit der Einleitung eines Außerstreitverfahrens gem § 37 Abs 1 Z 8 MRG hat (8 Ob 100/05x = AnwBl 2006/8032 = MietSlg 57.832 = MietSlg LVII/21 = immolex 2006/51 = wobl 2006/85 = Zak 2006/130 = RZ 2006/18 = RdW 2006/208, 213).

Der Vermieter hat zu bescheinigen, dass der Mieter seine Pflicht zur Bezahlung des vertraglich vereinbarten oder des nach den Bestimmungen des MRG erhöhten Hauptmietzinses zuzüglich Betriebskosten und öffentlicher Abgaben verletzt (§ 382f Abs 1 EO); eine Gefahrenbescheinigung iSd § 381 EO hat er nicht zu erbringen. Der Mieter kann dagegen alle inhaltlichen Einwendungen gegen den Mietzinszahlungsanspruch vorbringen, die ihm auch im Hauptverfahren offenstehen. Stellt sich in der Folge heraus, dass der Mieter keinen oder nur einen geringeren Mietzins schuldete, so hat er einen Anspruch auf Rückerstattung des zuviel bezahlten einstweiligen Mietzinses.

§ 382f EO stellt eine erhebliche rechtspolitische Fehlleistung dar: Das Problem, dass Geldschuldner Leistungsprozesse führen und zu verzögern suchen, ist ja keine Besonderheit des Mietrechts. Während im anderen gesetzlich geregelten Fall der Leistungsverfügung – einstweiliger Unterhalt (vgl Rz 501) – klar auf der Hand liegt, warum gerade das Interesse des Unterhaltsgläubigers, sofort Zahlung zu erhalten, besonders schutzwürdig ist, sind keinerlei sachliche Gründe erkennbar, warum gerade der Vermieter einer Liegenschaft (nur im Vollanwendungsbereich des MRG) insofern schutzwürdiger sein soll als andere Gläubiger von Geldforderungen.

d) Schutz vor Eingriffen in die Privatsphäre (§ 382g EO)

Durch das Strafrechtsänderungsgesetz 2006 (BGBl I 56/2006), das eine Verbesserung des Schutzes gegen beharrliche Verfolgung sowohl im Straf- als auch im Zivilrechtsbereich zum Gegenstand hatte, wurde der Katalog der EV um eine weitere, welche den **Schutz vor Eingriffen in** 508c

die Privatsphäre vorsieht, ergänzt. Die Einführung dieser neuen Verfügung erwies sich insbes deshalb als notwendig, weil der gefährdeten Partei vorher nur bei „Angriffen" seitens naher Angehöriger iSd § 382b Abs 3 gerichtlicher Schutz gewährt wurde.

In Gleichklang mit dem in das StGB eingefügten Tatbestand der „beharrlichen Verfolgung" (§ 107a StGB) legt § 382g Abs 1 EO das Verbot persönlicher Kontaktaufnahme mit sowie jenes der Verfolgung der gefährdeten Partei (Z 1), das Verbot brieflicher, telefonischer oder sonstiger Kontaktaufnahme (Z 2), jenes des Aufenthaltes an bestimmten, zu bezeichnenden, Orten (Z 3), das Verbot der Weitergabe und Verbreitung von persönlichen Daten und Lichtbildern der gefährdeten Partei (Z 4), das Verbot, Waren oder Dienstleistungen unter Verwendung der personenbezogenen Daten der gefährdeten Partei bei einem Dritten zu bestellen (Z 5), und schließlich das Verbot, Dritte zur Aufnahme von Kontakten mit der gefährdeten Partei zu veranlassen (Z 6), fest. Der Umstand, dass noch keine Beeinträchtigung der Lebensführung zu befürchten ist, steht der Erlassung einer EV iSd § 382g EO (im Gegensatz zu § 107a StGB) nicht entgegen (vgl *Wolfrum/Dimmel*, ÖJZ 2006, 483). Grundlage der Entscheidung, ob es sich um einen unzulässigen Eingriff in die Privatsphäre handelt, hat jedenfalls eine Interessensabwägung zu bilden (vgl *Wolfrum/Dimmel*, ÖJZ 2006, 482 f).

Bereits vor Inkrafttreten des § 382g EO war der Schutz vor Eingriffen in die Privatsphäre durch die Bestimmungen der §§ 16, 1328a ABGB (unter gewissen Voraussetzungen auch der §§ 43, 1330 ABGB, § 78 UrhG, so *Wolfrum/Dimmel*, ÖJZ 2006, 483) gewährleistet. Die mit 1.7. 2006 in Kraft getretenen neuen Regelungen über EV zum Schutz vor Eingriffen in die Privatsphäre schaffen keine neue Anspruchsgrundlage (vgl auch *Wolfrum/Dimmel*, ÖJZ 2006, 482), sondern setzen diese vielmehr voraus. Nur ein Verhalten, das auch nach der Rechtslage vor dem 1.7.2006 rechtswidrig war, kann somit die Erlassung einer einstweiligen Verfügung nach § 382g EO rechtfertigen. Daraus folgt, dass eine EV nach § 382g EO auch dann erlassen werden kann, wenn das rechtswidrige Verhalten vor dem 1.7.2006 gesetzt wurde, solange nur der Antrag auf Erlassung nach dem 30.6.2006 eingebracht wird (8 Ob 155/06m = RZ-EÜ 2007/315).

Eine nach § 382g EO getroffene Verfügung darf ein Jahr nicht übersteigen (§ 382g Abs 3 EO). Die gefährdete Partei hat lediglich im Falle des dem Antragsgegner auferlegten Verbots des Aufenthalts an bestimmten näher bezeichneten Orten (§ 382g Abs 1 Z 3) innerhalb einer vom Gericht zu setzenden Frist eine **Rechtfertigungsklage** einzubringen (§ 382g Abs 3 EO). Ebenso wie bei der Verfügung nach § 382b EO kann das Gericht hinsichtlich der Verfügungen nach Abs 1 Z 1, 3 auch die Sicherheitsbehörden mit dem Vollzug betrauen (§ 382g Abs 2 EO). Eine Verständigung für den Fall der Betrauung mit dem Vollzug ist – im Gegensatz zu § 382c Abs 3 EO, wo die Sicherheitsbehörden **unverzüglich** zu verständigen **sind** – ausreichend (vgl *Wolfrum/Dimmel*, ÖJZ 2006, 485). Ein drohender Eingriff reicht für die Erlassung der Verfügung aus. Ein Verbot bisher noch nicht verwendeter, aber naheliegender, Mittel zur Kontaktaufnahme kann im Einzelfall, um ein Ausweichen des „Stalkers" auf andere, bisher noch nicht konkret eingesetzte Methoden, das Opfer zu „terrorisieren" zu verhindern, durchaus zulässig sein (2 Ob 82/08k = Zak 2008/442 = EF-Z 2008/140).

Der Gefährdete hat die Voraussetzungen des Anspruchs auf Unterlassung weiterer „Stalking"-Handlungen nur zu bescheinigen. Mit der Anspruchsbescheinigung sind gleichzeitig auch die Anforderungen des § 381 Z 2 EO erfüllt, weil bei Beeinträchtigung von Persönlichkeitsrechten, die einen Unterlassungsanspruch begründen, eine EV durchwegs zur Abwehr eines drohenden Schadens iSd § 381 Z 2 EO notwendig sein wird (8 Ob 155/06m = EvBl 2007/81 = JBl 2007, 663; *Deixler-Hübner*, iFamZ 2007/78). Verschulden des Antragsgegners oder die Erfüllung des Straftatbestandes des § 107a StGB ist für die Erlassung der Verfügung nicht notwendig (8 Ob 155/06m = EvBl 2007/81= JBl 2007, 663 = Zak 2007/170).

Die Auferlegung einer Sicherheitsleistung für die Erlassung der Verfügung ist – ebenso wie bei der Verfügung zum Schutz vor Gewalt in der Familie – **unzulässig** (§ 390 Abs 4 EO).

e) Geplante Neuerungen durch das 2. Gewaltschutzgesetz

Im Jahr 2009 soll das zweite Gewaltschutzgesetz (derzeit Beschluss des Ministerrates) in Kraft treten, das die Schaffung effizienter **Maßnahmen gegen alle Erscheinungsformen von Gewalt im sozialen Nahraum, insbesondere Gewalt an Kindern**, zum Ziel hat und zur Anwendung kommt, wenn der Antrag auf Erlassung der EV nach dem 31.12.2008 bei Gericht einlangt (§ 411 nF EO). **508d**

Neben der Einführung eines neuen § 107b StGB („Fortgesetzte Gewaltausübung") sowie weiteren Änderungen im Bereich des Strafrechts, soll der bisher durch die einstweiligen Verfügungen der §§ 382b, 382g EO gewährleistete, in der Praxis bewährte, Schutz ausgeweitet werden.

Das System der EV zum Schutz vor Gewalt soll wesentlich umgestaltet werden. Die beiden bisher in § 382b geregelten Tatbestände, die Unzumutbarkeit des **Zusammenlebens** (Abs 1) sowie jene des **Zusammentreffens** (Abs 2), sollen nunmehr getrennt – Erstere unter dem Titel **„Schutz vor Gewalt in Wohnungen"** (derzeit „Schutz vor Gewalt in der Familie") in § 382b, Zweitere unter dem Titel **„Allgemeiner Schutz vor Gewalt"** in § 382e – geregelt werden.

Im Falle des **Schutzes vor Gewalt in Wohnungen** iSd § 382b nF EO soll die Schutzdauer ohne Hauptverfahren von bisher drei (§ 382b Abs 4) auf künftig **sechs Monate** (§ 382b nF EO) ausgedehnt werden können, im Falle des **Allgemeinen Schutzes vor Gewalt**, in Gleichklang zu den entsprechenden Bestimmungen des § 382g EO, von bisher drei Monaten auf **ein Jahr** (§ 382e Abs 2 nF EO) – die künftig unterschiedlich lange Höchstdauer erklärt sich aus der stärkeren Eingriffsintensität der Verweisung aus der eigenen Wohnung gem § 382b Abs 1 nF EO (ErlME 193/ME 23. GP 11).

Die für beide der in § 382b geregelten Tatbestände enthaltene Einschränkung auf „**nahe Angehörige**" wird **aufgehoben**, wodurch ein Gleichklang zu § 38a SPG geschaffen werden soll, der Wegweisung und Betretungsverbot bei Gewalt in Wohnungen ebenfalls ohne Einschränkungen auf nahe Angehörige regelt (ErlME 193/ME 23.GP 9).

Wird gegen eine einstweilige Verfügung zum Schutz vor weiterem Zusammentreffen verstoßen, soll der gefährdeten Partei die Möglichkeit eingeräumt werden, eine Verlängerung auf ein weiteres Jahr zu erwirken (§ 382e Abs 2 nF EO; ErlME 193/ME 23. GP 11).

Der Schutz des bisherigen § 382g EO („**Anti-Stalking-Verfügung**") soll, auch ohne Hauptverfahren, auf **ein Jahr** ausgedehnt werden können, im Falle eines weiteren Zuwiderhandelns seitens des Gegners der gefährdeten Partei auf ein weiteres Jahr (§ 382g Abs 2 nF EO); die **Zuständigkeit** soll sich nunmehr nach dem **allgemeinen Gerichtsstand der gefährdeten Partei** richten (§ 387 Abs 4 nF EO).

E. Die einstweiligen Verfügungen außerhalb der EO

1. Allgemeines

509 In einer Reihe von Rechtsvorschriften werden außerhalb der EO einstweilige Sicherungsmaßnahmen zugunsten von Ansprüchen, die sich aus den im jeweiligen Gesetz geregelten Rechtsverhältnissen ergeben, vorgesehen. Soweit es sich dabei um Vorschriften handelt, die älter als die EO sind, gilt Art XXVII EGEO: Danach bleiben solche Bestimmungen grundsätzlich aufrecht; auf die Sicherungsmaßregeln und auf das Verfahren sind aber die Vorschriften der EO anzuwenden. Soweit solche Gesetze Sicherungsmaßnahmen vorsehen, die der EO unbekannt sind, entsteht trotzdem kaum jemals eine Antinomie zu Art XXVII EGEO, weil idR nicht Geldforderungen gesichert werden sollen, sondern „andere Ansprüche" iS des § 381 EO, bei denen nach § 382 EO die Bestimmung der Sicherungsmittel ohnedies dem Ermessen des Gerichtes überlassen ist.

Bei den meisten dieser Verfügungen handelt es sich um **Spezialverfügungen**, die kraft ausdrücklicher gesetzlicher Anordnung auch dann erlassen werden können, wenn die Voraussetzungen des § 381 EO nicht zutreffen. Viele der Sicherungsmaßnahmen gehen jedoch über einen bloßen Sicherungszweck hinaus und haben **Regelungs- und/oder Leistungsfunktion**; sie sind dann grundsätzlich der Kategorie des § 381 Z 2 EO zuzuordnen.

Im Folgenden werden beispielsweise einige wichtige besondere Verfügungsarten im Überblick dargestellt.

2. Die Verfügungen zur Sicherung wettbewerbsrechtlicher Unterlassungsansprüche

Nach § 24 UWG können zur Sicherung wettbewerbsrechtlicher Unterlassungsansprüche einstweilige Verfügungen auch dann erlassen werden, **510**
wenn die Voraussetzungen des § 381 EO nicht vorliegen. Der Antragsteller braucht deshalb nur den Unterlassungsanspruch iS des UWG zu bescheinigen, nicht aber eine Gefährdung, insbesondere nicht die Wiederholungsgefahr (ÖBl 1960, 25). Zur Abwendung eines drohenden unwiederbringlichen Schadens kann der Endentscheidung vorgegriffen werden (ÖBl 1959, 74); der frühere Zustand muss aber wiederherstellbar sein (EvBl 1971/141).

§ 24 UWG ist gem § 30 KSchG sinngemäß anzuwenden, wenn einer der klageberechtigten Verbände des § 29 KSchG einen Unterlassungsanspruch nach § 28 KSchG im Wege der Verbandsklage geltend macht.

3. Die Verfügungen zur Sicherung urheberrechtlicher Ansprüche

Nach § 87c Abs 2 UrhG können zur Sicherung von Ansprüchen auf **511**
angemessenes Entgelt, Schadenersatz und Herausgabe des Gewinns im Falle von gewerbsmäßig begangenen Rechtsverletzungen EV erlassen werden, wenn wahrscheinlich ist, dass die Erfüllung dieser Forderungen gefährdet ist. Die Erlassung von EV zur Sicherung von Unterlassungs- und Beseitigungsansprüchen setzt nicht voraus, dass die in § 381 EO genannten Voraussetzungen erfüllt sind (§ 87c Abs 3 UrhG).

Hinsichtlich der Ansprüche auf Unterlassung, Beseitigung, angemessenes Entgelt, Schadenersatz und Herausgabe des Gewinns können EV sowohl zur Sicherung des Anspruchs selbst als auch zur Sicherung von Beweismitteln erlassen werden (§ 87c Abs 1 UrhG), dies, über Antrag der gefährdeten Partei, ohne Anhörung des Gegners, wenn der gefährdeten Partei durch eine Verzögerung wahrscheinlich ein nicht wiedergutzumachender Schaden entstünde oder die Gefahr besteht, dass Beweise vernichtet werden (§ 87c Abs 4 UrhG).

4. Die Sicherungsmittel in Besitzstörungssachen

512 Während des Besitzstörungsverfahrens kann der Richter einstweilige Vorkehrungen, die ihrem Wesen nach einstweilige Verfügungen sind, erlassen. Voraussetzung dafür ist nach § 458 ZPO, dass sie zur Abwendung der dringenden Gefahr widerrechtlicher Beschädigung, zur Verhütung von Gewalttätigkeiten oder zur Hintanhaltung eines unwiederbringlichen Schadens nötig erscheinen. § 458 ZPO stellt gegenüber § 381 Z 2 EO eine *lex specialis* dar.

Nach hM können solche einstweiligen Vorkehrungen auch von Amts wegen erlassen werden (vgl etwa *G. Kodek*, Besitzstörung [2002] 967 ff; JBl 1949, 17); aA zurecht *Frauenberger* 84 ff.

Anspruch und Gefährdung müssen **nicht** gesondert bescheinigt werden (EvBl 1937/535), da sie aus dem Vorbringen und aus der Sachlage von Amts wegen abgeleitet werden können. Eine angemessene **Sicherheitsleistung** kann aufgetragen werden. Die Sicherungsmittel und der Vollzug richten sich nach den Vorschriften der EO. Für die Anfechtung der einstweiligen Vorkehrungen gelten die §§ 518 Abs 2 und 528 Abs 2 Z 6 ZPO.

Wurde eine **Bauverbotsklage** (§§ 340 bis 342 ABGB, Art XXXVII EGZPO) erhoben, hat der Richter sofort bei Einlangen der Klage (also ohne Bescheinigung des Anspruches und der Gefährdung) von Amts wegen ohne Einvernahme des Gegners das Erforderliche anzuordnen (§ 456 ZPO). Dies kann etwa ein vorläufiges Bau- bzw Demolierungsverbot sein, das aber dann, wenn die Gefahr eines Schadens für den Beklagten besteht, nur gegen eine angemessene Sicherheitsleistung des Klägers erlassen werden darf.

5. Die Verfügungen in Kartellsachen

513 Soweit die Voraussetzungen für die Abstellung einer Zuwiderhandlung gegen kartellrechtliche Verbote (insb ist hier an das Verbot der Durchführung eines Kartells iSd § 1 Abs 2 KartG sowie den Missbrauch einer marktbeherrschenden Stellung iSd § 5 Abs 1 KartG zu denken) bescheinigt sind, hat das Kartellgericht auf Antrag einer Partei (jedenfalls Parteistellung haben gem § 40 KartG die Bundeswettbewerbsbehörde und der Bundeskartellanwalt) die erforderlichen Aufträge mit EV zu erteilen (§ 48 Abs 1 KartG). Der Antragsgegner ist vor der Erlassung einer EV zu hören. Der Rekurs gegen eine solche Entscheidung hat keine aufschiebende Wirkung. Das Kartellgericht hat auf Antrag des Rekurswerbers dem Rekurs aufschiebende Wirkung zuzuerkennen, wenn dies unter Abwägung aller beteiligten Interessen gerechtfertigt ist (§ 48 Abs 2 KartG).

6. Die Verfügungen in Sozialrechtssachen

Wenn in einem Rechtsstreit nach § 65 Abs 1 Z 1, 4, 6 bis 8 ASGG die Versicherungspflicht, die Versicherungsberechtigung, der Beginn oder das Ende der Versicherung (§ 355 Z 1 ASVG), die maßgebende Beitragsgrundlage oder die Angehörigeneigenschaft (§ 410 Abs 1 Z 7 ASVG) als Vorfrage strittig ist, so ist das Verfahren zu unterbrechen, bis über diese Vorfrage als Hauptfrage im Verwaltungsverfahren rechtskräftig entschieden worden ist (§ 74 Abs 1 ASGG). Das Gericht hat in einem solchen Fall auf Antrag des Klägers dem Beklagten eine **vorläufige Leistung** bis zur rechtskräftigen Beendigung des gerichtlichen Verfahrens durch Beschluss aufzuerlegen, soweit der Kläger seinen Anspruch dem Grunde und der Höhe nach glaubhaft macht (§ 74 Abs 2 ASGG). 514

Im Übrigen sind die für einstweilige Verfügungen geltenden Bestimmungen sinngemäß anzuwenden, ausgenommen jene über die Gefahrenbescheinigung und die Sicherheitsleistung (§ 74 Abs 2 ASGG).

F. Das Verfügungsverfahren

1. Internationale Zuständigkeit

Als Anknüpfungspunkte für die internationale Zuständigkeit kommen nur die **Zuständigkeitstatbestände des § 387 Abs 2 EO** in Frage, nicht auch solche der JN. Voraussetzung für die Erlassung ist ferner, dass die Verfügung im Inland vollzogen werden kann (SZ 59/128). Die gefährdete Partei hat die Wahl, ob sie den von der EuGVVO oder den von der innerstaatlichen Rechtsordnung zur Verfügung gestellten Gerichtsstand in Anspruch nimmt (16 Ok 3/08 = RIS-Justiz RS0123887; so bereits 9 NdA 4/97 zu Art 24 EuGVÜ [LGVÜ]). 515

Die internationale Zuständigkeit für die Erlassung einer Verfügung, die im Ausland vollzogen werden müsste, ist nur dann gegeben, wenn die Verfügung im betreffenden Ausland aufgrund staatsvertraglicher Regelung anerkannt und vollstreckt werden kann (was nach EuGVVO bzw LGVÜ nur dann möglich ist, wenn die Verfügung nach Anhörung des Gegners erlassen worden ist). Die jüngere Rsp hält solche Verfügungen mit der Begründung für zulässig, dass erwartet werden könne, der Gegner werde sich auch dann an die Verfügung halten, wenn sie nicht durchsetzbar ist (vgl SZ 57/169 = ÖBA 1990, 214 [krit *Konecny*]; RdW 1990, 313 f = ecolex 1990, 235 f). Art 31 EuGVVO und Art 24 LGVÜ verweisen für die internationale Zuständigkeit zur Erlassung von einstweiligen Verfügungen auf das autonome (innerstaatliche) Recht; zudem kann nach hA auch an den Hauptsache-Gerichtsständen nach Art 2 ff EuGVVO und LGVÜ eine einstweilige Verfügung beantragt werden.

2. Zuständigkeit

Zuständig für die Erlassung und den Vollzug der einstweiligen Verfügung ist,

516 • wenn sie **während** eines Erkenntnisverfahrens oder eines Exekutionsverfahrens beantragt wird, das Gericht, vor welchem der **Prozess in der Hauptsache** oder das Exekutionsverfahren anhängig ist (§ 387 Abs 1 EO);

517 • wenn sie vor **Einleitung des Prozesses** oder nach dessen rechtskräftigem Abschluss, jedoch vor Beginn der Exekution beantragt wird, das Bezirksgericht, bei dem der **Gegner** seinen allgemeinen Gerichtsstand hat, subsidiär das Bezirksgericht, in dessen Sprengel sich das Verfügungsobjekt befindet oder der Drittschuldner seinen Wohnsitz, Sitz oder Aufenthalt hat oder in dessen Sprengel die erste Vollzugshandlung vorzunehmen ist (Bezirksgericht der Zwangsbereitschaft, § 387 Abs 2 EO);

518 • immer das Gericht, das für den **Prozess in der Hauptsache** zuständig wäre, wenn es sich um **familienrechtliche** einstweilige Verfügungen nach § 382 Abs 1 Z 8 oder nach § 382b EO oder um solche wegen unlauteren Wettbewerbs, nach dem UrhG oder nach §§ 28 bis 30 KSchG (vgl oben Rz 501 ff, 509, 512) handelt (§ 387 Abs 3 EO). Dasselbe gilt auch für die Verfügungen in Arbeits- und Sozialrechtssachen.

Die Praxis gibt in einigen Fällen der Regelungsverfügungen nach § 381 Z 2 EO sowie generell bei den Leistungsverfügungen nach § 382 Abs 1 Z 8 lit a EO (vgl oben Rz 501) die vom Gesetz vorgesehene Einheit zwischen Verfügungs- und Vollzugsgericht auf: Die Zuständigkeitsregeln des § 387 EO werden hier nur für die Erlassung der Verfügung angewendet. Diese muss dann als Exekutionstitel (idR) dem Exekutionsgericht zur Bewilligung vorgelegt werden, dessen Zuständigkeit sich nach § 18 EO richtet.

3. Das Verfahren zur Erlassung der einstweiligen Verfügung

519 Der Verfügungsantrag hat einen notwendigen Inhalt, bei dessen Mangel er sofort als unzulässig zurückzuweisen ist, und einen ratsamen Inhalt (§ 389 EO). Zum **notwendigen Inhalt** gehören

• die allgemeinen Erfordernisse eines bestimmenden Schriftsatzes (§§ 75, 76 ZPO): Angabe des Gerichtes, Bezeichnung der Parteien, allenfalls Anwaltsunterschrift;

- die Angabe des Zuständigkeitstatbestandes;
- die Angabe der begehrten Verfügung (die Sicherungsmittel, § 389 Abs 1 EO);
- die Verfügungsdauer (§ 389 Abs 1 EO);
- die Bezeichnung des behaupteten oder bereits zuerkannten Anspruches (Verfügungsgrund, § 389 Abs 1 EO);
- die Gefahr, welche der Verfolgung oder Verwirklichung des Anspruches droht;
- die den Antrag begründenden Tatsachen.

Eine Zurückstellung des Antrages zur Verbesserung kommt wegen des Eilcharakters des Verfahrens **nicht** in Frage (vgl JBl 1979, 548; MietSlg 34.865).

Zum **ratsamen Inhalt** gehören die nötigen Bescheinigungsmittel (in urkundlicher Form) und die Angabe eines Befreiungsbetrages (§ 389 Abs 2 EO – vgl unten Rz 522).

Das Gericht hat seine Zuständigkeit von Amts wegen zu prüfen und **520**
ist dabei nicht an die Angaben der gefährdeten Partei gebunden (§ 41 Abs 3 JN); ist es unzuständig, hat es die Sache von Amts wegen an das zuständige Gericht **zu überweisen** (§ 44 JN).

Das Bescheinigungsverfahren bezüglich der Tatsachen, auf die sich **521**
der Anspruch und die Gefährdung gründen, ist grundsätzlich ein **summarisches Verfahren**, in dem das Beweismaß herabgesetzt ist (vgl *Rechberger/Simotta*, ZPR Rz 757). Nach der Rsp (vgl EvBl 1957/174; RZ 1959, 36) sind dabei nur „parate", ds sofort greifbare, Beweismittel iS des § 274 Abs 1 ZPO zu berücksichtigen, zB bereits beigeschaffte Urkunden, auf Ladung erschienene Auskunftspersonen, Augenschein und unbeeidete primäre Parteienaussagen. Keine ausreichende Bescheinigung bildet die Vorlage einer fremdsprachigen Beweisurkunde ohne Übersetzung, sofern das Gericht nicht über ausreichende Fremdsprachenkenntnisse verfügt (4 Ob 138/06g = Zak 2006/651).

Das Verfügungsverfahren ist als Eilverfahren grundsätzlich **einseitig**: Das Gericht kann – außer vor Erlassung einer Verfügung nach § 382a EO – den Gegner der gefährdeten Partei zwar einvernehmen, wenn ihm das zweckentsprechend erscheint (vgl § 397 Abs 1 EO), was aber eher als Ausnahme gedacht ist, da die Verfügung den Gegner möglichst überraschen soll. In der Praxis wird der Gegner allerdings meistens – entgegen den gesetzlichen Intentionen – einvernommen, weil man sich dadurch das Widerspruchsverfahren erspart.

Die einstweilige Verfügung ist an den Gegner der gefährdeten Partei, an den Drittschuldner und an den Inhaber der mit einem Verbot belegten Sachen zu eigenen Handen zuzustellen (§ 395 Abs 1 EO).

4. Die einstweilige Verfügung (der Bewilligungsbeschluss)

522 Der **Beschluss**, mit dem die einstweilige Verfügung bewilligt wird, hat zu enthalten:

- den **Verfügungsgrund;**

Das ist die streitige Geldforderung, der streitige Individualanspruch, das sonstige streitige Recht oder Rechtsverhältnis.

- die Bezeichnung der einstweiligen Verfügung (die **Sicherungsmittel**);
- die **Verfügungsfrist;**

Das Gericht hat **von Amts wegen** die Zeit anzugeben, für welche die Verfügung getroffen wird (§ 391 Abs 1 EO); es ist dabei nicht an den Parteienantrag gebunden.

- die **Befolgungsfrist;**

Wird in der Verfügung die Hinterlegung von Sachen (§ 379 Abs 3 Z 1, § 382 Abs 1 Z 1 EO) oder die Vornahme von Handlungen (§ 382 Abs 1 Z 4 EO) angeordnet, hat das Gericht die Frist zu bestimmen, innerhalb welcher der Gegner diesem Antrag nachzukommen hat (§ 391 Abs 1 EO).

- allenfalls die **Rechtfertigungsfrist;**

Bei Bewilligung einer Verfügung vor dem Erkenntnisverfahren oder zwischen Erkenntnis- und Exekutionsverfahren hat das Gericht eine angemessene (und als richterliche auch verlängerbare) **Frist für die Einbringung der Klage** oder für den Antrag auf Bewilligung der Exekution zu bestimmen.

- allenfalls einen **Befreiungsbetrag** (*cautio de relaxando arresto);*

Der Antragsteller kann eine Geldsumme angeben, mit deren Sicherstellung durch gerichtliche Hinterlegung er sich statt der beantragten Verfügung „begnügen zu wollen erklärt" (§ 389 Abs 2 EO). Einen solchen Betrag kann das Gericht auch von Amts wegen bestimmen, wenn dies nach Beschaffenheit des Falles zur Sicherung des Antragstellers genügt (§ 391 Abs 1 EO); was vor allem für den Fall der Verfügung zur Sicherung einer Geldforderung gedacht ist. Der erlegte Betrag haftet so lange, als der gesicherte Anspruch nicht rechtskräftig aberkannt wurde, auch wenn die Verfügung in der Zwischenzeit erloschen ist.

• allenfalls eine **Sicherheitsleistung der gefährdeten Partei**.

Eine solche Sicherheitsleistung kann das Gericht dem Antragsteller gem § 390 EO auferlegen, wenn er den gefährdeten Anspruch **nicht ausreichend** zu bescheinigen vermag und die dem Gegner drohenden Nachteile durch Geldersatz ausgeglichen werden können, oder wenn ihm dies trotz genügender Bescheinigung des gefährdeten Anspruches nach Lage der Umstände notwendig erscheint.

Keine Sicherheitsleistung darf bei den Unterhaltsverfügungen nach § 382 Abs 1 Z 8 lit a, §§ 382a und 382b EO sowie der Verfügung zum Schutz vor Eingriffen in die Privatsphäre nach § 382g EO auferlegt werden (§ 390 Abs 4 EO).

5. Der Verfügungsvollzug

Da der Beschluss, mit dem die einstweilige Verfügung bewilligt wird, grundsätzlich Exekutionstitel und Exekutionsbewilligung zugleich darstellt (vgl oben Rz 522), ist ein eigener Vollzugsantrag idR nicht notwendig; die einstweilige Verfügung wird **von Amts wegen** vollzogen. Sind reale Vollzugshandlungen durchzuführen, muss das Verfügungsgericht zu diesem Zweck einen Gerichtsvollzieher beauftragen oder ein (anderes) Bezirksgericht um Rechtshilfe ersuchen. **523**

Da die einstweilige Verfügung als Provisorialmaßnahme mangels Voraussetzungen zwecklos ist, bestimmt § 396 EO eine **Vollzugsfrist**: Die Vollziehung ist unstatthaft, wenn seit der Zustellung des Beschlusses an den Antragsteller **mehr als ein Monat** verstrichen ist. Bedeutsam ist die Vollzugsfrist freilich nur dann, wenn der Vollzug von einer Sicherheitsleistung oder von einem Kostenvorschuss der gefährdeten Partei abhängig gemacht wird.

Bei den Regelungs- und Leistungsverfügungen des § 382 Abs 1 Z 8 EO (vgl oben Rz 496 f) und bei den Geboten und Verboten des § 382 Abs 1 Z 4 und 5 EO (vgl oben Rz 490 f) kommt es in der Praxis aber nicht zum amtswegigen Vollzug. In diesen Fällen wird die einstweilige Verfügung als Exekutionstitel gesehen, mit dessen Hilfe die Exekutionsbewilligung beantragt werden muss. Aufgrund der Exekutionsbewilligung kommt es dann zum Exekutionsvollzug nach den Regeln des Exekutionsverfahrens (vgl dazu *Jelinek* 272 und *Kininger* 112 f).

6. Rekurs und Widerspruch

Während die gefährdete Partei die Beschlüsse des Verfügungsgerichtes nur mit Rekurs bekämpfen kann, stehen **dem Gegner** im Regelfall zwei Möglichkeiten offen, die Erlassung der einstweiligen Verfügung anzufechten, nämlich der Rekurs und der Widerspruch. **524**

…cht dem Gegner unabhängig davon zu, ob er vor der Er…fügung einvernommen wurde. Die Rekursfrist beträgt stets …402 Abs 3 EO). Der Rekurs ist **aufsteigend** und hemmt gem …O dann den Vollzug, wenn ihm nach § 524 Abs 2 ZPO aufschie…e Wirkung zuerkannt wurde (was kontraproduktiv sein kann).

Rekursgrund ist jeder entscheidungserhebliche Umstand, der schon in erster Instanz aufgrund der Aktenlage hätte berücksichtigt werden müssen; es herrscht Neuerungsverbot. Die Überprüfung der Beweiswürdigung ist insoweit ausgeschlossen, als das Erstgericht den Sachverhalt aufgrund **unmittelbarer** Beweisaufnahmen (etwa durch Zeugen- oder Parteieneinvernahme) als bescheinigt angenommen hat (EvBl 1994/53 = ecolex 1994, 159 = NRsp 1994/72).

527 Das Rekursverfahren ist ein schriftliches Verfahren ohne mündliche Verhandlung (§ 526 Abs 1 ZPO); es ist grundsätzlich einseitig (der Entwurf einer Zivilverfahrens-Novelle 2008 sieht allerdings eine generelle Zweiseitigkeit des Rekurses vor, vgl § 521a Abs 1 idF ZVN 2008). **Ausnahmsweise zweiseitig** iS des § 521a ZPO ist das Verfahren

- über einen Rekurs gegen einen Beschluss über einen Antrag auf Erlassung einer einstweiligen Verfügung,
- über einen Widerspruch nach § 397 EO,
- über einen Antrag auf Einschränkung oder Aufhebung einer einstweiligen Verfügung.

Das gilt jedoch **nicht** für einen Rekurs der gefährdeten Partei gegen die Abweisung eines Antrages auf Erlassung einer Verfügung, wenn der Gegner der gefährdeten Partei zu dem Antrag noch nicht einvernommen worden ist. Für den Revisionsrekurs gelten die Regeln des § 528 ZPO; vgl jedoch § 402 Abs 1 aE EO.

b) Der Widerspruch (§ 397 EO)

528 Der Gegner der gefährdeten Partei kann gegen die Bewilligung der einstweiligen Verfügung dann (auch) Widerspruch erheben, wenn er **nicht** bereits vor der Beschlussfassung **einvernommen** worden ist.

Die Widerspruchsfrist beträgt **14 Tage**; der Widerspruch ist **nicht aufsteigend** und hemmt nicht den Vollzug der getroffenen Verfügung.

Das Gericht, das die Verfügung erlassen hat, hat aufgrund des Widerspruches über die Statthaftigkeit und Angemessenheit der Verfügung **mündlich zu verhandeln** und durch Beschluss zu entscheiden (§ 398 Abs 1 EO). Mit der Entscheidung über seinen Widerspruch wird der Widerspruchswerber so gestellt, wie er gestellt wäre, wenn die EV nach Einholung seiner Äußerung erlassen worden wäre. Die Überprüfung erfolgt aufgrund der Sachlage zur Zeit der Erlassung der Verfügung. Das Gericht kann diese bestätigen, abändern oder zur Gänze beseitigen, also aufheben (4 Ob 257/05f = EFSlg 115.593).

Da die objektive Richtigkeit der erlassenen Verfügung überprüft **529**
werden soll und der Gegner noch nichts vorbringen konnte, ist die **Geltendmachung von *nova reperta*** (vgl dazu *Rechberger/Simotta*, ZPR Rz 678) im Widerspruch zulässig. Als Widerspruchsgrund kommen zB in Frage: die fehlende Sachlegitimation der gefährdeten Partei (hier hat der Widerspruch die Funktion der Oppositionsklage nach § 35 EO), eine Überspannung der Verfügungsbewilligung (vgl § 392 Abs 2 EO), die Bekämpfung der Glaubhaftmachung des Anspruches oder der Gefährdung.

Der Beschluss über den Widerspruch kann die einstweilige Verfügung bestätigen, aufheben oder abändern (zB durch Ersetzung der Verfügung durch eine andere oder durch Auferlegung einer Sicherheitsleistung).

Gegen die einstweilige Verfügung nach § 382a EO ist ein Wider- **530**
spruch unzulässig (§ 397 Abs 1 Satz 2 EO).

Der Gegner kann Rekurs und Widerspruch auch **kumulieren**. Macht **531**
er mit beiden Rechtsbehelfen denselben Grund geltend, sind ihm jedoch auch dann nur die Kosten des billigeren Rekurses zuzusprechen, wenn er beantragt hat, dass zuerst über den Widerspruch entschieden werde. Mangels Reihung durch den Antragsteller ist nach der Rsp (vgl EFSlg 39.518, 49.647, 112.662, 115.591) zuerst über den Rekurs zu entscheiden; den weitergehenden Rechtsschutz gewährt jedoch der Widerspruch (vgl dazu *Rechberger/Simotta*, ZPR Rz 686).

7. Aufhebung und Einschränkung der einstweiligen Verfügung

Die einstweilige Verfügung ist von Amts wegen und auf Antrag auf- **532**
zuheben, wenn die Rechtfertigungsfrist (vgl oben Rz 522) ungenützt verstrichen ist (§ 391 Abs 2 EO).

Die Aufhebung oder Einschränkung der Verfügung kann überdies **beantragt** werden, wenn einer der Gründe des § 399 Abs 1 EO vorliegt:

- **Übersicherung**: die Verfügung wurde in weiterem Umfang ausgeführt, als es zur Sicherung der gefährdeten Partei notwendig ist (Z 1);
- **Wegfall der Verfügungsvoraussetzungen**: wenn sich inzwischen die Verhältnisse derart geändert haben (***nova producta***), dass es des Fortbestandes der Verfügung zur Sicherung der gefährdeten Partei nicht mehr bedarf (Z 2);
- **Erlag eines Befreiungsbetrages** durch den Gegner (Z 3);
- **Wegfall des Verfügungsgrundes**: Der Anspruch der gefährdeten Partei wurde berichtigt oder rechtskräftig aberkannt, oder seine Löschung wurde rechtskräftig festgestellt (Z 4). Zur Frage, ob der Ablauf der Frist des § 33a MarkSchG zur Aufhebung einer einstweiligen Verfügung führt, s 17 Ob 11/08d = JusGuide 2008/32/5918 (OGH).

533 Über diese Anträge hat während der Anhängigkeit des Hauptprozesses das Prozessgericht erster Instanz zu entscheiden, sonst das Verfügungsgericht. Vor der Entscheidung ist die gefährdete Partei einzuvernehmen (§ 399 Abs 2 EO).

Einen besonderen Aufhebungsgrund stellt der **Zeitablauf** dar (§ 391 Abs 1 EO), der nach hM nicht zum automatischen Erlöschen der einstweiligen Verfügung führt. Die Verfügung bleibt nach der Rsp so lange wirksam, als sie nicht **auf Antrag** aufgehoben wird (vgl EFSlg 52.464; ÖBl 1988, 15 [krit *Schmitt*]).

Ein Freispruch in einem Strafverfahren bildet keinen Aufhebungsgrund für die EV, mit der einem Vater während eines laufenden Scheidungsverfahrens der Kontakt mit seinem Kind verboten wurde (3 Ob 199/07x = JBl 2008, 464 = Zak 2008/43, 32 = JusGuide 2008/03/5379 [OGH]).

533a Eine **Verlängerung** einer EV ist zulässig. Der diesbezügliche Antrag muss jedoch innerhalb der Verfügungsfrist gestellt werden, das Absenden des Verlängerungsantrages mittels Telefax innerhalb der Frist genügt. Darin ist zu behaupten, dass sich die für die Erlassung der EV wesentlichen Umstände nicht geändert haben (7 Ob 157/07z = EF-Z 2008/44 = Zak 2007/721 = RdW 2008/226 = iFamZ 2008/19 [*Deixler-Hübner*]).

8. Rechtsschutz Dritter

534 Soweit Dritte durch den Vollzug der einstweiligen Verfügungen in ihren Rechten beeinträchtigt werden, stehen ihnen die Abwehrmöglichkeiten des Exekutionsverfahrens zur Verfügung:

- Rekurs (zB dem Drittschuldner gegen das Drittverbot);

- Aufschiebungsantrag nach § 42 EO;
- Exszindierungsklage nach § 37 EO;
- Vollzugsbeschwerde nach § 68 EO (zB dem Drittdetentor).

9. Schadenersatz

Die **gefährdete Partei** hat ihrem Gegner alle ihm durch die einstweilige Verfügung verursachten Vermögensnachteile zu ersetzen, wenn 535

- ihr der behauptete Anspruch rechtskräftig aberkannt wird;
- ihr Ansuchen sich sonst als ungerechtfertigt erweist (das ist etwa dann der Fall, wenn der Anspruch im Rechtsmittelverfahren [oder aufgrund eines Widerspruchs] abgewiesen und die Verfügung aufgehoben wird, etwa, weil der zu sichernde Anspruch oder die Gefährdung im Zeitpunkt der Bewilligung der EV nicht bescheinigt war); jedenfalls muss die Unrechtmäßigkeit der Erlassung gerichtlich festgestellt sein. Die durch eine spätere Entscheidung des EuGH offenbar gewordene Gemeinschaftsrechtswidrigkeit einer Verfügung kann jedoch keinen Grund für eine Entschädigung nach § 394 EO bilden, da dieser Umstand unter keinen Tatbestand des § 394 EO fällt (17 Ob 28/07b = EvBl 2008/67 = ÖBl 2008/34 = ecolex 2008/242 = RdW 2008/361 = wbl 2008/88; vgl auch *Klamert/Kraft*, wbl 2008, 261).
- sie die Rechtfertigungsfrist versäumt (§ 394 Abs 1 EO).

Die Gründe für den Ersatzanspruch müssen bereits bei Erlassung der EV vorgelegen haben. Der Sicherungsantrag muss daher grundsätzlich von Anfang an zu Unrecht gestellt worden sein (17 Ob 28/07b = ÖBl 2008/34 = ecolex 2008/242). So wie bei der Haftung nach § 376 Abs 2 EO ist auch der Schadenersatzanspruch des § 394 Abs 1 EO aber von einem Verschulden der gefährdeten Partei unabhängig.

Die Höhe des Schadenersatzes hat das Gericht auf Antrag nach freier Überzeugung (§ 273 ZPO) festzusetzen. Der rechtskräftige Beschluss ist in das Vermögen der gefährdeten Partei vollstreckbar (§ 394 Abs 1 EO).

Eine Sicherung dieses Anspruches mittels EV gem § 378 Abs 1 iVm § 379 EO ist möglich (vgl 4 Ob 107/07z = Zak 2007/562).

Wurde die einstweilige Verfügung offenbar mutwillig erwirkt, ist der gefährdeten Partei überdies auf Antrag des Gegners eine vom Gericht mit Rücksicht auf die besonderen Umstände des Einzelfalles zu bemessende **Mutwillensstrafe** iSd § 220 ZPO aufzuerlegen (§ 394 Abs 2 EO). 536

STICHWORTVERZEICHNIS

Die Zahlen verweisen auf die Randziffern.
Hauptfundstellen sind durch **Fettdruck** hervorgehoben.

Abwesenheitskurator 331
ADV 73, 110
Afterpfandrecht 372
Anerkenntnisurteil 452
Angehörige, nahe 153, **503 ff**
Anspruch, vollstreckbarer 6
Anspruchsexekution 8, 336, **412 ff**
Anschlusspfändung 347
Anwaltspflicht **34**, 82
Auffindungs- und Zugriffsverfahren 353
Aufschiebung
der Delogierung 52, **155**, 431
der einstweiligen Verfügung 534
der Exekution 52, 85, 101, **150 ff**, 180, 205, 210, 218, 229
der Sicherstellungsexekution 470
des Verkaufs 365
des Versteigerungsverfahrens 262, **313**
und Sicherheitsleistung 153
Ausfallsbeteiligter 18, **195**, 321 f
Ausgleichszulagenrichtsatz für alleinstehende Personen 396 f
Austauschpfändung 340
Auszahlungsprinzip 264

Bagatellgrenze 402
Bagatellverfahren, Europäisches 139b
Baurecht 244, 261, 270, 274
Befriedigung des betreibenden Gläubigers 3, 52, **143 ff**, 234 ff, 450
Befriedigungsrecht, exekutives 235, **271**, **450**, 468, 473
Bekanntmachung, öffentliche **59 ff**, 267, 289
Bescheinigungsverfahren 521
Bestätigung der Vollstreckbarkeit 10, 54, 69, **80 ff**, 85a, 139a, 165
Beweissicherungsverfahren 473a
Bewilligungsgericht **10**, **14 ff**, 87, 95, 145, 433, 437, 470
Bewilligungsverfahren 40, 43, 55, **93 ff**, 522
vereinfachtes 38, 73, **110 ff**, 165, 342, 377
Beugestrafen 5, 7, 37, 39, 146, 354, 424, **441 f**, **442 ff**
bücherliche Rechte 433

Deckungsprinzip 264
Dienstbarkeit zur leitungsgebundenen Energieversorgung 276, 286, 288, 290
Dispositionsgrundsatz 35 ff
Doppelverbot **375 f**, 414, 422, 482, 493
Dritte
Drittpfandbesteller 30
Eingriff in den Rechtsbereich 221, 261
Gewahrsame 346, 429, 431
Kosten 71
Parteirechte 30
Pfandvorrechtsklage 195, **348**
Rechtsschutz gegen einstweilige Verfügungen **472 ff**, 534
Übergang des Unterhaltsanspruches an 411
Vollzugsbeschwerde 30
Zahlungsverbot 371, **375 ff**
Drittschuldner 143, 148, 371, **374 ff**, **382 ff**, 403, 416 f, 422, 521
Aufrechnung des 390
Erbringung von Arbeitsleistungen für 407 f
Rekurslegitimation 174
unbekannter 14, 37, **374**
Zustellung an 11, 60, 112, 377a
Drittschuldnerauskunft 5, 37, **374**
Drittschuldnererklärung 37, **378 f**
Drittschuldnerklage 18, 346, 373, **386 f**, 412, 416, 429
Drittverbot 482, 493, 534

Ediktsdatei **61 f**, 257, 267, 289 ff, 357
Einheit des Verwertungsverfahrens 3, 31, 251, 271, 347
Einlösung der vollstreckbaren Forderung 315

Einschränkung
der Exekution 40a, 44, 48, 52, 139, **167 ff**, 340
der Liegenschaftsexekution 242
der Exekution zur Sicherstellung 470
der einstweiligen Verfügung 508, 527, **532**
Einspruch im vereinfachten Bewilligungsverfahren 38, 44, 107, **113 f**
Einstellung
der Exekution 40a, 44, 55, 81, 85, 89, 91, 107, 139, **149**, 151, **162 ff**, 180, **194 ff**, 208, 220, 365, 436
der Exekution zur Sicherstellung 469 f
der Fahrnisexekution 340, 365
der Liegenschaftsexekution 41, 241, 246, **259 f**, 263, 267, 287, 300, **314 ff**
mangels einer Exekutionsvoraussetzung 53 ff
Einstweilige Verfügungen 472 ff
Arten 477
Aufhebung der 41, **532 f**
außerhalb der EO 509 ff
Kosten 69
Verfahren 94, 474 f, 515 ff
Verfügungsvollzug 523
zur Sicherung anderer Individualansprüche 483 ff
zur Sicherung der sonstigen Rechtssphäre 495 ff
zur Sicherung von Geldforderungen 478 ff
Einwendungen 64, **191**, 204, 208, 276, 321
des Drittschuldners 383
gegen die Exekutionsbewilligung 40, 44, 153, **211 ff**
gegen den vollstreckbaren Anspruch 44, 107, 151, 153, **196 ff**
gegen den Zahlungsauftrag 455
Einzelvollstreckung 3
Entgelt, verschleiertes 408
Entlohnung des Zwangsverwalters 255
Entstrickung 149, 260
Erkenntnisverfahren, Verhältnis zum Exekutionsverfahren 1, 82
Ersatzvornahme 438
EuEheVO **122**, 124, 133, 139a
EuGVÜ 18, **119 ff**, 124 ff, 449, 478, 515
EuGVVO 119, **122 ff**, 135 ff, 202, 216, 226, 449, 471a, 515
EuInsVO 122 ff
Europäischer Vollstreckungstitel 122, **139a**
EuVTVO 139a f
Eventualmaxime 136, **204**, 217, 228
Exekution, abgeirrte **221**, 344
Exekution auf das unbewegliche Vermögen 230 ff
Exekution auf sonstige Vermögensrechte 8, **418 ff**
Exekution in das bewegliche Vermögen 336 ff
Exekution zur Erwirkung der Herausgabe oder Leistung von beweglichen Sachen 427 ff
Exekution zur Erwirkung von Duldungen und Unterlassungen 442 ff
Exekution zur Erwirkung von vertretbaren Handlungen 437 f
Exekution zur Erwirkung von unvertretbaren Handlungen 439 ff
Exekution zur Sicherstellung 449 ff
aufgrund ausländischer Titel 471a
Aufhebung 469 f
Exekutionsmittel 463 f
geeignete Exekutionstitel 451 ff
Verfahren 465 ff
Exekutionsantrag **86 ff**, 270, 341, 374, 445, 466
Änderung 103
bei Wahlschuldverhältnissen 90 ff
Inhalt 87 ff
vereinfachtes Bewilligungsverfahren 113
Zurückziehung 103
Exekutionsbewilligung 2, 37, **93 ff**
bei ausländischen Titeln 139
bei einstweiligen Verfügungen 475
Verfahren 93 ff
Exekutionsbewilligungsbeschluss **104 ff**, 271
Inhalt 105
Rechtskraft 109
Zustellung 106
Exekutionsgericht **10**, **14 ff**, 465, 470

Exekutionshandlungen 56 ff
Exekutionsobjekt
  Anspruchsexekution 412 f
  Exekution auf sonstige Vermögensrechte 418 ff
  Fahrnisexekution 338 ff
  Forderungsexekution 369 ff
  Liegenschaftsexekution **230 ff,** 271
Exekutionsstundung 55, **214**
Exekutionstitel 1, **74 ff**, 270
  Arten 77 ff
  ausländische 111, **119 ff**
  auf ausländische Währung 98
  auf zukünftige Leistung 102
  einstweilige Verfügungen 475
  Exekution zur Sicherstellung 451 ff
  Außerstreitverfahren, Beschlüsse 13
  Leistungsfrist 99
  Notariatsakt 79
  Schiedssprüche, -vergleiche 79
  verwaltungsbehördliche Entscheidungen 4, 78
  Voraussetzungen 76
Exekutionsverzicht 36, 55, 166, 214, 220
Exekutionsvoraussetzungen **53 ff**, 81
Existenzminimum 52, **396 ff**, 411
Exszindierungsklage 18, 30, 45, 58, 151 ff, 165, 194, **221 ff**, 291, 344, 346, 431

Fahrnisexekution 8, 37, 52, 156, 336, **338 ff**
Forderungen 369 ff, 393 ff
Forderungsexekution 8, 11, 37, 52, 336, **369 ff**
Forderungspfändung, grenzüberschreitende 377a
Freibetrag, unpfändbarer 391 f, **396 ff**, 405, 411
Freihandverkauf 142, **356 f**, 361, 364, 381
Fristen 64 f
  Befolgungsfrist 522
  Einwendungsfrist bei der Sicherstellungsexekution 455
  für den Fortsetzungsantrag 349, 365
  für den Versteigerungstermin 359
  für den neuerlichen Vollzugsversuch des Gerichtsvollziehers 352 f
  Leistungsfrist 76, 83, 91, 99, 115, 362
  Räumungsfrist 52, 431
  Rechtfertigungsfrist 322, 501, **522**, 532, 535
  Rechtsmittelfrist 76
  Rekursfrist 136, 170, **175**, 240, 302, 306, 525
  Säumnisfolgen 65
  Verfügungsfrist 522
  Verjährungsfrist 76
  Vollzugsfrist 523
  Vorstellungsfrist 20, 188
  Widerspruchsfrist 257, 322, 528
  zur Vornahme unvertretbarer Handlungen 441

Gefährdung 153, 250, 460, 466, 473a, 474, 478 f, 484 f, 499, 508a, 510, 512, 521, 529, 535
Gegenleistung des Verpflichteten 384
Gegenseitigkeit 122 ff
Gehör, rechtliches **43 ff**, 48 f, 126 ff, 131, 302, 503
Geldrenten 461 f
Geldstrafen 37, 40, 77 f, 146, 172, 255, 354, 441, 442
Generalexekution 3
Gerichtsvollzieher 19, **23 ff**, 139, 155 ff, 189, 243 ff, 271, 312, 340 f, 350 ff, 427 ff, 432, 503, 523
geringstes Gebot 261, 263, 272, **286 f**, 290, 306 f, 314, **358**, 364, **436**
Gesamtvollstreckung 3
Gewahrsame **344 ff**, 427 ff, 431
Gewalt in der Familie **502 f**, 508c, 508d
Gewaltschutzgesetz, Zweites 508d
Gläubiger, betreibender **29 ff**, 143
Gläubigergleichbehandlung 3
Gläubigermehrheit 31
  Fahrnisexekution 347
  Forderungsexekution 388
gradus executionis **37**, 52, 245, 247, 262
Grundbetrag 397 f
Grundbuch 221, 239, 247, 253, 261, 265, 267 ff

Ersatz einer Willenserklärung 433
sonstige Vermögensrechte 422
Veräußerungs- und Belastungsverbot 239, 270, 492
Vollstreckbarkeit 240
Zwangshypothek 234 ff, 263
Zwangsversteigerung 234 f, **261 ff**
Zwangsverwaltung 234, **244 ff**
Grundverkehr 271, 273, 292, 296, 309a, 311
Grundrecht 5

Haftstrafen 5, 7 f, 22, 37, 40, 146, 172, 247, 354, 441, 442, 494
Handlungspflicht, positive 447
Hinterlegung 377, 379, 416, 480, 487
Herausgabeanspruch 346, **412 ff**, 427 ff

Immobiliarexekution 8, 143, 221, **230 ff**
Immunität 11 f
Impugnationsgesuch 44, 107, 163, 166, 211, **220**
Impugnationsklage 18, 34, 44, 69, 90, 107, 151, 163, 165 f, 169, 194, **211 ff**, 445
Inkassofunktion des Gerichtsvollziehers 25
inländische Gerichtsbarkeit **11 f**, 18, 53, 55, 127, 515
Innehaltung 26, 52, 113, 139, **155 ff**, 365, 450
Intabulationsgrundsatz, Ausnahme vom 308
Interessenklage 18, 195, **426**
Interessentenverzeichnis **270**, 436
internationale Zuständigkeit **126 ff**, 129, 133, 515
Internetversteigerung 357, **362a**
iudicium duplex 434

Kontenschutz 406
Kosten 54, **66 ff**, 379, 471
Kostendeckungsprinzip 52
Kostenseparation 68
Kostenvorschuss 24, 39, 243 ff, 271, 355, 523
Kurator 61, 192, 373, 386 ff
Abwesenheitskurator 331

Leistungsverbot **375**, 414, 422, 482, 493
Leistungsverfügungen 495 ff
LGVÜ 119, **122 ff**, 449, 515
Liegenschaftsexekution 8, **230 ff**
Lohnschiebung 407

Mahnverfahren, Europäisches 139b
Meistbot 251, 264, 268, **284 ff**, 290, 295, **305 ff**, 311, 314, 332, 361, 436
Berichtigung 269, **288**, 306, 312, 319, 362 f
Meistbotsverteilungsbeschluss **324 ff**, 368
Meistbotsverteilungstagsatzung 61, 269, **318 ff**, 367 f
Mietzins, einstweiliger 508b
Mitwirkungspflicht des Verpflichteten 245
Mobiliarexekution 8, 262, **336 ff**
Mündlichkeit 40 f
Mutwillensstrafe 22, 114, 536

Nachpfändung 347
Naturalexekution 8, 11, 144 ff, 243, **424 ff**
Naturalteilung 145, 434 f

Öffentlichkeit 50
Onlineauktionshaus 357
Oppositionsgesuch 44, 107, 155, 163, 166, 196, 202, 207, **208 ff**
Oppositionsklage 18, 34, 44, 58, 69, 107, 151, 155, 163, 165 f, 194, **196 ff**
ordre public **126 ff**, 131, 139a

Partei 29 ff
gefährdete 474, **476**, 482 ff, 499, 508c, 515, 524, 533 ff
Rechtsnachfolge 32
Parteifähigkeit **33**, 53
Parteienvertretung 34
Personalarrest 7, **494**
Personalexekution 7
Pfandrecht, vertragliches 52, 243, 345, 368, 372, 387
Pfändung 28, 141, 231, 237 ff, 336, 343 ff, 350 ff, 375 ff, 414, 422
Wirkung der 141, 376

Pfändungspfandrecht 336, 343, 376, 414
Erlöschen des 349
Rechtsnatur 336
Pfändungsschutz **390 ff**, 413
Pfandvorrechtsklage 18, 30, 195, **348**
Prioritätsprinzip 3, 347
Privatsphäre, Schutz vor Eingriffen 508c
Provisorialverfahren 1, 7, 29, 46, 69, **474 ff**
Prozessfähigkeit **33**, 53, 165, 302
Prozessvollmacht **34**, 53
Psychoterror 503

Rangordnung 3, 230, 256, **258**, 324, **333 f**, 347, **368**, 375 f, 388, 507
Räumung 5, 39, 52, 57, 65, 155, 160, 312, **430 ff**
Realexekution 7
Reallasten 272, 274, 286, 288, 334 f
Rechtskraft, internationale 126 f
Rechtsmittel, antizipiertes 47, **184 ff**, 301, 321
Rechtspfleger **20 f**, 187 f
Rechtsquellen 9
Regelungsverfügungen 495 f
Rekurs 170 ff
gegen aufhebende Rekursentscheidungen 183
gegen Beschlüsse erster Instanz 172 ff
gegen den Verteilungsbeschluss 326 ff
gegen den Vollstreckbarerklärungsbeschluss 135 ff
gegen die Erlassung einer einstweiligen Verfügung **525 ff**, 531
gegen die Erteilung des Zuschlags 298, 301 ff
gegen die Exekutionsbewilligung 107, 180
gegen die Versagung des Zuschlags 304 ff
und Impugnationsklage 211, **219**
und Oppositionsklage 207
Retentionsarrest 489
Revisionsrekurs 137 f, **181 ff**, 303, 327, 527

Richter **19**, 22, 86, 129, 188 ff, 267, 293 ff, 321, 500, 512,

Sachverständiger 181, 255, 266 f, **272 ff**, 358
Schaden, drohender unwiederbringlicher 499, 510
Schadenersatz 114, 148, 254 f, 362 f, 367, 450, 471, 475, 511, 535
Schätzung
der Liegenschaft 265 f, **272 ff**, 436
der Pfandgegenstände 358
Schätzwert 52, 191, 263, 276, 284, 286 f, 289, 290, 295, 305, 314, 358, 360 ff, 436
Schiedsspruch 79 f, 123 f, 151, 449, 462
ausländischer 123
inländischer 80
Schlichtungsverfahren, vereinsinternes 473b
Schlussbereinigung 328 ff
Schriftlichkeit 40
Schuldnerschutz **51 f**, 261 ff, 339, 390 ff, 413
Sicherheitsleistung 138, 153, 284 f, 306, 313, 356, 360, 388 f, 459, 462, 465, 471, 475, 478 f, 494, 508, 508c, 512, 514, 522 f, 529
Sicherungsmittel 480 ff, 486 ff, 500 ff
Sicherungsverfügung 472, 478 ff, 483 ff, 495 ff
Sperrfrist 54, **161**, 164, 259, 287, 316, 353 f
Spezialexekution 3
Spezialverfügungen 509 ff
Stalking 508c
Steigerungsbetrag 400
Stillstand der Exekution 65, 160 f, 164, 263
Superädifikat 62, 111, 237, 244, 247, 261, 270 f, 291, 296, 308a

Teilnahmeanspruch 322 f, **325**
Titelergänzung, einfache 97 ff, 111, **116**
Titelergänzungsklage 18, 32, 87, 97, **117 f**
Titelgericht 10, 202, 465

Überbot 263, 272, **305**, 309, 332
Überlassung von unbeweglichen Sachen 430
Überweisung 142 f, 148, 346, 373, 375 f, **380 ff**, 412, **415**, **423**, 429
Überweisungsgläubiger 383 ff, 387 ff
Übernahmeprinzip **264**, 286, 291, 324
Übernahmsantrag 360
unpfändbarer Freibetrag 392, **396 ff**
unpfändbare Gegenstände 52, **339**
Unmittelbarkeit 42
Unterhalt 22, 102, 501, 508
Unterhaltsansprüche 410, 461 f
Unterhaltsgrundbetrag 399
Unterhaltssteigerungsbetrag 400 f
Untersuchungsgrundsatz 38
Unzulässigkeit des Rechtsweges 13

Vadium 235, 272, **284 f**, 288, 290, 294 f, 298 ff, 307, 332, 361
Verfahrensgrundsätze 35 ff
Verfahrenshilfe 72
Verfassungsrecht 5
Verfügungsverbot 248, **375 ff**, 414, 422, 482, 493, 507
Vergütung, einmalige 404
Verkehrswert **277**, 286
Vermögen, gemeinsames 434 ff
Vermögensverzeichnis 7, 21, 28, 341, **354**, 359, 374, 427
Verpflichteter **29 ff**, 96, 348, 351
Versäumungsurteil 139a, 453, 468 f
Verschleuderungsgrenze 52, 261, **263**, 358
Versteigerung 142, **282 ff**, **356 ff**, 381, 423
Versteigerungsbedingungen **282 ff**, 305 f, 312, 329, 436
Versteigerungsedikt 61, 267, **289 ff**, 359
Versteigerungstermin 50, 175, 263, 267, 289, **293 ff**, 356, **359 f**, 364, 436
Verstrickung 139, **141**, 236, 245, 249, 271, 306, **337**
Verteilungsbeschluss 143, 148, 186, 246, **324** ff
  bei der Anspruchsexekution 416
  bei der Fahrnisexekution 368
  bei der Forderungsexekution 387
  bei der Liegenschaftsexekution 258, 324 ff
Verteilungsgrundsätze in der Liegenschaftsexekution 332 ff
Verteilungsmasse 258, 286, 291, 307, 319, 322, 324, 327, 329, **332 ff**, **367**
Verteilungstagsatzung
  bei der Anspruchsexekution 416
  bei der Fahrnisexekution 367 f
  bei der Forderungsexekution 387
  bei der Liegenschaftsexekution 257
Vertretungsfreiheit 34
Verwahrung, gerichtliche 355, 416, 464
Verwaltung, einstweilige 268, **311**
Verwertung 142, 356 ff, 380 f, 415 f, 423
Vollstreckbarerklärung ausländischer Titel 22, **119 ff**, 165
  bei Anwendung bilateraler Staatsverträge 128
  Exekutionsbewilligung 139
  Exekutionsvollzug 139
  nach EuGVÜ und LGVÜ 126 f
  Rekurs 135 ff
  und EuVTVO 139a
  Verfahren 134 ff
  Voraussetzungen 122 ff
Vollstreckbarkeit 6, **75 f**, 468
  ausländischer Titel 122 ff
Vollstreckbarkeitsbestätigung 10, 54, 69, 74, **80 ff**, 107, 165
Vollstreckungsanspruch 6
Vollstreckungsgegenstand 6
Vollstreckungsgewalt
  der ordentlichen Gerichte 10
  der Verwaltungsbehörden 4
Vollstreckungsinteresse 6
Vollzug
  amtswegiger 39, 57 f
  Ende des 148 ff
  faktischer 23
  neuerlicher Antrag 353
  weiterer 352
Vollzugsbeschwerde 27 f, 151, 157, 159, **189 ff**, 346, 363, 534
Vorratspfändung 102, **410**, 462
Vorstellung 20, **187 f**

Wertermittlungsgrundsätze 277 ff
Wertsicherungsklausel 38, 87, **97**, 115, 214
Widerspruch 184 ff
als antizipiertes Rechtsmittel 47, **186**, 301, 321
gegen Bestand, Rang, Höhe der angemeldeten Forderung 186, 257, 269, **321 ff**
gegen das Versäumungsurteil 453, 471
gegen die Erteilung des Zuschlages 186, 267, **296 f**, 301 ff
gegen die Erlassung einer einstweiligen Verfügung 46, 524, **528 ff**
gegen die Strafhöhe 445
Widerspruchsklage von Ausfallsbeteiligten 18, 195, **322**
Wiedereinsetzung in den vorigen Stand **64**, 139a, 151, 456, 469
Wiederherstellung des früheren Zustandes 448
Wiederversteigerung 268, 284, 287, 300, 303, **306 f**, 309, 362
Willenserklärung
Fiktion 147
Abgabe einer 425
Wohnbedürfnis, dringendes 420, 503, 508a
Wohnräume, unentbehrliche 249

Zahlungsverbot 60, **375 ff**
Zahlungsvereinbarung 52, 152, 161, 313, 355, 365
Zivilteilung 8, 145, **434 ff**
Zug-um-Zug Leistung 88, **101**, 151
Zulässigkeit des Rechtsweges **13**, 53
Zurückbehaltungsrecht 52, 345
Zusammenrechnung mehrerer beschränkt pfändbarer Forderungen 403
Zuschlag 41, 61, 267, 285, 288 ff, **296 ff**, **308 ff**, **361 ff**
Zuständigkeit **14 ff**, 18, 54, 127, 129, 131, 193, 515 ff
Zustellung **59 ff**, 139a, 267, 271
Zwangsgerichtsstand 16
Zwangshypothek 143, 230 f, 234 f, **237 ff**
Zwangsverpachtung 423
Zwangsversteigerung 143, 174 f, 230, 233, **261 ff**, 270 ff, 361, 417, 436
Zwangsverwalter 252 ff
Zwangsverwaltung 149, 230, 232, **244 ff**, 381, 417, 423, 463, 488
Anmerkung der 234, 236, **249 ff**, 256, 259, 260